Elisabeth Freitag

UNTERWEGS IN BRASILIEN

Erfahrungen und Lernprozesse auf Projektreisen für ADVENIAT

Elisabeth Freitag

UNTERWEGS IN BRASILIEN

Erfahrungen und Lernprozesse auf Projektreisen
für ADVENIAT

Impressum

Bibliografische Information der Deutschen Nationalbibliothek:
Die Deutsche Nationalbibliothek verzeichnet diese Publikation in der Deutschen
Nationalbibliografie; detaillierte bibliografische Daten sind im Internet über
http://dnb.dnb.de abrufbar.

Die automatisierte Analyse des Werkes, um daraus Informationen insbesondere
über Muster, Trends und Korrelationen gemäß §44b UrhG („Text und Data
Mining") zu gewinnen, ist untersagt.

Umschlagfoto: © Elisabeth Freitag

© 2025 Elisabeth Freitag

Verlag: BoD · Books on Demand GmbH, Überseering 33, 22297 Hamburg,
bod@bod.de

Druck: Libri Plureos GmbH, Friedensallee 273, 22763 Hamburg

ISBN: 978-3-8192-4546-6

Inhaltsverzeichnis

Im Zeitraum von 1983 bis 2007 war Elisabeth Freitag als Länderreferentin für Brasilien beim Lateinamerika-Hilfswerk Adveniat tätig, nach 7-jähriger Arbeit als Referentin für Argentinien. Auf ihrem Schreibtisch landeten tausende Projektanträge aus Brasilien – anfangs noch als Luftpostbriefe, die von Ordensleuten und Bischöfen, Gemeinden und Diözesen eintrafen. Nahezu jede Woche kamen Besucher aus dem größten Land Lateinamerikas nach Essen, um in der Geschäftsstelle des Hilfswerks ihre Anliegen und Projekte vorzustellen. Im Archiv von Adveniat liegen hunderte Besuchervermerke aus der Feder der Referentin.

Unabdingbar für die Entscheidung, ob ein Projekt finanzielle Unterstützung erhalten sollte, waren detaillierte Kenntnisse der kirchlichen Landschaft, ein profundes Wissen um die wirtschaftliche und politische Situation in den unterschiedlichen Regionen Brasiliens sowie gute persönliche Kontakte. Das notwendige Hintergrundwissen konnte sich die Länderreferentin auf den Projektreisen durch das Land erwerben, zu denen sie einmal pro Jahr für zwei bis vier Wochen aufbrach und über die sie in ihren Reiseberichten ausführlich Buch führte. Die Autorin hat diese Reiseberichte zusammen mit anderen Unterlagen aus der Adveniat-Arbeit in dieser Publikation unter ihrem soziologischen Blick in Zusammenhängen festgehalten. Die Leser und Leserinnen können Elisabeth Freitag dabei begleiten und nachvollziehen, warum das Land, indem gerade eine Militärdiktatur geendet hatte, sie immer mehr faszinierte und zu einer Art Herzensheimat wurde.

Grundlegend für alles Handeln in der Projektarbeit war die Entscheidung der „vorrangigen Option für die Armen", wie sie im Schlussdokument 1979 auf der Generalversammlung des Lateinamerikanischen Episkopats im mexikanischen Puebla formuliert worden war. Maßgebend dabei waren die Stimmen der Bischöfe Brasiliens, allen voran des Erzbischofs von Olinda und Recife, D. Hélder Câmara. Im Schlussdokument hieß es: „Diese Option, die durch die ärgerniserregende Realität des wirtschaftlichen

Ungleichgewichts in Lateinamerika erfordert wird, muss dazu führen, ein würdiges und brüderliches Zusammenleben zu begründen und eine gerechte und freie Gesellschaft aufzubauen". Als Elisabeth Freitag 1983 in das Brasilienreferat gewechselt war, galt die Theologie der Befreiung mit der vorrangigen Option für die Armen als wichtigste Triebfeder der Pastoral in Lateinamerika.

Auf ihren Projektreisen begegnete die Referentin immer wieder Schlüsselpersonen dieser neuen Pastoral, die das Augenmerk der Kirche auf die Armen richtete. Dies geschah nicht nur im Austausch mit Personen wie Ivo Lorscheiter, Carlos Mesters oder Pedro Casaldáliga, sondern auch in Gesprächen mit Verantwortlichen wichtiger pastoraler Einrichtungen und Bewegungen wie dem Zentrum für Bibelstudien CEBI, dem Indigenenmissionsrat CIMI, der Fischerpastoral oder der Brasilianischen Ordenskonferenz CRB. So konnte Elisabeth Freitag die Entwicklungen der Kirche erleben und unterstützen. Sie schildert in ihrem Bericht diesen „novo jeito de ser igreja" in seinen vielfältigen Facetten.

Deutlich wird dabei das Mühen und Ringen der Partnerinnen und Partner des Hilfswerks Adveniat um einen Dienst bei den Armen und um eine Verbesserung ihrer Lebenssituation: Elisabeth Freitag schildert eindringlich die Impulse, die ausgegangen sind von armen (oftmals schwarzen) Frauen, von Mitarbeitenden in der Pastoral und den Gemeinden in abgelegenen Regionen, von Initiativgruppen im Bereich Gesundheit und Erziehung und nicht zuletzt von Angehörigen indigener Völker. Seit den 1980er Jahren verzeichnete die Autorin zunehmend ökologische Problemsituationen in verschiedenen Regionen des Landes.

Aus den vielen Gesprächen und Begegnungen vor Ort entstand so eine Dokumentation, die die Aufbruchsphase Brasiliens in Kirche und Gesellschaft aufzeigt, von den Jahren des Übergangs zur Demokratie bis zur ersten Regierung von Lula da Silva. Das Buch zeigt auf, wie aktuell die damaligen Bemühungen um eine andere, heute würde man sagen: synodalere Kirche sein können. Ein Blick in das Abschlussdokument der Generalversammlung der Bischofssynode 2024 („Gemeinschaft, Teilhabe und Sendung") zeigt: Hätte die Kirche schon in den 1980er Jahren „das geistliche Erbe der Ortskirchen" (I,37) und die „Einheit in der Vielfalt" (I,38) stärker gewichtet, wäre mancher Konflikt der brasilianischen Kirche mit dem Vatikan ausgeblieben. Und dass die vorrangige Option für die Armen jetzt von der Synode als im „christologischen Glauben implizit enthalten" (I,19) definiert wurde, ist eine Bestätigung des klaren, aber oftmals schwierigen Weges der Kirche in Lateinamerika, den Elisabeth Freitag begleiten konnte.

P. Martin Maier SJ
Hauptgeschäftsführer Adveniat

Meine Aufzeichnungen zu den sieben Jahren im Länderreferat Argentinien (1975 – 1982) hatte ich im ersten Corona – Lockdown geschrieben. Jetzt im zweiten Lockdown setze ich die Phase 1983 – 2007 im Länderbereich Brasilien fort. Ich kann dieser der Pandemie geschuldeten Inhäusigkeit einiges abgewinnen und nutze sie, um mich auf 24 Jahre zu konzentrieren, in denen ich 24 Dienstreisen nach Brasilien und eine nach Rom ins Pio Brasileiro machte. Ich stelle fest, dass ich von den 27 Bundesstaaten Brasiliens – außer im Nordosten Alagoas, Paraiba, Rio Grande do Norte, Piauí und Sergipe – 22 besucht habe mit 87 Diözesen, einem Drittel aller Jurisdiktionen im Land. Verschiedene Diözesen bereiste ich wegen ihrer Bedeutung, notwendiger Projektprüfungen oder aktueller Problemlagen mehrmals (vgl. Geographische Übersicht der Projektreisen auf S. 23).

Den ersten Arbeitstag in der Abteilung Bras II – so hieß das Projektreferat damals – werde ich nicht vergessen. Der Blick in übervolle Aktenschränke mit 600 zu entscheidenden Projekten bei einer jährlichen Antragszahl von über 1000 eingereichten Gesuchen versetzte mir erst einmal einen Schock. Wie soll ich das schaffen, fragte ich mich, als ich abends allein im Büro saß und erst einmal Tränen flossen. Zudem wurde mir klar: eigentlich kennst du das Land nicht, nicht einmal die Sprache. Außerdem war mein Vorgänger, Herr Dr. Theodor Loeker, erst vor kurzem verstorben nach einjähriger schwerer Krankheit. Das Referat war aushilfsweise vom Projektreferenten, Herrn Bauer, betreut worden mit vielen, vielen Überstunden. Doch allein war ich in dieser Situation nicht: es gab ein Team mit drei erfahrenen Mitarbeiterinnen im Sekretariat.

Ich besorgte mir Landkarten, studierte die Geographie dieses „Kontinents im Kontinent" und verschaffte mir ein Grundlagenwissen zu Geschichte, Politik und Kirche des Landes. Bei meinen Vorgesetzten bekam ich viel Verständnis und die Erlaubnis für einen Sprachkurs in Brasilien. Ich hatte auch gute Helfer: mein erfahrener Kollege Josef Merz aus der Abteilung Bras I war jederzeit bereit, meine zahlreichen Rückfragen zu

Projekten und Partnern kenntnisreich zu beantworten. Und mein Kollege im Pressereferat Horst Roos versorgte mich mit informativen Zeitungsanalysen zum Politikgeschehen und zur Kirche des Landes. Ebenso hilfreich waren die Gespräche mit meinen beiden Vorgesetzten.

Die zweiwöchigen Sprachkurse in Rio de Janeiro 1983 und 1984 sehe ich als einen wichtigen Baustein, um mich in das Land einzuarbeiten. Meine drei Lehrer Alvaro, Danilo und Leo des Sprachinstituts „Centro de Estudos de Língua e Cultura" im pittoresken Stadtteil Santa Teresa haben mir vor allem die Geschichte und Kultur des Landes vermittelt. Durch sie wurde ich mit den Sambaklängen und dem Karneval vertraut und unterließ in den ersten Jahren keine Gelegenheit, am Wochenende in die Übungsabende des Sambaclubs *Vila Isabel* zu gehen. Vielleicht war dieses Unterrichtsziel am Ende entscheidender, mich mit der Lebensenergie *axé* der brasilianischen Kultur zu verbinden, als die unregelmäßigen Verben zu pauken! Statt den Stoff des Vormittags zu vertiefen, besuchte ich allerdings am Nachmittag in der Stadt Projekte und nationale kirchliche Partner. Das bedauere ich im Nachhinein; es hätte besser gestimmt, mich in der ersten Phase ganz auf das Studium der Sprache zu konzentrieren.

Die Stadt an der Bucht von Guanabara faszinierte mich zunehmend. Hinzu kam die traumhaft schöne Lage des Bildungshauses der Irs. da Assunçao, CENAM genannt, wo ich wohnen konnte. Das Sprachinstitut lag auf dem Gelände der großen, geschichtsträchtigen Anlage. Ich genoss den umfassenden Blick auf das Maracaná Stadium, das Stadtzentrum, die Brücke von Niteroi, die Baía von Guanabara der Stadtteile Gloria und Flamengo mit seinem Zuckerhut – die Schokoladenseite der Stadt. Im Laufe der Jahre erlebte ich bei Projektbesuchen in den Favelas dann auch ihr anderes Gesicht, die Höllenseite der *cidade maravilhosa*...Davon später mehr.

Mit den aufgeschlossenen Irs. da Assunção verstand ich mich schnell und im Laufe der Jahre entwickelte sich eine freundschaftliche Beziehung. Dieses kostbare Geschenk gab mir Rückhalt durch einen vertrauten wie diskreten Rückzugsraum mit familiärer Atmosphäre – das Gefühl von *minha casa no Brasil*. Nicht zuletzt war dieses Bildungshaus Centro de Acolhida Missionaria ein wichtiger Ort der Begegnung, Reflexion und Weiterbildung für Pastoralbewegungen, Ordensleute und Gruppen des kirchlichen Aufbruchs der 1970 – 1990 er Jahre. Ich lernte interessante Teilnehmer:innen aus allen Teilen des Landes kennen. Meine Herberge erwies sich als eine vortreffliche Chance, Einblicke in die erstaunliche Dynamik jener Zeit zu bekommen. Das geschah ungeplant, eine mir zufallende Kostbarkeit. So erlebte ich auch die Freundschaft mit der beliebten Oberin des Hauses, Ir. Margarita Alarcon, einer klugen, lebenskundigen, spirituell tief verwurzelten spanischen Ordensfrau aus Malaga. Sie war für nicht wenige Kursteilnehmer Begleiterin, Therapeutin, Beichtmutter. Für mich erwies sie sich in meiner Arbeit als eine Türöffnerin. Ir. Margarita kannte viele Schlüsselpersonen in der Kirche Brasiliens. Sie eröffnete mir manche Kontakte und oft reichte es nur zu sagen, „viele Grüße von Ir. Margarita".

In der Regel war Rio Ausgangspunkt für meine Rundreisen in verschiedene Regionen. Zum Abschluss einer Reise pflegte ich mit Ir. Margarita das Ritual, sie in das bekannte Café Colombo im Stadtzentrum einzuladen oder in einer Strandbar von Copacabana eine Caipirínha zu trinken. Das tat gut für beide Seiten. Die Versetzung von Ir. Margarita in das kleinere Exerzitienhaus der Schwestern in Teresópolis habe ich natürlich bedauert. Aber das CENAM blieb mir erhalten, weil ich mit allen Schwestern guten Kontakt pflegte und ihre Kapelle auch für mich zu einem Ruhepol geworden war. Psychologisch war das Gefühl eines familiären Ortes in Brasilien für mich sehr wichtig. Ich bekam ein natürliches Vertrauen, in diesem riesigen Land allein unterwegs zu sein, empfand wenig Fremdheit und sah die kulturelle Vielfalt als Bereicherung an.

Bevor ich meine Themen, Eindrücke und Erlebnisse von den Dienstreisen durch das Land zusammenfasse, möchte ich vorab einige Daten und Fakten zur Ausgangslage der Brasilienreferate und ihrer Entwicklungen festhalten. Meinen früheren Kollegen Norbert Bolte, Klemens Paffhausen und Jörg Dietzel gilt mein großer Dank. Sie standen mir bei der Beschaffung der Daten in Corona – Zeiten unterstützend zur Seite. Informationsquellen für die folgenden Ausführungen sind in erster Linie meine insgesamt 24 Reiseberichte mit einem Volumen von 1.650 Seiten; hinzu kommen die Informationen aus dem Länderprofil der Brasilienreferate, Jahresberichte von Adveniat, die jährlich vom Institut für Brasilienkunde in Mettingen herausgegebenen „Hefte zu Daten und Informationen Brasiliens", nicht zuletzt das Internet. Gelegentlich zog ich mein Fotoalbum, meine digitalisierten Dias sowie die Jahreskalender zu Rate. Als nützlich erwies sich auch die Suche nach Daten im Schematismus der Kirche Brasiliens, Anuário Católico do Brasil (Ausgabe 2015). In all den Jahren waren die vom *Centro de Estatistica Religiosa e Investigações Socias* (CERIS) jährlich herausgegebenen voluminösen Anuários (ACB) für mich wie für alle Mitarbeitenden im Brasilienbereich unerlässliches Arbeitsmittel. Wir nannten den ACB deshalb sogar unsere *„Biblia"*.

Zu meiner Anfangszeit bildeten die beiden Brasilienbereiche – Abteilung Bras-Nord und Bras-Süd genannt – die antragsmäßig größten in Adveniat. Bras-Nord hatte immer ein 10 bis 20 Prozent höheres Antragsvolumen pro Jahr als Bras-Süd. Demzufolge war das Arbeitspensum für alle Mitarbeitenden sehr hoch, zumal es noch keine EDV gab – sie wurde erst 1990 eingeführt. Zu meinem Aufgabenbereich gehörte territorial gesehen das Gebiet der Bundesstaaten Rio Grande do Sul, Santa Catarina, Sao Paulo, Rio de Janeiro, Mato Grosso, Mato Grosso do Sul, Amazonas, Roraima, Rondônia und Acre. Die vier Bundesstaaten des westlichen Amazonasbeckens hatte ich bei der Aufteilung meinem Kollegen abgerungen, deshalb kam es zur Umbenennung in Bras I und Bras II. Ich war der Ansicht, dass beide Abteilungen in etwa die unterschiedlichen Realitäten des Landes abbilden sollten, was meinem älteren Kollegen einsichtig war. Freilich konnte ich dabei seine Trauer verstehen, die Region *Norte I* abzugeben. Denn oft hatte er von seinen abenteuerlichen Projektreisen in den 1970er Jahren auf der Transamazônica erzählt. (Wobei es auch in mir seit meiner Schulzeit schon immer eine Anziehung für den Amazonas – Fluss gab...).

Brasilien stand im Jahr **1983** am Ende seiner zwanzigjährigen Etappe der Militärdiktatur. Auf den ersten beiden Reisen erlebte ich vielerorts die landesweite Kampagne für eine direkte Präsidentenwahl – *diretas já!* Das Land hatte zu diesem Zeitpunkt nach den Daten von CERIS, dem sozialwissenschaftlichen Institut der Bischofskonferenz, 119 Mill. Einwohner, davon 105 Mill. Katholiken (88%). Die Zahl der Diözesen betrug 237, die der Pfarreien 6.300 und die der Diözesanpriester 9.500. Die Anzahl der Ordensfrauen lag dem Datenüberblick des ACB 2015 nach bei 37.000, die der Ordensmänner bei 7.700. Das war der weite kirchliche Kontext, in dem die ca. 2.150 Anträge im Jahr 1983 zu verordnen sind. Aus dem Findbuch des Archivs konnte ich entnehmen, dass im selben Jahr für Brasilien insgesamt 1.875 Projekte bewilligt waren bei einer Vergabesumme von DM 31 Mill.

Die Antragszahlen nahmen im Laufe der 1980er Jahre stetig zu. Bei der Erarbeitung von Projektentscheidungen kam ich mir wie am Fließband vor. Im Eilschritt füllte ich ein vorgegebenes Formular handschriftlich aus, schaute kurz in das Vorprojekt wegen des ordnungsgemäßen Abschlusses und legte eine Vorschlagssumme bzw. Ablehnung fest. Verbindliche Kriterien für die Entscheidungen gab es damals nur wenige. Umso wichtiger waren die Projektbesprechungen, die ich als intensive Entscheidungsfindungen erlebte. Kontroverse Debatten fanden gelegentlich statt über Baukonzepte, Fahrzeugtypen, die Eigenleistungshöhe – neben allerhand Anekdoten zu manchen Antragstellern! Kirchenpolitische Divergenzen wie in den Anfangsjahren im Argentinien – Referat dagegen erinnere ich nicht. Im Gegenteil, der Aufbruch der brasilianischen Kirche wurde mit wohlwollendem Blick betrachtet und die bekannten Bischöfe waren gern gesehene Gäste in der Geschäftsstelle des Kolpinghauses.

In diese Phase steigender Antragszahlen und Arbeitsbelastung kam für mich 1989 ein gesundheitlicher Einbruch, weshalb ich auch keine Projektreise machen konnte. Angesichts des hohen handschriftlichen Schreibpensums legten mich die Schmerzen eines Tennisarms lahm, der sechs Wochen in einer orthopädischen Klinik gut behandelt wurde. Ich begann nach Rückkehr ins Referat, alle deutschen Schriftstücke zu diktieren, was meinem Arm gut bekam.

Schließlich brachte die Gründung des dritten Brasilienreferates eine wesentliche Erleichterung. Bereits die Praktikumszeit von Norbert Bolte ab November 1988 hatte für mich eine große Entlastung bedeutet. Sie war im Dezember 1988 in eine Vollzeitstelle umgewandelt worden. Aber es dauerte noch bis Mitte **1989**, als **Bras III** offiziell mit der Zustimmung der Bischöflichen Kommision gegründet wurde. Die Räumlichkeit in der Bibliothek war zunächst äußerst prekär und verbesserte sich erst nach dem Umzug in das Gebäude am Porscheplatz.

In der Erinnerung meines Kollegen Norbert Bolte lag die Antragszahl in jenem Jahr bei über 3.000 Projekten. **1989** zählte Brasilien bereits 136 Mill. Einwohner, davon 111 Mill. Katholiken (81%). Die Zahl der Pfarreien stieg auf 7.200, ebenso erhöhte sich die Zahl der Diözesen auf 246. Die Anzahl der

Diözesanpriester betrug nach CERIS 6.200, die der Ordenspriester 7.700. Interessant ist das Vergabevolumen im Jahr der Neugründung des 3. Brasilienreferats, nämlich 33,5% der Gesamtvergabe Adveniats, konkret DM 41 Mill., die sich auf 2.635 genehmigte Projekte verteilten. Die drei Referate stellten dem Jahresbericht nach 39% aller bewilligten Projekte. Die Ablehnungen machten meiner Schätzung nach zu der damaligen Zeit 10 – 20% aller entschiedenen Projekte aus.

Diese Zahlen belegen, wie notwendig die Einrichtung eines dritten Brasilienreferats gewesen war. Wir Projektreferenten nahmen eine Neueinteilung vor gemäß den von der Bischofskonferenz festgelegten Regionen, *Regionais* genannt. Für mich bedeutete die neue Situation arbeitsmäßig wie menschlich eine Entlastung. Mit dem jüngeren Kollegen verstand ich mich schnell sehr gut, wir teilten dieselben Visionen von Kirche und Gesellschaft und bevorzugten Teamarbeit. Unser älterer Kollege Josef Merz, der kenntnisreich ein unglaubliches Arbeitspensum als Leiter der größten Projektabteilung und der Verwaltung geleistet hatte, ging **1995** in den Ruhestand. Auf ihn folgte der Kollege eines benachbarten Hilfswerks, Werner Klar, den wir durch gute Zusammenarbeit schätzen gelernt hatten. Sein Humor und Beitrag mit köstlichem Eierlikörkuchen bereicherten unsere „Brasilienrunden", die wir in Absprache mit der Abteilungsleitung regelmäßig einführten. Sie bedeuteten einen Gewinn für unseren Austausch und für die Entwicklung einer Projektförderungsstrategie. Nicht nur war die Landeskenntnis aller Beteiligten hoch, wir teilten auch die gemeinsame Sympathie für Land und Leute.

Nachdem die Ansprüche an Projektstudium und Abwicklung immer mehr stiegen und etliche sonstige Aktivitäten wahrzunehmen waren, baten wir **1996** um die Gründung eines weiteren Brasilienreferates: **Bras IV**. Im Jahr 1996 war die Einwohnerzahl des Landes weiter gestiegen auf 165 Mill., die **Zahl der Katholiken** auf 120 Mill., wobei sie jedoch nur noch **73% an der Gesamtbevölkerung** ausmachte. Die Anzahl der Diözesen betrug inzwischen 265, die der Pfarreien 8.200. Gemäß den Statistiken von CERIS gab es in dem Jahr 14.300 Priester. Adveniat wies im Jahresbericht von 1996 für Brasilien 2.635 geförderte Projekte aus (37% anteilmäßig) mit einem Volumen von DM 37 Mill., was 31% der Gesamtvergabe entsprach.

Ab diesem Jahr übernahm der projekterfahrene Kollege Klemens Paffhausen das neue Referat mit den Bundesstaaten PR, SP, MS, MT. Ich meinerseits war froh, den Staat Sao Paulo mit den meisten Diözesen im Land (36) abgeben zu können. Mein „Sprengel" erweiterte sich um den Bundesstaat Maranhão und die nationalen Partner, die unser pensionierter Kollege Josef Merz drei Jahrzehnte lang betreut hatte. In dieser neuen Verantwortung war mir besonders wichtig, meine drei Kollegen bei Besuchen von Schlüsselpartnern nationaler Einrichtungen in die Gespräche mit einzubeziehen. Einen gemeinsamen Gedankenaustausch mit nationalen Partner:innen hatte ich in meinen ersten Brasilienjahren immer vermisst.

Im Jahr 1995 zog Adveniat um vom Porscheplatz in die Räumlichkeiten der Bank im Bistum Essen in die Gildehofstraße. Die Brasilien-Dokumentation, die in den letzten Jahren unter meiner Initiative entstanden war, bekam nun einen schönen Raum im 9. Stock mit Panoramablick – ein einladender Ort auch für Gespräche mit Besuchern.

ANMERKUNGEN ZU DEN PROJEKTREISEN IN BRASILIEN

Im Rückblick auf 24 Jahre Reiseerfahrungen in Brasilien kommt mir der große Zeithorizont politischer und kirchlicher Entwicklungen ins Bewusstsein. Davon wurden die Themen, Anliegen und Fragestellungen der Projektreisen stark mitbestimmt, wie sich im Folgenden zeigen wird. Dabei ist meine Wahrnehmung auf das, was sich in all den Jahren ereignete, natürlich subjektiv.

Zur politischen Situation: der Reisezeitraum von 24 Jahren umfasst eine Zeit politischen Wandels im Land von der Militärdiktatur im Niedergang bis zum Wahlsieg der Arbeiterpartei PT. Es regierten in dieser Zeit sechs Präsidenten: General Joao Figueiredo, José Sarney, Fernando Collor de Mello (wegen Korruption des Amtes enthoben), Itamar Franco, Fernando Henrique Cardoso und schließlich 2003 Luíz Inácio Lula da Silva – genannt Lula. Die politischen Entwicklungen im Land bestimmten durchaus meinen Blick für aktuelle Probleme und Fragestellungen, die auch die Projektarbeit betrafen: es waren insbesondere die Themen Korruption und Gewalt sowie die ökologischen Katastrophen von Umweltzerstörung im Amazonasbecken. Mein besonderes Interesse galt dabei der indigenen Frage und den sozialen Problemen – vor allem der Lage der Frauen sowie der afrobrasilianischen Bevölkerung. Diese Themen erschlossen sich in den Anfangsjahren immer mehr und verdichteten sich. Ich erlebte mich auf all den Reisen als Zeugin eines komplexen wie dynamischen Prozesses, in dem das Land und die katholische Kirche vor und nach der Jahrtausendwende standen. Es waren bewegende Jahre des Aufbruchs in der brasilianischen Kirche mit vielen eindrücklichen Begegnungen an der Basis wie mit der *cupula* (Hierarchie). Später werde ich bei meinem Gang durch die Regionen davon berichten. Natürlich schaute ich mit Blick auf meine Projektarbeit insbesondere auf die Projektentwicklungen vor Ort, auf die Gestaltung der Pastoral, die Umsetzung der Pastoralleitlinien der CNBB in den Diözesen, auf neue und kreative Pastoralinitiativen und Modelle der Eigenfinanzierung.

Auf der Ebene der Bischofskonferenz CNBB (Conferência Nacional dos Bispos do Brasil) begegnete ich fünf Präsidenten: D. José Ivo Lorscheiter (1983), D. Luciano Mendes de Almeida S.J.(1987), D. Lucas Cardeal Moreira Neves (1995), D. Jayme Henrique Chemello (1998),und D. Geraldo Majella Cardeal Agnelo (2003). Wichtig für die Zusammenarbeit waren vor allem die Generalsekretäre D. Raymundo Damasceno de Assis (1995-2003) und D. Odilo Scherer (2003-2007), mit denen ich die Projektanliegen der CNBB zu besprechen hatte. Die Zusammenarbeit über die Jahre habe ich als konstruktiv, transparent und menschlich angenehm empfunden, dazu mit dem besonderen *jeitinho brasileiro*.

Von besonderer Bedeutung für mich waren die Absprachen mit den Verantwortlichen in den Regionalstellen der Bischofskonferenz. Ihre Kooperation reichte bis zum Kauf der Flugtickets bei den regionalen Fluglinien, die von Deutschland aus nicht gebucht werden konnten. Es war zu einer Selbstverständlichkeit geworden, dass ich bei meiner Ankunft zunächst immer Gespräche mit den zuständigen *Secretarios oder Secretarias* führte, eine wichtige Orientierung für die Projektarbeit. Ihr Wissen und ihre Erfahrung habe ich sehr geschätzt und bis heute gilt ihnen mein großer Dank.

Meine Projektreisen in Brasilien machte ich in der Regel allein. Auf zwei Reisen im Jahr 1992 und 1994 begleitete mich der Journalist Hermann Multhaupt aus Paderborn, der sie literarisch festhielt in zwei packenden und bei Adveniat erschienenen Brasilianischen Tagebüchern „Das Haus der heiligen Flöten" und „Das Herz in der geballten Faust"[1]. Wir bereisten 1992 einige Orte im Bundesstaat Amazonas und 1994 im Mato Grosso. Vor allem die indigene Problematik war unser Focus, wie ich später ausführen werde.

Bei zwei weiteren Reisen, sogenannten Delegationsreisen, im Jahr 2000 und 2005, war meine Rolle die der Begleiterin und Übersetzerin für den Vorsitzenden der Bischöflichen Kommission, Weihbischof Grave, der mit Journalisten und weiteren Personen reiste. Eine dritte Reise im Jahr 1995 zum „Runden Tisch" nach São Luis und Marabá hatte eine besondere Mission, die sich aus meiner Mitarbeit in der Fachgruppe Brasilien der GKKE (Gemeinsame Konferenz der Kirchen für Entwicklung) ergab. Auf diese drei Reisen werde ich in einem eigenen Kapitel eingehen. Sie betrafen nur mittelbar meine Projektarbeit.

Das Konzept meiner Reisen erfolgte in erster Linie nach regionalen Schwerpunkten. Mir schien es nicht sinnvoll, „von Projekt zu Projekt zu hopsen", dafür waren die Ausdehnungen, die verschiedenen Klimate und die soziokulturellen Unterschiede zu groß. Dazu bedurfte es einer Grundkenntnis über geographische Räume und die Millionenstädte São Paulo, Rio de Janeiro und Manaus. Später kamen thematische Kriterien hinzu wie Medienarbeit der Kirche oder die Arbeitsweisen nationaler Einrichtungen. Ein besonderes Augenmerk hatte ich auf katholische Radio- und Fernsehstationen gelegt, da wir im Laufe der Jahre einige Anträge dieses nach meiner Einschätzung wichtigen Projekttyps erhalten hatten. In einer späteren Phase nahm ich an nationalen Treffen, Jahresversammlungen und Jubiläumsveranstaltungen zentraler Projektpartner teil. Diese Großereignisse zeigten sich als eine vortreffliche Gelegenheit, Projektpartner:innen aus allen Landesteilen zu begegnen, laufende Anträge zu besprechen und aus den Vorträgen und Diskussionen in den Arbeitsgruppen den aktuellen Bewusstseinsstand zu gesellschaftlichen Fragen und pastoralen Herausforderungen heraus zu hören.

Brasilien ist nichts für Anfänger – *Brasil não é para principiantes* – diesen treffenden Satz des Komponisten Tom Jobim rief mein Kollege in Erinnerung, als er von meinem biographischen Eintauchen in 24 Jahre Projektarbeit in Brasilien hörte. Deshalb möge dieser Satz ein roter Faden für die folgende Rundreise durch das Land sein:

Beginnen werde ich mit der Region des Süden, wobei ich die Regionale der CNBB *Sul 3* (Rio Grande do Sul), *Sul 4* (Santa Catarina) und *Sul 2* (Paraná) zusammenfasse. Anschließend werde ich den Bundesstaat Sao Paulo (*Sul 1*) mit seiner Megalopolis und den besuchten Diözesen vorstellen; danach den Staat Rio de Janeiro (*Leste1*) und seiner Megalopolis Rio de Janeiro. Es folgt die Region des Westen und Mittelwesten (Mato Grosso do Sul, Mato Grosso) sowie Goiás mit Distrito Federal, in der Nomenklatur der CNBB die Regionale *Oeste* und *Centro-Oeste*. Dann stelle ich den westlichen Amazonasraum mit den Bundesstaaten Rondonía, Acre, Amazonas und Roraima vor, die Regionale *Norte 1 und Noroeste*. Diesem Kapitel folgt das östliche Amazonasbecken mit den Bundesstaaten Pará, Amapá, Tocantins, zu meiner Zeit das Regional *Norte 2*. Abschließen werde ich den Gang durch die Projektreisen mit dem Nordosten, vor allem mit dem Bundesstaat Maranhão, für den ich zuständig war. Es ist eine Reise auf der Süd – Nord – Achse und auf der West – Ost – Achse des Landes. Auf der Zeitachse war ich im Land insgesamt 18 1/2 Monate (517 Tage) unterwegs.

Zusammenfassend:

1. Süden
2. São Paulo mit den Diözesen im Landesinneren
3. Rio de Janeiro mit den Diözesen im Landesinneren
4. Westen und Mittelwesten
5. Goiás und die Hauptstadt Brasília
6. Westliches Amazonasbecken
7. Östliches Amazonasbecken
8. Nordosten

GEOGRAPHISCHE ÜBERSICHT DER PROJEKTREISEN

Die Frage nach der Förderungsnotwendigkeit

Diese Region zeigte sich mir von meiner Zeit im Argentinien – Referat her vertraut, nicht zuletzt durch die gemeinsamen Mate – Runden und die genüssliche Freude an einem *churrasco corrido*. In Santa Catarina lernte ich dann kulinarisch noch etwas Neues hinzu: das opulente *Café Colonial*. Zu verführerisch schmackhaft zeigte sich das Churrasco der Gauchos, der Bewohner von Rio Grande do Sul – nichts für strenge Vegetarier!

Aus meinem Überblick der Reisen ist zu entnehmen, dass ich die drei Südstaaten weniger bereist habe. Die Region gilt den Sozialstatistiken nach als relativ entwickelt, sodass in anderen Landesteilen immer wieder die Frage aufgekommen war – auch bei Adveniat selbst – aus welchem Grund die Diözesen im Süden unterstützt würden. Ich war bei diesen Diskussionen immer der Ansicht, dass der Süden von der Förderung nicht ausgeschlossen werden dürfe, jedoch nach Kriterien wie Reduzierung von Bauvorhaben, Förderung von Bildungsprogrammen und innovatorischer Pastoralprojekte für marginale Zielgruppen betrachtet werden müsse. Solche Überlegungen entwickelten sich auf den Reisen mit Schlüsselpersonen in den Regionalstellen. Schließlich war mir die Not vieler armer Menschen klar geworden, warum hätten sie sich sonst auf tausende Kilometer lange, beschwerliche Wege in die westlichen und nördlichen Regionen machen sollen? In den Großstädten der drei Bundesstaaten RS, SC und PR sah ich favela – ähnliche Stadtrandsiedlungen wie überall in Brasilien. Hinzu kam, dass überregionale Träger der kath. Kirche im Süden gegründet worden waren und eine wichtige Funktion für die ganze Kirche in Brasilien hatten (COM, CEBI). Diese Partner werde ich später vorstellen.

Reisen in Santa Catarina: Überschwemmungen und die Landpastoral

Auf meiner ersten Reise 1983 fuhr ich deshalb bewusst in den Süden, nach SC und als Kontrast in den Norden nach Manaus. Wegen starker Überschwemmungen im Raum von Rio do Sul und Joinville entschied ich mich, in diese Diözesen zu reisen. Mit Freude stellte ich fest, welche innerkirchliche Solidarität es dort gab. Die Erzdiözese São Paulo hatte den betroffenen Pfarreien mit Lebensmittelspenden geholfen. Den Notleidenden standen die Kirchenräume zur Notunterbringung offen, während die staatlichen Hilfen sich lediglich auf Gewährung von Baumaterialien bezogen. Tausende Menschen verloren damals ihre armseligen Häuser.

In den Gesprächen war ich überrascht, wie der kirchliche Aufbruch auch in diesem Landesteil deutlich feststellbar war. Die Pastoral priorisierte die Förderung von *Comunidades Eclesias de Base (CEBs)*, man berichtete mir auch von regelmäßigen Treffen auf diözesaner Ebene. Die Landfrage wurde in diesem Raum ebenso zum Problem, weil viele Kleinbauern über keine Besitztitel ihres Landes verfügten und von großen Unternehmen vertrieben worden waren. Deshalb sagte mir 1983 der in der Regionalstelle der Region *Sul 4* zuständige Verantwortliche, dass der *Pastoral da Terra*, der Landpastoral, eine immer größere Wichtigkeit zukomme. Mit dem **Bischof von Chapecó, D. José Gomes**, konnte ich dieses Thema 1988 weiter vertiefen. Er war einer der sehr mutigen Bischöfe im Land und leitete einige Jahre als Präsident die nationale Landpastoral, eine der gefährlichsten Aufgaben in der Zeit. Die Begegnung mit ihm war eindrücklich, D. José erschütterten auch ständige Morddrohungen nicht. Seine Übersicht über die großen Probleme des Landes nach der Verfassung von 1988 war groß, sein differenzierter Blick galt allen, dabei sparte er nicht mit kritischen Beobachtungen, auch nicht am *Movimento dos Trabalhadores Rurais sem Terra (MST)*.

Reisen in Rio Grande do Sul: starke Frauen und starke Männer

Unvergesslich bleibt mir die fünftägige **Rundreise** durch die Diözesen **Sta. Cruz do Sul, Cruz Alta, Santa Maria, Pelotas und Rio Grande** ganz im Süden des Landes. Das Regional *Sul 3* hatte entschieden, dass ich von **D.**

Sinesio Bohn aus Sta. Cruz do Sul und seinem Mitarbeiter Dogival Duarte (*Secretário*) begleitet werden sollte. Dieses großzügige Angebot, eine symbolhafte Dankesgeste gegenüber Adveniat, ermöglichte, in fünf Tagen die fünf ärmeren Diözesen in RS kennenzulernen. Meinen besonderen Wunsch, unterwegs auch mit Frauengruppen in Kontakt zu kommen, hatte man in das Mammutprogramm eingebaut. Durch die Begleitung der beiden sympathischen Herren fühlte ich mich nicht eingeschränkt in den Dienstgesprächen vor Ort. Sie zogen sich gleich diskret zurück, wenn wir in der jeweiligen Diözese ankamen. Unterwegs von Ort zu Ort hatten wir heitere wie tiefsinnige Gespräche. Der *Secretário* war ein Radiomacher und Poet. Eines seiner Gedichte nannte er *A Fragilidade da Terra* – wie recht er hat, denke ich in bestimmten Momenten noch heute!

Die Gespräche mit Vertreterinnen des *Movimento de Mulheres Trabalhadoras Rurais* und Führungskräften der *Clube de Mães bzw. Grupos de Mulheres* an drei Orten gaben mir trotz ihrer Kürze einen guten Einblick in das Selbstbewusstsein und das Engagement der armen Frauen. Ihre natürliche Frömmigkeit, ihr politischer Durchsetzungswillen, ihr Leiden am *machismo* sowie ihre Kreativität bei einkommensschaffenden Maßnahmen bestachen mich. Diese Begegnungen waren in einem späteren Lehrauftrag an der Katholischen Universität von Eichstätt zur Rolle der Frau in Brasilien zu einem wichtigen Baustein geworden.

Während dieser Rundreise hörte ich in Cruz Alta, dass die Option der Kirche für die Landreform die Reichen in der Bischofsstadt verprellt hatte und als Konsequenz ihre Spenden ausblieben. In dieser Region mit viel Großgrundbesitz war die *U.D.R. (União Democrática Ruralista)* deshalb stark. Der Bischof wurde in den Zeitungen angegriffen. In der lusophon – geprägten Diözese Pelotas erlebte ich ein klares Profil für eine Kirche der Armen: statt einer großräumigen Infrastruktur kleine Bildungsprogramme mit schmalen Gehältern; der Bischof D. Jaime Chemello – späterer Präsident der CNBB – bevorzugte Teamarbeit und Beteiligung der Laien. 350 CEBs waren in diesem Umfeld entstanden. Eine beeindruckende Entwicklung!

Meine Rundreise mit Bischof Bohn endete in Vila Santo Dias an der Peripherie von Porto Alegre bei dem Maristenbruder **Ir. Antônio Cechin.** Die Bischöfe wünschten, dass ich den 60 jährigen Ordensmann in seinem Umfeld kennenlerne, denn im Regional galt seine 20jährige Arbeit mit den

Armen der Millionenstadt als vorbildlich. Geprägt von der Militärdiktatur, der Theologie der Befreiung und der „Pädagogik der Unterdrückten" Paulo Freires wurde für ihn die Option für die Armen bestimmend. *Er ist ein Mann mit viel Erfahrung in der mühevollen Arbeit in der Welt der Armen, der sich weder durch Verfolgungen in der Zeit der Militärdiktatur noch durch zeitweise mangelnde moralische Unterstützung seitens der Kirchenführung verbittern ließ,* heißt es in meinem damaligen Reisebericht. Ir. Antonio hat mir auf den Weg mitgegeben, dass die armen Frauen die entscheidende Gruppe im Prozess gesellschaftlichen Wandels in Brasilien seien und sich die Kirche ihnen besonders widmen müsse. Unseren Gedankenaustausch konnten wir, was mich freute, bei Gegenbesuchen in der Geschäftsstelle fortsetzen.

Eine weitere wichtige Persönlichkeit für die Kirche Brasiliens lernte ich 1984 beim Besuch im ***Centro de Orientação Missionária COM*** in Caxias do Sul kennen, **Mons. Hilário Pandolfo**. Er, der schon in der Frühzeit der CNBB im Generalsekretariat enger Mitarbeiter von D. Hélder Câmara gewesen war, kannte wie kaum ein anderer die Kirche Brasiliens. Ihre Organisationsstruktur hat er entscheidend mitgeprägt. Er war Ideengeber für die Gründung des COM, das Ordensleute und Laien für ihre Arbeit im Norden und Nordosten des Landes vorbereitete. Die zweimonatigen Pastoralkurse hatten eine ganzheitliche Konzeption einschließlich Körperarbeit und psychologischer Begleitung. Sie waren stark frequentiert, auch seitens von Interessent:innen aus Nachbarländern.

Thema bei unserer Begegnung 1984 war die Umstellung der Einzelstipendien auf eine Globalhilfe. Drei Jahre später stand bei unserem Gespräch in Porto Alegre die geplante *Campanha de Fraternidade 1988* zur Situation der Afrobrasilianer im Vordergrund. Auch wenn Mons. Pandolfo die brasilianische Kirche damals noch nicht reif genug fand für diesen Themenschwerpunkt *Fraternidade e Negro* (zum Basistext hatte es sechs unterschiedliche Entwürfe gegeben), so blieb er zeitlebens diesem Thema verbunden. Mich haben unsere Gespräche ungemein sensibilisiert und wurden die Grundlage für eine erweiterte Sichtweise – ganz konkret! Denn Mons. Pandolfo pflegte einen von hohem Respekt getragenen Austausch mit einer *Mãe de Santo* in einem *Terreiro* des Macumba von Caxias do Sul. Wie es zum Kursprogramm gehörte, dass die Teilnehmer:innen eine Kultstätte dieser afrobrasilianischen Religion kennenlernten, so ermöglichte seine Mitarbeiterin Magda

Furtado de Queiroz auch mir eine Begegnung mit dieser Priesterin. Unvergesslich wird mir bleiben, was **Dona Eva** aus dem Würfeln der Muscheln (*Búzios*) für mich herausgelesen hatte. Ich bin dankbar und bis heute tief beeindruckt von diesem Gespräch, das unter meinen Reiseeindrücken einmalig geblieben ist.

Reisen nach Paraná: Curitiba und eine neue Pastoral

Den Bundesstaat **Paraná** bereiste ich nur einmal in den sechs Jahren meiner Zuständigkeit für den Süden. Es ergaben sich keine Notwendigkeiten, Projektbesuche zu machen, zumal die Antragszahlen eher niedrig waren. Mein Besuch 1986 beschränkte sich auf die Stadt **Curitiba**, die damals für ihr nachhaltiges wie „grünes" Image in Brasilien bekannt war. Im Gespräch mit dem Präsidenten und Sekretär des Regional erhielt ich einen Überblick über die 19 Diözesen dieses Raums des früheren Kaffeeanbaus. Mit Stolz erzählte man mir, dass es in Brasilien 300.000 Katechet:innen gäbe, 40.000 allein im Paraná, aber nur 4.000 im Staat Rio de Janeiro. Die dortige *Universidade Católica* plante sogar einen theologischen Fernkurs mit akademischem Abschluss für diese Zielgruppe.

Die Landproblematik war auch in diesem Staat ein vieldiskutiertes Thema. Alle Bischöfe waren nach Ansicht meiner Gesprächspartner von der Notwendigkeit einer Agrarreform überzeugt, von 31 *acampamentos* in Paraná war die Rede, Landbesetzungen des MST, mit 5000 Familien. Eine besonders spektakuläre zeigte man mir am Hauptplatz der Stadt vor dem Regierungsgebäude, wo 200 Familien notdürftig campierten. In der Nähe lernte ich außerdem die zweitgrößte katholische Radiostation, den *Rádio Clube Paranaense* kennen. Sie hatte trotz guten Managements Probleme zu überleben. Mir wurde bewusst, wie schwierig das Thema des Unterhalts von Radios ist, wenn es schon in dieser eher reichen Stadt so mühsam ist.

Eine weitere Reise nach Curitiba machte ich im Jahr 2003. Es ging um das Projekt einer neuen pastoralen Initiative für Menschen mit Suchterkrankungen, der ***Pastoral da Sobriedade***, (Pastoral der Nüchternheit). Die Gründergruppe, ein junger Diözesanpriester, ein in den USA ausgebildeter Facharzt und andere Engagierte, wollten dem großen Problem der Sucht im Land begegnen. Das Problem war immens: allein 11,2 % der Bevölkerung galt um die Jahrtausendwende als alkoholkrank und 15 % als drogen- bzw. tablettensüchtig. Das Team gründete verschiedene Therapiegruppen mit ambulanter und stationärer Betreuung, nachdem unter großer Anstrengung ein Landgut erworben und sehr schlichte Häuser erstellt worden waren. Zu den Zielgruppen gehörte zusätzlich eine Wohngemeinschaft von 40 ehemaligen Strafgefangenen mit psychiatrischen Erkrankungen. Für diese besonders Ausgeschlossenen interessierten sich keine staatlichen Betreuungsstellen, weshalb man für sie ein Arbeitskonzept entwickelte. Ich war erstaunt, wie in wenigen Jahren solch eine differenzierte Sozialeinrichtung mit nur 25 Angestellten, darunter Fachpersonal – worauf man großen Wert legte – entstehen konnte. Wenn es auch für die Personalkosten staatliche Unterstützung gab, war der Einsatz hoch, die Mittelbeschaffung kreativ und die Infrastruktur bei aller Kargheit freundlich. Überzeugend fand ich auch das Angebot von Kursen zur Ausbildung von Multiplikatoren aus allen Landesteilen. In einem ausführlichen Vermerk habe ich den mich sehr beeindruckenden Besuch festgehalten. Die beiden Gründer, P. João Ceconello und Dr. Bodziak, erlebte ich als Persönlichkeiten mit außergewöhnlichem Charisma.

Wichtige nationale Partner im Süden: SOTER und CEBI

Der Besuch nationaler Partner hat mich 2001 und 2002 noch mal nach **Porto Alegre** geführt. Ich nutzte die Gelegenheit eines Besuches bei den Irs. da Divina Providência. Zwei der brasilianischen Schwestern, **Ir. Roseldis Kuhn** und **Ir. Lúcia Weiler,** hatten in Münster als brasilianische Delegierte für einige Zeit im Generalat gearbeitet. Dort war ich in den 1980er Jahren gerne Gast und erfuhr viel über Brasilien. Hinzu kam, dass ich die Kongregation schon seit meiner Studienzeit kannte. Das Wiedersehen an ihrem Heimatort Porto Alegre bedeutete eine große Freude. Die beiden Ordensfrauen berichteten, wie wichtig der Einsatz von Ordensmitgliedern in den Beiräten, *Conselhos,* auf kommunaler und bundesstaatlicher Ebene sei. Diese auf Ideen der Arbeiterpartei zurückgehenden Conselhos waren besonders in RS erfolgreich tätig mit signifikanten Verbesserungen im Gesundheits- und Erziehungsbereich. Für Ir. Lúcia, Bibeltheologin mit Promotion an der PUC-RJ, lag ihr besonderer Schwerpunkt auf der feministischen Theologie, die jedoch an ihrer Fakultät der Kath. Universität Porto Alegre bedauerlicherweise wenig Resonanz erfahren hat. Unter dem Klerikalismus und patriarchalischem Denken ihrer männlichen Kollegen hat Ir. Lucia sehr gelitten.

Auf dem Hintergrund dieser Begegnung von uns drei Frauen führte ich am anderen Tag mit zwei Theologen von **SOTER** *(Sociedade de Teologia e Ciências da Religião)*, einem nationalen Zusammenschluss der Theologen und Theologinnen im Land, ein Projektgespräch: mit P. Carlos Susin und P. Erico Hammes, beide offizielle Repräsentanten und Antragsteller. Der ehrenwerten *Sociedade* gewährte Adveniat seit langem Jahresbeihilfen zur Durchführung der Treffen mit über 100 Teilnehmern. Meine Gesprächspartner berichteten mir, dass beim nächsten Treffen die Frage des Verhältnisses von theologischer Reflexion und sozialpolitischem Engagement heute behandelt werde. Dies sei eine uralte Frage der Theologie der Befreiung, sie solle auch eine kritische Auseinandersetzung mit dem Selbstverständnis engagierter Theologen der 70er und 80er Jahre beinhalten. Im Gespräch hörte ich zu meiner Freude heraus, dass man den weiblichen Teilnehmern in der SOTER mehr Raum geben wolle und deshalb die im Ausland bekannte Philosophin und Theologin Ivone Gebara zu einem Hauptreferat einladen werde. Betrüblich empfand ich die Information, dass dem Laientheologen Faustinho Teixeira vom zuständigen Erzbischof die Lehrerlaubnis an der Kath. Universität von Rio de Janeiro entzogen worden war aufgrund eines Kapitels in einem theologischen Fernkurs zum Thema Pastoral Afro. Meine echauffierten Gesprächspartner sahen das Vorgehen verständlicherweise als Akt reiner Willkür. Er steht im Kontext von Spannungen in der Ortskirche von Rio, über die ich später berichte.

Ein weiterer nationaler Projektpartner aus dem Süden verdient in diesem Rückblick Würdigung: das ***Centro de Estudos Bíblicos CEBI***. Es war 1976/77 im Konvent der Karmeliten in Angra dos Reis gegründet worden. In São Leopoldo, unweit von Porto Alegre, hatte die ökumenische Bibelbewegung ihren Sitz. Ihre Verbreitung im ganzen Land verdankt sie dem ehrenamtlichen Engagement ganz vieler von der Bibel begeisterter Menschen. In der nationalen Koordinationsstelle arbeiteten beim Projektbesuch 2001 lediglich vier Hauptamtliche. Der Generalsekretär Erny Mugge erklärte mir die Grundideen: basisdemokratische Ausrichtung, freiwilliges Ehrenamt, für die

„einfachen Leute" verständnisvoll erarbeitete und finanziell erschwingliche Materialien, gute Ausbildung der Koordinator:innen und Multiplikator:innen in den Regionen. 80.000 Menschen hatte das CEBI bis zur Jahrtausendwende in den *Escolas Bíblicas* erreicht und im Bibelfernkurs, dem weiteren Schwerpunkt, zählte man in dem Jahr 3.000 Eingeschriebene. Bei dem Besuch erfuhr ich ebenso, dass im Jahr 2000 in der eigenen Druckerei allein 149.000 Publikationen (Lehrmaterialien, Hefte, Bücher) erstellt wurden.

Diese erstaunliche Entwicklung sprengte den mir bisher bekannten Aktionsrahmen von Projektpartner:innen. Der Einladung zur Teilnahme an der XVI. Nationalversammlung im Jahr darauf folgte ich gern, zumal sie unter dem Thema „Bibel und Ökologie" und dem Leitmotiv Rm 8,22 „Die ganze Schöpfung seufzt und leidet unter Geburtswehen" stand. Dieses mehrtägige Treffen mit 55 Delegierten aus den Bundesstaaten und dem Direktorium sowie einiger ausländischer Gäste war eine vortreffliche Gelegenheit, das CEBI von innen kennenzulernen. Mir fiel das inhaltlich profunde Arbeiten in den Kleingruppen und im Plenum auf. Die Morgenmeditationen waren meisterlich, die Pauseneinlagen kreativ wie lebendig. Innovativ empfand ich das Suchen nach einer ökologischen Spiritualität im Kontext der Bibel. Das CEBI erwies sich für mich wieder einmal als Vorreiter neuer Ideen. Ich sah es als Geschenk an, Teilnehmerin gewesen zu sein.

Die Erzdiözese und die pastoralen Herausforderungen an der Peripherie

Den Bundesstaat mit der größten Bevölkerungsanzahl besuchte ich mehrmals. In den 13 Jahren meines Mandats (1983-1996) lernte ich die Hälfte aller Diözesen des Regional *Sul 1* kennen. Die Metropole São Paulo stand wegen der nationalen Partner auch nach Abgabe dieses „Koloss" noch mehrmals auf dem Reiseplan, insgesamt 13 Mal. Den ersten Aufenthalt sah ich als Antrittsbesuch beim zuständigen Erzbischof und zu meiner Orientierung. Ich kannte bis dahin absolut niemanden und in dem kleinen Hotel im Zentrum überkam mich ein Gefühl der Verlorenheit und Einsamkeit wie sonst nirgendwo in Brasilien. Es war ein Schock. Das nicht endende Meer von Hochhäusern erdrückte mich, dazu die vielen Fahrbahnen auf den weiten Avenidas, die Schwimmbäder und Hubschrauberlandeplätze auf den Wolkenkratzern, der ununterbrochene Autolärm bei Tag und Nacht, der Smog — das alles war zu viel der fremden Eindrücke!

Der Taxifahrer hatte die Adresse der Kurie in der Av. Higienópolis am Montagmorgen, meinem ersten Arbeitstag in São Paulo, nicht richtig verstanden. Er witterte ein Geschäft und ich fühlte mich machtlos, zumal ich im Portugiesischen noch nicht sicher war. Das Gespräch mit Erzbischof **Cardeal D. Paulo Evaristo Arns** war kurz und eher förmlich. Dafür zeigte sich der anschließende intensive Informationsaustausch mit den drei für Verwaltung und Finanzen zuständigen Diözesanpriestern und dem *Procurador Geral*, D. Francisco M. Vieira als sehr informativ und orientierend. Hinzu kam, dass ich in der Mittagpause von einem der Gesprächsteilnehmer Pe. Dr. Dalton Begleitung bekam. Er machte das einzig richtige, nahm mich bei der Hand, sodass ich beim Gang durch die Einkaufsstrassen meine Unsicherheit abschütteln konnte. Ich sagte ihm später bei anderer Gelegenheit, dass er ein guter Psychologe für mich gewesen sei.

In dem Gespräch mit den Verwaltern bekam ich einen Überblick über die Situation, in der sich die Erzdiözese 1983 mit ihren 8.500.000 Einwohnern im Stadtgebiet bzw. 12.100.000 in der Metropoloregion befand. Die demographische, durch Migration bedingte Bevölkerungsexplosion sei der Erzdiözese aus den Händen geglitten, erfuhr ich vom Generalbevollmächtigten. Das Geschenk eines Klein-Computers solle zu einer Bestandsaufnahme aller Besitztümer und ihrer Verwaltung genutzt werden. Ich empfand den Kommunikationsstil erstaunlich transparent für ein Erstgespräch. Man zeigte mir die Büro – Räumlichkeiten, die mir für eine Erzdiözese dieser Größe mit lediglich 20 Mitarbeitenden ziemlich eng erschienen. Das Hauptgebäude hatte eine pastorale Funktion. Kardinal Arns empfing dort die Besucher, darunter viele Exilanten aus den Nachbarländern. Im Hauptgebäude war deshalb auch die Menschenrechtskommission untergebracht.

In dem Gespräch hörte ich heraus, dass die Kurie bei Projekten zunächst lokale Lösungen suchen werde und man sich mit der neuen Organisation der Verwaltung weitere Einnahmen erhoffe. Größtes Problem sei jedoch für die nahe Zukunft, Gemeindezentren in den neuen Siedlungsgebieten *(Conjuntos Habitacionais)*, COHABs genannt, in den Bischofsregionen zu schaffen. Dafür erhoffe man sich die Unterstützung von Adveniat, weshalb ich am anderen Tag gleich eine ***COHAB*** in der Bischofsregion von São Miguel besuchte. Dort war man dabei, reihenweise schlichte Häuserblocks mit Wohnungen von max. 70 qm Wohnfläche zu erstellen. Ich traute Augen und Ohren nicht, im nächsten Jahr sollte dieses neue Siedlungsgebiet 900.000 (!) Menschen Wohnraum geben. 600.000 Neuankömmlinge in den fertigen Blocks zählte man schon. Dabei hatten die Stadtplaner in dem von der Weltbank und Zentralregierung geförderten Projekt weder Grünflächen, Einkaufszentren, Kindergärten, geschweige denn ein Krankenhaus berücksichtigt, lediglich einige Gesundheitsposten. Der kath. Kirche gewährte man nur ein Grundstück für eine Kirche mit Gemeindezentrum! Nach dem Besuch war ich sehr deprimiert über diese seelenlose, unmenschliche Art der Stadtplanung. Die Menschen schienen mir wie Heringe im Fass eingepfercht, ich sah keinen Unterschied zu Favelas, vielleicht waren die Lebensbedingungen sogar noch schlimmer, meinte auch mein Begleiter.

Bei folgenden Besuchen im Großraum São Paulo lernte ich mehrere COHABs kennen, wo Adveniat sich bei der Erstellung von Gemeindezentren und Kirchenräumen engagierte. Misereor half damals beim Kauf von 51 Grundstücken. Mir wurde immer klarer, dass die COHAB – Siedlungen prioritäres Arbeitsfeld der Erzdiözese sein mussten und ihr einheitliches Pastoralkonzept, vor allem zur Förderung von Basisgemeinden in den vier Bischofsregionen, Sinn machte. Dieses eckte jedoch kirchenpolitisch im Laufe der Jahre immer mehr an, weshalb es **1989** durch den Vatikan zur Abtrennung der Bischofsregionen von der Erzdiözese und zur **Gründung der vier neuen Diözesen** Santo Amaro, São Miguel Paulista, Osasco und Campo Limpo kam. Da stießen zwei unterschiedliche Modelle von Kirche – Sein aufeinander, die sich nicht mehr verstanden. Ich empfand es wie viele als ein ebenso trauriges wie ärgerliches Kapitel weltkirchlichen Unverständnisses. Die Wellen schlugen damals bis nach Europa hoch.

Projektbesuche bei Partner:innen einer befreienden Pastoral

Das Thema Wohnsituation der armen *Paulistanos* beschäftigte mich bei weiteren Aufenthalten. Ich lernte interessante Projektpartner:innen kennen und traf auch einen Studienkollegen aus meiner Studienzeit in Bielefeld, den Spiritaner **P. Klaus Velsinger**, wieder. Ihm verdanke ich orientierende Gespräche und logistische Hilfe beim Fortbewegen in der Stadt. In seiner 100.000 Einwohner großen Pfarrei „da Reconciliação" der Bischofsregion von Belém hatten die Spiritaner das alte Pfarrkonzept horizontalistisch umstrukturiert in *comunidades, grupos de rua und grupos de predio*, über die sich ein Netz von *linhas pastorais* (Katechese Jugendarbeit, Arbeiterpastoral u.a.) legte. Vor allem ging es um eine gute Ausbildung der *lideres* in Bibel- oder Katechesekursen. Beim Besuch erfuhr ich, wie wichtig die Treffen und Kurse für das Empowerment der marginalen Bevölkerung sind. Politisch zeigte sich bei meinem Besuch im Jahr 1988 mit der Wahl der Sozialarbeiterin Luisa Erundina von der PT als Bürgermeisterin auch ein Lichtblick am Horizont zu einer stärkeren Förderung von Eigeninitiativen in den Armenvierteln.

Im selben Jahr lernte ich die deutsche Theologin und AGEHlerin **Dr. Ana Maria** (Hadwig) **Müller** aus der Pro-Pfarrei Sao Sebastião von Itaquéra kennen. Auch sie gab mir Hilfen bei der Orientierung in der Kirchenlandschaft dieser Metropole. Ihr verdanke ich einen mehrtägigen Aufenthalt in ihrer Pfarrei, wo ich Gelegenheit hatte, neben meinem täglichen Arbeitsprogramm der Projektbesuche an Treffen von Frauengruppen teilzunehmen und mit Führungspersonen der *comunidades* zu sprechen. Ich wollte auf den Reisen auch einmal die Erfahrung machen, **mit** den Armen ausführlicher zu sprechen und nicht nur mit den Hauptamtlichen der Pastoral, unseren Antragsteller:innen. In diesen Gesprächen erlebte ich viel Selbstbewusstsein, Würde, tiefen Lebens- und Glaubensschatz. Die afrostämmigen Frauen entdeckten den Reichtum ihrer Herkunft, gestalteten die Liturgie kreativ und bekamen Mut, die Behörden und die Lokalpolitiker herauszufordern, aber auch die *Padres.* Ich erinnere mich an eine Diaserie des Teams von Paulo Freire, das mit der Erzdiözese zusammenarbeitete: in einem hochsymbolischen Bild wird eine Kirche aus den Wolken mit einem Seil auf die Erde gezogen. So erlebte ich diese Begegnungen – die Kirche kommt auf eine Ebene mit den Menschen. Sie schwebt nicht mehr über ihnen! Diese Dynamik musste, wie schon erwähnt, Widerspruch von „oben" auslösen...

Unter vielen eindrücklichen Begegnungen bleibt mir ein Projektbesuch 1991 in der Pfarrei São Francisco de Assis der neu gegründeten Diözese São Miguel Paulista in Erinnerung. Der Antragsteller, P. Antonio Luiz Marchioni, war für sein Engagement in der **Pastoral da Moradia**, der Pastoral für Wohnungsfragen, stadtbekannt. Von **P.Ticão** hatte ich unterwegs schon viel gehört. Er war einer der Impulsgeber für diese wichtige Pastoral, gleichzeitig ein guter Organisator bei der Gründung von Wohnungsbaukooperativen. Die Stadtverwaltung unter Luisa Erundina stellte Grundstücke und Baumaterial zur Verfügung und an Wochenenden errichteten die Wohnungslosen in Eigenarbeit – mutirão, wie man in Brasilien sagt – ihre schlichten Blockhäuschen. Pe. Ticão machte mit mir einen Rundgang durch die 4000 Familien große Favela seiner Pfarrei, die nach zehn Jahren Besiedlung schon über eine erstaunliche Infrastruktur verfügte mit Kanalisation, asphaltierten Strassen und Treppen, kleinen Kindergärten. Für den visionären Priester einer *caridade libertadora* waren die Gründung und Begleitung von Bibelgruppen das Fundament aller sozialpastoralen Aktivitäten. Auch ihn trug die Bibelmeditation – zwei Stunden am Tag hat er sich dafür zurückgezogen – wie er mir sagte.

Im Industriegürtel der ABC – Region

Nicht minder beeindruckend empfand ich das Engagement eines Maschinenbauingenieurs, den ich 1988 kennenlernte. Seit 14 Jahren betreute er als **Diakon** eine 70.000 Einwohner große Arbeiterpfarrei (N. Sra. de Fatima, Diözese Santo André) mit einigen kleineren Favelas. Der 48 jährige **Franco Chippari**, Familienvater von vier Kindern, ging in der Woche seiner Arbeit nach und stand am Wochenende rund um die Uhr in Diensten der Pfarrei. Auch während der Woche wurde er manchmal gerufen, was ihm sein großzügiger Chef ermöglichte. Für mich – und sicher für viele – war Franco ein *Santo.* Er machte mit mir einen Besuch bei einer Katechetin, deren Ehemann Betriebsratsvorsitzender bei Mercedes Benz war. Im Gespräch mit ihr war ihre Besorgnis zu spüren, denn die Mitarbeit in Betriebsräten brachte in der Regel nach der Mandatszeit eine Kündigung mit sich. Das sei übliche Praxis, auch bei deutschen Firmen in der Region von Santo André, wie die Katechetin ausführte. Wie verständlich empfand ich ihre Sorgen um die Zukunft ihrer Familie!

Vom schwierigen **Verhältnis Kirche und Großindustrie** hatte mir am Morgen dieses Tages der Bischof der **Diözese Santo André** berichtet. Der Franziskaner **D. Claudio Hummes** freute sich über den ersten Besuch aus dem Hause Adveniat in dieser ABC – Region, dem Industriegürtel von São Paulo. Vor zehn Jahren hatte er den streikenden Stahlarbeitern Rückhalt gegeben und die Kirchenräume für Versammlungen der Metallarbeiter, der *metalúrgicos,* zur Verfügung gestellt. Der Streik war legendär und war von Lula angeführt worden. Das Verhältnis mit den Vertretern der Großindustrie habe sich inzwischen zwar entspannt, erzählte D. Claudio, dennoch sei er für den Chef des brasilianischen VW – Werks immer noch ein Marxist und würde von ihm öffentlich verunglimpft, auch wenn hohe Vertreter von VW aus Wolfsburg bei Besuchen ihm das Gegenteil versicherten. Das bemerkenswerte Gespräch mit dem Franziskanerbischof empfand ich als offen, informativ und menschlich heiter. Ich ahnte damals nicht, dass D. Claudio später der Nachfolger von Kardinal Arns werden und in Rom weltkirchliche Aufgaben übernehmen sollte. Von ihm lernte ich, wer Tina Turner ist. Diese international bekannte Popgröße war mir bis dahin unbekannt. Den Inhalt einiger Songs fand mein Gesprächspartner sogar bemerkenswert.

Die cortiços im Stadtzentrum

Im Laufe des Projektstudiums und der Reisen stellte ich fest, dass die Wohnungssituation nicht nur an der Peripherie ein Problem darstellte. **Ir. Enir**, Mitglied der *Pastoral da Moradia* und Projektpartnerin, ermöglichte mir 1993 zusammen mit **Solange**, einer engagierten Laiin, einen Besuch in einem sogenannten *cortiço* im Stadtzentrum, auf Höhe des Parque Bristol. *Cortiços* sind typische, von außen nicht zu erkennende Altstadthäuser mit unvorstellbaren Wohnverhältnissen. Sie stammen aus der Zeit der beginnenden Industrialisierung und beherbergten damals Zimmer für Arbeiter, die es in die Stadt zog. Heute sind sie Wohnraum für ganze Familien. Auf der Enge eines Raums von 4 qm lebten, wie ich sah, bis zu vier Personen. Für sechs Mietparteien standen nur eine Toilette mit Dusche, einem Waschbecken und einem Becken für die Wäsche des Küchengeschirrs zur Verfügung. Die Miete betrug einen halben Mindestlohn. Mietverträge wurden in der Regel nicht ausgestellt. Die *Pastoral da Moradia* schätzte, dass ca. 4 Millionen (!) Menschen der Metropole in *cortiço* – ähnlichen Verhältnissen leben müssen. Die Wohnsituation sei schlimmer als in einer Favela, meinten meine Begleiterinnen und sie gaben mir zu verstehen, dass ich ein noch ziemlich harmloses Haus besucht hätte. Ich fühlte mich nicht mehr in der Lage, in andere *cortiços* einzutreten. Der Geruch hatte bei mir ein Ekelgefühl ausgelöst, ich war wie gelähmt. Damals schrieb ich in meinem Bericht: *Cortiços kann man nur als Rattenlöcher bezeichnen. Die Menschen dieser beengten, meist feuchten Wohnverhältnisse leben im Schatten der Gesellschaft. Es dringt kein Licht, keine Luft, kein Leben, keine Freude in die Räume ein. Die Kinder sind scheu, sie lachen nicht mehr.*

Die *Pastoral da Moradia* versuchte, in den *cortiços* die Menschen zu organisieren. Das erwies sich als ein schweres Unterfangen, da die Bewohner oft zu schwach und zu scheu waren, um sich gegen das Unrecht willkürlicher Ausbeutung aufzulehnen oder gar in *mutirão* sich eine eigene Bleibe zu errichten. Dennoch gab es einige Lichtblicke. Die Projektgelder wurden jedoch in der nachfolgenden Regierung von Bürgermeister Paulo Maluf wieder gestrichen.

Die Comunidade Sofredores da Rua

Noch elender war die Situation für die 300.000 Obdachlosen in der Stadt. Meine Kontaktpersonen Ana Maria Müller und Klaus Velsinger vermittelten mir einen eindrücklichen Besuch im Gemeindezentrum der ***Comunidade Sofredores da Rua.*** Uns lag ein Medienprojekt vor, über das ich vor Ort sprechen wollte. Die Obdachloseninitiative war von einer legendären Ordensfrau, Ir. Nanuka, gegründet worden. Sie hatte auch den Anstoß zur Bildung einer kleinen Gemeinschaft von benediktinisch inspirierten Ordensfrauen gegeben, deren Konvent die Welt der Menschen der Straße wurde. Manchmal nächtigten sie auch mit den Obdachlosen auf der Straße, wie mir **Ir. Ivete** und **Ir. Regina** berichteten. In der *Comunidade* hatten die Obdachlosen einen Bezugsort in der Stadt: eine große Lagerhalle mit Duschmöglichkeit und einem Büroraum, wo die künstlerischen Arbeiten wie Zeichnungen, Gedichte, Lieder und Texte gesammelt wurden. Der Verlag Paulinas vertrieb auf Postkarten die Zeichnungen von Obdachlosen – eine kleine Einnahmequelle, vor allem aber ging es der Comunidade darum, der Gesellschaft deutlich zu machen, dass die Menschen der Straße eine Würde haben, kreativ und begabt sind. Der weitere Bezugsort war die Casa da Oracão, nahe dem historischen Konvent der Franziskaner gelegen, geöffnet immer Sonntagnachmittag. Dort überraschten mich am folgenden Sonntag die Besucher nach dem Gottesdienst spontan mit dem Theaterstück vom Gleichnis des verlorenen Sohnes. Ihnen bedeutete diese Bibelstelle viel. Mir bleibt diese bibliodramatische Aufführung der Ausgeschlossenen der Gesellschaft, den *excluidos,* unvergesslich. Sie ging unter die Haut.

Die Spontaneität der *sofredores da rua* erlebte ich noch einmal beim Besuch 1992 zusammen mit dem Journalisten Hermann Multhaupt. Wir besuchten das Gemeindezentrum, die neu gegründete Papiersammlerkooperative und die Schreinerwerkstatt. Ich war erstaunt über diese Entwicklung in nur wenigen Jahren. Die zunächst lockere Initiative mit den Menschen der Straße hatte eine eigene Organisationsform bekommen, die ***Organização de Auxilio Fraterno.*** Es gab auch im Kreativbereich eine neue Entwicklung: die Gründung einer Theatergruppe, die 1995 während der *Campanha da Fraternidade* zum Thema *Excluidos* in einigen Diözesen Aufführungen darbot. Herr Multhaupt wurde am letzten Abend seines

Brasilienaufenthaltes von den Obdachlosen mit Tanz und Gesang verabschiedet – für uns beide ein bewegender Moment mit wunderbarem Abschluss einer gelungenen Reise.

Neue Wege einer Pastoral Urbana

In dieser Stadt voller Kontraste lernte ich 1996 die andere Wirklichkeit im Südosten der Stadt näher kennen, den reichen Stadtteil Brooklin mit seiner imposanten Skyline von Hochhäusern und Luxuswohnungen und gleichzeitig den sie umgebenden Peripherievierteln. Dieses sozial vielschichtige und dicht besiedelte Stadtgebiet der 1989 gegründeten **Diözese Santo Amaro** zählte 2 – 3 Mill. Bewohner. Der Bischof **D. Fernando Figueirero** und sein Team entwickelten neue Wege einer *Pastoral Urbana*. Man sah das alte Territorialprinzip von Pfarrei als überholt an, denn vielen Bewohnern waren Vorstellungen von Pfarrei und Pfarrer nicht mehr vertraut. Man wollte als erstes einen Überblick über die „Herdenstruktur" dieser großstädtischen Welt mit multireligiösem Spektrum schaffen, auch im Hinblick auf den Einfluss der Sekten, zumal der „Bischof" der *Igreja Universal* ausgerechnet in diesem Stadtteil seinen Sitz hatte. Um Kontakt zu den Bewohnern zu bekommen, führte man das Projekt *Católicos On-Line* durch – ein Diözesanpriester aus der Kurie hatte diese Idee von einem Studienaufenthalt in den USA mitgebracht. Über eine Werbekampagne in den Medien und in den diözesanen Kommunikationsmitteln wurden die Bewohner angeregt, ihre *ficha* (Karteikarte) mit ihrer Adresse auszufüllen. Es lockten größere Gewinne, sogar ein Kleinwagen stand auf der Verlosungsliste. Ziel war es, auf diese Weise 100.000 Adressen zu erhalten, an die fünf Mal jährlich ein Brief des Bischofs mit pastoraler Orientierung zugeschickt werden sollte, ein neues Medium der Evangelisierung.

Außerdem räumte man der Medienarbeit mit der Anstellung von zwei Journalisten nun einen besonderen Stellenwert ein. Neben der wöchentlichen Herausgabe von zwei kleinen Zeitungen wurden täglich zwei Programme für die Radiostationen des Umfelds angeboten. In der Pastoral wurde die Laienausbildung Schwerpunkt, im dreijährigen Theologiekurs hatten sich 400 Interessenten eingeschrieben. Und zur Finanzierung aller Ausgaben führte man das „*Dízimo-Modell*" des MEAC ein, dessen Gründerfigur Antoninho Tatto zu der Diözese gehörte.

Der Besuch in Santo Amaro hat bei mir einen zwiespältigen Eindruck hinterlassen. Die Integration nordamerikanischer Ideen schienen mir weit weg von einem befreiungstheologisch inspirierten lateinamerikanischen Weg im Sinn von Paulo Freire. Auch befremdeten mich die aufkommenden Sympathien für die Charismatische Bewegung. Mir wurde hier in São Paulo ab den 1990er Jahren deutlich, wie die neuen Diözesen ihre eigenen Wege gehen und dass es kein einheitliches Pastoralkonzept mehr gab. Andererseits wurde mir klar, dass die neuen urbanen Realitäten auch differenziertere Antworten für eine Pastoral auf der Schwelle zum neuen Jahrtausend brauchten. Die Kirche São Paulos bekam ein anderes Profil.

Eine neue Idee zur Selbstfinanzierung der Kirche: das Dízimo-Modell des MEAC

Im Laufe der Projektreisen und in der Korrespondenz von Pfarrprojekten hatte ich gelegentlich von der Einführung eines **dízimo**, dem biblischen „Zehnten", gehört. Ich wollte der Sache auf die Spur kommen, als ein Antragsteller unter der Einnahmenseite des Projekts auch Mittel aus dem *dízimo* aufführte. Das machte mich hellhörig. Auch meine drei Kollegen kannten das **MEAC (Missionarios para Evangelização e Animação de Comunidades)** nicht. Deshalb verabredete ich von Essen aus mit dem Koordinator dieser Bewegung, **Antoninho Tatto**, einen Gesprächstermin für die nächste Projektreise 1997. Diese Begegnung wurde zu einer meiner eindrücklichsten auf den Reisen durch Brasilien. Den Austausch setzten wir fort beim Besuch von Ehepaar Tatto in der Geschäftsstelle in Essen 1999 – zusammen mit meinen Kollegen – und im Jahr 2000, 2002 und 2005 noch einmal in Santo Amaro.

Was war das Besondere an dieser Person und ihrer innovatorischen Idee, den Pfarreien eine Methode zur Gewinnung von Abgaben vorzuschlagen und zwar so, dass sie nicht zu einem Fundrising wurde? Die Biographie von Antoninho Tatto kann nahezu als idealtypisch gelten für Migranten mit wirtschaftlichem Erfolg in der Metropole: aus armen Verhältnissen in RS stammend, unter finanziellen Mühen ein Studium der Betriebswirtschaft absolvierend, mit einem kleinen Steuerberaterbüro beginnend und dann zu einer wirtschaftlich prosperierenden Firma mit 40 Angestellten zu wachsen. Der gläubige Katholik vergaß dabei nie seine Herkunft noch seine religiösen Wurzeln. Er engagierte sich in einer Basisgemeinde, ebenso in der missionarischen Laienbewegung des MEAC. Der erfolgreiche Steuerberater hat darunter gelitten, wie unprofessionell seine Kirche mit ihren Finanzmitteln und ihrem Besitz umging. So wurde er zu einem der engen Vertrauten von Kard. Arns in administrativen und finanziellen Fragen. Nach Ansicht von A. Tatto musste die Kirche in einem potentiell reichen Land wie Brasilien in der Lage sein, bei der Mittelbeschaffung weitgehend autonom zu werden. Für uns in Adveniat waren das natürlich spannende, neue Gedanken!

Zusammen mit anderen Mitgliedern des MEAC war seit 1982 in einem längeren Prozess eine Methode entstanden, die eine Abgabe der Gläubigen für ihre Kirche als eine freiwillige verstand – der symbolisch verstandene biblische „Zehnte". Dabei ging es nicht in erster Linie um den wirtschaftlichen Ertrag, sondern um eine religiös fundierte Solidarität. Die Pfarreien erhielten als Orientierung zur Umsetzung der methodischen Schritte didaktische Hilfsmittel an die Hand. Die MEAC – Missionare besuchten die interessierten Pfarreien in allen Regionen des Landes und vermittelten in Vorträgen ihr Konzept. Ich war erstaunt zu hören, dass 1996 schon 1.600 Pfarreien besucht und die didaktische Hilfe *„Dízimo e Oferta na Comunidade"* 1.340.000 Mal verkauft worden war. Eine Idee – auf einer persönlichen inneren Glaubenserfahrung basierend – hatte in wenigen Jahren Resonanz im ganzen Land gefunden und das unter rein ehrenamtlichem Einsatz! Für mich zählte diese Begegnung um die Dízimo – Entwicklung zu den ganz hoffnungsvollen Aufbrüchen in der kath. Kirche.

Das Interesse an einem weiteren Gedankenaustausch zum Thema Selbstfinanzierung der Pfarreien war nun beiderseitig. Denn wir Brasilienreferenten sahen die Methode des MEAC – es entwickelten sich einzelne weitere im Land – als fundiert und bewährt an, wiewohl sie an manchen Orten verwässert wurde. Überzeugend schien uns auch, dass Diözesen in anderen lateinamerikanischen Ländern die Methode anwenden wollten. Die schon genannte didaktische Hilfe wurde deshalb bald ins Spanische übersetzt.

Bei den Gesprächen im Jahr 2000 und 2002 in Santo Amaro hat mich A. Tatto über die weitere Entwicklung des Dízimo – Modells in den interessierten

Diözesen des Landes informiert. Es gab erfreuliche, aber auch enttäuschende Erfahrungen. Den Gründer hat frustriert, wenn die Leitideen verflachten und die Methode zu einer reinen Fundrising – Aktion mutierte. Auch waren Probleme mit einigen MEAC – Mitgliedern entstanden und machten Konfliktbearbeitung notwendig. A. Tatto war darüber auch krank geworden, weshalb er über zwei Jahre nicht mehr durch das Land reisen konnte. In unserem letzten Gespräch 2005 erfuhr ich, dass nach einer Auswertung der MEAC – Missionare in 2.500 bis 2.600 von insgesamt ca. 9.100 Pfarreien Brasiliens mit der Dízimo – Idee der Bewegung gearbeitet werde. Antoninho Tatto sah das als Erfolg und die Frucht einer 23 jährigen Arbeit an, auch wenn jedoch nicht alle interessierten Diözesen und Pfarreien sich eng an die Zielvorgaben anlehnten. Für unsere interne Brasilienreflexion gab mir A. Tatto wichtige Fragen für unsere Auswertung der von Adveniat finanzierten Projekte mit auf den Weg.

Bemerkenswert waren die Gespräche mit Herrn Tatto auch deshalb, weil er ein wichtiger Insider der katholischen Medienszene war. Da er aus der Diözese Santo Amaro stammte, kannte er den **singenden Priester und Showstar Pe. Marcelo Rossi** persönlich, der damals in aller Munde war. Wegen seiner Beliebtheit hielt ihn der größte Fernsehsender Globo unter Vertrag und übertrug dessen Gottesdienste aus einer von seiner eigenen Agentur angemieteten Halle, jeweils samstags nachmittags und am Sonntagmorgen. Der Bischof, fast ohne Einfluss auf die Medienaktivitäten des singenden und tanzenden Diözesanpriesters, assistierte während der Fernsehgottesdienste lediglich wie ein *coroinha*, ein Messdiener – so hat es A. Tatto ausgedrückt – an der Seite des TV – Stars am Altar; ihm wurden lediglich noch die Predigten zugestanden. Mein Gesprächspartner kommentierte diese Gottesdienste als *oberflächlich, einseitig und stark charismatisch,* abgesehen davon, dass die Diözese von den nicht unbeträchtlichen Gagen und sonstigen Einnahmen der Agentur keineswegs profitierte, die lagen ganz im Einflussbereich des Familienclan von Rossi.

Projektpartner im Medienbereich

Im selben Jahr 2002 besuchte ich auch **nationale Vernetzungen und Einrichtungen im Medienbereich** wie Verbo Films, União Cristão Brasileira de Comunicação, Associação Palavra Vida, União de Radiodifusão Católica.

Zum Thema des **Phänomens Pe. Marcelo** meinten zwei der Gesprächspartner:innen, dass es sich bisher um ein großes Fragezeichen, *uma grande interrogação*, handele, das einer fundierten Analyse bedürfe. Auch sie waren der Ansicht, dass in diesen „*show – missas*" die Rolle des Bischofs sträflich instrumentalisiert würde.

Zu der im Land aufstrebenden Sektenkirche *Igreja Universal do Reino de Deus* erfuhr ich, dass ihr Bischof Macedo einen der größten Fernsehkanäle TV – Record aufgekauft hatte, dazu noch weitere lokale Fernsehsender. Die Einflussnahme auf die Politik sei beträchtlich, ungeachtet interner Probleme und Korruptionsvorwürfe.

In den Gesprächen konnte ich feststellen, welche Professionalität die katholischen Medieninstitutionen an den Tag legten: sie boten Mitarbeitenden in katholischen Medien des ganzen Landes gut konzipierte Weiterbildungskurse an, gefördert durch Adveniat. Dennoch schienen mir diese Projekte wie ein kleiner Baustein im Duell Davids gegen Goliath im Kontext der überwiegend in privaten Händen liegenden Medienlandschaft Brasiliens. Daran änderte auch die Zahl von 181 kath. Radiosendern nicht viel an der Gesamtsituation. Von den unterschiedlichen katholischen Kanälen im Fernsehbereich hatte bis dahin keiner ein überzeugendes Programmangebot noch hohe Zuschauerzahlen geschafft. Die Medienexperten:innen favorisierten einen einzigen, professionell gestalteten kath. Fernsehsender im Land bzw. die Produktion von guten Programmen als Angebot für Fernsehstationen.

Das Thema katholischer Medien im Land zeigte sich mir immer mehr in seiner Bedeutung, gleichzeitig in der Schwierigkeit seiner Realisierung, technisch, programmatisch und finanziell. Mein Eindruck blieb nach diesen Gesprächen eher konfus und ich war froh, mich mit dem Kollegen in Aachen von Catholic Media Council darüber austauschen zu können.

Ein Gefängnisbesuch

Einen eindrücklichen Besuch machte ich 2004 im neu gebauten **Gefängnis „Adriano Marrei"** in der Nähe von São Paulo. Ich kannte den Gefängnisseelsorger **Pe. Antonio Frizzo** aus der Diözese Guarulhos, der als Sekretär der Regionalstelle öfter mein Gesprächspartner und hilfreicher Begleiter war. Er bat mich um ein Gespräch mit einem Deutsch sprechenden nordamerikanischen Häftling, mit dem er sich wegen mangelnder Sprachkenntnisse nicht ausreichend verständigen konnte. Ich willigte gern ein, übermittelte meine verspätete Ankunft des Projektbesuches bei der Migrantenpastoral im Stadtzentrum und bekam auf diese Weise die seltene Chance, ein Gefängnis im Großraum São Paulo für eine Stunde kennenzulernen und die Hälfte der Zeit sogar mit einem Gefangenen sprechen zu können. Während unserer konzentrierten Begegnung erzählte der Häftling – auf mich wegen des gepflegten Äußeren eher wie ein Diplomat wirkend – umrisshaft seine Geschichte. Er saß wegen Geldwäsche im Umfang von Euro 600 Mill. ein, seiner Ansicht nach unschuldig. Der US-Bürger sah seinen Fall in politischen Zusammenhängen mit einer nordamerikanischen Kongresspartei, weshalb die sich in São Paulo ständig wechselnden Konsule nicht für ihn einsetzten. Wie der Gefangene mir zu verstehen gab, sei er im Gefängnis in der Dritten Welt angekommen, eine Hölle! Seine größte Sorge war, die Haftzeit nicht lebend zu überstehen wegen der hohen Gewalttätigkeit der Mitinsassen untereinander. Dieses Problem war für ihn größer als das, auf dem Boden schlafen zu müssen wegen ständiger Überbelegung der aus sechs Personen ausgerichteten Zelle. Innerlich aber fühlte sich mein Gesprächspartner stark, als katholischer Christ, wie er sich vorstellte, seit Monaten in einem inneren Dialog mit Judas Iskariot. Auf seinem Gesicht zeigte sich ein Lächeln, als ich ihm erwiderte, dass wir alle diesen Judas in uns hätten.

Für den Häftling, offensichtlich aus der Welt des „White Collar Crime", bedeutete diese kurze Begegnung ein Weihnachtsgeschenk, wie er sagte. Auf den Fluren des Gefängnisses waren kleine Weihnachtsbäume aus Plastik und kleine Marienstatuen aufgestellt. Vor einem der vier Zellenblocks stand sogar eine kleine Mariengrotte, von Wasser umgeben. Die Sozialarbeiterin hatte Geschenktüten vorbereitet und mit dem Seelsorger vereinbarte sie einen Termin für den Weihnachtsgottesdienst. Diese religiösen Symbole machten vielleicht für einige Häftlinge ihre Situation erträglicher, sie kamen mir vor wie Lichtstrahlen in dieser Binnenwelt der Gefangenen.

Projektpartner:innen einer zielgruppenspezifischen Pastoral

Eine weitere, zielgruppenspezifische ganzheitlich orientierte Pastoral lernte ich auf den Reisen neben der Seelsorge mit Gefangenen und Obdachlosen mit *Mulheres Marginalizadas* und den Migranten kennen. Die **Pastoral da Mulher Marginalizada** hatte es auch in einer befreiungstheologisch orientierten Ortskirche schwer. Die eher stille Arbeit mit den Prostituierten im Stadtteil Luz fand nicht immer Verständnis bei Pfarrern, wie mir die Gründerin, eine ältere Ordensfrau der Kongregation Bom Pastor berichtete. Dabei wurde die Zahl der Prostituierten damals auf 300.000 geschätzt. Ich fand es wichtig, dieser kleinen Pioniergruppe mutiger Frauen unsere Solidarität in der Unterstützung von Projektanliegen zu zeigen.

Dieses Problem mangelnder Wertschätzung hatte die Arbeit der Scalabrinianer mit ihrem **Serviço Pastoral de Migrantes (SPM)** im Stadtteil Ipiranga nicht. Der Pastoraldienst für die Zielgruppe der Migranten:innen gehört zum Sektor der Sozialpastoral der CNBB und hatte eine gute Reputation. Beim Besuch erfuhr ich vom Leiter Luiz Bassegio, der als Experte zum Thema Migration in der CNBB galt, über die Situation der Menschen, die in drei Gruppen gegliedert werden: **Saisonarbeiter** (*Migrantes Temporarios/Sazonais*), die im Zyklus der Ernten eine Binnenwanderung vornehmen. Für den Bundesstaat São Paulo sind das Arbeiter aus dem Nordosten, die zur Ernte des Kaffees, des Zuckerrohrs und der Orangen kommen. Für die allein 200.000 Menschen der Zuckerrohrernte seien die Arbeitsbedingungen sklavenähnlich. Die zweite Gruppe sind die **urbanen Migranten** (*Migrantes Urbanos*), Menschen, die aus anderen Landesteilen auf Suche nach Arbeit in der Stadt bleiben. Dieser Zustrom in den Bundesstaat SP hat bewirkt, dass bereits über 90 % der Menschen in den Städten leben. Für ganz Brasilien beträgt die Quote 80% (Daten aus dem Jahr 2000). Die dritte Gruppe sind die **Immigranten**, die aus anderen Ländern kommen. In der Metropolregion von Sao Paulo schätzt der SPM, dass 50.000 Paraguayer, 150.000 Bolivianer, 40.000 Peruaner und 60.000 Chilenen hier leben. Viele der *latinos* arbeiten in kleinen Textilbetrieben, zum Teil auf Basis von Heimarbeit, oft unter sklavenmässigen Arbeitsbedingungen.

Während der SPM eine Art politischer Lobbyarbeit für alle drei Migrantengruppen sowie zum Thema Migration Öffentlichkeitsarbeit macht, Daten erhebt und Publikationen erstellt, ist die *Pfarrei Nossa Senhora da Paz mit der Casa do Migrante* der Carlisten – Patres im Stadtteil Liberdade seelsorglich, kulturell und sozial für die Immigranten tätig. Die Zugewanderten der verschiedenen Länder können sich in den Kirchenräumen treffen, und es werden spezielle Gottesdienste für die Nationengruppen angeboten, Wallfahrten organisiert mit Verehrung der Nationalheiligen in den Seitenaltären der Kirche. Auf dem großen Gelände befindet sich auch ein Übergangswohnheim, eine Herberge mit einer Kapazität für 100 Ankommende, die ihnen Tag und Nacht einschließlich der Mahlzeiten für eine Übergangsphase offen steht. Sie wird von einem ehemaligen chilenischen Immigranten geleitet. Die Stadtverwaltung übernimmt die Personalkosten des Teams von 10 Mitarbeitenden. Die Beschaffung der Lebensmittel bedeute immer einen Kampf, sagte mir der Leiter. Über diesen Besuch war ich froh, die Einrichtung schien mir gut geführt, ein Anker der Hoffnung für die *latinos* in der Millionenstadt.

Projektreisen im Inneren des Bundesstaates São Paulo

Nach diesem Gang durch die Metropolregion stelle ich im Folgenden einige Besuche bei Projektpartnern und in Diözesen des **Regional *Sul 1*** vor. Ich werde mich auf das mir Interessante konzentrieren, so dass sich dieser Teil kürzer darstellt, zumal dieses Regional mit seinen damals 35 Diözesen und 32 Mill. Einwohnern vom Präsidenten selber als *acomodado*, als angepasst, charakterisiert wurde, als ich ihn 1993 in den Büroräumen der Regionalstelle traf. **D. Eduardo Koaik**, Bischof von Piracicaba, liebte eine klare Sprache, er war erfrischend unkompliziert; unumwunden gab er zu, dass man vor sich hin gelebt hätte. Prophetische Hirtenbriefe zu den gesellschaftspolitischen Herausforderungen seien nicht herausgegeben worden. Erst langsam würde das Regional seine eigene Gestalt bekommen und sich von der ehemals praktizierten Personalunion mit dem Erzbischof von São Paulo entflechten.

In der Region des Zuckerrohranbaus und im Südwesten

Ich besuchte 1986 zusammenhängend einige Diözesen in der Region des Zuckerrohranbaus: **Limeira, Piracicaba und Braganca Paulista**, erfuhr von der harten und schlecht bezahlten Arbeit der Zuckerrohrarbeiter, die ohne soziale Absicherung von Erntefeld zu Erntefeld wanderten. Der Einfluss der Sekten zeigte sich schon damals als Thema. Die Adventisten bauten gerade in Limeira eine Universität für 5000 Studienplätze.

Auf derselben Reise fing mich der Rektor der Kath. Universität der Franziskaner in Bragança Paulista, **Universidade São Francisco**, ab und zeigte mir seinen Campus. Frei Constancio Nogara gab mir einen informativen Überblick über das Universitätsgefüge im Land mit seinen 84 Universitäten, davon 16 in katholischer Trägerschaft. Nur 20% der ca. 1.500.000 Studenten fänden einen Studienplatz an den gebührenfreien staatlichen Universitäten. Die Aufnahmeprüfung, das *vestibular,* sei sehr anspruchsvoll, sodass praktisch nur Schüler:innen aus den besten (und damit auch teuersten) Schulen eine Chance hätten, an den angesehenen *Universidades Federais und Estaduais* zu studieren. Auf dieses Problem einer sozial ungerechten Auslese werde ich im Kapitel über Rio de Janeiro noch einmal zurückkommen.

Kirchlich war das Thema der Stellung der Laien hochaktuell, es wurde auf Ebene der Pfarreien bis hin zu regionalen Veranstaltungen diskutiert. Die brasilianische Kirche bereitete auf diese Weise ihren Beitrag für die Bischofssynode in Rom vor. Gesellschaftspolitisch diskutierte man in Arbeitsgruppen intensiv auf allen kirchlichen Ebenen das Thema der neuen Verfassung, der *Constituição* (die dann 1988 im Parlament beschlossen wurde). In meinem Reisebericht schrieb ich 1986 ganz begeistert von dem dynamischen Prozess einer demokratischen Willensbildung, der damals in Gang gekommen war. Auch sah ich in Kirchenräumen der Peripheriepfarreien verstohlene Aufkleber der PT; die junge Arbeiterpartei stieß an der sozial engagierten Basis auf viel Sympathie.

Es wundert nicht, dass Projektmaßnahmen in den noch jungen Diözesen wie Limeira sich angesichts der vielen Arbeitsgruppen auf den Bau von diözesanen Pastoralzentren und in Pfarreien auf Gemeindezentren konzentrierten. 1993 machte ich eine weitere zusammenhängende Reise: zunächst in die neu gegründete Diözese São Miguel Paulista und dann in die Diözesen des Südwesten Botucatu, Bauru, Assis, Lins, Marilia sowie in die Hafenstadt Santos.

Die **Diözese São Miguel Paulista** am westlichen Stadtrand von São Paulo hatte ich 10 Jahre zuvor als Bischofsregion besucht. 1993 zählte man schon ca. 3 Mill. Bewohner, davon 70% Migranten aus dem Nordosten. Es fehlte an Infrastruktur und vor allem an Personal. In der Kurie besprach ich mit dem Bischof viele Projektanträge auf Ebene der Diözese und der Pfarreien und ermunterte, für den Unterhalt der 150 Ordensfrauen in der Pastoral einen Antrag zu stellen. Sie füllten wegen des Priestermangels eine wesentliche Lücke in den 54 Pfarreien aus. Die Erarbeitung eines Pastoralkonzeptes in den schwierigen Jahren des Beginns war vermutlich eine Überforderung für die noch junge Diözese. Deshalb ging es in dem ganztägigen Gespräch vor allem um eingereichte und neue Projektanliegen, meist Baumaßnahmen.

Im weiteren Verlauf dieser Rundreise empfand ich das Gespräch mit dem Bischof von **Bauru** bemerkenswert. Der Jesuit **D. Aloysio Penna** hatte in der CNBB verschiedene Funktionen, u.a. als Verantwortlicher für die Familienpastoral. Ich erlebte ihn auf der Reise als den ersten Gesprächspartner, der nicht über die politische Situation lamentierte. Denn 1992 war das Thema Korruption der politischen Eliten in aller Munde; allen voran wurde Präsident Collor in einem Impeachment – Verfahren vom Parlament entmachtet. Mein Gesprächspartner sah das Transparentwerden der Skandale jedoch auch als einen notwendigen wie hoffnungsvollen Schritt zu einem Reinigungsprozess, der im Land zwingend anstehe.

Im 500 km von São Paulo entfernten Assis blieb ich zwei Tage. **D. Antonio de Souza** kannte ich schon von einem Besuch in der Geschäftsstelle in Essen. Der sympathische Bischof bot mir damals eine Fahrgelegenheit von São Miguel Paulista aus an. So konnte ich in kurzer Zeit unterwegs viel sehen und erreichen. In seiner **Diözese Assis** fiel mir eine klare Pastoralplanung bis zur Jahrtausendwende 2000 auf, ein horizontalistisches Führungskonzept und eine selbstkritische Reflexion über die Licht- und Schattenaspekte von Adveniat – Hilfen in einem Gespräch mit diozesanen Pastoralverantwortlichen. Solch eine differenzierte Sicht begegnete mir unterwegs nur an wenigen Orten. Ich besuchte dazu drei lebendige Stadtrandpfarreien mit *Boias-Frias* Bevölkerung, wie die Saisonarbeiter in der Landwirtschaft genannt werden. Gefreut hat mich auch die Teilnahme an einer Versammlung mit 120 Mitgliedern aus den Pfarrgemeinderäten – ich empfand, im *Povo de Deus,* im Volk Gottes angekommen zu sein und nicht nur auf Ebene der *cupula!*

Als spannend erlebte ich den zweitägigen Besuch in der reformfreudigen **Diözese Lins**. Dort war das Programm dichtgefüllt mit Begegnungen in Gruppen: mit dem Team der Hauptamtlichen in der Pastoral, mit den Priestern während ihrer Versammlung und mit 20 engagierten Laien des dreijährigen Theologiekurses. In den Gruppen wurde ich gebeten, über die Geschichte und die Zielsetzung Adveniats zu sprechen. Unter den Teilnehmer:innen des Theologiekurses fielen mir viele jüngere, männliche Teilnehmer auf. Einer von ihnen brachte sogar sein zweijähriges Kind mit – für ein Land mit ausgeprägtem Machismo damals ziemlich ungewöhnlich.

Wie anderenorts im Süden hatte in dieser Diözese die Option für die Kleinbauern und Landlosen Konsequenzen. In der von Großgrundbesitz geprägten Region hatte es Einnahmeverluste gegeben, beispielsweise beim Unterhalt des Diözesanradios, das sich sogar den ersten Rang in der Hörerschaft erobert hatte. Die Geschäftsleute in der Stadt zeigten sich darüber verschnupft. Der einflussreichen *U.D.R.* missfiel das Engagement von **D. Irineu Danelon** bei Landbesetzungen des *MST*. Jüngst hatte der beim Präsidenten der Republik Itamar interveniert und den unmittelbaren Abzug von 1.600 Polizisten bewirkt bei der damals größten Landbesetzung von 2.500 Familien. Die gefürchteten Gewaltausschreitungen konnten so verhindert werden.

Beeindruckt hat mich bei dem Besuch auch das *Instituto Teologico de Lins, ITEL* genannt. Das diözesane Bildungszentrum, idyllisch an einem Wäldchen außerhalb der Stadt gelegen, ging zurück auf eine Initiative des vorherigen Bischofs, **D. Pedro Paulo Koop MSC**, ein großer Missionar mit prophetischer Sicht der Fragen der Kirche. Die Bibliothek war auffallend gut sortiert, ein Schmuckstück des Diözesanpriesters und bekannten Theologen **José Oscar Beozzo**. Er leitete in São Paulo das Ökumenische Bildungs- und Evangelisierungszentrum CESEEP. Trotz der vielen Verpflichtungen übernahm er regelmäßig am Wochenende in Lins seelsorgliche Aufgaben in seiner Peripheriepfarrei, was bedeutete, eine 500 km lange Busfahrt zurückzulegen, wie ich aus Gesprächen mit ihm in der Geschäftsstelle entnehmen konnte. Welch ein Zeugnis in der Nachfolge Jesu!

Meine vorletzte Station auf dieser Reise in das Landesinnere des Bundesstaates war die **Diözese Marilia**, früher die Region des Kaffeeanbaus, heute wird vor allem Viehzucht betrieben neben Lebensmittelfabriken und kleinen

Metallfirmen. Auch dort nahm ich an einer Pastoralversammlung einer der drei Pastoralregionen teil und erfuhr, dass ein neuer Pastoralplan ausgearbeitet werde. Die bisherigen Prioritäten waren: Jugend, Basisgemeinden, Familie und Ausbildung von Laien.

Die erfreuliche Entwicklung in der Pastoral wurde getrübt von einem Eindruck eines Bauprojekts. Ich übernachtete in dem Wohnhaus des Bischofs, das vor zehn Jahren ausgerechnet mit einer großzügigen Adveniat – Hilfe erstellt worden war – eine nach meinem Empfinden prachtvolle Residenz im Bungalowstil. Der Vorgängerbischof, ein bis dahin äußerst bescheiden in einem Zimmerchen des Priesterseminars lebender Kapuziner, hatte es erbaut. Da hatten wir nicht genau genug in die Baupläne geschaut bzw. waren einfach zu großzügig! Der neue Bischof fühlte sich nicht wohl und zog in ein kleines Appartement eines Hochhauses der Stadt. Die Bischofsresidenz, stark kommentiert in der Bevölkerung, sollte eine neue Funktion bekommen als Ort für Treffen von Gruppen und Arbeitskreisen. Diese Information beruhigte mich. Wie wichtig diese Reisen für die selbstkritische Reflexion der Projektarbeit sind, dachte ich. Versöhnlich war dann die Besichtigung des Baus des Regionalseminars für die Priesteramtskandidaten, nach meinem Eindruck sehr gelungen, einfach, solide und gut geführt. Der Rektor, ein belgischer Priester, erzählte mir, dass er die Bücher von Eugen Drewermann lese. Aus brasilianischer Sicht habe er auch kritische Anfragen.

Die Hafenstadt Santos und die Pastoral für die Seeleute

Auf dem Rückweg Richtung Osten nach São Paulo (mit einem Regionalflug) machte ich noch einen Besuch in der **Diözese Santos** in der Stadt mit dem größten Hafen Lateinamerikas, der täglich von 50 Schiffen aus aller Welt angelaufen wurde. Es ging um Projektbesuche bei der Fischerpastoral und im Karmel der Stadt. In dem Eingangsgespräch mit dem Bischof hörte ich heraus, dass er Pfarreien nicht zur Antragstellung animieren würde. Seiner Ansicht nach müsse ein Bauvorhaben in einer Pfarrei wie ein Baum wachsen. Nur dann würde sich die Bevölkerung mit dem Bau identifizieren – diese Erfahrung habe er als Pfarrer gemacht und präge seither seine Bau-Philosophie. Ihm war es ein Anliegen, mir das Bildungszentrum der Diözese zu zeigen, ein ausgesprochen gut konzipierter und schöner Bau. Nach der Besichtigung erfuhr ich, dass Adveniat damals das Projekt abgelehnt hatte – dem Bischof war das noch sehr im Gedächtnis geblieben.

Bemerkenswert an der Diözese schien mir auch die jeweils im November durchgeführte inner-diözesane Solidaritätskampagne *Jornada da Igreja Diocesana*. Es ging darum, dass die reichen Pfarreien die armen ebenso wie diözesane Einrichtungen unterstützen. Eine dieser Einrichtungen, das *Apostolado do Mar*, von Carlisten Patres betreut, besuchten wir. Das mehrstöckige Haus ist eine Anlaufstelle für die fahrenden Seeleute. In dem Club *Stella Maris* können sich die Seeleute treffen; es gibt eine Bar, eine Sporthalle, eine sehr schöne Kapelle und auch Zimmer für Übernachtungen zu günstigem Preis. Das Team arbeitet ökumenisch, weshalb die evangelische Seemannsmission ebenso in dem Gebäude untergebracht ist.

Die außergewöhnliche Kapelle hat eine besondere Geschichte, die verdiente, festgehalten zu werden: *der frühere Präsident des berühmten Fußballclubs Santos wollte sie finanzieren. Es blieb aber bei Versprechungen. Der Mann hatte viele wirtschaftliche Hochs und Tiefs erlebt. Die Kapelle wurde dem Hl. Edwiges, dem Heiligen der Schuldner, auf seinen damaligen Vorschlag hin geweiht. Man bekam so viel Zulauf durch die Bevölkerung und Spenden, so dass der Bau auf diese Weise sicher finanziert werden konnte.* Wie beruhigend, dachte ich damals, Gott scheint auch auf ungeraden Spuren Lösungen zu eröffnen...

In der vergessenen Region des Südosten bei den Nachfahren afrikanischer Sklaven

Eine weitere interessante, geschichtsträchtige Region im Südosten des Bundesstaats – sie gilt als die ärmste – lernte ich 1996 kennen: die **Diözese Registro**. Der Bischof, **D. Apparecido Dias SVD**, war zum Präsidenten des Indigenenmissionsrats CIMI gewählt worden, weshalb ich mit ihm wegen der Vorbereitung einer internationalen Tagung zum Thema Inkulturation in der Kath. Akademie Die Wolfsburg das Gespräch suchen sollte. Das Provinzstädtchen Registro war 1530 der Ort der ersten portugiesischen Kolonisation und wurde noch vor Rio und São Paulo gegründet. Der Jesuitenmissionar Anchieta hatte hier gewirkt. In der Region des Vale de Ribeira fanden die

Eroberer Gold, dessen Abbau noch vor den ersten Schürfungen in Minas Gerais erfolgte. Später entwickelte sich eine Landwirtschaft, bis zum heutigen Anbau von Bananenplantagen. Die Bevölkerung überlebt ohne soziale Absicherung von den sehr kargen Löhnen der saisonalen Arbeit. Industrie gibt es nicht, weshalb die jungen Menschen in die Industriestädte abwandern. Diese Region ist – im Land kaum bekannt – gekennzeichnet durch schwere Landkonflikte. Vom Gespräch mit dem Koordinator der Landpastoral, der selber von seinem kleinen Landbesitz vertrieben worden war und zeitweise untertauchen musste, hielt ich in meinem Reisebericht fest: *Auch ganz in der Nähe von São Paulo gibt es in Brasilien Rechtszustände, die die Großstadtbürger immer auf den Nordosten* projizieren*! Da die Polizei Komplizin der pistoleiros ist, muss er* (gemeint ist der Koordinator) *doppelt vorsichtig sein.*

Auf diesem sozio – politischen Hintergrund entschied sich die Diözese für eine klare Option für die Armen. Man verzeichnete 360 Basisgemeinden und definierte die pastoralen Leitlinien auf diözesanen Vollversammlungen. Den Laien wurde viel Verantwortung übertragen. All das war mir aus anderen Diözesen des Landes bekannt; auffallend war jedoch in dieser Diözese die Akzentsetzung auf den Schwerpunkt Inkulturation. In der Region mit hohem Anteil afrostämmiger Bevölkerung hatten sich insbesondere die schwarzen Frauen in Gruppen zusammengeschlossen. Während des zweitägigen Programms stand zu meiner Freude eine Begegnung mit ihnen an in der **Comunidade-Quilombo von Ivaporunduva**. Diese kleine Gemeinde zählte 30 Familien, alle Nachfahren afrikanischer Sklaven, die sich seit 200 Jahren in diesem Quilombo zurückgezogen hatten. Die Sklaven mussten damals unter unmenschlichen Bedingungen im Goldbergwerk arbeiten.

Am Morgen meines Besuchs kamen 20 Frauen in die alte Kolonialkirche, bis heute ein wichtiges Zeugnis aus der Zeit der Sklaverei. Es ergab sich schnell eine sehr schöne Begegnung. Die Frauen, gut organisiert, erzählten von ihren Aktivitäten und ihrem lokalpolitischem Engagement. Sie hatten beim Bürgermeister erreicht, dass ihr Dorf eine Wasserleitung bekommen hatte und dass in der Schule nun endlich regelmäßiger Unterricht stattfand. Die Frauengestalten der Bibel, die sie in Bibelkursen kennengelernt hatten, gaben ihnen einen inneren Halt und, wie sie betonten, das Suchen nach ihren kulturellen Wurzeln. Den Frauen ging es um die Gestaltung einer eigenen afrobrasilianischen Liturgie. Der für seine Kenntnis der alten Traditionen bekannte Franziskaner Frei Davi aus der Diözese Duque de Caxias – von ihm wird im Kapitel über Rio noch zu sprechen sein – hatte ihnen in inspirierenden Kursen wichtiges Hintergrundwissen vermittelt. Manchmal fänden afrobrasilianische Liturgiefeiern auch an Wasserquellen oder im Wald statt, so meine Gesprächspartnerinnen. Ihren Pfarrer, einen französischen Fidei-Donum Priester, bezeichneten sie als sehr aufgeschlossen. Er habe gelernt, sich im Gottesdienst auch tanzend zu bewegen, wie sie schmunzelnd ergänzten. Die Gesichter der Frauen strahlten, als sie von ihren Liturgiefeiern sprachen. Der Besuch machte mir deutlich, wie in der Selbstorganisation der Armen Glaube und Engagement zusammengehören. Damals schrieb ich im Reisebericht, *das Engagement dieser Frauen ist ein Hoffnungsschimmer im Meer der Probleme dieses großen Landes.*

Ernüchternde Erfahrungen

So hoffnungsvoll manche Begegnungen waren, so ernüchternd waren andere. Hierfür zwei Beispiele: In der **Diözese Taubaté** im Osten des Bundesstaates baute eine junge brasilianische Kongregation ihr zentrales Ausbildungshaus. Die jungen Leute hatten viel Anerkennung bei den Bischöfen im Staat Rio und São Paulo. Der Provinzial, der uns mehrmals in Essen besucht hatte, hielt sich jedoch nicht an Absprachen, baute ein teures Kloster im traditionellen Stil mit viel überflüssigem Raum, wie ich dann beim ersten Besuch 1985 feststellen musste. Natürlich reichte ihm unsere Hilfe nicht. Schließlich schien mir 1988 ein weiterer Projektbesuch vor Ort erforderlich. Das Ausbildungshaus stand inzwischen fertig, dank Ergänzungshilfen verschiedener deutscher Bistümer. Das war zwar beruhigend, aber als neues und größeres Problem erwies sich die Rückzahlung eines Darlehns für den Kauf eines riesigen Grundstücks von 67.000 qm am Ausbildungshaus. Angeblich sollte auf der Fläche ein Motel, was in Brasilien eine Absteige bedeutet, entstehen. Das wollte der kühne Provinzial verhindern und setzte alle deutschen Hilfsadressaten damit unter Druck. Er nahm unbekümmert bei einem in Kirchenkreisen bekannten Wechselhändler aus São Paulo einen Kredit von 250.000 US $ auf bzw. wurde von dem Finanzspekulanten dazu verführt. Kaufpreis des Grundstücks wie die Konditionen des Darlehens seien günstig gewesen, zumal in der Zeit des stabilen Wechselkurses, wie ich aus den wortgewaltigen Ausführungen des Ordensoberen erfuhr. Durch den Verkauf von Grundstücksparzellen (*lotes*) sollte das Darlehen zurückbezahlt werden. Das erwies sich als Trugschluss, da es nicht genug Kaufinteressenten gab und die Wechselkursbedingungen sich rapide verschlechterten. Ich suchte ein Gespräch mit dem Provinzial zusammen mit den Mitgliedern des Direktoriums, das heftig verlief, zumal der Provinzial in Bettelbriefen an deutsche Kirchenadressen ohne mein Wissen meinen Namen als Referenz angegeben hatte. Die Adressen in Deutschland hatte er vom Wechselhändler erhalten! Adveniat hatte ein klares Kriterium, bei Grundstückskäufen nicht zu helfen, was ich in dem Gespräch sehr deutlich machte. 1992 erfuhr ich dann über den neuen Leiter des Seminars, den ich aus gemeinsamen Gesprächen schätzen gelernt hatte, dass die Rückzahlung des Darlehns nach viel Mühen schließlich geklärt werden konnte, auch dank weiterer freundlicher Hilfen aus der deutschen Kirche. Der Provinzial hatte inzwischen mit einigen Nachwuchskräften die Kongregation verlassen und zog in eine mehrere tausend Kilometer entfernte Diözese ins westliche Amazonasbecken. Dort hatte er einen Bischof gefunden, der mit seiner Situation Mitgefühl zeigte. Schließlich landete der mir bis heute in der Erinnerung schwierige Projektpartner als Bürgermeister in der Politik dieses Provinzstädtchens im Regenwald. Für mich waren solche Erfahrungen auch ein Lernbeispiel im Umgang mit Konflikten vor Ort. Ich war froh um die Projektbesuche, die mir einige Zusammenhänge erschlossen, auch die der Rolle des mächtigen Wechselhändlers, der mit einigen unserer Projektpartner Kontakt hatte.

Zum Kontext kühner Finanzverwicklungen erfuhr ich bei zwei Projektbesuchen (1992 und 1996) in der benachbarten **Diözese Mogi das Cruzes**, die dabei war, ihr eigenes philosophisch-theologisches Institut zu erstellen. Der Bischof war schlichtweg von einer jungen religiösen Gemeinschaft professionell hoch ausgebildeter Laien betrogen worden. Diese lebte mit den Priesteramtskandidaten in einer franziskanischen Wohngemeinschaft auf dem Grundstück. Die jungen Leute hatten eine Firma gegründet, die Gruppe schien der Bistumsleitung vertrauenswürdig. Die Firma ging jedoch bald bankrott. Die Diözese hatte ihr ein Darlehen von US$ 400.000 bei guten Zinsbedingungen für die Rückzahlung gewährt. Das Geld hatte sie in den Sand gesetzt, da es nicht einmal eine Konkursmasse gab. Die Betrügergruppe hinterließ US$ 1.800.000 Schulden, niemand hatte bis dahin geahnt, dass die Jungunternehmer hoch verschuldet waren. Zum Glück waren unsere Beihilfen korrekt in den Bau investiert worden, was ich dann vor Ort erleichtert feststellte. Meine Gesprächspartner standen immer noch unter dem Schock der Ereignisse. Der Skandal war bald im kirchlichen Umfeld verbreitet worden und erreichte auch die Geschäftsstelle, weshalb uns das Gespräch vor Ort mit dem Bischof und seinen Mitarbeitern notwendig erschien. Mir kamen damals die Worte des Steuerberaters Tatto in den Sinn, der mehrmals von der Naivität und Unkenntnis kirchlicher Entscheidungsträger bei Finanzangelegenheiten sprach und den Diözesen eindringlich empfahl, die Prüfung ihres Finanzhaushalts von unabhängigen Experten wie Steuerberatern durchführen zu lassen.

Ein Landgut der Hoffnung: die Fazenda da Esperança

Zwei Besuche in dieser Region an der Grenze zum Bundesstaat Rio de Janeiro sind mir in besonderer Erinnerung geblieben. Mit ihnen werde ich den Teil São Paulo abschließen. Auf den Reisen 1992 und 1994 besuchte ich eine Einrichtung für Drogenabhängige, die der Franziskaner **Frei Hans Stapel** zusammen mit Jugendlichen seiner damaligen Pfarrei in Guaratinguetá in einem mehrjährigen dynamischen Prozess aufgebaut hatte: die *Fazenda da Esperança*. Dieses originäre Modell setzte sich deutlich ab von professionell therapeutisch ausgerichteten Zentren für Drogensüchtige, wie ich sie beispielsweise in Curitiba kennengelernt hatte. Auf der Fazenda leben männliche und weibliche Drogensüchtige ein Jahr lang intensiv in Wohngruppen zusammen. Sie werden begleitet von ehemaligen Drogenabhängigen, die ihren Gesundungsprozess erfolgreich durchschritten hatten. Alle bilden miteinander eine moderne Form christlicher Urgemeinde, wie mir schien. Die Mittel werden gemeinsam je nach Bedarf des einzelnen geteilt und die Bewirtschaftung der Landwirtschaft sowie der drei Betriebe (Druckerei, Schlosserei, Recyclingunternehmen) erfolgt kollektiv. Das Besondere sind die täglichen, freiwillig angebotenen und intensiv gestalteten Gottesdienste. Sie sollen den Drogensüchtigen einen Raum geben, sich zu öffnen und die eigenen Wunden aussprechen zu können. Es wird viel geweint, wie ich beim

Besuch des Gottesdienstes beobachten konnte. Bewegende innere Prozesse finden statt, die von der teilnehmenden Gemeinschaft mitgetragen werden. Für Frei Hans Stapel, einem Ordensmann mit starkem Charisma, geschieht die Heilung in dem Moment, wo Selbstwerdung und Gottfindung zusammen fallen.

Es ist höchst erstaunlich, wie groß und verzweigt diese Fazenda in 10 Jahren seit ihrer Gründung sich entwickelt hatte. Die Schenkung in Form eines landwirtschaftlichen Gutes von 250 ha war in der Anfangsphase der Boden für den Beginn des Zentrums, das nie einer gezielten Planung gefolgt war. Auch wenn manche großzügige Spende von der Heimatdiözese Paderborn und weiblichen Orden in Deutschland finanziell einige Baumaßnahmen möglich gemacht hatten, ist doch beeindruckend, wie sich die Einrichtung mit über 200 Drogensüchtigen durch die eigene Arbeit unterhalten konnte. Das Modell in Guaratinguetá stand später Pate für weitere „Fazendas", die sich über Brasilien hinaus bis nach Europa ausbreiteten.

Im Energiefeld der Schwarzen Madonna: das Nationalheiligtum von Aparecida

Die Fazenda der Hoffnung steht im unmittelbaren Umfeld des Nationalheiligtums von Aparecida. Vielleicht ist es das geheimnisvolle Wirken der Schwarzen Madonna, das auch die Gruppe der Drogensüchtigen unter ihren Schutzschirm nimmt? Ich brauchte einige Jahre, mich diesem besonderen Ort am Fluss Paraiba zu nähern. Wie kaum ein anderer berührt er die Seele der Brasilianer und Brasilianerinnen, ob jung oder alt, arm oder reich, gläubig oder ungläubig. Wie heißt es doch in einem beliebten Volkslied: *Bauer aus unserem Pirapora bin ich, Senhora da Aparecida, beleuchte meine Dunkelheit und begründe meinen Lebensweg.*

Einen offiziellen Projektbesuch bei dem Team von 30 Redemptoristen, die die jährlich über 7 Mill. Wallfahrer:innen seelsorglich betreuen, machte ich im Jahr 2003. Im folgenden Jahr kehrte ich noch einmal nach Aparecida zurück während einer Ferienwoche in Brasilien, denn auch mich hatte die Schwarze Madonna in ihren Bann gezogen. Meine lange Zurückhaltung hatte auch damit zu tun gehabt, dass das Wallfahrtszentrum mit seinen 600

Mitarbeitenden in einer Zeit wirtschaftlicher Krise einen Kredit von einer deutschen Genossenschaftsbank erhalten hatte, eine Entscheidung auf höchster Ebene in der Bischöflichen Kommission von Adveniat. Wir Länderreferenten waren anderer Meinung, hielten uns verschnupft zurück bzw. wurden gar nicht einbezogen bis auf Übersetzungsdienste in dieser Angelegenheit. Die Notsituation war indessen real, kein geringerer als **Kardinal Aloísio Lorscheider** sprach damals zusammen mit dem Ökonom **P. Darci J. Nicioli** beim Präsidenten der Bischöflichen Kommission in Essen vor. Zum Zeitpunkt meines Besuchs war nun – zum Erstaunen der deutschen Bankleute – der Kredit pünktlich in Raten abgezahlt worden und ich erntete, eine Ironie dieses *abacaxi* (für die Brasilianer Ausdruck einer schwierigen Angelegenheit), den ganzen Dank der Redemptoristen. Mit diesem Kredit war der Ruf des *Santuario* gerettet und ein Konkurs vermieden. Was war geschehen: die Leitung der Verwaltung war von Freimaurern unterwandert worden, sie hatten Misswirtschaft betrieben und aufwendige Projekte in Angriff genommen. Nichts Neues unter der Sonne, dachte ich, als der Ökonom mir den Kontext bei einem feinen Mittagessen schilderte. Mir wurde aber auch klar, dass unsere Optik aus der Perspektive der Länderreferate zu kurz gegriffen war. Dieser Besuch machte mir deutlich, dass die Entscheidung „von oben" notwendig und richtig war.

Soweit zur Vorgeschichte. Das gut eintägige Programm meines Aufenthalts war sehr dicht. Als Glück erwies sich, dass der Zeitpunkt am ersten Samstag im November gut gewählt war. Dann findet jährlich die **Wallfahrt der *Pastoral Afro*** zur *Nossa Senhora von Aparecida* statt. Sie wird organisiert von der Vereinigung der Priester und Bischöfe afrikanischer Herkunft des *Instituto Mariama* zusammen mit der Arbeitsgruppe „Pastoral Afro" der CNBB. In diesem Jahr fand die 7. Wallfahrt statt und es kamen ca. 3.000 Wallfahrer, die meisten aus dem Bundesstaat. Ich sah sehr viele Gottesdienstbesucher schwarzer Hautfarbe, aber auch einige weißer Hautfarbe, die mit der Afropastoral sympathisierten. Der Gottesdienst wurde zum Gedenken an den legendären Führer des Quilombo von Palmares, Zumbi, ebenso farbenreich wie lebendig gestaltet; ihm schloss sich eine Prozession an. Zu diesem Anlass und bei dieser Wallfahrergruppe war die Anziehung, die die Schwarze Madonna ausstrahlt, besonders zu spüren. Das meinten auch die Verantwortlichen des Instituto Mariama, mit denen ich anschließend noch ein

Projektgespräch führte und sie ermunterte, ihre Studien, Seminare und vielfältigen Bemühungen ihres innovatorischen Prozesses einer inkulturierten Pastoralarbeit fortzusetzen. Wir Länderreferenten waren damals alle der Ansicht, dass solche Aufbrüche in der brasilianischen Kirche sehr zu unterstützen seien. Wir schätzten den Präsidenten des Instituto, **D. Gilio Filício**, sehr. Er war einer der ganz wenigen Bischöfe schwarzer Hautfarbe im Land; schwarze Priester gab es anteilmäßig am Klerus auch nicht viele. Das Wiedersehen mit dem humorvollen D. Gilio in Aparecida bedeutete eine doppelte Freude für mich.

Im Anschluss an das Projektgespräch verbrachte ich den Tag über auf dem Gelände des Wallfahrtbezirkes. P. Darci zeigte mir die unterschiedlichen Bereiche, ein halber Tag reicht dafür eigentlich nicht. Ich staunte nicht schlecht, sogar ein Aquarium hatte ein Meeresbiologe entworfen mit Fischarten aus aller Welt. Diese Anlage verbindet den pädagogischen Impuls, die Besucher – darunter viele Schulklassen – über umweltbewusstes Verhalten aufzuklären. Den Komplex des *parte social* mit seinen inzwischen fertig gestellten 500 Geschäften und Restaurants nannte mein Begleiter *Shopping-Center-Religioso*. Verwundert rieb ich mir die Augen und wurde dann aufgeklärt, dass Aparecida ein Marienwallfahrtsort sei zum Sich-Treffen und Feiern (*encontro e festa*) insbesondere von Familien, während Lourdes als Ort für Heilung von Krankheit stehe.

Beeindruckend war für mich der Teil der Wallfahrtsstätte mit seiner Basilika und der neu gestalteten Wand, in der sich die kleine schwarze Mutter-Gottes-Statue befindet. Sie wurde von dem in Adveniat gut bekannten Künstlers **Claudio Pastro** gestaltet. Die Komposition in Kacheln auf blauem Hintergrund ist sehr schön geworden. Nach Ansicht meines Begleiters hat sich der Künstler mit dieser großen Arbeit selber übertroffen. Eine weitere ausdrucksstarke Arbeit soll nicht unerwähnt bleiben, der Kreuzweg auf dem Hügel, nahe dem Wallfahrtsbezirk. Der brasilianische Künstler **Sarro** hat ihn in übergroßen Figuren gestaltet.

Mit Pe. Darci sprach ich angesichts der Massen, die an Wochenenden nach Aparecida strömen, auch über die Pastoralarbeit mit den Wallfahrern. Besonderen Wert legen die Redemptoristen auf eine individuelle Betreuung suchender Menschen. Ihr Einsatz konzentriert sich vor allem auf seelsorgliche Begleitung und Beichtgespräche. Für diese Aufgabe werden die Ordensleute geschult. Im letzten Jahr 2002 haben sie numerisch 280.000 Beichten abgehalten, ein erstaunlicher Einsatz neben den vielen Gottesdiensten und der religiösen Programmgestaltung von Radio Aparecida, dem größten katholischen Radiosender des Landes.

Aparecida ist ein Ort, den man auf sich wirken lassen muss. Das habe ich erst allmählich verstanden. Dankbar bin ich meinem Begleiter, ein früherer Theologieprofessor, für die einfühlsame Führung und die anregenden Gespräche. Er vermittelte noch einen wunderbaren Abschluss am anderen Morgen, das Frühstück mit Kard. Lorscheider. Dieser Meister kurzer, inhaltsreicher Sätze empfahl mir eindringlich seine Lebensbotschaft *nunca parar,* niemals stehenbleiben; diese zwei markanten Worte bekamen einen besonderen Platz in meinem Gepäck...

Schwierige Anfangsjahre: der kirchenpolitische Konflikt in der Erzdiözese (1980er Jahre)

In Aparecida grenzt der Bundesstaat São Paulo an den Bundesstaat Rio de Janeiro. Während die hügelige Landschaft diese beiden Staaten harmonisch verbindet, konnte der kirchenpolitische Kontrast in den 1980-1990 er Jahren nicht gegensätzlicher sein. Diese beiden Erzdiözesen unterschieden sich grundsätzlich, was Führungsstil und ihre sozial – pastorale Ausrichtung betrifft. Das zeigte sich ebenso in den offiziellen wie ungeplanten Besuchen und Begegnungen immer deutlicher. Mir selbst ging es um eine neutrale Positionierung, vor allem aber wollte ich, den Mitarbeiter:innen der Pastoral in den peripheren Stadtregionen Ansprechpartnerin sein. Auch in einer 6 Mill. Metropole scheint es das Phänomen „Flurfunk" zu geben. Es sprach sich einfach herum, dass die Adveniat – Mitarbeiterin in dem in basisnahen Kirchenkreisen geschätzten CENAM bei den Irs. da Assunção wohnte und über das Sekretariat des Bildungshauses telefonisch erreichbar war. Allein dort zu wohnen, bedeutete einen Vertrauensvorschuss gegenüber den Partner:innen einer Kirche unter den Armen und eröffnete mir einen Freiraum für die Entwicklung von Kontakten. Erst in der Retrospektive nach vielen Jahren wird mir bewusst, als welch einen Segen sich meine Unterkunft in Rio für die Projektarbeit herausstellte und damit die Einladung seitens der Erzdiözese überflüssig machte.

Meinen Antrittsbesuch bei **Erzbischof Cardeal D. Eugenio de Araujo Sales** habe ich in freundlicher Erinnerung. D. Eugenio galt nach Auskunft meines Brasilien kundigen Kollegen als hoch umstrittener, aber auch verkannter Kirchenführer im Land. Der hatte mich übrigens freundlich ermahnt, keinesfalls in einem damals modischen Minirock zu erscheinen, in dem sich die frühere Pressesprecherin von Adveniat präsentiert hatte. Mich angemessen und gut angezogen fühlend, wurde ich also vom Fahrer im

CENAM abgeholt und zum erzbischöflichen Palais im Sumaré gefahren. D. Eugenio war ich bereits im September 1983 begegnet, als er die Geschäftsstelle besuchte. Sehr angetan war er damals von verschiedenen kirchlichen Einrichtungen, die er in der Diözese Essen besichtigte. Einen besonderen Eindruck hatte die Telefonseelsorge in ihm hinterlassen.

Während des halbstündigen *cafezinho* sprach D. Eugenio die viertägige Wohltätigkeitsveranstaltung des *Dia Nacional de Ação de Graças* an, deren Einnahmen bei US-$ 1 Mill. liegen würden. Mit diesem Fonds könnten die sozialen Einrichtungen der Erzdiözese unterhalten werden. Eine starke finanzielle Belastung bedeute der monatliche Unterhalt von 100 Ordensfrauen, die hauptamtlich in der Pastoral in Pfarreien der Erzdiözese tätig seien. In unserem Gespräch bestätigte der Kardinal seine wiederholt gegenüber Adveniat geäußerte Meinung, dass eine Diözese wie Rio de Janeiro ihre Projekte mit lokalen Mitteln bestreiten könne. Auch begrüßte er die Politik Adveniats, vor allem die Diözesen im Landesinneren zu fördern.

In einem weiteren Gespräch auf hoher Kirchenebene mit **Weihbischof K.J. Romer** lernte ich 1986 die zehnstöckige Kurie „Edificio Joao Paulo II" im Stadtteil Laranjeiras kennen. Der in befreiungstheologischen Kreisen umstrittene Schweizer Theologe – er hatte uns gelegentlich in der Geschäftsstelle besucht – gab recht freimütig Auskunft über die Patrimonien der Erzdiözese. In diesem eher lockeren Gespräch ging er nicht weiter ein auf den Fokus finanzieller Autonomie, wie ihn Kard. Sales geäußert hatte, den er jedoch als großen Planer und Organisator hervorhob. Zwei Tage nach unserem Gespräch rief mich D. Romer dann im CENAM an, um nachzufragen, ob er ein Projekt zur Fertigstellung des 5. Stocks des Priesterseminars einreichen könne. Mir wurde dabei klar, dass die antragsrestriktive Meinung des Kardinals nicht von allen seiner nahen Mitarbeiter geteilt wird und ich erkannte darin auch einen Entscheidungsspielraum für meine Projektkontakte an der Basis.

Einen letzten Besuch auf der Amtsebene hatte ich in der Kurie sieben Jahre später 1993 noch einmal. Ich suchte das Gespräch mit dem Weihbischof, der für die bischöflichen Empfehlungen, dem *visto bueno*, zuständig zeichnete. **D. José Carlos Lima Vaz** unterschrieb nur Projektanliegen. Ich bat ihn darum, in Zukunft die Projektanliegen nicht nur mit dem schlichten Kürzel *v.b.* zu versehen, sondern eine ausführliche und begründete Empfehlung auszusprechen. Dazu äußerte sich der Weihbischof jedoch nicht, weil die Kurie keine Meinungen weitergebe, wie er mir zu verstehen gab. Bzgl. der Fragen und Motive einer Antragstellung oder etwa zur Großstadtpastoral war keinerlei Austausch möglich mit ihm. Nach einer halben Stunde verabschiedete sich D. Vaz und eilte zum nächsten Termin. Diese Erfahrung damals hat mich erneut darin bestätigt, mich wie vor 10 Jahren selbst auf den Weg zu machen, um die Realität der Ortskirche von Rio kennenzulernen.

In den Jahren 1983 und 1984 war ich nachmittags nach dem Sprachunterricht zu unseren Projektpartnern gefahren. Mein erster Besuch war im nördlichen Randgürtel **Penha** in einer großen **Pfarrei der Herz-Jesu-Priester** mit fünf Favelas und einer Bevölkerung von ca. 100.000 Bewohnern. Man plante notwendige Baumaßnahmen, die zu besprechen waren. Mein Gesprächspartner, ein Pastoraltheologe an der Universität der Ursulinen und ansässiger Seelsorger in der Riesenpfarrei, gab mir damals wichtige Hintergrundinformationen zum Ausmaß der Favelas in der Stadt: ein Drittel der 6 Mill. Einwohner seien *favelados* und im Großraum Rio mit seinen 9 Mill. Bewohnern zähle man 3 Mill. *favelados*. Die Bevölkerung Rios hätte in den letzten 10 Jahren um 7% zugenommen und die der Favela-Bewohner um 21%. P. Steil, den ich als ruhigen, spirituellen Ordensmann wahrnahm, schrieb gerade an seiner Magisterarbeit zur Pastoral in Favelas von sieben lateinamerikanischen Ländern.

Das Gespräch war für mich erhellend: ich hörte heraus, wie ein Priester an der Peripherie die Leitung der Erzdiözese wahrnahm. Der Seelsorger vermisste ein intensives Engagement der Kirchenführung in der Favela-Pastoral. Das Konzept läge gar hinter dem Dokument von Puebla der lateinamerikanischen Bischöfe zurück, da die religiöse und soziale Dimension segmentiert und nicht integral verstanden werde. In der ganzen Stadt gäbe es nur wenig Priester, die in Elendsvierteln direkt wohnen und arbeiten würden. Nach seiner Ansicht würden die Favelas meist von den etablierten Pfarreien mitbetreut. Und außerdem, fügte er hinzu, käme der Erzbischof nur in die Elendsviertel, wenn auch das Fernsehen dabei sei. Kritisch äußerte sich mein Gesprächspartner ebenso über die Seminarführung von Weihbischof Romer und die Tatsache, dass die Erzdiözese einen Teil der neuen Räumlichkeiten ausgerechnet an den USA-hörigen Fernsehsender Globo vermietet habe.

Dieser erste Projektbesuch an der Peripherie machte schnell deutlich, wie viel Enttäuschung und Konflikte es an der Basis mit der Bistumsleitung gab. Auch bei weiteren Besuchen in Stadtrandpfarreien wiederholte sich der Eindruck. Zwei Ordensleute, die ebenso an der *Universidade Santa Ursula* und an der Kath. Universität Theologie lehrten und als Seelsorger im Stadtrandgebiet von Jacarepagua arbeiteten, suchten mich im CENAM auf. Sie deuteten an, dass die sozio-pastorale Arbeit in den Favelas wegen der konservativen Ausrichtung der Diözesanleitung sehr schwierig sei. Die Pastoralmitarbeiter würden nicht wagen, Hilfen von ausländischen Hilfswerken zu erbitten, da Kard. Sales keine Projekte empfehle. In solchen Begegnungen sah ich es als meine Aufgabe, den Gesprächspartner:innen Mut zu machen, sich an Adveniat zu wenden und dies auch an andere Interessierte weiterzugeben.

In den 1980er Jahren zeigte sich bei Begegnungen in Peripheriepfarreien ein weiteres Thema. 1986 baten mich spanische **P. Mercedarios** um einen Besuch in ihre 100.000 Einwohner große Peripheriepfarrei in der Baixada Fluminse im Grenzgebiet mit der Nachbardiözese Duque de Caxias. Es fehlte an kleinen Gemeindezentren, worüber wir verhandelten. Der Pfarrer meinte, während die kath. Kirche in armen Vierteln kaum präsent sei, beobachte er ein starkes Wirken von anderen Glaubensgemeinschaften, Sekten und afrobrasilianischen Kultstätten. In seiner Pfarrei zählte er 31 Bauten von Pfingstkirchen, 27 Terreiros des Candomblé und 7 spiritistische Zentren. *Diese Zahlen geben plastisch wieder, in welch einem aktiven religiösen Umfeld Pfarreien an der Peripherie eingebettet sind*, schrieb ich damals in meinen Reisebericht. Diesem Phänomen ging ich bei Gesprächsgelegenheiten in den weiteren Jahren nach. Es machte mir deutlich, dass die Stadt mit ihrem Wahrzeichen des schützenden Christus auf dem Corcovado nicht die katholischste in Brasilien ist. In den religionssoziologischen Untersuchungen der 1990er Jahre wurde dieser Eindruck mit Daten untermauert: nirgendwo war die Anzahl der Katholiken an der Bevölkerung so niedrig wie in Rio.

Auch die engagierten spanischen Ordensleute beklagten bei meinem Besuch das Alleingelassenwerden seitens der Bistumsleitung: Seit fünf Jahren hätte kein Weihbischof mehr ihre große Pfarrei betreten. Sie würden sich in der immensen Arbeit nicht bestärkt, sondern nur kontrolliert fühlen. Bei einem Bauvorhaben würde die Bauabteilung der Kurie nur technischen

Beistand geben. Die Finanzierung des Vorhabens müsste die Pfarrei alleine schultern. Lobend äußerten sich die Mercedarier über den zuständigen Regionalvikar, er unterstütze sie und gäbe ihnen Freiraum.

Einblicke in die Welt der organisierten Kriminalität (1990er Jahre)

Das Thema von Unmut der Basis mit ihrer Kirchenleitung verlagerte sich in den 1990er Jahren auf das Problem der wachsenden Gewalt in den Peripherieregionen der Metropole. In diesem Kontext machte ich einige eindrückliche Besuche in Pfarreien, manchmal ohne zu ahnen, was auf mich zukam. Bevor ich auf diese Besuche eingehe, werde ich zwei in der Welt der organisierten Kriminalität der Drogenbanden tätige Pastoralarbeiterinnen vorstellen. Ihren mutigen Einsatz empfand ich bemerkenswert. Den tapferen älteren Frauen verdanke ich viel Binnenkenntnis über diese Höllenseite der Stadt; sie sind für mich Zeuginnen in der Nachfolge Jesu. Ihr Mut war ansteckend; denn Mut und Gottvertrauen brauchte es zunehmend in den folgenden Jahren bei Projektbesuchen in den von Drogengangs beherrschten Elendsvierteln.

Die pensionierte Lehrerin **Rosa Alice Marques Piçanco** wohnte wie ich auf dem Gelände des Bildungshauses der Irs. da Assunção. Die ehemalige Ordensfrau, von kleiner, drahtiger Statur, lebte in freundschaftlicher Beziehung zu ihren ehemaligen Mitschwestern. Rosa Alice, gebürtig aus dem hohen Norden Macapá, traf ich mehrmals seit Beginn der 1990er Jahre. Sie erzählte mir von ihrem freiwilligen Einsatz als Katechetin in zwei nahegelegenen Favelas, dem ***Morro dos Prazeres*** und der Favela ***Morro do Fogueteiro***. In beiden hatte sie zusammen mit den Bewohner:innen Gemeinden aufgebaut, die territorial zur historischen Pfarrei des Stadtteil Santa Teresa gehören. Ihr großes Engagement war authentisch und sehr mutig. Durch sie entstand in zwei Elendsvierteln mit der Einwohnergröße einer deutschen Kleinstadt an den Hügeln von Santa Teresa eine pastorale und sozial-pädagogische Betreuung. Ihr ehrenamtlicher Einsatz hatte die Intensität einer hauptamtlichen *Agente de Pastoral*, er beeindruckte mich zunehmend. Mit Hilfe von Adveniat war im *Morro dos Prazeres* über der Kapelle ein Gemeindezentrum entstanden.

1992, als mich der Journalist Hermann Multhaupt begleitete, erfuhren wir, wie die Drogenproblematik im Morro dos Prazeres – ebenso wie in ganz Rio de Janeiro – seit 1983 mit Beginn der Amtszeit des Gouverneurs Leonel de Moura Brizola immer ernstere Ausmaße angenommen hatte. Die Tochter des linksgerichteten und in der brasilianischen Politik seit 50 Jahren einflussreichen Politikers sei in der Drogenszene tief involviert, wie Rosa Alice berichtete. Nach ihrer Meinung hat die Drogenproblematik – bezogen auf ganz Brasilien – in Rio die verheerendsten Ausmaße. In den Favelas herrsche ein regelrechter Krieg – *guerra* – mit Schusswechseln selbst am Tag und besonders bedrohlich, wenn die Drogenbanden ihn in internen Rivalitätskämpfen gegeneinander ausfechten. Schließlich sei der Chef einer Drogenbande – der *chefão* – die mächtigste Person in einer Favela. Mit geschickter Taktik würde die *gangue* mit Sport- und Freizeitaktivitäten die Jugendlichen zum Drogenkonsum verführen und damit sogar in Konkurrenz treten zu Angeboten kirchlicher Arbeit.

Rosa Alice vermittelte in einem Gespräch 1998 wichtige Kenntnisse über die interne Struktur einer Drogenbande, die ein differenziertes Netz von Gewalten- und Aufgabenverteilung darstellt. Die Bosse, meist junge Männer, wohnen im *Morro* an verschiedenen Orten, mal mehr oben, mal mehr unten, je nachdem, wo die Gefahr droht. Bei Polizeikontrollen werden sie beispielsweise von den eigenen Wachposten, die an allen Schlüsselorten der Favela das Geschehen beobachten, gewarnt. Sie verstecken sich dann in den Häusern ihrer Netzwerke. Es ist üblich, dass die Drogenchefs junge Mädchen zu sexuellen Handlungen nötigen. Die Jugendlichen seien sogar stolz, von einem *chefão* geschwängert zu werden, meinte Rosa Alice.

Hohe Flexibilität ist für den Drogenboss nötig. Seine Verweildauer in einer Favela ist nicht lange, er verwischt dann seine Spuren und muss seinem Nachfolger oder seiner Nachfolgerin alles hinterlassen. Auch seien die Führungsstile durchaus unterschiedlich, so Rosa Alice, einige Chefs habe sie „milder" im Agieren erlebt und andere sehr hart – dann würde bei der Ausübung der Selbstjustiz nicht lange gefackelt. Auch junge Frauen aus der Führungsgruppe könnten sehr hart und gewalttätig sein. Die Zuarbeiter im Drogenhandel seien meist junge Menschen ohne Arbeit. Sie würden für ihren Job gut bezahlt.

Weiter erfuhr ich, dass in den Favelabehausungen überall viel „Stoff"
liegt. Manche Bewohner wissen nicht einmal davon, dass die Drogenmafia
bei ihnen Drogen deponiert. Dies ist Rosa Alice aufgefallen, als sie einen
Besuch bei einer ihr wohlbekannten, alten, pflegebedürftigen Frau ihren
verabredeten Hausputz machte. Beim Reinigen der Toilette fand sie Drogen-
material. Sie war überrascht, ließ sich aber nichts anmerken und er erzählte
auch der alten Dame nichts, da die Wächter sie von der Gasse aus schon
beobachtet hatten.

Für Rosa Alice bedeutete das Leben mit den *favelados* eine große Herausforderung und permanente Bedrohung. Einmal haben ihr die Mitglieder der
comunidades zu einer längeren Abwesenheit geraten, worauf sie dank guter
Freunde für eine Auszeit in die Schweiz fuhr.

Eindrücklich ist mir Rosa Alice geblieben in ihrer Unbeirrbarkeit und
Solidarität. Im Jahr 2004 hat sie mir anvertraut, wie ihre immer neu erworbene Angstfreiheit auf Gottvertrauen basiere. Bevor sie eine Comunidade in
den Morros besuche, bitte sie, dass Gott die Dämonen der Drogenwelt
überwinden helfe. Sie fühle sich bei ihren Gängen durch die Gassen von
„guten Mächten wunderbar geborgen"... Durch sie lernte ich, im CENAM
besser zu schlafen trotz gelegentlich heftiger Schusswechsel, die mich
aufschreckten.

Eine andere starke Frau möchte ich in diesem Rückblick vorstellen, die
Steyler Ordensschwester **Ir. Anna Katharina Irmhild Schmitz**, gebürtig
aus Levitzow bei Berlin, in Brasilien kurz **Ir. Fides** genannt. Wir kannten uns
von ihren Besuchen in der Adveniat – Geschäftsstelle und von einem Gespräch 1991 im Konvent des Missionsordens in Santo Amaro, in dem sie sich
von einer Operation erholte. Die aktive Missionsschwester mit interessanter
Biographie – in jungen Jahren war sie Balletttänzerin – hatte in Deutschland
einen großen Förderkreis. Sie schrieb sehr lebendige Rundbriefe. Im Laufe
ihrer Jahre in Brasilien entstanden dank ihres Einsatzes in Santo Amaro und
Rio de Janeiro allein 20 Kindergärten. Darüber hinaus schien sie mir Anlaufstelle für Menschen in verschiedensten Notlagen zu sein; so hatte man
wenige Tage vor meinem Besuch 5 Kinder, alle krank, unterernährt und ohne
Elternhaus, in der Hoffnung zu ihr gebracht, Ir. Fides findet eine Lösung...

Mehrmals hatte sie mich schon eingeladen, in Rio ihre Wirkungsstätte in
der **Favela-Pfarrei N.Sra. de Guadalupe** im Stadtteil Inhaúma/Bom Succes-

so zu besuchen. Ir. Fides arbeitete dort seit 15 Jahren. Erst 1992 war die riesige Favela mit 120.000 Bewohnern – so erfuhr ich bei meinem Besuch 1998 – eigene Pfarrei geworden. Die Ordensfrau holte mich zusammen mit dem jungen Pfarrer **Pe. Niraldo**, einem Neupriester, ab. Es wurde mir etwas mulmig, als ich in der Eingangstür des Pfarrhauses etliche Einschusslöcher entdeckte. Meine beiden Begleiter gaben dem keine besondere Aufmerksamkeit, für sie waren es einfach nur Blindgänger. Sie sagten jedoch, dass wir die Besichtungen nicht zu Fuß, sondern aus Sicherheitsgründen im Fahrzeug machen würden. Adveniat hatte bei der Errichtung von zwei Gemeindezentren geholfen, die Ir. Fides mir zeigen wollte. Außerdem hätte der Pfarrer das herrschende *Comando Vermelho* über meinen Besuch informiert. Solche Ankündigungen kannte ich schon von anderen Projektbesuchen, es gehörte zum Prozedere des beiderseitigen Umgangs und vermittelte mir eine Beruhigung. Schließlich gehörte diese Favela zu den gewalttätigsten von Rio.

Im weiteren Gespräch erfuhr ich, dass die Pfarrei bereits ein Jahr lang ohne Pfarrer war. Selbst Ir. Fides wagte nicht mehr sie zu betreten, obwohl ihr die Bevölkerung durch die jahrelange Arbeit sehr ans Herz gewachsen war. Zwischen dem früheren Pfarrer Pe. Pedro und dem *Comando Vermelho (C.V.)* war es aufgrund eines Interviews mit einer deutschen Journalistin zu Spannungen gekommen. Der Pfarrer habe in unbedachter Weise über die realen Machtstrukturen in der Favela informiert. Seither war sein Leben gefährdet und er musste in einen anderen Bundesstaat wechseln. Sein Nachfolger war der junge Priester, aus armen Verhältnissen stammend, ein früherer Maurer, der als Spätberufener ins Priesterseminar eingetreten war. Dort habe er sich als Außenseiter gefühlt wegen seiner entschiedenen Leitidee einer Option für die Armen – ein Stein des Anstoßes für seine Mitseminaristen damals.

Wir fuhren nach dem Eingangsgespräch in eine der sieben Comunidades, Jesus Bom Pastor. Das *C.V.* hatte den Mehrzwecksaal ein Jahr lang besetzt gehalten. Nach einem Jahr fasste die Bevölkerung den Mut, machte eine mehrstündige Prozession durch das Viertel – die dann „einfach" im Saal endete und ihn auf diese gewaltfreie Weise zurückgewonnen hat. Zunächst musste er als ein sakral würdiger Raum wieder hergerichtet werden, weil die Drogenbande den Gemeindesaal verunstaltet hatte. Meine beiden Begleiter gingen davon aus, dass hier – den Berichten der Bevölkerung nach – auch

Folterungen stattgefunden hatten. In meinem Projektbericht hielt ich fest: *Beim Besuch in diesem bis heute gezeichneten Gemeindesaal wie beim anschließenden in der neuen Kirche der Gemeinde Ssma. Trindade bekam ich immer mehr Gänsehaut. Vor der Kirche Trindade liegt ein öffentlicher Platz, wo nach den Informationen von Pe. Niraldo ab Abenddämmerung alle paar Tage öffentlich von der Drogenbande Abtrünnige festgebunden, gefoltert, zerstückelt und dann verbrannt wurden. Vom Kirchenfenster aus sah ich einen kleinen Haufen grauer Asche auf der Praça und fragte danach, ohne zu ahnen, welch furchtbare Geschehnisse sich damit verbinden. Erst vor 2 Tagen war in der Dunkelheit nach Zerstümmelung ein Mensch vor den Augen der Bevölkerung der umliegenden Häuser verbrannt worden. Dies geschah keine 150 – 200 m von der Kirche entfernt. Wie nahe Himmel und Hölle beieinander liegen...*

Auch nach 38 Jahren habe ich diesen Blick vom Kirchenfenster aus auf den großen Platz noch genau präsent, mein Schreiben gerät ins Stocken. Oft dachte ich in all den Jahren, was die Bewohner von Favelas existentiell aushalten müssen, neben der gesellschaftlichen Diskriminierung, den sozialen Problemen, dem schlechten öffentlichen Gesundheitsdienst, der Armut, dem Lärm und Schmutz...Unsere Kapellen- und Gemeindeprojekte in dieser Stadt bekamen für mich auf diesem Hintergrund eine tiefere Bedeutung: es galt im Energiefeld der Mächte der Unterwelt die Präsenz des Heiligen zu bewahren. Ir. Fides und P. Niraldo haben dafür ein unverbrüchliches Zeugnis abgegeben – ein Vermächtnis.

Pfarreibesuche in der Welt der Armen (2000er Jahre)

2001 hatte ich die Gelegenheit, von Porto Alegre aus den früheren Pfarrer meines Wohnviertels Heisingen in Essen, Pastor Ulrich Timpte, in seinem neuen argentinischen Umfeld zu besuchen. Seit 15 Jahren schon war P. Teo der Pfarrer einer 30.000 Einwohner großen Peripheriepfarrei in der Diözese Quilmes bei Buenos Aires. So wie schon früher in Heisingen hatte er in der Pfarrei San Martín de Porres von Florencio Varela in Zusammenarbeit mit der ganzen Gemeinde Erstaunliches entwickelt. Auf dem Hintergrund seines langjährigen, intensiven Engagements in der Welt der Armen war er zum Schluss gekommen, dass es vor allem die Frauen sind, die Entwicklung befördern – er sah sie als *Motoren der Entwicklung*. Diese Erfahrung teilt er mit vielen Seelsorgern wie Ir. Antonio Cechin in Vila Santo Dias an der Peripherie von Porto Alegre (siehe Kapitel „Der Süden" S. 27/28).

Zurück von der beeindruckenden Kurzvisite in Quilmes machte ich in Rio einige Projektbesuche in Pfarreien, die ich auf den Projektreisen 2003 und 2005 fortführte. Das Thema Gewalt nahm in den Jahren an Schärfe zu, meine Erfahrungen erweiterten sich. Im kirchenpolitischen Kontext zeigten sich neue, Aufbruch andeutende Entwicklungen, nachdem es 2001 einen Wechsel an der Spitze des Erzbistums gab. Während der Autofahrten im Großraum der Megalopolis sah ich jedes Jahr mehr kleinere und größere Tempel der Sektenkirchen, allen voran die der *Igreja Universal do Reino de Deus*. Im Vergleich zu den 1980er Jahren trat diese religiöse Denomination im Stadtbild immer stärker in Erscheinung.

Im Jahr 2001 konzentrierte ich meine Pfarreibesuche auf drei Bischofsvikariate. Es handelte sich um Baumaßnahmen, die zu besprechen waren. Wie ich erfuhr, galt das *Vicariato Episcopal Suburbano* von allen sechs Vikariaten als das am meisten geschlossene mit der Vision einer *pastoral de conjunto*. Sein Bischofsvikar **Mons. Gilson** half mir bei der logistischen Vorbereitung der entfernt voneinander liegenden Pfarreien meines Besuchsprogramms; gleichzeitig gab er mir einen Überblick über die Struktur der sechs Vikariate. Unser Gespräch erwies sich später als sehr nützlich, ich verortete schneller, aus welchem sozialen Umfeld die Projekte kamen und wo wir vordringlich helfen sollten. Auch diese erfahrene und geschätzte Führungsperson im Klerus von Rio bestätigte die Tendenz bei jungen Priestern zu einem *clero light*. Mons. Gilson berichtete ebenso von dem Phänomen „singender Priester", das es in seiner Erzdiözese gäbe ähnlich wie in São Paulo. Der bekannteste von ihnen in Rio war damals Pe. Zeca, der in seinem jährlichen Konzert am Strand 10 bis 15.000 Zuhörende anzog.

Bemerkenswert empfand ich das Gespräch mit dem Pfarrer der Hauptpfarrei *São Bras* des Vikariats Suburbano, **Pe. Jorge**. Diese 80.000 Einwohner große Pfarrei lag geographisch zentral in diesem Vikariat mit seinen 53 (!) Pfarreien und ca. 4 Mill. Bewohnern. In den fünf Favelas gab es fünf Kapellengemeinden – und fünf verschiedene Drogengangs mit entsprechenden Rivalitätskämpfen untereinander. Ich war erstaunt über die Ruhe dieses Priesters, er wirkte auf mich innerlich getragen, mit dieser schwierigen

Situation fertig zu werden. Mir war seine Meinung zur Fastenkampagne 2001 zum heiklen Thema „*Vida sim, drogas não*" wichtig. Pe. Jorge fand das Textmaterial sehr gut, er würde es jedoch für seinen Pfarreikontext adaptieren, wäre in seinen Äußerungen vorsichtig und spräche in den Predigten über die Drogenproblematik verschlüsselt, wie er mir sagte.

Während der Besichtigung der Baustelle des zentralen Pastoral- und Ausbildungszentrums des Vikariates auf dem Territorium der Hauptpfarrei erfuhr ich, dass aus Sicherheitsgründen Kurse nur noch zentral am Pfarrsitz durchgeführt werden konnten – in den einzelnen Gemeinden sei es inzwischen zu gefährlich geworden, Kurse abzuhalten. Das Bauprojekt empfand ich erstaunlich weit fortgeschritten, sein Konzept durchdacht und die Kostenkalkulation ausgesprochen günstig. Beeindruckend war das Engagement vieler freiwilliger Helfer:innen für das Fundrising: sie warben in den Häusern von Straße zu Straße, beim Kauf von Baumaterial beizutragen und ermöglichten auf diese Weise die Errichtung des vierstöckigen Baus.

Bei diesem wie bei weiteren Besuchen in Peripheriepfarreien bestätigte sich mein Eindruck, dass die Pfarreien bei Baumaßnahmen auf sich allein gestellt waren. Sie erhielten damals von der Kurie weder technische Orientierung bei der Planung noch finanzielle Hilfen beim Bauen.

Zur Erweiterung meiner Kenntnisse sah ich es als wichtig an, 2001 auch eine Pfarrei aus den noblen Regionen der Stadt kennenzulernen. Uns lag ein Projekt zur Renovierung des 150 Jahre alten Pfarrhauses der Pfarrei am schönen Strand von Gávea vor. Diese Pfarrei mit langer Tradition integriert die arme und die reiche Welt Rios: die Bewohner der Favela Rocinha und die Bewohner der Appartmentwohnungen der Hochhäuser in Strandnähe. Ich war erstaunt über die vielen sozio-pastoralen Initiativen bis hin zu einer Pastoral für Obdachlose und Alphabetisierungskursen für Erwachsene.

Als interessant an diesem Pfarreibesuch erwies sich eine Begegnung zum Abschluss. Der Chef der Baufirma, mit dem die Pfarrei zusammenarbeitete, brachte mich in seinem Auto in mein Wohnquartier. Es ergab sich eine sehr lebendige Unterhaltung. Wir sprachen über die politische Situation, über den von ihm geschätzten Präsidenten Cardoso, unter dem die Armen doch zu Verbesserungen wie dem Erwerb eines Farbfernsehers gekommen wären! Den sympathischen und auf mich sozial wirkenden Bauingenieur fragte ich dann, ob er schon einmal die nahe Favela Rocinha betreten hätte. Denn einige seiner Bauarbeiter lebten in dieser ältesten Favela von Rio an den Hängen des Strandes von Gávea. Dorthin würde er nie gehen, er hätte schlicht Angst.

In welch unterschiedlichen Welten die Menschen der verschiedenen sozialen Schichten leben, dachte ich später. Es gab kaum Berührungspunkte, weshalb ich auch nicht mehr überrascht war, dass die Pfarreien der begüterten *Zona Sul* so wenig partnerschaftlichen Kontakt mit den Pfarreien der Stadtrandregionen pflegten.

Zwei Besuche in Favela-Pfarreien sind mir 2005 in besonderer Erinnerung geblieben. Der für das *Vicariato Episcopal Urbano* zuständige neue Weihbischof **D. Dimas Lara Barbosa** hatte mich darum gebeten, mit ihm in den **Complexo da Maré** zu fahren – dem trockengelegten Feuchtgebiet am Atlantik, einem großen Strukturprojekt zur Ansiedlung von 150.000 Menschen. Ich freute mich über diese Anfrage und sah sie als einen „frischen Wind" aus der Kurie – endlich kamen die hohen Würdenträger an die Basis!

Die beiden Pfarrer der Ursprungspfarrei *Nossa Senhora dos Navegantes* und der neugegründeten Pfarrei *Sagrada Familia* beeindruckten mich. In der älteren Pfarrei war seit acht Jahren ein 44 jähriger polnischer Pallotiner aus Tschenstochau verantwortlich tätig. Gleichzeitig dozierte er als Theologieprofessor sein Fach Kirchenrecht an der PUC. Im Gespräch zeigte **Pe. Kowalik** seine Dankbarkeit für das von Adveniat gewährte Promotionsstipendium. Ich war erstaunt, wie er beide intensiven Aufgaben integrierte und schon viele religiöse wie soziale Initiativen mit den Bewohnern auf den Weg gebracht hatte. Am Ende sprach der Ordensmann sein starkes Gefühl eines „ Ausgebranntsein" an – wie authentisch ehrlich er war! Ich verstand ihn gut und bestärkte ihn in seinem Wunsch, in eine kleinere Pfarrei versetzt zu werden.

Für die neue Pfarrei war ein 27 jähriger, sehr couragierter und ebenso engagierter Neupriester, **Pe. Geovane** zuständig. Sein Pfarrgebiet lag im neueren Teil des *Complexo da Maré,* nahe zweier wichtiger Stadtautobahnen zum Flughafen Galeão. Die Bewohner, Migranten aus dem Nordosten, wohnten in denkbar kleinen, sehr einfachen Steinhäusern wie schlichten Wohnblocks. Der ebenerdige *Complexo da Maré* galt als eines der besonders gewalttätigen Stadtgebiete, dominiert vom *C.V.* Vor zwei Jahren zu Beginn seiner Tätigkeit hätten die Gewaltakte des *Comando* eine erschreckende Form von Brutalität angenommen, die Bevölkerung sollte eingeschüchtert werden: *Man massakrierte Menschen, zerstückelte die Körper und warf die Körperteile auf den Asphalt und auch in das Kirchengelände. Am Morgen sammelte die Müllabfuhr in den engen Gassen die Körperfetzen auf. Derzeit herrscht „Ruhe" in diesem Viertel...,* wie ich im Reisebericht festhielt.

Pe. Geovane leistete in dieser schwierigen Region eine außergewöhnliche Arbeit. Er war wie ein Gegenbeispiel zum Bild des unbeschwerten jungen Nachwuchspriesters, wie es mir in all den Jahren vermittelt worden ist. In seiner Art der Seelsorge beschritt er ungewohnte Wege: er besuchte die Häuser der Mitglieder des *Comando*. Sein erklärtes Anliegen war, auch mit den Drogendealern und Mördern Kontakt aufzunehmen. Er wollte ihnen einen Weg zu Gott eröffnen und stellte fest, dass sie manchmal auch in seinen Gottesdienst kamen.

Diese Begegnung ging und geht mir nach. Wie recht dieser junge Seelsorger hatte und sein herausfordernd klares Bemühen, keine Mauern zu errichten, gilt es nicht auch heute? In den mir vertrauten spirituellen Gebetsübungen heißt es „und schließen alle Menschen ein" – so konkret wie eindrücklich zeigte sich mir an diesem Ort die Essenz dieser fünf Worte.

Besuche bei zielgruppenspezifischen Einrichtungen – Gefängnisse und Krankenhäuser

Die Pastoral mit den Gefangenen hatte im Brasilienbereich Adveniats eine besondere Aufmerksamkeit. In der Erzdiözese Rio de Janeiro war ihr Träger ein eingetragener Verein, die **Sociedade São Dimas**, 1978 gegründet von einem italienischen Priester mit seiner entschiedenen Option für die **Seelsorge mit Gefangenen. Pe. Bruno** besuchte uns regelmäßig in Essen zur Zeit des Karnevals in Rio. Die Europareise mit den Projektgesprächen bei den verschiedenen Hilfswerken empfand er als seine Ferien, die wir ihm mit gastfreundschaftlichen Gesten so angenehm wie möglich zu gestalten versuchten. Er brauchte das, was er auch klar zum Ausdruck brachte. Deshalb war es 1993 an der Zeit, sein Lebenswerk, das sozial-pastorale Netzwerk für Gefangene und ihre Familienangehörigen, vor Ort kennenzulernen. Den langen Besuchstag hielt ich in einem mehrseitigen Vermerk fest. In diesem Kontext finde ich interessant zu erwähnen, dass damals in den 1970er Jahren nach P. Brunos Informationen eine Kontaktaufnahme mit der Zielgruppe der Gefangenen eher verpönt war. Die Erzdiözese hatte aufgrund bestehender Vorurteile gegenüber Häftlingen kein Interesse, eine Gefangenenpastoral aufzubauen. Deshalb gründete der Pionier in Rio mit seinen Mitstreiter:innen diesen eingetragenen Verein. Die Kurie stellte ihm hinter der neuen Kathedrale im Stadtzentrum zwei Räume zur Verfügung, ohne Verputz und Anstrich, die ich in ihrer mehr als prekären Büroausstattung als Rattenlöcher empfand. Schließlich trafen sich hier in der Zentrale die Frauen der Gefangenen zu Gesprächskreisen, fanden die Arbeitstreffen der 17 Hauptamtlichen in den verschiedenen Projektbereichen statt, gab es Absprachen mit den 50 Ehrenamtlichen, wurden Altkleider und Lebensmittelspenden deponiert. Mich erschütterte, wie diese Pastoral selbst räumlich ins Abseits gedrängt wurde, ohne Wertschätzung und Unterstützung. Wir alle in Adveniat spürten, wie sehr Pe. Bruno – durchaus ein einzelgängerischer, widerborstiger Charakter – darunter gelitten hat.

Mit gewissem Stolz zeigte er mir die verschiedenen kleinen sozialpädagogischen und gesundheitlichen Zentren, die von der *Sociedade* im Laufe der Jahre für die Zielgruppe der Gefangenen, ihren Angehörigen und aus der Haft entlassenen Jugendlichen und Erwachsenen entwickelt worden waren. Mir fiel das überwiegend junge Team, aus armen Verhältnissen meist kommend, auf. Die jungen Sozialpädagog:innen, Sozialarbeiter:innen, Köchinnen u.a. fanden in der Gefangenenseelsorge ihren Arbeitsplatz. Viel verdienten sie nicht. Pe. Bruno und seine Direktoriumsmitglieder erwarteten eine Menge Idealismus und entlohnten mit einem Salär in Höhe von 1 bis 2,5 Mindestlöhnen; juristisch bzw. therapeutisch tätige Professionelle wurden über Honorarverträge beschäftigt. Im Vergleich zu unseren nationalen Partnern und der NGO – Szene in Rio war die Entlohnung sehr niedrig. Pe. Bruno hatte dazu eine dezidierte Meinung: Er hätte es unverantwortlich gefunden, wenn mit den Geldern eines Hilfswerks höhere Gehälter gezahlt worden wären.

Einen besonderen Fokus hatte das Team auf die Stärkung des Bewusstseins der Frauen der Gefangenen gelegt. Man wollte sie und die entlassenen Inhaftierten intensiver begleiten, ebenso juristisch wie mit dem Angebot beruflicher Schulungskurse. Deshalb plante die *Sociedade* am Gefängniskomplex Bangu neue Räumlichkeiten, wo ich eine Ortsbesichtigung machte. Zu ihm gehörten neun Gefängnisse mit 2338 Häftlingen.

Die Rolle von Pe. Bruno in der Gefängnisarbeit war von zentraler Bedeutung. Er war im Kontakt und den Auseinandersetzungen mit Behörden eine unumstrittene Autorität und ebenso Begleiter von Menschen in schwierigsten Lebenssituationen.

So erlebte ich beim Besuch einer Anlaufstelle für Kinder und Jugendliche, die die Sociedade jüngst nahe dem internationalen Flughafen gegründet hatte, folgende Situation: ein 14jähriges Mädchen aus dem Maranhão war von zuhause ausgerissen, verführt durch die Tante und Fernsehbilder von *Rio maravilhoso*. Kurz entschlossen hatte sie sich an die Straße gestellt und wurde von einem LKW – Fahrer auf die einwöchige Fahrt mitgenommen bis Rio und dort ausgesetzt. Nach einer Woche entdeckte die Polizei das verwirrte und verhungerte Mädchen und brachten es zum *Nucleo Ilha do Governador der Sociedade*. Über viele solche Schicksale habe ich von Pe. Bruno Kenntnis erhalten.

Der dichte Tag in den Arbeitsbereichen der *Sociedade* ging mit einem 45minütigen Besuch im Gefängnis „Elio Gomes" im Stadtteil Estação zu Ende. In dem 100 Jahre alten Komplex sind ca. 2.000 Gefangene auf vier Stockwerken untergebracht. Die ca. 80qm großen Zellen „beherbergen" 20 bis 30 Gefangene in Doppelstockbetten, die in Zement eingegossen sind. Der Gefängnisdirektor gab offen zu, dass dies nicht den Standards der UNO entspricht. Er sollte offensichtlich Verbesserungen einleiten. *Die Enge, der Geruch, die nassen Wände sind kaum zu beschreiben. Die Eindrücke haben mir den Schlaf geraubt,* so schrieb ich es später in meinem Reisebericht.

Neben den Gefängnissen waren **Krankenhäuser** ein weiterer Interessenfokus auf meinen Reisen. Der Leiter des Krankenhauses des 3. Ordens der Franziskaner, **Frei Eckart**, hatte uns in der Geschäftsstelle besucht und mich schon seit einigen Jahren in seine traditionsträchtige Einrichtung eingeladen. Bei meinem Besuch 1997 war das in Rio sehr angesehene Krankenhaus, dessen Träger der **Veneravel Ordem Terceira de S. Francisco da Penitencia** ist, in einer Phase, seinen Ruf wiederzuerlangen. Wie etliche katholische Krankenhäuser im Land hatte auch dieses Haus wegen Misswirtschaft und Korruption in der Leitung eine schwere Krise durchgemacht, es wurde sogar zu einem Skandalfall in der Stadt. Frei Eckart, verantwortlicher Leiter und gelernter Gerichtspfleger aus Franken, hatte das Problem mit seinem Team von Freiwilligen aus der Heimat und einer Gemeinschaft brasilianischer

Ordensfrauen der Krankenseelsorge, zu lösen. Die innere Neuordnung nahm einige Jahre, einschließlich der Notwendigkeit von 400 (!) Arbeitsgerichtsprozessen, in Anspruch. Wie mir Frei Eckart die schwierige Situation schilderte, mussten die meisten Arbeitsverträge wegen korruptiver Verstrickungen aufgelöst werden. Nur wenige Ärzte konnten im Krankenhaus weiterarbeiten. Eine verlässliche und treue Personalbasis bildeten jedoch die Krankenpflegekräfte, meist aus der nahen Favela Borel stammend, die schon langjährig zum Mitarbeitendenteam gehörten.

Während der Besichtigung spürte ich einen beeindruckenden franziskanischen Geist, zumal das Hospital auch Aidskranke stationär behandelte, denen einige Krankenhäuser in Rio ihre Aufnahme verweigerten. Frei Eckart war sich sicher, dass der Santo aus Assisi sein Übriges zur Lösung der vielen Probleme getan hatte. Zum Krankenhauskomplex gehören drei Gebäudeteile, die als Altenwohn- und Pflegeheime geführt werden. Auf den Fluren leben die Heimbewohner:innen aus allen Gesellschaftsschichten zusammen. Sie haben sich durch eine Quote eingekauft, um auf diese Weise ein Anrecht auf einen Heimplatz zu erhalten. Viele Familien in Rio sind schon seit Generationen Mitglied des 3. Ordens, dessen Gründung in Rio auf das Jahr 1619 zurückgeht.

Der fränkische Franziskaner und seine deutsch – brasilianischen Helfer:innen wollten diese Geschichte einer dreihundertjährigen renommierten Einrichtung nicht aufs Spiel setzen. Ihr Einsatz, Mut und Gottvertrauen waren hoch. Hinzu kam ein großzügiges Fördernetz aus Deutschland, auf das sie sich verlassen konnten. Das Privatkrankenhaus mit seinem besonderen Ruf machte wieder Gewinn, der zum Unterhalt von drei Sozialzentren in der *Baixada Fluminense* und einer Modellgrundschule im Hafenviertel diente. Das riesige *abacaxi* wurde zu einer erfreulichen Erfolgsgeschichte!

Eine ganz andere Erfahrung von Krankenhaus machte ich 2003 in der *Casa de Saúde São José* im Stadtteil Botafogo. Dort leitete meine frühere Kollegin bei Adveniat das Team der Krankenseelsorge. **Ir. Aurea** beschrieb die nicht minder angesehene Einrichtung der Katharinenschwestern als „Privatkrankenhaus mit 5 Sternen": es ist spezialisiert auf Herz- und Nierenoperationen mit international bekannten Ärzten; im *Centro de Estudos* werden sogar internationale Konferenzen abgehalten; zu den Patienten gehören bekannte Politiker, Künstler und Sportler. Die Kongregation erwirtschaftete in diesem Krankenhaus Gewinne, die sie in ihre kleinen Provinzkrankenhäuser in ärmeren Regionen Brasiliens eingab und in Sozialprojekte. Misswirtschaft habe es bisher in der 100jährigen Geschichte der Kongregation in Brasilien nicht gegeben, erläuterte Ir. Aurea. Die Leitung aller Krankenhäuser läge immer in Händen von zwei Ordensfrauen, die die einzigen in der Verwaltung mit Scheckvollmacht seien. Die Kongregation habe in diesem Punkt klare Richtlinien. Die Erfahrung scheint ihnen recht zu geben.

Zur kirchlichen Situation informierte mich Ir. Aurea, dass die Erzdiözese das Vikariat für die Ordensfrauen, langjährig geleitet von Weihbischof Romer und Madre Antônia, abgeschafft habe. Als Zusammenschluss für die Ordensleute gelte jetzt nur noch die Regionalstelle der Ordenskonferenz CRB. 30 Jahre lang habe diese Spaltung zwischen den Ordensleuten bestanden – davon im folgenden Kapitel mehr. Beide Seiten würden sich inzwischen in einem schmerzhaften Prozess nähern. Wir feierten diesen Silberstreif am Himmel mit einer *Caipirinha* an der Copacabana!

Besuche bei regionalen und nationalen Einrichtungen

Die nach Stefan Zweig „schönste Stadt der Welt" verlor im Jahr 1960 ihren Status als Hauptstadt des Landes. Dennoch blieb sie für manche Institutionen, Stiftungen und Verbände weiter Arbeitsort und Sitz. Das galt auch für katholische, ökumenische und kulturelle Einrichtungen, die ich vor allem in den 1980er und 1990er Jahren besuchte. Sie waren nicht immer Projektpartner:innen von Adveniat, aber wegen bestimmter Themenstellungen als Informationsquelle von Interesse. Ich beginne mit zwei wichtigen nationalen Partnern, mit denen Adveniat über einen längeren Zeitraum in Projektbeziehung stand und steht.

Conferência dos Religiosos do Brasil (CRB)

Die Konferenz der Ordensleute in Brasilien ist neben der Bischofskonferenz die wichtigste katholische Institution im Land. Adveniat fördert diesen Projektpartner seit 1964. Er repräsentierte in den 1980er Jahren ca. 50.000 Ordensleute aus den über 1.000 weiblichen und männlichen Kongregationen im Land. Die ersten beiden Besuche im Jahr 1983 und 1984 verstand ich als Kontaktaufnahme zu meiner allgemeinen Orientierung, die weiteren in den Jahren 1998, 2002, 2004 und 2005 befassten sich mit projektspezifischen Themen, da ich ab 1996 für die Bearbeitung der Projekte dieses Partners zuständig war. Als Höhepunkt aller Begegnungen erlebte ich die Teilnahme an der XXI. Vollversammlung 2007 in São Paulo.

Die Partnerpflege zur CRB war mir wegen der bedeutenden Rolle der Ordensleute für den Aufbruch in der Kirche besonders wichtig. In all den Jahren erlebte ich zwei Präsidenten Ir. Claudino Falquetto, Pe. Roque Rohr S.J. und Ir. Maris Bolzan als Präsidentin. Es brauchte den Übergang ins Jahr 2000, bis eine Ordensfrau auf nationaler Ebene die Ordenskonferenz leiten konnte! In meinen Gesprächen der 1980er Jahre hatte ich wiederholt Klagen gehört, dass ein weibliches Ordensmitglied nicht die Präsidentschaft der *CRB Nacional* übernehmen könne. Diese Vorgabe des Vatikans galt jedoch nicht für die 20 Regionalstellen. Auf der „kleineren" Ebene konnte eine Ordensschwester Präsidentin werden! Schließlich gab Rom den „alten Zopf" auf, was in meiner Einschätzung des Langzeitblicks von 24 Jahren der CRB nur zu ihrem Wohle gereichte. Diese Genderungerechtigkeit seit Existenz der CRB im Jahr 1954 war für mich ebenso wenig nachzuvollziehen wie für viele Ordensmänner- und Frauen. Schließlich repräsentierten die Ordensfrauen einen Anteil von Zweidrittel aller Ordensleute.

Die Themen der ersten Besuche fokussierten vor allem die Leitidee Pueblas einer vorrangigen Option für die Armen. Fakt wäre jedoch, dass 70% der Ordensleute noch in etablierten Strukturen wie im Erziehungs- und Gesundheitsbereich zu verorten seien, meinte der damalige Präsident Ir. Claudino. Es ginge nicht um ein Überstülpen der neuen Option, aber um einen Reflexionsprozess von innen her in den Kongregationen. Man müsse nicht alle etablierten Einrichtungen schließen, aber sie bedürften eines neuen Geistes, so der Präsident.

Die ersten Gespräche vor Ort nutzte ich, um mir einen Überblick über die Regionale meines Projektbereiches zu verschaffen. Auch interessierte mich das Verhältnis zur Bischofskonferenz. Zwischen beiden großen Konferenzen im Land gab es in all den Jahren keine Probleme, im Gegenteil, die Nationalleitung der CRB sah es als ihre Aufgabe, den Erneuerungsprozess der brasilianischen Kirche zu vertiefen. Deshalb sei die Zusammenarbeit – hörte ich immer wieder – gut und problemlos.

Die Erzdiözese Rio de Janeiro galt indessen als Dauerkonfliktpartner. Sie würde nicht die Autonomie des Regional Rio de Janeiro anerkennen und ein Parallelprogramm für die Ordensleute anbieten, so meine Gesprächspartner bei den Besuchen 1983 und 1984. Besonders traurig war man über Weihbischof Romer. Sein Verhalten wurde als umso unverständlicher gesehen, da er selber ein Theologe der CRB gewesen war. Ir. Claudino stufte diese Spannungen als reines Machtgerangel ein, die für ihn auf einem paternalistischen Weltbild beruhten. Bezogen auf das CRB-Regional hörte ich, vermeide es provozierende Gesten und versuche immer wieder den Dialog. Für Adveniat wurde dieser chronische Konflikt ein Problem, da die Regionalstelle keine bischöfliche Empfehlung bekam, d.h. wir helfen wollten, aber nicht konnten. Einen in diesem Zusammenhang wichtigen Projektbesuch im Jahr 1994 werde ich am Ende dieses Kapitels näher ausführen.

Bei meinem ersten Besuch 1998 als zuständige Projektreferentin sagte man mir, dass die Nationalstelle in den vergangen Jahren noch nie von einem Adveniat – Mitarbeiter besucht worden war. Wohl hätte der Geschäftsführer Pr. Spelthahn an zwei Vollversammlungen teilgenommen. In dem Gespräch ging es um die Erläuterung des zweijährigen Programms und um die Finanzsituation, da Adveniat einen höheren Eigenanteil erwarten musste. Interessant an den Erläuterungen war für mich die Tatsache, dass von den 1025 Ordensprovinzen und Generalaten im Land 705 ihre Beiträge an die CRB abführten. Das sprach für eine hohe Akzeptanz ihrer Arbeit. Die CRB hatte nach meiner Einschätzung immer zum Prinzip, ein qualitativ gutes Kursangebot und inhaltsreiche Publikationen anzubieten. Selbst die monatliche Zeitschrift „Convergência" konnte damals mit 4700 Abonnenten Gewinn erwirtschaften.

Während dieses Besuchs lernte ich die frühere Präsidentin der Lateinamerikanischen Religiösenkonferenz CLAR, Ir. Elza Ribeiro, kennen. Sie arbeitete im Direktorium der Regionalstelle der CRB in Rio mit. Für meine lebendige, unkonventionelle Gesprächspartnerin stand das Ordensleben in Brasilien damals vor einer radikalen Herausforderung. In diesem Kairos-Moment ginge es um Vertiefung oder Untergehen, sie nannte es *refundar o afundar*. Ir. Elza vermittelte mir ihre Leitideen für ein Ordensleben heute: *Es müsse ein existentieller Weg sein, ohne Zelt und Absicherung ...Mittelmäßigkeit sei in der postmodernen Gesellschaft nicht mehr gefragt. Die Ordensleute müssten aufhören, sich auf Privilegien und Macht auszuruhen...Der Ruf des Ordenslebens heute müsste an die Peripherie gehen und zu den Ausgeschlossenen,* wie ich ihre prophetischen Worte in meinem Reisebericht festhielt. Den Rückgang bei weiblichen Berufungen führte die frühere CLAR – Präsidentin auf die Tatsache zurück, dass Frauen heutzutage einen größeren Handlungsspielraum im gesellschaftlichen Leben erkämpft hätten als früher. Brasilianerinnen bräuchten weibliche Orden nicht mehr, um gesellschaftliche Anerkennung zu finden. Nach unserem Gespräch war ich mir nicht sicher, ob alle Mitglieder im Direktorium und Berater:innen ihre radikale Sicht auf das Ordensleben heute teilten, ich vernahm jedoch, dass Ir. Elza in ihrem Engagement als große Autorität galt.

Die „Frauen-Power" in der CRB erlebte ich vier Jahre später in der Zeit der Präsidentin Ir. Maris Bolzan. Die studierte Mathematiklehrerin und Psychologin hatte uns im Jahr 2002 in der Geschäftsstelle als neu gewählte Präsidentin besucht. Ihr lag mehr an einer institutionellen Partnerpflege als ihrem 12 Jahre im Amt weilenden Vorgänger, einem gemütlichen *gaucho.* Ir. Maris brachte Dynamik, Kreativität, Ernsthaftigkeit des Arbeitens, aber auch Feierns in das Team der Nationalleitung. Ihren charmanten *jeitinho feminino* erfuhr ich während meines Besuchs im November 2002, der genau mit dem Wahlsieg Lulas zusammenfiel. Zu meiner Ankunft hatte man einen Cocktail vorbereitet, – eine sympathische Geste – bevor wir die Sachgespräche begannen. Natürlich war der Wahlsieg Lulas das hoffnungsvoll stimmende Thema während der Smalltalks. Ich bekam in dieser lockeren Atmosphäre einen Eindruck von dem neuen Geist, der jetzt herrschte, deutlich teamorientiert und basisbezogen.

Die neue Präsidentschaft legte folgende Themenschwerpunkte fest: einwöchige Jahresklausuren des Direktoriums, der Berater sowie der Präsidenten der 20 Regionalstellen; die Verpflichtung aller Regionalstellen zu einer standardisierten Auswertung ihrer Arbeit; die Hinzuziehung externer Berater im Bereich Verwaltung und Finanzen; die Gründung eines Arbeitsteams zur *Pastoral da Crianca* , um das erfolgreiche Mutter-Kind-Programm in anderen lateinamerikanischen Ländern bekannt zu machen; interkongregationell zusammengestellte Arbeitsgruppen für Dringlichkeitseinsätze, sogenannte *equipes itinerantes*, unterhalten von der Nationalstelle; und schließlich die Vorbereitung des 50. jährigen Jubiläums der CRB im Jahr 2004.

Bei meinem nächsten Projektbesuch im Dezember 2004 standen administrative Themen im Vordergrund. Im Jahr 2000 hatte sich die nationale Koordinationsstelle einer unabhängigen Buchprüfung zu unterziehen. Diese war gesetzlich für gemeinnützige Einrichtungen vorgeschrieben, weil der Haushalt der CRB den Betrag der Reais 2-Millionen-Grenze überschritt. Die Prüfer stellten administrative Schwächen fest wie Mehrfachbuchungen, fehlende Belege und einen mangelnden Haushaltsplan. Der frühere Präsident hatte den Prüfungsbericht nicht ernst genommen und seiner Nachfolgerin die Korrekturarbeiten wie etwa die Entlassung der Buchhalterin – einer professionell überforderten Ordensfrau – und eine neue Methodik für den Haushaltsplan überlassen. Dieser galt auch für die Regionalstellen als verbindlich. Mal wieder ein kleines *abacaxi*, dachte ich, dieses Mal musste eine Frau richten, was der Vorgänger übersehen hatte!

Eine neue Idee lernte ich bei diesem Besuch kennen: die CRB wollte aus eigenen Haushaltsmitteln kleine Sozialprojekte unterstützen wie etwa Gemeinschaftsbäckereien oder das Anlegen von Gärten mit Naturheilpflanzen. Auch wurden die mit den drei Fluglinien ausgehandelten Rabatte bei Flugreisen in den Fonds der Mini-Projekte eingegeben. Im letzten Jahr konnten schon 49 kleine Maßnahmen gefördert werden. Die Initiative der CRB wurde als Zeichen solidarischen Teilens gesehen. Mir schien, das Land brauchte solche solidarischen Gesten eines *mutirão*, eines gemeinsamen Anpackens, für ein neues Brasilien. Die Abgabe wurde zwar für Einrichtungen dieser Größe verpflichtend, die CRB bemühte sich aber, sie signifikant zu überschreiten.

Über den Referatsbezug hinaus wurde die CRB in den 2000er Jahren auch in anderen Zusammenhängen wichtige Partnerin von Adveniat. Die nationale Koordinationsstelle begleitete im Dezember 2002 ein Journalistenteam für Reportagen in der *Baixada Fluminense*. Dank der verlässlichen Zuarbeit von Ir. Maris konnte dem Team ein interessantes Programm angeboten werden. Im Rahmen der Adveniat-Aktion im Advent 2005 engagierte sie sich zusammen mit Ir. Josi von der Nationalstelle erfolgreich bei zahlreichen Bildungsveranstaltungen und Presseterminen an verschiedenen Orten in Deutschland.

Ein halbes Jahr zuvor am 28. Mai 2005 erlebte die Adveniat-Delegation unter Vorsitz von Weihbischof Grave bei ihrem Besuch in den Räumlichkeiten der Ordenskonferenz eine herzliche Gastfreundschaft und bekam einen lebendigen Eindruck in die Arbeitsfelder der CRB und in die Reflexionen zum Ordensleben heute. Zur statistischen Größe erfuhren wir, dass von den ca. 46.600 Ordensleuten 73% Ordensfrauen und 27% Ordensmänner waren; sie verteilten sich auf 20 Regionalkonferenzen im Land. Die Nationale Ordenskonferenz gab einen mehrjährig konzipierten Globalplan vor, der sich in den einzelnen Regionalstellen mit regionalen Akzenten ausgestaltete. In dem Gespräch am Runden Tisch erläuterten die sieben anwesenden Beraterinnen (*Assessoras*) die verschiedenen Bildungsprogramme für Mitglieder aus kontemplativen Frauengemeinschaften (PROFOCA); Weiterbildungsmaßnahmen für Ordensleute mit über 15 jähriger Profess (CERNE) und für Führungskräfte (PROFILDER) zu Fragen der Organisationsanalyse, der Personalentwicklung und zum Thema von Autorität und Macht. Neben diesen Kursen bot die CRB jungen Ordensleuten Reflexionsgruppen an (*Projeto Novas Gerações*), ebenso den Ordensleuten mit afrobrasilianischer und indigener Herkunft (*GRENI*).

Die Präsidentin unterstrich, dass die CRB ihre Mitarbeit bei öffentlichen Aktionen anböte, wenn die Ziele gesellschaftspolitische Relevanz hätten. Hochaktuell war zu dem Zeitpunkt die Anfrage des Sprechers der Landlosenbewegung MST, J.Pedro Stedile, ob sich die CRB an dem 17tägigen Marsch von Goiânia nach Brasilia (220 km) in Form von spirituellen Beiträgen beteiligen könne. Nach Rundfrage bei den Ordensgemeinschaften nahm die CRB die Anfrage an, jedoch war ihr wichtig, sich als eigene Institution mit religiöser Motivation darzustellen. Sie wollte sich politisch nicht vom MST vereinnahmen lassen. Eine der 94 Ordensleute an der *Marcha* berichtete uns eindrücklich vom Verlauf. In diesem Zusammenhang erfuhren wir von der Präsidentin, dass es in Brasilien 55.000 Ländereien mit einer landwirtschaftlich nicht genutzten Fläche von 120.000.000 ha gibt. Nach ihrer Meinung sei Großgrundbesitz im Land in seiner politischen Geschichte nie in Frage gestellt worden.

Auf die Rückfrage von Weihbischof Grave zur Zukunft des Ordenslebens machte Ir. Maris deutlich, dass die Berufungen insbesondere bei weiblichen Orden zurückgehen. Das Ordensleben befände sich in einem tiefen Erneuerungsprozess, in einer Krise der Hoffnung (*crise da esperança*). Nach ihrer Ansicht hätte sich das Ordensleben mitten im Volk zu verwurzeln, zu dieser Option gäbe es keine Alternative. Die Ordensleute müssten *vanguardia* sein, sie ständen in einer Phase der Prüfung. Die Präsidentin beschrieb die heutige Situation mit dem Bild vom Gang durch das Feuer. Der Weg müsse mit Mut und in der Nachfolge Jesu Christi gegangen werden.

Das gut vorbereitete Programm hinterließ bei allen deutschen Gästen einen nachhaltigen Eindruck. Die Begegnung endete mit einem heiteren Mittagessen in einem schlichten Restaurant der Innenstadt. Vor meinem Abflug nach Deutschland bedankte ich mich zwei Tage später für den inhaltsreichen und gastfreundlichen halben Tag in der Nationalstelle an dem eigentlich arbeitsfreien Samstag.

Meine Kontakte mit der CRB fanden ihren Höhepunkt in der Teilnahme an der **XXI. Vollversammlung vom 16. – 20.07.2007** in São Paulo. An dieser alle drei Jahre stattfindenden Versammlung nehmen die Oberen und Oberinnen der Ordensprovinzen teil, weitere Delegierte aus dem Ordensleben und Gäste. Die 21. Großveranstaltung zählte 600 Teilnehmer, stimmberechtigt für die Wahl des neuen Präsidiums waren die 425 Provinzober:innen. Veranstaltungsort war der Schulkomplex der Salesianer im Stadtteil Campos Elisius.

Die *Assembléia Geral* stand unter dem Thema *Vida Religiosa e Espaços de Transformação* und unter dem biblischen Leitmotiv aus Exodus14,15: *Diga a esta geração, avance.* Ein Bibeltheologe reflektierte auf Basis dieser Bibelstelle Perspektiven des Ordenslebens in Räumen des gesellschaftlichen Transformationsprozesses. Bekannte Theolog:innen des Landes beleuchteten die soziokulturelle und kirchliche Dimension des Themas (Pe. Neutzling S.J., Frei Susin OFMCap., Pe. Beozzo sowie Ir. Bombonatto FSP). Nach den morgendlichen sehr fundierten Vorträgen war die Arbeit in den Kleingruppen am Nachmittag zu Beispielen von Ordensleben in neuen solidarischen Räumen und in der Verwurzelung in der Welt der Armen praxisbezogen. Ich nahm teil an der Arbeitsgruppe zum Thema „Solidarische Ökonomie" und bekam einen interessanten Einblick in Initiativen solidarischen Wirtschaftens an verschiedenen Orten des Landes.

Die Ordensober:innen stimmten dem Vorschlag des Direktoriums zu, die Büros der Nationalstelle nach Brasilia zu verlegen. Begründet wurde der

Vorschlag mit der zentralen geographischen Lage und der leichteren Teilnahme an Arbeitssitzungen mit Regionalstellen oder mit befreundeten Organisationen, insbesondere der CNBB. Dieser Schritt war seit längerem überfällig. Als neue Präsidentin wurde die couragierte Vorsehungsschwester Ir. Máriam Ambrosio gewählt, sie war gerade auf dem Sprung nach Osttimor. Ir. Máriam kannte ich schon von ihrer Zeit im Generalat des Ordens in Münster.

Die *XXI. Assembléia Geral* war nach meinem Eindruck organisatorisch und inhaltlich sehr gut vorbereitet. Die CRB zeigte einmal wieder mit der differenzierten Betrachtung des Leitmotivs ihre Fähigkeit, anhand biblischer Texte Glauben und Leben zusammenzuführen. Die Einlagen der Liturgiegruppe in den Pausen waren erfrischend, die Gottesdienste kreativ. Für Adveniat ist eine Teilnahme auch unter dem Aspekt interessant, viele Schlüsselpersonen aus allen Regionen treffen zu können. Ich konnte in den Pausen 15 Projektgespräche führen. Die ereignisreichen Tage endeten mit einer Einladung zum Mittagessen beim Erzbischof von São Paulo. Sie ergab sich spontan nach dem Eröffnungsgottesdienst während der Vollversammlung. **D. Odilo Scherer** war ich mehrfach in Brasilia und in Essen begegnet. Die Einladung verstand ich als freundschaftliche Geste gegenüber Adveniat und als Anerkennung guter gemeinsamer Zusammenarbeit in seiner Zeit als Generalsekretär der CNBB.

CRB – Regionalstelle Rio de Janeiro

Die Regionalstelle der Ordenskonferenz für die Diözesen des Bundesstaates Rio de Janeiro besuchte ich im Jahr 1994 zusammen mit dem mich begleitenden Journalisten Hermann Multhaupt. Diese Kontaktaufnahme schien mir notwendig, da wir aus der Projektkorrespondenz Schwierigkeiten wegen der Ausstellung der bischöflichen Empfehlung entnehmen konnten. Ich wollte der Sache näher auf den Grund gehen. Unsere Gesprächspartner:innen waren die Präsidentin und Sekretärin des Regionals sowie **Frei Davi R. Santos** als Mitglied des Direktoriums und Leiter der Arbeitsgruppe GRENI (*Grupo de Reflexão sobre Vida Religiosa Negra e Indígena*). Die Präsidentin **Ir. Nilza Junqueira**, eine bekannte Moraltheologin, kannte ich von anderen Begegnungen. Deshalb ergab sich schnell eine offene Gesprächsatmosphäre.

Die drei Gesprächspartner:innen machten deutlich, dass in dem Regional in früheren Jahren nicht viele Aktivitäten gelaufen seien. Erst in den letzten Jahren hätte es eine Belebung der Kurse gegeben. Inzwischen wäre die Beteiligung von 80% der Orden gut. Reges Interesse und Nachfrage bei Kursen gäbe es bei den kleineren Kongregationen, die man insbesondere mit dem Bildungsangebot erreichen wollte.

Der als zeit- und kräftezehrend geschilderte Konflikt wegen des nicht ausgestellten *v.b.* (der bischöflichen Empfehlung) wurde in dem Problem gesehen, dass die Erzdiözese Rio de Janeiro die CRB seit ihrer Gründung ignoriere und eine eigene Abteilung mit Aus- und Weiterbildungsangeboten für Ordensleute geschaffen hätte. Den konservativen Bischöfen im Regional wäre es ein Dorn im Auge – so unsere Gesprächspartner – dass die CRB seit 40 Jahren männliche und weibliche Orden in einer Konferenz vereinen würde. Die bischöflichen Kritiker der CRB verständen sich in einer Art Schutzfunktion als Oberhirten, die buchstäblich ihre schützende Hand über die Ordensleute halten müssten. Die Ordensleute meinten aber, sie seien keine Kinder mehr, sondern selbständig und erwachsen...

Aus den Äußerungen entnahm ich, dass die CRB keinen Antrag mehr auf eine Programmfinanzierung stellen werde. Die Kurse sollten durch Abgaben der Orden finanziert werden. So wollte man den Konflikt mit den Bischöfen – er wurde als einzigartig in Brasilien gesehen – in Zukunft umgehen. Wir verblieben, dass Adveniat bei der Anschaffung technischer Geräte und bei den Bürokosten hilft – ein kleines Trostpflaster von unserer Seite.

Den Hoffnungsstreifen am dunklen Kirchenhorizont von Rio vermittelte uns der Franziskaner Frei Davi, von dem schon im Kapitel über die Diözese Registro die Rede war. Er hatte maßgeblich den neuen Arbeitsschwerpunkt GRENI ins Leben gerufen, in dem es darum ging, in der Ausbildung des Ordensnachwuchs die kulturellen Wurzeln der jungen schwarzen und indigenen Mitglieder zu berücksichtigen. Die Mitstreiter:innen von Frei Davi waren der Ansicht, dass die bisherige Ausbildung in den Orden nach europäischen Maßstäben ausgerichtet gewesen sei. Die CRB Nacional wie das Regional in Rio nahmen dieses Problem thematisch als neuen Arbeitsschwerpunkt auf.

Die Arbeitsgruppe **GRENI** besuchte ich 1996 noch einmal in der großen Stadtpfarrei des Franziskaners in S. Joao do Meriti in der *Baixada Fluminense*.

Sie hatte sich in den letzten vier Jahren zur Aufgabe gemacht, arme schwarze Jugendliche auf die Prüfung, dem sogenannten *Pre-Vestibular,* zum Einstieg in ein Universitätsstudium vorzubereiten. Die Benachteiligung dieser Zielgruppe im Bildungsbereich war besonders eklatant. Nur sehr selten konnten junge Menschen mit afro-deszendenter Herkunft an Universitäten studieren. GRENI hatte 36 Vorbereitungsgruppen gebildet, meist geleitet von Ordensleuten aus dem Schulbereich und von freiwillig sich engagierenden Lehrern. Auch suchten die im GRENI Engagierten nach Finanzierungsquellen für die Studien und fragten die Universitäten wegen Stipendien an. Denn nach der bestandenen Aufnahmeprüfung zeigten sich die finanziellen Probleme zur Finanzierung eines Studiums.

GRENI arbeitete auch an den gesellschaftspolitischen Problemen der Diskriminierung wie den häufigen Gewaltanwendungen der Polizei gegenüber schwarzen Menschen oder bei signifikant zu beobachtenden Benachteiligungen in Gerichtsprozessen. Die Ordensleute hatten die Solidarität von befreundeten Juristen, die Afro-Deszendente zu Gerichtsprozessen begleiteten. Wie ich damals hörte, kam es – und kommt es bis heute – in Rio und Umgebung vor, dass Menschen schwarzer Hautfarbe aufgrund von Vorurteilen ungerechterweise beschuldigt werden.

Ein weiteres Aufgabenfeld sah GRENI im Thema Inkulturation. Es ging darum, eine *liturgia negra* zu entwickeln, nebst einem speziellen Katechismus – eine *catequese inculturada.* Die Gottesdienste, die Tauffeiern, die Brautmessen oder die Priesterweihen von Schwarzen wollte man mit neuen liturgischen Elementen aus den kulturellen Ursprüngen der afrikanischen Traditionen gestalten. Hierfür konsultierten die GRENI – Mitglieder alte Menschen, schwarze Intellektuelle, die religiösen Verantwortlichen der afrobrasilianischen Religionen und Literatur aus Afrika. Die CNBB hatte auf nationaler Ebene ebenso eine entsprechende Arbeitsgruppe ins Leben gerufen, wie ich bei dieser Begegnung erfuhr. Im Jahr 1996 war das 1. Nationale Treffen zum Thema *Liturgia Negra* vorgesehen.

Bei dem Besuch sprach ich das geplante Symposium Adveniats in der „Wolfsburg" zum Thema Inkulturation an, – auf meinem Vorschlag hin wurde Frei Davi eingeladen. Ich gab ihm einige nützliche Tipps für seine 1. Europareise und Hintergrundinformationen zu der Veranstaltung. Nach unserem Gespräch hatte ich ein gutes Gefühl, Frei Davi ist ein Pionier, sehr erfahren im Thema Inkulturation und genau der richtige Repräsentant aus Brasilien, zumal er in ganz Lateinamerika vernetzt ist. Den Abschluss unserer intensiven Begegnung bildete ein Besuch in einer Kultstätte des Candomblé. Wir sprachen mit dem 35 jährigen Leiter des *Terreiro*, Pai de Santo Carlos. Er schien mir ein sehr offener Priester mit starken sozialen Impulsen. Seine Religion Candomblé verstand er nicht magisch, sondern sah sie auch in ihrer gesellschaftspolitischen Verantwortung.

Die ausführliche Darstellung dieses nationalen Projektpartners war mir besonders wichtig, zumal seine Bedeutung in der deutschen Fachöffentlichkeit wenig wahrgenommen wurde. Adveniat setzte mit der Einladung der Präsidentin zur Teilnahme an der Kampagne im Jahr 2005 jedoch ein erfreuliches Zeichen der Wertschätzung. Im Zuge der Abfassung dieses Kapitels über Rio de Janeiro kam mir auch das Buch von Leonardo Boff *Kirche: Charisma und Macht* aus dem Jahr 1981[2] in Erinnerung. Damals wie heute ist es eine bereichernde Lektüre des von ihm erlittenen und durchlebten Prozesses der Auseinandersetzung mit der Amtskirche vor Ort. Im ersten Teil beschreibt Boff die verschiedenen Modelle von Kirche in ihrem historischen Kontext. Diesen theoretischen Ausführungen eines Modells von „Kirche als *mater e magistra*: der alte Kolonialpakt" entsprechen die von mir vorgestellten Aufzeichnungen als empirisches Hintergrundmaterial. Im Folgenden stelle ich nun einen weiteren nationalen Projektpartner vor, dessen Gründung auf D. Hélder Câmara zurück geht.

Centro de Estatística Religiosa e Investigações Sociais (CERIS)

Das Forschungsinstitut CERIS für Statistik und sozialwissenschaftliche Forschung wurde 1962 von der Bischofskonferenz und der Religiösenkonferenz in Rio ins Leben gerufen. Der damalige Generalsekretär der CNBB, D. Hélder Câmara, war der Ansicht, dass die katholische Kirche in Brasilien eine fundierte Basis an Daten und sozialwissenschaftlichen Analysen benötige zur Erstellung ihrer Pastoralpläne und von Dokumenten zu den großen gesellschaftspolitischen Problemen. Deshalb schickte er junge Theologen nach Europa, vor allem nach Löwen, um sie dort mit Zusatzstudien in Sozialwissenschaften ausbilden zu lassen. Einer der Priester aus RS war Pe.

Affonso Gregory, der zum ersten Direktor von CERIS wurde. Auch als Weihbischof von Rio und später als Bischof von Imperatriz blieb er dem CERIS als
Präsident der übergeordneten Kommission CNBB-CERIS verbunden.

Das Forschungsinstitut hatte sich landesweit einen Namen gemacht mit
der Herausgabe des statistischen Jahrbuchs der katholischen Kirche,
Anuarío Católico do Brasíl genannt. Für die Projektverwaltung in den Brasilienreferaten bedeutete diese Sammlung der aktuellen Daten zu den Diözesen, Pfarreien, Kongregationen im Land eine verlässliche und immer wieder
aktualisierte Informationsquelle. Die erste Ausgabe des A.C. erschien 1975.
Das CERIS wurde wegen dieser ungeheuren statistischen Kleinarbeit aner-
kennend das „kleine IBGE" genannt – in Anlehnung an das Statistische
Bundesamt in Brasilia. Ein Team von Mitarbeitenden war über 30 Jahre
kontinuierlich mit der Ergänzung neu hinzugekommener Diözesen und
Pfarreien beschäftigt, aktualisierte Namen und Ortswechsel kirchlicher
Akteure. Der Seitenumfang der ca. 10 vom CERIS herausgegeben Anuários
lag bei über 1.000 Seiten. CERIS sah diese statistische Arbeit als Dienst an
der Kirche Brasiliens, auch wenn die Verkaufserlöse nicht annähernd die
Einnahmen erbrachten, um die Personalkosten auszugleichen.

Als Soziologin war ich besonders neugierig, diese anerkannte Einrichtung
kennenzulernen und machte deshalb zu Beginn meiner Länderreferentin-
nentätigkeit 1983 und 1984 Informationsbesuche. Beim ersten Gespräch war
aufschlussreich zu erfahren, welches Image Adveniat im Land hatte. Mein
Gesprächspartner, ein langjähriger Mitarbeiter, gab mir zu verstehen, dass
der Eindruck in bestimmten – von ihm nicht näher definierten – Kreisen
vorherrsche, Adveniat unterstütze tendenziell eher konservativ ausgerichtete Projektpartner. Vielleicht hätte es aber auch mit mangelnder Kenntnis
über Zielsetzung und Kriterien der Projektförderung zu tun, räumte er ein.
Ich schickte ihm Material der Öffentlichkeitsarbeit und betonte die Orientierung Adveniats am Entwicklungsprozess der lateinamerikanischen Kirche.
Ich versicherte ihm, dass wir Projekte aus innovatorischen Entwicklungsprozessen, wie die der von ihm genannten Basisgemeinden *CEBs*, willkom-
men heißen.

Während des Besuches zeigte mein Gesprächspartner mir den EDV –
Raum mit dem Kleincomputer, der mit einer Hilfe Adveniats angeschafft
worden war. Mit Enthusiasmus erklärte mir der Mitarbeiter den technischen

Ablauf der Datenverarbeitung und zeigte mir die gespeicherten Platten. Dank dieses neuen Arbeitsinstruments könne der aktualisierte A.C. ein Jahr früher erscheinen. Da waren die Brasilianer offensichtlich technisch schneller als wir, dachte ich, denn in Adveniat wurde die EDV im Projektbereich erst 1990 eingeführt!

Beim nächsten Besuch 1984 staunte ich nicht schlecht, der Mikrocomputer wurde mit Eigenmitteln schon ergänzt. Der Ausbau ermöglichte Erleichterungen bei der Verschickung des A.C. und neue Dienste für die Kirche. Auf meine Rückfragen erfuhr ich weiterhin, dass es bisher keine Erhebung zur Anzahl der *CEBs* in Brasilien gäbe, auch keinen Überblick über die Anzahl katholischer Radios. CERIS hatte in dem Jahr 23 Mitarbeitende und die Ausgaben konnten weitgehend durch Mieteinnahmen eines Teils des Gebäudes bestritten werden.

Es dauerte 18 Jahre, bis ich das CERIS 2002 erneut besuchte, dieses Mal in der Rolle als zuständige Projektreferentin. Adveniat hatte eine Einladung zur 40 Jahr-Feier erhalten, die mit meiner geplanten Projektreise zusammenfiel. Ich war die einzige Vertreterin eines ausländischen Hilfswerks und man setzte mich gleich mit aufs Podium. Die Feier fand ich schlicht und würdig, der Geist D. Hélders war lebendig unter den 80 Anwesenden, darunter einige Berater:innen der CNBB aus Brasilia. D. Gregory als Präsident betonte in seiner Rede die Bedeutung der Forschungsprojekte für die Erarbeitung der Richtlinien der Pastoral in Brasilien. Der Direktor Luiz Alberto Gómes de Souza gab engagiert einen Überblick über die Arbeitsbereiche und stellte die neue Studie „ *Dinâmica populacional e Igreja Catolica no Brasil*" vor. Diese wies einige alarmierende Zahlen zum Rückgang des Anteils der katholischen Bevölkerung in den unterschiedlichen Regionen des Landes auf. Bei diesem festlichen Anlass war es nicht möglich, über das eingereichte Projekt einer pastoral-soziologischen Studie zu sprechen, in der es um eine Untersuchung religiöser Praktiken in brasilianischen Städten ging. Man versicherte mir aber, das Konzept und den Kostenplan neu zu überarbeiten.

Damals ahnte ich nicht und wohl niemand der anwesenden Gäste, dass sich CERIS seit diesem Jahr im Niedergang befand. Fünf Jahre später waren die Finanznöte so groß, dass die beiden Trägerorganisationen CNBB und CRB das Forschungszentrum schließen mussten. Während der schon vorgestellten Vollversammlung der CRB in São Paulo 2007 suchte ich das Gespräch mit dem Vizepräsidenten der CRB Pe. Nivaldo SDB, der zur von beiden Konferenzen einberufenen Prüfungskommission gehörte. Er gab mir wichtige Hintergrundinformationen, um den Problemfall CERIS genauer erfassen zu können. Nach Ansicht meines Gesprächspartners hätte die Einrichtung in den vergangenen Jahren zu viel Personal beschäftigt und zu hohe Gehälter gezahlt. Im Jahr 2000 wäre das Team auf 53 Mitarbeiter gewachsen. Für Pe. Nivaldo war CERIS zu autonom und hätte sich nicht in die Karten gucken lassen. Selbstkritisch fügte er hinzu, dass sich wiederum die Gründungsmitglieder CNBB und CRB in der Vergangenheit zu wenig um die Finanzsituation gekümmert hätten. Für den Vizepräsidenten bestand jedoch kein Zweifel an der Wichtigkeit der Forschungsarbeit des CERIS und daran, dass die Arbeit weitergehen müsse. Das Gespräch empfand ich erhellend. Den Konkurs dieses wichtigen Zentrums mit seinen aufklärerischen Vorhaben bedauere ich bis heute.

Pontifícia Universidade Católica – Rio de Janeiro (PUC-RJ)

Der Kontakt mit einer Universität in katholischer Trägerschaft hatte bislang nicht zu meinem Besuchsspektrum als Projektreferentin von Adveniat gehört. Dass es im Jahr 1996 dennoch zu einem offiziellen Besuch mit der angesehenen Katholischen Universität von Rio kam, hatte mit der Einladung von **Prof. Dr. Bouzon** zu tun, dem ich bei seinen Aufenthalten in der Geschäftsstelle mehrmals begegnet war. Er war der Dekan der Theologischen Fakultät der Universität und als solcher auch vermittelnd tätig bei der Vergabe von Einzelstipendien, wie sie von Adveniat gefördert wurden. Darüber hinaus unterstrich der Dekan bei den Gesprächen in Essen, dass die Fakultät für ihren hohen Anteil an weiblichen Lehrkräften bekannt sei – von den 16 Lehrstühlen seien acht mit Professorinnen besetzt. Das war zweifellos über Brasilien hinaus außergewöhnlich!

Bei meinem Besuch wurde ich dem Vizerektor der PUC, **Dr. Paulo de Andrade**, einem jungen Laientheologen, vorgestellt, der mich bekannt machte mit Aspekten aus der Geschichte der PUC: so erfuhr ich, dass sie in Zeiten der Militärdiktatur Ort des Widerstands und der damalige Rektor verhaftet worden war. In meinem Reisebericht hielt ich fest: *Größere Repres-*

salien blieben aus, weil die Studenten vornehmlich aus der Oberschicht kamen. Heute studieren auch schwarze Jugendliche aus der Baixada Fluminense. Ihnen werden Stipendien gewährt. Die Öffnung der Universität zu den unteren Schichten wird als sehr wichtig angesehen.

Mein Interesse für diesen Besuch war vor allem gewesen, mit den Theologiestudentinnen in Kontakt zu kommen, die Adveniat über zahlreiche Einzelstipendien in den letzten Jahren gefördert hatte. Zu der von mir erbetenen Begegnung kamen mitten in der Ferienzeit fünf von zwölf Stipendiatinnen (der 90 Student:innen des Graduiertenkurses in Theologie), zusammen mit vier Professorinnen, darunter Maria Clara Bingemer, der ich schon im CEN-AM begegnet war. In dem sehr informativen Gespräch mit beiden Gruppen stellte ich die hohe gegenseitige Wertschätzung fest. Die fünf Studentinnen der Altersgruppe 25 bis 50 Jahre, alle verheiratet und Mütter, mit vorheriger akademischer Ausbildung (als Lehrerin oder Psychologin), hatten sich schon seit Jahren in ihren Peripheriepfarreien in der Pastoral engagiert, viele Kurse gemacht und dann das Bedürfnis gespürt, ihr Wissen zu vertiefen. Die klugen, lebenserfahrenen Frauen berichteten über ihre weiteren Motive zum Studium der Theologie: sie hätten beobachtet, wie sich viele kritische Jugendliche immer mehr aus der Kirche zurückziehen würden; sie fänden in den patriarchalischen Strukturen der Kirche die jetzigen Bedingungen als eine Herausforderung zur Suche nach einer eigenen weiblichen Spiritualität. Den männlichen Horizont hielten sie einfach zu begrenzt, wie sie mir sagten. In dem Gespräch wurde auch ihre Enttäuschung über so manche Pfarrer deutlich, deren Wissen als Priester schlicht zu dünn sei. Auch deshalb wollten sie mehr wissen und sich theologisch bilden. Ich hörte schon zu Beginn des gemeinsamen Gespräches heraus, wie dankbar die Studentinnen über die Förderung durch Adveniat waren. Sie machten deutlich, dass sie ansonsten nicht hätten studieren können.

Im Gespräch mit den Theologinnen ging es um die Entwicklung der feministischen Theologie in Lateinamerika. Die Dozentinnen sahen sich anders verortet als ihre europäischen Kolleginnen. Für sie war weniger der Gleichberechtigungsgedanke wichtig, als vielmehr die Option für die Armen. Weiter erfuhr ich, dass im Curriculum des Faches Theologie seit 20 Jahren die Disziplin afrobrasilianische Religionen gelehrt wird, ein Dialog mit den Priester:innen des Candomblé gepflegt wird und ihre Kultstätten besucht werden. Welch eine schöne, eindrückliche Begegnung, die mir Hoffnung vermittelte – werden diese Studentinnen zukünftig zu „change agents" in der kath. Kirche werden, fragte ich mich?

Centro João XXIII IBRADES

Die 1968 von den Jesuiten gegründete sozialwissenschaftliche Forschungsstelle IBRADES (*Instituto Brasileiro de Desenvolvimento*) im historischen Stadtteil Botafogo kann man als brasilianische Variante von ILADES in Santiago de Chile betrachten. Bei meinem Besuch 1996 sprach ich mit dem Leiter **Pe. Marcelo Azevedo SJ**, dem Wirtschaftswissenschaftler **Pe. Antônio Abreu SJ** und dem Religionssoziologen **Pe. James dos Santos SJ**. Pe. Marcelo, ein angesehener Theologe in Brasilien und früherer Präsident der CRB, kannte ich von Besuchen in der Geschäftsstelle. Das erleichterte den Kontakt. Ich erfuhr bei dieser sehr informativen Begegnung einiges Basiswissen über die Handlungsfelder von IBRADES, besichtigte die 30.000 Bände umfassende Bibliothek, zu deren Aktualisierung der Fachliteratur und technischen Ausstattung Adveniat mitgeholfen hatte und bekam einen kleinen Einblick in religionssoziologische Phänomene des Landes. Diesen Fokus fand ich spannend.

Mit Interesse hörte ich, dass IBRADES seit längerer Zeit eine Förderung der Bildungsarbeit über die Konrad Adenauer Stiftung erfährt. Das Team setzt sich aus 16 Wissenschaftlern zusammen, darunter vier Jesuiten und drei Wissenschaftlerinnen. Die Gruppe ist interdisziplinär zusammengesetzt. Alle Mitarbeiter:innen sind Expert:innen auf ihrem Gebiet und werden im Land zu Vorträgen und Seminaren häufig gefragt. Für die CNBB ist IBRADES eine Art Think-Tank. Die jährlich auf der Vollversammlung der CNBB vorgestellte Analyse der gegenwärtigen politischen, wirtschaftlichen, sozialen und religionssoziologischen Situation wird von Referenten des Instituts vorgetragen.

Das Zentrum steht auf zwei Beinen: das eine sind die akademischen mit interdisziplinären Forschungen, die Durchführung wissenschaftlicher Seminare und die Herausgabe von Veröffentlichungen. Das zweite Standbein ist die Bildungsarbeit in Form von Kurzkursen in verschiedenen Städten des

Landes zu gesellschaftspolitischen Themen wie beispielsweise *poder local* und der zweijährlich durchgeführte Intensivkurs in Rio, der den Schwerpunkt auf Themen der Katholischen Soziallehre hat. In den Kurzkursen will man Mitarbeitende in kirchlichen Pastoralbereichen, in Sozialbewegungen, in Gewerkschaften und in der Politik ansprechen. Die Kurse finden vor allem im N und NO statt. Die unmittelbare Basisarbeit in den Regionen sah man als wichtig an.

Ausführlicher sprachen wir über das Phänomen des zunehmenden Einflusses der neuen Denominationen in Brasilien. IBRADES war gerade dabei, eine Dokumentation über die mächtigste Sektenkirche *Igreja Universal do Reino de Deus* zu erstellen. Wie ich im Kapitel São Paulo schon erwähnte, erwarb sie den Fernsehsender Record – für 45 Mio. US $ nach den Recherchen der Forschungsstelle. In den letzten 15 Jahren habe die *Igreja Universal* drei Mio. Anhänger gewonnen und sei finanziell über ein „dízimo-System" sehr erfolgreich.

Eine Ausgangsthese von IBRADES für die nächste Vollversammlung der CNBB würde nach dem Religionssoziologen Pe. James die sein, dass die katholische Kirche ihre Hegemonie im Land verloren hätte. In der brasilianischen Gesellschaft sei zunehmend eine Horizontalisierung der Religionen festzustellen, das bedeute, „man glaube an alles". Das Paradox in Brasilien sei, dass sich die Gesellschaft einerseits immer mehr zu einer modernen, technologisierten entwickelt habe, andererseits eine starke Tendenz zu magischen Religionen (wie Umbanda, Candomblé, Igreja Universal) festzustellen sei. Im Finden einer horizontalistischen Entwicklung wähle das Individuum seine Religion selber nach eigenen Kriterien. *Man empfände nicht mehr die selbstverständliche kollektivtraditionelle Zugehörigkeit, wie sie für Jahrhunderte in dem katholischen Land prägend gewesen sei,* so die Aufzeichnungen in meinem Reisebericht. Und ein weiteres Paradox sieht der Religionswissenschaftler darin, dass sich die magischen Religionen durchaus marktkonform in die moderne Gesellschaft integrieren würden. Darin sei ihr Handeln überaus rational.

Die brasilianische Gesellschaft hat sich für Pe. James immer mehr in Richtung Moderne und Industriegesellschaft entwickelt. Ein Großteil der Bevölkerung bleibe ausgeschlossen. Gesellschaftspolitisch stellt sich für den Wissenschaftler die Frage, ob die Sozialbewegungen, die *movimentos popula-*

res, ein Machtfaktor werden können und sich so die Strukturen verändern oder ob dieser Prozess über ein wachsendes Wirtschaftswachstum kommen werde.

Das Gespräch empfand ich als erhellend, einige Phänomene im Land besser fassen zu können. Die Überlegungen des Religionssoziologen scheinen mir bis heute wichtige Fragestellungen zu enthalten.

Ökumenische Studienzentren und das Instituto de Pesquisas das Culturas Negras

Im Jahr 1984 und 1988 machte ich in Rio Informationsbesuche bei Studienzentren, die religiöse und gesellschaftspolitische Fragestellungen erforschten bzw. dokumentierten. Wir bekamen von ihnen unregelmäßig ihre Publikationen und Zeitschriften mit relevanten Themenstellungen. Uns fehlendes Material konnte ich durch die Kontaktaufnahme ergänzen, meine Gesprächspartner:innen gaben mir sehr großzügig ihre neuesten Publikationen mit, für die sich besonders auch der Bibliothekar in der Bibliothek Adveniats interessierte. Wir kooperierten gut miteinander.

Der Besuch 1984 im **Centro Ecumênico de Documentação e Informação (CEDI)** kam spontan über die Vermittlung von CERIS zustande. Ich sprach mit dem Leiter Pastor Jether Pereira Ramalho sowie einem Soziologen und einer Soziologin. Pastor Ramalho war eine landesweit anerkannte Autorität und neben dem katholischen Bibeltheologen Carlos Mesters einer der Mitbegründer des ökumenischen Bibelinstituts CEBI (siehe Kapitel „Der Süden"). Wichtig ist mir an dieser Begegnung in Rio festzuhalten, dass das CEDI damals eine 18 bändige Dokumentation über die indigenen Völker Brasiliens vorbereitete. Das war eine Mammutarbeit von 400 Autor:innen im ganzen Land, die auf ehrenamtlicher Basis erfolgte. In der Zeit der Militärdiktatur drohte die indigene Bevölkerung wegen der gewalttätigen Repression ausgelöscht zu werden – davon wird später konkreter zu berichten sein. Umso wichtiger wurden solche Recherchetätigkeiten, wie sie die staatlichen Stellen nicht gerne sahen.

Der Besuch im **Instituto de Estudos da Religião (ISER)** 1988 hatte sich aus einem Gespräch mit dem Leiter Ruben Cesar Fernandez im selben Jahr in Essen ergeben. In Rio sprach ich vor allem mit einer jungen Soziologin, gebürtig aus einer Favela und groß geworden im Umkreis der CEBs, wie sie sagte. Sie arbeitete mit anderen Kollegen an einer Auftragsarbeit der Auswertung des Prozesses der Diözese Crateús. Interessant an unserer Unterhaltung war die Meinung der kundigen Soziologin zur gegenwärtigen politischen und kirchlichen Lage.

Politisch erlebten meine Gesprächspartner das Land damals in einem *bemerkenswerten historischen Umbruch*. Mit den Gemeindewahlen vom 15.11.1988 sei ein qualitativ neuer Prozess eingeleitet worden, in dem die unteren Schichten ihre politische Artikulation und Kraft haben zeigen können. Unklar dagegen blieb die Situation in der katholischen Kirche: die Soziologin skizzierte sie eher als frustrierend, da die hierarchisch – vertikalistische Struktur meist keine größere Partizipation der Laien vorsah. Unklarheit empfand sie gleichzeitig in der Frage, wieweit das gesellschaftliche Engagement von kirchlichen Basisgemeinschaften gehen könne und ob die Forderung nach Gemeinweseneinrichtungen beispielsweise nicht die vorrangige Aufgabe von Parteien sei. Meine Informantin stellte also eine große *Konfusion* fest im weiten Feld von Kirche und Politik und befand sich selbst inmitten einer Auseinandersetzung, die angemessene Position zu finden. Es gab reichliche Spannungen zwischen engagierten Laien und Vertretern der Amtskirche. Während die einen eine stärkere Parteinahme in bestimmter politischer Richtung wünschten, forderten die Stimmen von Bischöfen und Priestern Parteineutralität.

Die Frage von Parteineutralität oder politischer Positionierung hörte ich seit diesem wichtigen Jahr demokratischen Aufbruchs auf den Reisen in vielen Gesprächen heraus. Der Besuch im ISER 1988 war für mich in dieser Hinsicht erhellend. Erfreulich erschien mir dabei die Kooperation von CNBB und ISER. Die Gruppe der Theologinnen beriet nämlich die CNBB zum Thema der Lage der Frau in Brasilien – dem Schwerpunktthema der Fastenkampagne für 1990. Verständlicherweise erhofften meine beiden Gesprächspartner, dass Adveniat die Arbeit der Forschungsgruppe weiter unterstützt.

Einen mich herausfordernden Besuch machte ich in Rio 1988 am Ende meiner Projektreise im **Instituto de Pesquisas das Culturas Negras (IPCN)**. Dieses Institut gehörte zwar nicht zu den Projektpartnern Adveniats, ich sah es aber als geboten an, der Einladung seines Leiters, Herrn Garcia, zu folgen.

Der im Land angesehene Fotograf und Dichter hatte uns wenige Tage vor meiner Abreise in der Geschäftsstelle besucht. Der Halt in Essen war eingebunden gewesen in eine Vortragsreise durch die BRD aufgrund einer Einladung des Kultur-Projekts der Städte Kassel und Nürnberg. An jenem Dezemberabend in Rio kamen zu der Begegnung 19 Personen, alle Engagierte aus dem Umfeld des *Movimento Negro*. Ich staunte nicht schlecht, wie viele Initiativen es allein in Rio gab, u.a. eine Samba- und Capoeira-Schule, ein Institut zur Erforschung der Yoruba – Sprache und Kultur, eine Vereinigung zur Traditionspflege der Orixas, eine Kommission der *Mulheres Negras* sowie die Rechtsberatungsstelle *SOS – Racismo*.

Meine Gesprächspartner:innen machten deutlich, dass sie das Problem des Rassismus in Brasilien weniger beklagen, als vielmehr mit konkreten Schritten angehen wollten. Deshalb gründeten sie *SOS – Racismo*, um Schwarzen, die im öffentlichen wie privaten Leben Diskriminierungen und Gewalt ausgesetzt waren, juristische Beratung anzubieten. Die kulturellen Initiativen beabsichtigten vor allem eine Bewahrung der afrostämmigen Traditionen.

Besonders in Erinnerung blieben mir die Äußerungen von zwei Gesprächspartnerinnen, Sozialarbeiterinnen aus der größten Favela Rios, Rocinha, ihrem Wohn- und Arbeitsort. Sie berichteten unter großer Betroffenheit von den ständigen Repressionen, denen die Favelabewohner seitens der Polizei ausgesetzt waren und von der zunehmenden Brutalität bei der Durchführung von Razzien. Die beiden jungen Frauen sprachen von einem Kriegszustand, gar einem schleichenden Bürgerkrieg, den die Gesellschaft nicht wahrnehmen wolle.

In diesem Gespräch hörte ich die Not der Betroffenen selber. Ich stand mit „leeren Händen" vor ihnen, das machte mich nachdenklich, forderte mich heraus…Damals schrieb ich in meinem Reisebericht *Ich frage mich: Was heißt für uns Option für die Armen konkret, wenn wir die Schreie der Verzweiflung – und so ist die Lage an der Peripherie von Rio – hören? Welchen Beitrag leistet ein ausländisches, katholisches Hilfswerk für eine Bevölkerungsgruppe, deren Würde und Kultur auch durch das Vorgehen weißer Christen in der Vergangenheit mit Füßen getreten wurde und noch heute wird?* Meine 19 Gesprächspartner:innen sind vermutlich enttäuscht nach Hause gegangen, da ich ihnen keine konkreten Fördermöglichkeiten eröffnen konnte. NGOs ohne kirchlichen Bezug gehörten damals nicht zum Partnerspektrum Adveniats. Die Begegnung sensibilisierte mich zunehmend für die kulturellen Fragen im Land. Dieser Abend wurde zu einer wichtigen Lehrstunde.

Überraschende Begegnungen

In meinen einführenden Bemerkungen beschrieb ich schon das Bildungshaus CENAM als Ort vielfältiger Begegnungen mit Menschen aus ganz Brasilien, gelegentlich auch aus dem Ausland. Diese informellen, ungeplanten Kontakte empfand ich als spannend und bereichernd. Von einigen wenigen möchte ich in diesem letzten Kapitel über die Stadt Rio de Janeiro und seiner Erzdiözese abschließend berichten.

In den Anfangsjahren 1985 und 1988 lernte ich im CENAM die Direktorin des Nationalen Pastoralinstituts, **Ir. Carmelita de Freitas,** kennen. Sie war in dieser Funktion viel im Land unterwegs, galt als hohe Autorität, eine „Grande Dame" der katholischen Kirche. Die Ordensfrau hatte einen umfassenden Einblick in die politische und innerkirchliche Großwetterlage. Die beiden Gespräche mit ihr gaben mir Orientierung und ermunterten mich, bei nächster Gelegenheit die CNBB in Brasilia zu besuchen. Ich hörte auch heraus, wie schwierig sich das Verhältnis der Bischofskonferenz in den Jahren zu den vatikanischen Behörden entwickelte. Die Warnung des Vatikans an D. Pedro Casaldáliga hatte viele befreiungstheologisch orientierte Engagierte in der Kirche Brasiliens wie ein Blitz getroffen. Solch eine harte Reaktion aus Rom hatte man nicht erwartet. In einem weiteren Kapitel werde ich über den Besuch in der Prälatur São Felix berichten und auf die weltkirchlichen Spannungen zurückkommen. Für Ir. Carmelita stand aber fest, dass der Erneuerungsprozess der Kirche in Brasilien irreversibel ist und die Kohäsion gewahrt bleibt.

Zwei Jahre später traf ich 1990 einen argentinischen Partner im CENAM wieder: den Friedensnobelpreisträger und Gründer der gewaltfreien Bewegung Servicio Paz y Justicia (SERPAJ), **Adolfo Perez Esquivel.** 1979 hatten wir uns in Buenos Aires und in Köln getroffen. Adolfo nahm mit seiner Ehefrau Amanda, einer Komponistin, am 6. lateinamerikanischen Treffen von SERPAJ teil, als Ehrenmitglied; er hatte alle Aufgaben an die jüngere

Generation abgegeben. Zu dem Treffen kamen 80 Teilnehmende aus 16 Ländern. Adolfo wirkte auf mich erschöpft, die vielen Auslandsreisen hatten an seinen Kräften gezehrt. Dank der Gastfreundschaft der Leiterin des Bildungshauses machten wir zu dritt einen Ausflug zum Corcovado und genossen diesen Tag bei strahlendem Wetter – welch ein wunderbares, überraschendes Wiedersehen!

Den beiden *amigos porteños* erzählte ich nicht, was ich abends zuvor von Ir. Margarita, der Leiterin des Hauses, erfahren hatte, als ich von meiner Rundreise durch das Landesinnere nach Rio zurückkehrte. Denn wenige Stunden vor meiner Ankunft hatte eine Gruppe von sechs bewaffneten jungen Männern versucht, das CENAM mit seinen vielen internationalen Gästen zu überfallen. Ir. Margarita hielt sich zufällig im Vorhof der Eingangstür auf, als Nené – einer der gefürchteten Drogenbosse von Rio – mit Granate, zwei Pistolen und einem Messer vor ihr stand. Zum Glück fuhr im selben Moment ein Auto mit Zivilpolizisten auf den Hof. Beim anschließenden harten Schusswechsel ging der Polizei am Ende gar die Munition aus. Der harte Kern der Gruppe um Nené konnte fliehen. Die Polizei fasste nur zwei Jugendliche, kleine „Fische" der Drogenszene. Offensichtlich hatte der auf den Hof schauende Christus des Corcovado die couragierte Schwester und das Haus beschützt! Von diesem dramatischen Nachmittag haben die Seminarteilnehmer nichts mitbekommen. Ich schlief in der Nacht unruhig.

Ein besonderes Mittagessen mit zwei Zwillingspriestern, den **Gebrüdern Kesselmeier** aus der Erzdiözese Paderborn, ergab sich 1992, als ich in Begleitung des Journalisten Hermann Multhaupt auf der Projektreise in Rio Halt machte. Herr Multhaupt wollte unbedingt den beiden mir bis dahin unbekannten Priestern einen Besuch abstatten. So nahmen wir gern ihre Einladung zum Mittagessen an. Clemente, Franziskaner und Künstler, war durch seine Fernsehauftritte im Land sehr bekannt. Sein Bruder Enrique, seit vielen Jahren in Rio als Religionswissenschaftler tätig, zeigte sich gegenüber seinem wortgewaltigen Bruder schweigsamer. Während des Gesprächs erfuhr ich, dass er vor einigen Jahren zusammen mit einer Gruppe von Theologieprofessoren von Kardinal Sales aus der Katholischen Universität entlassen worden war.

Frei Clemente erschien mir als ein Ordensmann, der mit fröhlich – prophetischer Stimme die jetzige Struktur der Kirche grundlegend unter die

Lupe nahm. Er vermisse bei den Kirchenleuten heute die Lebendigkeit des Glaubens und die Freude eines Christenmenschen, wie er sagte: *tote Klöster, tote Missionare*. Die Klosterwelt, zumal für ihn als Kunstmaler, war ihm zu eng geworden. Auch vermisste er bei den Priestern einen Zugang zur Mystik, was den Sekten Tür und Tor öffnete seiner Meinung nach. Die Kirche könne nur mit der Wiederentdeckung der Mystik überleben, um für die Menschen wieder Ansprechpartnerin zu werden, wo sie verstanden würden, so seine deutlichen Worte. Der Franziskaner gab uns ein plastisches Bild mit auf den Heimweg: die Kirche hat sich um den Rahmen gekümmert, aber nicht um die Gestaltung des Bildes! Sie vermittelt keine Hoffnung und Lebenskraft. Sie verliert sich in Äußerlichkeiten und im Pomp der Amtskirche. Wie treffend die kritischen Aussagen sind, auch heute noch nach dreißig Jahren, wo ich sie wieder lese...

Zwei markante Begegnungen hatte ich im CENAM mit Vertretern der indigenen Welt Brasiliens. 1985 traf ich den bekannten Jesuiten **Thomaz de Aquino Lisbôa (Jaúka)** von der *Missão Anchieta* in Diamantina, Mato Grosso. Der außergewöhnliche Missionar hielt sich in Rio zu Vorträgen auf. Er lebte seit 15 Jahren mit zwei bis dahin nicht kontaktierten indigenen Völkern, zuerst mit den *Münku* und seit einigen Jahren mit den *Enauenê-Nauê*. Die beiden Völker hatten nur noch wenige Mitglieder und waren vom Aussterben bedroht. Zusammen mit einer Ordensschwester und einer Laiin bildet er ein Missionsteam, das sich damals ganz integrierte in die Lebensvollzüge der *Enauenê-Nauê,* mit ihnen wohnte, arbeitete, aß und schlief. Der eher verhaltene, wortkarge Jesuit erzählte, dass er schon als Jugendlicher die Lebensoption getroffen habe, sich für die Rechte der indigenen Bevölkerung Brasiliens einzusetzen. Er machte auch deutlich, wie langwierig der Erneuerungsprozess im damaligen Missionsteam der Jesuiten war: weg von einer Aufpfropfung weißer Kulturmuster – insbesondere in den Schuleinrichtungen des Ordens – hin zu einer Respektierung der eigenen kulturellen Identität der Indigenen. Da nach seiner Meinung die Weißen viel von den Indigenen zu lernen hätten, war es ihm wichtig, immer wieder auch Vorträge in den großen Städten zu halten. Pe. Thomaz gab mir seine zwei Veröffentlichungen mit Widmung als Dank an Adveniat für die Unterstützung der Jesuitenmission mit. Das Buch über die Münku hatte das Pressereferat schon als Nr. 19 in der Reihe „Adveniat – Dokumente" herausgegeben. Die Einladung meines beeindruckenden Gesprächspartners in die *Missão Anchieta* nahm ich gerne an. Mir brachte diese kurze Begegnung eine erste Berührung mit der Welt der Indigenen in Brasilien, ein vielschichtiger Themenkomplex, der mich seither nicht mehr losgelassen hat.

Ein weiteres Geschenk erlebte ich 1992 in der Begegnung mit einem der Sprecher der indigenen Völker am Rio Negro, **Alvaro Fernandez Sampaio,** überall kurz **Alvaro Tucano** genannt. Ihn traf ich zufällig im Haus der Combonianer auf dem Gelände des CENAM bei **Pe. Mario Fioravanti**, der sieben Jahre in Rondonia in der Indigenenpastoral gearbeitet und sich in seiner Magisterarbeit *CIMI-Indio oder Indio-CIMI* kritisch mit dem Konzept des katholischen Indigenenmissionsrates auseinandergesetzt hatte. Pe. Mario ermöglichte mir das Gespräch mit dem im Land bekannten *lider indígena*. Dieser kam gerade von einer Vortragsreise aus Europa zurück und übernachtete bei den Combonianern in Rio. Alvaro war 1980 einer der beiden Tucano-Indigenen mit Luis Lana, die auf dem 4. Russell -Tribunal mit ihrer scharfen Kritik an der Missionsarbeit der Salesianer am Rio Negro eine internationale Bekanntheit erworben und in der Kongregation eine große Erschütterung ausgelöst hatten. Von dem für die Salesianer traumatischen Auftritt der beiden Indigenensprecher hatte ich bei meinen Reisen im Amazonasbecken schon gehört. So war es für mich spannend, den vieldiskutierten Alvaro Tucano in Rio persönlich kennenlernen zu können. Ich nahm meinen Gesprächspartner als außergewöhnliche, sehr individuelle Führungspersönlichkeit wahr. Mir fiel auf, dass er in unserem Gespräch alle Parteien kritisch unter die Lupe nahm, die in der Arbeit mit indigenen Völkern involviert sind: die eigenen indigenen Netzwerke ebenso wie die staatliche Behörde FUNAI, die Nichtregierungsorganisationen und die katholische Kirche. Am stärksten war seine Kritik an der FUNAI mit ihren 25 Niederlassungen und 5000 Mitarbeitenden. Er bezeichnete diese als rein bürokratische Gebilde, die den Indigenen nicht nützen würden.

Auch an den NGOs im Amazonasraum ließ er kein gutes Haar: sie seien oft nur Interessengruppen für Professionelle, die im Ausland Geld für Projekte akquirierten, fertige Konzepte hätten und keinen Dialog mit den Indigenen suchten.

Das Missionskonzept der katholischen Kirche wiederum hätte den Indigenen ihre Würde wie ihre kulturellen und religiösen Wurzeln genommen.

Alvaro fragte mich, wie es wohl den Katholiken ergehen würde, wenn man ihnen ihre Kelche und ihre Hostien nehmen würde? Die Interaktion zwischen Missionar und Indigenen sah er als eine Konfliktbeziehung.

Ein neuer Ansatz in der katholischen Kirche stand für ihn noch aus, auch beim CIMI. Der Indigenensprecher kritisierte nicht grundsätzlich den Indigenenmissionsrat, vielmehr bezog er seine Kritik auf einzelne Mitarbeitende, die besser wüssten, was für die Indigenen gut sei und denen es eher um ein sicheres Gehalt gehen würde. Mit hoher Wertschätzung erwähnte mein Gesprächspartner Ir. Elisabeth Rondon, die beiden Salesianermissionare und Tucano-Experten vom Rio Negro Pe. Casimiro Békšta und Pe. Eduardo Lagorio und den Bischof von São Gabriel, D. Walter Azevedo. Alle drei hatte ich auf einer Projektreise zwei Jahre zuvor kennengelernt. Auf die Gespräche mit ihnen werde ich in dem Kapitel über den Norden 1 zurückkommen.

Besonders kritisch nahm Alvaro Tucano die Ordensschwestern am Rio Negro in seinen Blick. Sie hätten in der ersten Phase der Gründung der Diözese São Gabriel da Cachoeira die indigenen Kulturen am wenigsten verstanden. Auch hätten sie die schönsten und intelligentesten Indigenen – Mädchen in die Haushalte der Militärbediensteten in die großen Städte vermittelt, wo sie heute an den Peripherien entwurzelt leben würden. Die Ordensfrauen hätten es genossen, mit den Flugzeugen des Militärs durch die Gegend zu fliegen, so Alvaro Tucano.

Aus den Informationen meines Gesprächspartners entnahm ich, dass es in den 1990er Jahren in Brasilien 130 Indigenennetzwerke gab. Für ihn hat die hohe Zahl mit den immensen räumlichen Entfernungen zu tun, mit der Vielfalt der Ethnien und der Einflussnahme Dritter, der Nichtregierungsorganisationen. Ein kritisches Bild zeichnete Alvaro Tucano auch gegenüber seinen eigenen Indigenen – Sprechern, die oft nicht einmal mehr fischen und jagen könnten. Sie hätten die kulturellen Traditionen hinter sich gelassen, seien nur noch theoretisch Indigene, wie er sagte.

Am Ende des Gesprächs war ich überrascht, dass sich Alvaro Tucano als Katholik bezeichnete. Er wünsche sich aber eine ganz andere Glaubensverkündigung. Auch müssten katholische Priester heiraten können. Am Rio Negro hätte es viele indigene Seminaristen gegeben, die wegen des Zölibats aber nicht bis zur Priesterweihe gekommen wären.

Projektreisen im Inneren des Bundesstaates Rio de Janeiro

Nach den sehr langen Ausführungen meiner Aufenthalte in der Megalopolis
komme ich jetzt zu den acht Diözesen des Landesinneren des Bundesstaates
Rio de Janeiro, die kirchlich zur Einheit *Regional Leste 1* gehören. Das Regional spiegelte dieselben Probleme wider, die ich auch in Rio gefunden hatte:
politisch zeigte sich das Problem der Dominanz von Gruppen organisierter
Kriminalität des Drogen- und Waffenhandels und kirchlich die Spannung
zwischen einem traditionellen Amtsverständnis und einer befreiungstheologisch inspirierten Kirche. Im Laufe der Jahre war es mir wichtig, alle acht
Diözesen mit sehr unterschiedlichen Bischöfen und Pastoralkonzepten zu
besuchen. In den Gesprächen und während der Autofahrten kam mir das
Anwachsen der Kultorte der Pfingstkirchen immer mehr in den Blick.

In der Baixada Fluminense

Am nordwestlichen Stadtrand geht die Peripherie der Metropole Rio in die
beiden Millionenstädte Duque de Caxias und Nova Iguaçu über. Wegen
vieler Projektanträge besuchte ich beide Diözesen mit ihrer noch jungen
Geschichte – Duque de Caxias 1980 gegründet und Nova Iguaçu 1960 –
mehrmals. Mein erster Anlass, in die Peripherieregion zu fahren, war aber
ein ganz anderer: während des Sprachkurses im CENAM lernte ich eine
sympathische Ordensfrau einer kleinen brasilianischen Gemeinschaft kennen, die mich am Sonntagnachmittag des 18.11.1984 zu einem Gottesdienst
zum Gedenken an den Todestag des legendären *Lider* der Befreiungskämpfe
der Schwarzen Brasiliens, **Zumbi,** mit in die Hauptpfarrkirche von **Duque
de Caxias** nahm. Ir. Ernestina war damals Aktivistin in der Bewegung der
União de Consciência Negra. Diese hatte den Gottesdienst mit seinen afrobrasilianischen Elementen vorbereitet. Bischof Mauro Morelli übernahm die
Schirmherrschaft. Seine deutliche Predigt zum Problem des Rassismus in
Brasilien und in der eigenen Kirche nahmen die Besucher:innen mit viel
Applaus auf. Die Parteinahme von D. Mauro war in den 1980er Jahren mutig.
Da es von Mitgliedern der Hauptpfarrkirche wegen des Gedenkgottesdiens-
tes im Vorjahr Kritik gegeben hatte, nahm der Bischof die Zelebration selber

in die Hand. In der Kathedrale von Duque erlebte ich mit eigenen Augen und Ohren, welche Widersprüche es in jener Zeit in der kath. Kirche gab, von denen mir das ihm Vorkapitel vorgestellte IPCN in Rio vier Jahre später berichtete (siehe S. 95f.).

Der schwarzen Ordensfrau war ich sehr dankbar für diese Einladung. Auch lernte ich, mich in den Bussen des öffentlichen Nahverkehrs zu bewegen. Innerpsychisch hatte ich das Gefühl gewonnen, mich im Land sicher zu fühlen. Für die meisten *Cariocas* aus der Mittel- und Oberschicht war eine Busfahrt in die *Baixada* Fluminense undenkbar, galt sie doch als reiner sozialer Brennpunkt. Und die älteren Ordensfrauen im CENAM ermahnten mich immer, vor Dunkelheit zurückzukommen.

Meinen offiziellen Antrittsbesuch in der 1,5 Mill. Einwohner großen **Diözese Duque de Caxias** mit ihren 13 Pfarreien machte ich im Jahr 1986. **D. Mauro Morelli** berichtete mir, dass von den 30 Priestern nur drei diözesane seien und ihm die Regierung Sarney keine Visa für ausländische Missionskräfte gewähre. Der Priestermangel in den urbanen Peripheriegürteln zeigte sich ebenso in anderen Städten als großes Problem. Möglicherweise hat diese Situation dazu beigetragen, dass immer mehr Basisgemeinschaften, von Laien angeführt, entstanden sind. Die Priorisierung der Bildung von CEBs lag so auf der Hand, man zählte in der Diözese nach ihren ersten sechs Jahren der Gründung schon 200. Deshalb lud der Bischof zum nächsten nationalen Treffen der CEBs, dem *Intereclesial,* für 1989 in seine Diözese ein. Welch unterschiedliche Modelle von Kirche erlebte ich auf diesem geographischen Raum von wenigen Kilometern! Duque de Caxias liegt kaum 30 km vom großen Busbahnhof *Rodoviaría* in Rio entfernt.

Mein Besuch 1996 in der Diözese bezog sich auf eine mögliche Projektförderung der Arbeit des GRENI. Ich traf den Franziskaner Frei Davi Santos nach zwei Jahren (vgl. S. 85f.) wieder, dieses Mal in seiner Pfarrei São Joã Batista in S. João do Meriti zusammen mit zwei Ordensfrauen des *Grupo de Reflexão sobre a Vida Religiosa Negra e Indígena.* Den Schwerpunkt des Gesprächs legte der Franziskaner auf die komplexe Drogenproblematik im Staat Rio de Janeiro. Er sah den Drogenmarkt als einen signifikanten Arbeitsmarkt, gerade für Jugendliche. Nach seiner Schätzung waren im Bundesstaat Rio de Janeiro damals ca. 500.000 Menschen im Drogenhandel involviert, meist schwarze Jugendliche. Sie verdienten in dem illegalen Geschäft selbst auf unterster Ebene vier bis fünf Mindestlöhne, damit ein Vielfaches vom Lohn eines Tellerwäschers.

Die ältere und mit über 2 Mill. Einwohnern größere **Diözese Nova Iguaçu** besuchte ich in den Jahren 1986, 1994 und 2003. Vom Führungsstil und von der Anzahl der Projekte zeigten sich beide Diözesen im Laufe der Jahre als sehr unterschiedlich. Der Bischof **D. Adriano Hypólito**, ein perfekt deutsch sprechender Franziskaner aus dem NO, kam jährlich regelmäßig in die Geschäftsstelle mit einem Köfferchen voller Karteikarten der Spenderadressen seiner deutschen Förderer:innen und einer beachtlichen Anzahl von Neuanträgen. Meine Gegenbesuche vor Ort lagen auf der Hand und hatten insbesondere die Entwicklung von Bauprojekten zum Inhalt. Der agile Franziskaner hatte, wie er von sich sagte, seinen eigenen Baustil. Dieser korrespondierte beim Bau des regionalen Priesterseminars nicht mit den Kriterien der Projektarbeit von Adveniat, weshalb Gespräche über diözesane Bauvorhaben sich als schwierig erwiesen. Einem Bischof zu widersprechen, zumal als jüngere Frau in seinem Lieblingsvorhaben, dem Seminar, das sprengte den Rahmen. Dabei war er durchaus befreiungstheologisch orientiert. Eine Besonderheit war zudem die Innenausstattung des Kapellenrundbaus im Priesterseminar. D. Adriano hatte einen dt. Freund, den Künstler Kersmeier aus Münster, gebeten, das Altargemälde, das Kreuz und die bleiverglasten Fenster zu gestalten. Ich fand die abstrakten Arbeiten etwas verwegen und sah den Kulturimport kritisch. Der Bischof dagegen wollte moderne Kunst aus unserer Welt in seine Welt der *Baixada* bringen und nahm die befremdliche Wahrnehmung seiner Landsleute in Kauf. Zu meiner Beruhigung hatte Adveniat sich nicht an der Bauetappe beteiligt. Ich musste aber eingestehen, dass trotz der Größe und soliden Bauweise der diözesanen Bauprojekte sie nicht luxuriös wirkten.

Das Pastoralkonzept der Diözese war innovativ. Es sah vor, den bisherigen Weg nach 25 Jahren seit Gründung in einer Synode auszuwerten. Für D. Adriano zeigte sich ein Problem der Kirche in seinem Land und auch in Nova Iguaçu darin, dass sich viele *lideres* in den CEBs von der Kirche entfernten und in Parteien und Gewerkschaften engagieren würden. Eine weitere Sorge machte ihm die Zunahme der Kultorte afrobrasilianischer Religionen.

1994 besuchte ich zusammen mit Herrn Multhaupt den vom Paderborner Theologen Johannes Niggemeier und der brasilianischen Psychologin Tanja gegründeten Verein **AVICRES** (*Associacao Vida no Crescimento e na Solidarida-de),* dessen Projekte zur Förderung von benachteiligten Kindern im Gebiet der Diözese Nova Iguaçu verortet sind. Wir besichtigten die vier Kinderta-gesstätten, sprachen mit Erziehenden und kamen in dem neu eingerichteten *Sitio „Casa da Esperança"* in einen intensiven Austausch mit dem jungen Diözesanpriester Pe. Alcides. Er leitete diese Herberge für 16 Straßenkinder und war gleichzeitig Pfarrer einer 80.000 Einwohner großen Pfarrei. Seine Empathie für die vulnerable Zielgruppe und sein kritischer Blick auf die brasilianische Gesellschaft im Umgang mit Kindern auf der Strasse beein-druckten uns sehr. Wir besuchten noch kurz seine Pfarrei. Dieser klare junge Priester wollte keine Anträge im Ausland stellen, vielmehr war er der An-sicht, dass die *comunidades* ihre eigenen Wege mit ihren Möglichkeiten vor Ort gehen müssten. Auch mein Angebot für eine Fahrzeughilfe lehnte der Priester in seinem konsequenten Denken ab.

Was Herr Multhaupt und ich nicht vergessen werden, ist unsere Rückfahrt nach Rio im ziemlich klapprigen VW-Käfer von Pe. Alcides. Ausgerechnet mitten in einem der meist befahrenen Tunnel bekam der *Fuscinha* einen Platten. Uns stockte der Atem angesichts der Enge des Tunnels und des überaus dichten Verkehrs in der Rushhour. Doch waren die jugendlichen Fahrer aus dem Straßenkinder – Projekt, die uns begleiteten, zu unserem Erstaunen so schnell und technisch geschickt beim Aufziehen des Ersatzrei-fens, so dass wir bald weiterfahren konnten. Im dunklen Stadtteil Santa Teresa fanden wir zunächst die Hauptstrasse Rua Almte. Alejandrino nicht und landeten in einem Waldstück an einen merkwürdigen Wachposten, vermutlich zwei Drogenhändler. Auch diese nicht ungefährliche Hürde nahmen wir dank der Freundlichkeit der jungen Kontrolleure und kamen dann erleichtert und staunend über das Geschick der „Straßenkinder" zu später Stunde in unserem Quartier an. Die Irs. da Assunção hatten schon um uns gezittert. Auf dieser Autofahrt standen Schutzengel an unserer Seite. Wir waren einfach nur dankbar, solch gute Begleiter gehabt zu haben. Das Wort Straßenkinder bekam einen neuen Klang. Wie viel Potential menschli-cher Ressourcen in diesen armen Jugendlichen, denen die Gesellschaft so wenig Gutes zutraut, dachte ich vor dem Einschlafen!

2003 fuhr ich wiederum in die Diözese, besichtigte einige Bauprojekte in Pfarreien und erfuhr bei der Gelegenheit, dass in dem 250.000 Einwohner großen Stadtbezirk Queimados 13 der 15 Stadtverordneten wie der Bürgermeister Sektenmitglieder waren. Auch bei AVICRIS machte ich einen Besuch und stellte mit Erstaunen fest, wie umfangreich das Sozialwerk seit meinem letzten Besuch angewachsen war: 5 Kindertagesstätten, vier Heime für Straßenkinder, 2 Gesundheitsstationen, ein Vorschulkindergarten mit Primarschule, ein landwirtschaftliches Projekt, eine Kunstwerkstatt und drei Kleinbetriebe, insgesamt 180 Mitarbeitende. Welch eine erstaunliche Entwicklung seit der Gründung 1991! Bei allem Respekt fragte ich mich, wie es in Zukunft weitergehen wird, wenn der charismatische Gründer Johannes Niggemeier aufgrund von Alter und Krankheit nicht mehr die Ressourcen wie in den Vorjahren adquirieren kann?

Nova Iguaçu hatte inzwischen einen neuen Bischof, **D. Luciano Bergamin**, einen italienischen Ordensmann. Für die Verwaltung stand ihm eine lebenserfahrene wie kompetente Ingenbohler Schwester, **Ir. Lídia** aus Bruneck, zur Seite. Die Kooperation mit beiden empfand ich leicht und zuverlässig. Ir. Lídia half uns später bei der Organisierung einer späteren Journalistenreise. Ich war froh, sie persönlich kennengelert zu haben.

Im Gespräch mit den beiden und dem Generalvikar erfuhr ich, dass sich an der miserablen öffentlichen Gesundheitsversorgung in der Diözese nichts zu den Vorjahren geändert hatte. Für die 2 Mill. Einwohner stand immer noch nur ein Krankenhaus zur Verfügung. (Ich dachte an die zahlreichen Krankenhäuser in meiner Stadt Essen mit ihren 600.000 Bewohnern!). Außerdem berichteten meine Gesprächspartner:in, dass die Firma Bayer ihren Mitarbeiterstamm von 20.000 auf 5.000 reduziert hatte. In der *Baixada* gab es in den Jahren mehr Arbeit suchende Menschen als fest angestellte Arbeitende. Dafür nahm der Waffenhandel mit technologisch hoch entwickelten Instrumentarien rege zu.

Der neue Bischof sah es an der Zeit, finanzielle Wege der Selbstfinanzierung zu suchen. Er schätzte die Arbeit des MEAC mit seinem Dízimo-Modell. Für Mai 2004 hatte man die Mitarbeit von Antoninho Tatto (siehe S. 41f.) geplant mit einer entsprechenden Bewusstseinskampagne in den 50 Pfarreien und 360 Basisgemeinden.

Zwei Begegnungen sind mir in den zwei dichten Tagen besonders in Erinnerung: der Besuch in der ***Casa da Esperança*** und in der ***Comunidade Nossa Senhora dos Mártires***. Das „Haus der Hoffnung" verstand sich als

Anlaufstelle für Menschen auf der Straße, die Zielgruppe des *Povo da Rua*. Die bescheidene Einrichtung, in zwei kleinen angemieteten Häusern in Bahnhofsnähe untergebracht, war vor drei Jahren von **Ir. Magdalena Brokamp** aus Warendorf gegründet worden. Die ehemalige Lehrerin lebte schon seit 1971 in Brasilien. Mit ihrem kleinen Team – bestehend aus einer Sozialarbeiterin, Krankenschwester, Psychologin, dem Küchenpersonal und Ehrenamtlichen – versorgte sie tgl. um die 60 Obdachlose, die die *Casa* aufsuchten. Sie erhielten einen warmen Mittagstisch, konnten duschen, ihre Wäsche waschen und ein Abstellfach benutzen. Neben der Kleiderkammer gab es kulturelle und pädagogische Angebote wie beispielsweise einen Alphabetisierungskurs. Mitte allen Tuns war die religiöse Bildungsarbeit, die *parte espiritual*, wie Ir. Magdalena sagte, sie bedeute dem *Povo da Rua* viel. Deshalb begannen die Mittagessen immer mit einer Bibelreflexion.

Das besondere dieser Einrichtung war der warmherzige menschliche Geist. Die ältere, tatkräftige Ordensfrau mit ihren klaren Augen strahlte viel Liebe für die Menschen am äußersten Rand der Gesellschaft aus. Ir. Magdalena hatte ein besonderes Charisma in der Kontaktaufnahme mit den Menschen. Johannes Niggemeier war ich dankbar für seine Empfehlung, die *Casa da Esperança* zu besuchen. Ohne seine Begleitung an dem Tag hätte ich nicht von dem „Haus der Hoffnung" mit seiner Hoffnungsgeschichte erfahren. Für mich war die engagierte Münsterländerin der „Engel der Obdachlosen" von Nova Iguaçu.

Den 10.11.2003 in der Diözese Nova Iguaçu erlebte ich als einen außergewöhnlichen Tag. Ich fuhr mit dem Generalvikar Pe. Constanzo Bruno in die **Gemeinde Nossa Senhora dos Mártires da Baixada.** In ihrem Projektantrag war ich auf ihre besondere Geschichte aufmerksam geworden. Sie geht zurück auf ein sehr tragisches Ereignis: In der Nacht vom 3. Mai 1988 wurde eine Familie mit drei Kindern (die Mutter war im 8. Monat schwanger) von einer Drogenbande brutal überfallen. Die Banditen ermordeten alle fünf Familienmitglieder, sie hinterließen im bescheidenen Häuschen und Garten Verwüstungen. Die durch das schreckliche Massaker traumatisierte Bevölkerung des Armenviertels fasste erst nach einem Jahr Mut, das Grundstück wieder zu betreten. Im Schlafraum der Familie sah sie einen Rosenzweig, der von außen durch das Mauerwerk hineingewachsen war. Dieser blühende Rosenzweig wurde für die Bewohner zum Symbol, dass nach dieser Hinrichtung von Menschen neues Leben entstanden war. Die Gemeinde feierte ein „Fest der Auferstehung" und beschloss, auf dem Grundstück ein kleines Spiritualitätszentrum zu errichten. Adveniat hatte beim Bau der Schlafunterkünfte geholfen. Seither entwickelte sich der Ort zu einem Wallfahrtszentrum in der *Baixada*. Es gab Kurse aller Art, Exerzitienangebote und Bibelkurse des CEBI.

Von den vielen tausend Anträgen, die ich in all den Jahren im Brasilienbereich bearbeitete, hat mich dieses Projekt besonders angerührt. Eine Begegnung vor Ort mit den Gemeindemitgliedern ist mir sehr wichtig geworden. Meinen Besuch hatte man sehr liebevoll vorbereitet mit selbst gebackenen Plätzchen und einer kleinen liturgischen Feier in der – mit Eigenmitteln erstellten – Kapelle. Ein Sänger der Gemeinde trug in einem bewegenden Liedtext die Geschichte der *Comunidade Nossa Senhora dos Mártires da Baixada* vor.

Die Entstehung dieser neuen Gemeinde war ein Beweis, dass die Bevölkerung der von Gewalt geprägten Peripherieregion mit ihren religiösen und kulturellen Aktivitäten ein Gegenzeichen setzen wollte. Heute, 18 Jahre nach meinem Besuch ist mir die Vergegenwärtigung dieser Geschehnisse von Tod und Auferstehung noch einmal wichtig, auch im Gedenken an die aufrichtige Familie. Der Vater, ein kleiner Kioskbetreiber, hatte mit der herrschenden Drogenbande einfach nur nicht kooperieren wollen – das wurde der ganzen Familie zum Verhängnis. In Erinnerung bleibt mir auch der Rosenzweig mit seinem Wachstum nach Innen – ein geheimnisvolles Geschehen. Ich glaube, die Menschen haben es „verstanden". Jede Rose spricht vom Geheimnis des Ganzen, heißt es bei Rumi.

Nun zu einem geographischen Sprung in eine andere Industrieregion des Bundesstaates in die **Diözese Barra de Piraí-Volta Redonda**. Dort stand das größte Stahlwerk Brasiliens, das aus der Zeit der Militärdiktatur stammte. Eine Rationalisierungswelle brachte den Verlust vieler tausend Arbeitsplätze. Der **Bischof D. Waldyr Calheiros de Novaes** war ein mutiger Kritiker sozialer Missstände in dieser Zeit der 1970 – 1980er Jahre gewesen. Gleich im ersten Jahr im Brasilienreferat besuchte ich ihn **1983** in der großen Stahlarbeiterstadt. Er erzählte von der Konfliktphase mit den Militärs, in der die Bischöfe, die CNBB und der Nuntius ihm den Rücken gestärkt hätten. So sei ihm das Schicksal Mons. Angellelis in Argentinien erspart geblieben, meinte er. D. Waldyr hatte damals sehr klug einen Gerichtsprozess gegen die Polizei geführt, den er gewann und der seine persönliche Lage beruhigte.

Das Pastoralkonzept galt als eines der fortschrittlichen im Land. D. Waldyr förderte den Aufbau von CEBs; in Großstadt mit 300.000 Einwohnern gab es nur eine Pfarrei. Und schon in dieser Zeit hatte das Leitungsteam den *Dízimo* eingeführt, der gut funktionierte. Der Bischof animierte seine Mitarbeitenden nicht zur Antragstellung. Nach seiner Ansicht müssten unsere Hilfen das Ziel verfolgen, finanziell unabhängig zu machen. Auf dem Hintergrund des politischen Kontextes der Diözese überraschte mich nicht, dass ich etliche Kirchen stattlicher Größe und Ausstattung von Sekten – wie es damals hieß – bei einer Rundfahrt durch die Stadt sah. Ihr Wirken war deutlich feststellbar.

Zwanzig Jahre später 2003 besuchte ich die Diözese noch einmal und saß beim Mittagessen mit dem alten wie dem neuen Bischof zusammen. Ich freute mich, D. Waldyr wieder begegnen zu können. Auch im Alter hatte er an Wachheit nicht verloren. Mir schien, für seinen Nachfolger war es schwer, Fuß zu fassen angesichts der charismatischen Ausstrahlung seines Vorgängers. Der Besuch ist jedoch vor allem erwähnenswert, weil in den letzten 20 Jahren in der Diözese ein enormes Laienengagement entstanden war. 1997 hatte man das *Instituto de Teología Mons. Barreto* gegründet. Dort waren 80 Studenten:innen eingeschrieben, um im Abendunterricht in einem vierjährigen Zyklus Theologie mit akademischen Abschluss zu studieren. 65% der Studierenden waren Frauen, wie mir die Direktorin **Dr. Maria J. Fernandes Pinto** berichtete. Die Moraltheologin lehrte ihr Fach auch im Regionalen Priesterseminar von Nova Iguaçu und an der PUC in Rio. Nicht ohne Stolz erzählte mir die beliebte und angesehene Direktorin, dass in ihrem bescheiden eingerichteten Theologieinstitut – einem zweigeschossigen Wohnhaus der früheren Bischöfe der 1922 gegründeten Diözese – mehr Theologiestudierende eingeschrieben seien als an der PUC-RJ. Ich staunte über diese Entwicklung in der Diözese, auch in der Medienarbeit. Die Projektanfrage wegen technischem Equipment für die Bibliothek und für die Unterrichtsräume arbeitete ich nach Rückkehr im Büro mit Freude aus.

Zu den in der Pastoralarbeit fortschrittlichen Diözesen im Umfeld der *Baixada* gehörte auch die junge **Diözese Itaguaí**. Ich besuchte sie zweimal: 1986 und 1994. Die Bevölkerung setzte sich vor allem aus den vielen Migranten:innen aus dem Nordosten des Landes zusammen, die vor Armut, Dürre oder sklavenartigen Arbeitsverhältnissen auf dem Land geflüchtet waren. Der Hauptort der Diözese, die Küstenstadt Angra dos Reis, war in der dt. Presse ziemlich bekannt geworden, weil dort der 2. Atomreaktor von einer dt. Firma gebaut worden war. Den ersten Reaktor hatten US-Firmen erstellt; die Anlage stand wegen Betriebsfehlern schon seit einem Jahr still. Der 2. und geplante 3. Reaktor waren in der dt. und brasilianischen Öffentlichkeit stark umstritten. Kernkraftwerke kamen immer mehr in Verruf, außerdem stellte man fest, dass auf erdbebengefährdeten Gebiet gebaut wurde. Die Indigenen in dem Raum hatten schon immer davor gewarnt!

Erfreuliches gab es in der Diözese zu erleben: eine lebendige Fischer- wie Arbeiterpastoral und die *Pastoral da Terra*, dazu zahlreiche Aktivitäten im Gesundheitsbereich, nicht zuletzt hatten sich viele Frauengruppen gebildet. Zur Diözese gehört auch die vorgelagerte Insel *Ilha Grande* mit ihrem Hochsicherheitsgefängnis für damals 800 bis 1000 Gefangene. **Bischof Wilderink,** ein holländischer Karmelit, erzählte mir von seinen Besuchen, die ihn jedes Mal wegen der inhumanen Verhältnisse erschütterten.

Beeindruckt war ich bei einem Projektbesuch 1994 von der Arbeit der zwei schottischen Milhill Priester in der **Pfarrei Cristo Libertador** in Angra dos Reis. Sie hat ein interessantes Konzept, da sie dezentral organisiert war in 15 autonomen Basisgemeinden und 18 Bibelgruppen. Einmal im Jahr hielt Pe. Carlos Mesters eine Bibelfortbildung. Ein gemeinsamer Pfarrgemeinderat koordinierte die Pastoralarbeit. Am Pfarrsitz gab es keine Mittelpunktkirche, wohl ein Pfarrzentrum als zentralen Versammlungsort für die Belange der CEBs. Die Sekten hätten zwar 30 Kirchen vorzuweisen, ihr Zulauf wäre aber insignifikant, so der schottische Ordensmann.

Auch kommunalpolitisch ging die wichtige Industriestadt mit Firmen wie Petrobras und der Kernkraftanlage in eine neue Richtung, sie wurde seit sieben Jahren von einer PT-Stadtverwaltung regiert. Die Kommunalpolitiker kamen weitgehend aus der Gewerkschaftsbewegung und den Basisgemeinden. Die Stadt zahlte die Lehrer mit acht Mindestlöhnen für brasilianische Verhältnisse sehr gut, das Erziehungswesen sah man als wichtig an. Und mit Mitteln der Weltbank führte man eine Sanierung der Abwässer in den Peripherievierteln durch.

Während des Aufenthaltes in Angra dos Reis hatte ich Gelegenheit, **Frei Carlos Mesters** im Konvent der Karmeliten zu sprechen. Das war Glück, weil der bekannte Bibeltheologe zahlreiche Verpflichtungen in ganz Brasilien hatte und nur selten in dem 400 Jahre alten, denkmalgeschützten Klostergebäude mit schönen Blick auf die Bucht des Jachthafens anzutreffen war. Wir sprachen über die politischen Verhältnisse in dieser Zeit der Regierung Cardoso. Eine Veränderung der Gesellschaft hin zu gerechteren Strukturen konnte für Frei Carlos nur von unten, von der Basis kommen. Bildlich sagte er, die Politiker ziehen wie Wolken über die Erde, das Volk geht aber in eine andere Richtung.

Frei Carlos, der die Wichtigkeit der Arbeit Adveniats betonte, gab mir noch einen Einblick in seine derzeitigen Arbeitsfelder. Er erstellte gerade ein Arbeitsbuch für Pastoralgruppen zur Gestalt Jesu. Das einfache Volk litt seiner Meinung nach immer noch unter dem Komplex, die Bibel nicht zu verstehen, nur die „Doutores" würden sie begreifen. Für den Bibeltheologen war jedoch nur Jesus der „Doutor". Frei Carlos arbeitete auch weiter im Projekt der CRB *„Tua Palavra e Vida"* mit.

Die übrigen Diözesen des Bundesstaates besuchte ich wegen größerer Bauanliegen, wo ein Ortsbesuch geboten schien. In **Valença** (1986) wie in **Niteroi** (1988) ging es um den Bau von diözesanen Bildungshäusern und in **Campos** (2000) um den Bau des Karmel. Das waren Routineangelegenheiten und gaben mir eine klarere Entscheidungsgrundlage. Vom Pastoralkonzept hatten sie nichts Innovatorisches zu bieten, außer dem Exerzitienhaus **Ermida N.Sra.da Ssma. Trindade in Miguel Perreira.** Im Jahr 2001 war ich der Einladung der Schwestern der kleinen brasilianischen Kongregation der **Servas da Ssma. Trindade** in diese ruhige und landschaftliche schöne Gegend gefolgt, die weit außerhalb von Rio schon in der Diözese Valença lag. Die Gründerin der Kongregation gehörte in den Jahren nach dem 2. Weltkrieg zu den intellektuellen Persönlichkeiten in der brasilianischen Kirche. Mit ihren Ideen sei sie dem 2. Vatikanischen Konzil voraus gewesen, so die **Generaloberin Helena Rech**, eine promovierte Theologin und im ganzen Land gefragte Exerzitienleiterin. Sie beschrieb mir das Konzept der Kurse und Exerzitien, das ich wegen der ganzheitlichen Ausrichtung und dem Einbezug von Leibarbeit kontemplativ verwurzelt und kreativ fand. Entsprechend wirkte die Innenausstattung des Hauses auf mich einladend und es wunderte mich nicht, dass die *Ermida* stark frequentiert war von Laien aus den Gemeinden und Pastoralgruppen der *Baixada* und der Stadt Rio, die in der Abgeschiedenheit Ruhe finden und sich an der umliegenden Natur erfreuen konnten – ein Ort zum Auftanken. Die Leiterin des Hauses, eine schwarze Ordensfrau mit besonderer Ausstrahlung, war eine therapeutisch tätige Psychologin, die unter der Woche in der *Baixada* mit Menschen aus armen Verhältnissen arbeitete, die ansonsten keine therapeutische Beglei-tung hätten wahrnehmen können. Welch eine Hoffnung für die Kirche des Landes, dachte ich nach Rückkehr in meinem Wohnquartier in Rio, eine Kongregation mit rein brasilianischen Wurzeln und alle 32 Schwestern konnten auf eine solide Berufsausbildung und eine in der Trinität tief ver-wurzelte Spiritualität bauen.

Mit den zwei Diözesen Nova Friburgo und Petrópolis in dem schönen östlichen Gebirgsland des Bundesstaates möchte ich meinen Rundgang abschließen. An heißen Tagen sind beide Orte Ausflugsziele für die Bewoh-ner der Millionenmetropole und die Reichen der Gesellschaft genießen die kühle Luft in ihren Sommerresidenzen. Der Bischof von **Nova Friburgo** hatte uns schon in der Geschäftsstelle besucht. D. Clemente Isnards Einla-dung konnte ich deshalb nicht ablehnen, zumal bisher niemand von Adveni-at in der 1960 gegründeten Diözese gewesen war. Einen Gedankenaustausch mit dem warmherzigen Benediktiner empfand ich immer als inspirierend. D. Clemente gehörte für uns Brasilienkollegen zu den mutigen Reformern in der Bischofskonferenz. Der vom Konzil und dem Erneuerungsprozess der lateinamerikanischen Kirche geprägte Ordensmann leitete viele Jahre die Liturgiekommission der CNBB und hatte auch im CELAM verschiedene Ämter inne. Bei meinem Besuch 1988 stellte ich fest, dass in der Diözese viele reiche Menschen lebten, die Diözese aber in ihrer Infrastruktur und ihren Finanzen recht bescheiden ausgestattet war.

Die Auffahrt von Rio in das hoch gelegene **Petrópolis**, der früheren Resi-denzstadt Pedro II, war für mich 1993 und 1997 jedes Mal ein touristisches Highlight. An manchen Stellen gibt es traumhafte Aussichten auf die Stadt Rio. Petrópolis ist eine Domäne der Franziskaner, deshalb hatten die Projekt-anliegen mit ihrer Hochschule und ihren Gemeindezentren an der Peripherie zu tun. Den auch für die CNBB tätigen Moralheologen **Frei Antonio Moser** traf ich 1993, ich erlebte ihn als einen sehr engagierten Seelsorger seiner

Pfarrei. 1997 sprach ich mit dem Leiter und Nachfolger von Leonardo Boff, **Frei Volney Berkenbrock**, über das Anliegen eines neuen Ortes für das bekannte *Instituto Teológico Franciscano*. Frei Volney war als Theologe und Religionswissenschaftler Spezialist für afrobrasilianische Religionen. In seiner bemerkenswerten Doktorarbeit an der Universität Bonn hatte er sich mit dem Thema „Die Erfahrung der Orixás – Eine Studie über die religiöse Erfahrung im Candomblé" beschäftigt.

Von der Millionenmetropole Rio de Janeiro setze ich nun die Rundreise fort in den Westen und Mittleren Westen des Landes, konkret in die Bundesstaaten Mato Grosso do Sul (MS) und Mato Grosso (MT), kirchlich damals in eine Einheit, dem *Oeste*, zusammengefasst. Mit dem Mittleren Westen ist der Bundesstaat Goiás gemeint, zu dem auch der Stadtstaat der Hauptstadt Brasília, der *Distrito Federal,* gehört. In der Nomenklatur der CNBB geht es um das Regional *Centro-Oeste*. Beide Regionale fand ich, von Ausnahmen abgesehen, kirchlich nicht sehr auffallend. Die Diözesen führten eher ein Schattendasein, sie lagen in den beiden Mato Grosso-Staaten auch geographisch am Rande, waren dünn besiedelt und es gab weniger Anträge als aus anderen Gebieten des Landes. Außerdem bearbeitete ich den Raum nur bis 1995. Geographisch ist dieses Gebiet geprägt von Savannen, Hügellandschaften und dem Feuchtgebiet des Pantanal. Mein Traum, auf einen der Reisen an einem Wochenende die besondere Vogelwelt des Pantanal zu bestaunen, ist jedoch nicht in Erfüllung gegangen.

Beim Reisen von Ort zu Ort hatte ich Glück, angenehme und kenntnisreiche Begleiter um mich zu wissen. Auf den langen Autofahrten zwischen riesigen Weideflächen mit für uns unvorstellbaren Mengen von Rinderherden und Ausmaßen von Sojafeldern erhielt ich nützliches Hintergrundwissen für die Projektbearbeitung – und natürlich erzählten wir uns auch so manchen Witz und tauschten Lebenserfahrungen aus. Unterhaltsam gestalteten sich die Jeepfahrten allemal. Da ich selber nicht am Steuer saß, empfand ich die tagelangen Autofahrten als Entspannung und machte zwischendurch Aufzeichnungen, die ich dann im Büro wegen der krakeligen Schrift kaum noch lesen konnte.

Unterwegs in Mato Grosso do Sul

Auf den vier Reisen (1984, 1985, 1987 und 1994) nach Mato Grosso und Mato Grosso do Sul wurde mir die Bedeutung der Regionalstellen in Brasilien bewusst. Als erstes Reiseziel stand in der Hauptstadt des Mato Grosso do Sul, Campo Grande, der Besuch am Sitz des **Regional Oeste** auf dem Reiseplan. Der Regionalsekretär, **Pe. Reneo**, war ein kompetenter und feinfühliger Pallottiner, der mir einen guten Überblick über die Situation in den Diözesen gab. Er leitete das regionale Bildungszentrum mit seinem vielseitigen Programmangebot an Kursen und Weiterbildungen, die stark frequentiert waren. Die personell dünn ausgestatteten Diözesen wären gar nicht dazu in der Lage gewesen, solche Kurse anzubieten. Welche Weitsichtigkeit hatte D. Hélder Câmara, als er vor über sechs Jahrzehnten mit seinen Mitarbeitern eine so kluge Organisationsstruktur für die Kirche in Brasilien entwarf! Immer wieder dachte ich an den Inspirator der CNBB, wenn ich die Regionalstellen betrat. Die Jahres-Bildungsprogramme der Regionalstellen wie auch Baumaßnahmen in ihren Bildungshäusern sah ich als die pastoralen Schlüsselprojekte im Land an.

Auf den Reisen durch die Diözesen kristallisierten sich zwei große Themenbereiche heraus: die Landfrage und die Probleme der indigenen Bevölkerung. Im Nachgespräch mit dem **Bischof von Dourados**, wo ich an einer diskussionsfreudigen pastoralen Diözesanversammlung 1984 teilnahm, erfuhr ich von der wachsenden Organisierung der Landlosen im Land. Das *Movimento Sem Terra* hatte im Mai 1984 mit einer Gruppe von 476 Familien seit 25 Jahren brachliegendes Land einer mit Ländereien wirtschaftenden Gesellschaft besetzt. **Bischof Teodardo Leitz** (ein aus Freiburg i.Br. gebürtiger Franziskaner) wurde zur Verhinderung einer blutigen Auseinandersetzung zwischen den Besetzern und der Polizei um Vermittlung gebeten. Die Diözese bot ihr Grundstück hinter dem Exerzitienhaus an, wo die 3.000 Besetzer:innen auf engstem Raum dann für einige Monate ein Lager aufschlugen. Erst nach zähen Verhandlungen mit der Provinzregierung erhielten die *Sem Terra* ein 2.500 ha. großes Landgut (von schlechter Bodenqualität). Die Diözese musste sich verpflichten, die Ernährung der 3.000 Menschen vom September bis zum Ende des Jahres 1984 sicherzustellen. Dieses gelang dank der Lebensmittelspenden vieler Sympathisanten vor Ort und einer schnellen, großzügigen

Hilfe von Misereor. Einige Ordensfrauen sorgten für die gesundheitliche Versorgung der Besetzer:innen. Ihr intensiver Einsatz förderte die Ordnung und Disziplin im Lager, die mein Gesprächspartner als vorbildlich bezeichnete. Diese erfolgreiche Protestaktion machte den vielen Landlosen im Land Mut, für ihre Rechte und für die seit langem fällige Agrarreform zu kämpfen, so D. Teodardo. Sie steht beispielhaft für die vielen Landbesetzungen, von denen ich in diesen Jahren auf den Projektreisen im Westen, im Norden und Nordosten erfuhr. Nicht immer haben sich kirchliche Würdenträger so konkret solidarisch mit den Landlosen gezeigt. In Dourados bekam die Ortskirche viel Anerkennung für die großzügige Hilfe.

Ein Jahr später 1985 konnte ich wiederum an einer Pastoralvollversammlung, dieses Mal in der **Diözese Jardim**, teilnehmen. Am Rande führte ich zahlreiche Projektgespräche. Die Versammlung legte ihre pastoralen Schwerpunkte fest: die Familienpastoral, die Sozialpastoral, die Indigenenpastoral und die Aus- und Weiterbildung von Laienmitarbeitenden. Auch hier war die Landfrage ein heißes Thema, insbesondere die extrem ungerechte Verteilung von Grund und Boden im Mato Grosso. Vom Vize – Präsidenten der Landarbeitergewerkschaft erfuhr ich, dass die zwei größten Latifundien allein über je 500.000 ha Fläche verfügten. Das meiste Land befand und befindet sich in diesen beiden Bundesstaaten in Händen von Großgrundbesitzern.

Als erschütternd erlebte ich den Besuch bei 105 Familien, die von ihrem überschwemmten Land im Umfeld des Itaipu – Staudamms von der INCRA (Instituto Nacional de Colonização e Reforma Agrária) in ein Ansiedlungsprojekt nahe der Stadt Jardim, 1.000 km entfernt von ihrer Heimat im Paraná, zwangsumgesiedelt worden waren. Selten sah ich so zermürbte Gesichter von Erwachsenen und apathische Blicke von Kindern, so elende und kraftlose Kleinbauern. Die Bilder sind mir bis heute präsent. Die Menschen hatten für ihr abgestammtes Land im Paraná als Entschädigung nur etwas Bargeld, allenfalls ausreichend für den Kauf einer Zeltplane, und 25 ha. Boden von schlechter Qualität bekommen. Welch eine rücksichtslose Umsiedlung von Kleinbauern in einem Großprojekt, für dessen Bau Milliarden US-Dollar zur Verfügung standen! Die Kirche von Jardim war die einzige, die die Not dieser Menschen sah und ihnen zur Seite stand. Vor Ort besprach ich mit den zuständigen Ordensfrauen ihre Idee des Baus eines kleinen Versammlungsraum in dieser Gemeinde mit dem zynisch hübschen Namen ***Assentamento Retirada da Laguna***. Für mich stand nach Rückkehr in der Geschäftsstelle dieser bescheidene Bauantrag ganz oben auf der Dringlichkeitsliste.

Die Diözese Jardim gehört zu denjenigen kirchlichen Jurisdiktionen im Land mit einem hohen Anteil indigener Bevölkerung. Von den 200.000 Bewohnern waren im Jahr 1985 30.000 Indigene, meist Terena, aber auch Kadiwéu und 15 andere Ethnien. Die indigene Bevölkerung lebte nur noch zur Hälfte in Reservaten (*aldeiamentos),* 39 an der Zahl in der Diözese. Die Kadiwéu wurden in Europa bekannt über die Forschungsreisen des französischen Anthropologen Claude Lévi-Strauss in den 1930er Jahren. Seine Aufzeichnungen in den „Traurigen Tropen" stammen unter anderem aus diesem Raum.

Meine 2 1/2 tägige Reise mit zwei Terena – Indigenen, dem *Tuxaua* (Häuptling) Sr. Paulo und einem Sprecher des Indigenenrates, Sr. Miguel, sowie der 50jährigen Ordensfrau **Ir. Izalina Pereira „Terena"** wurde zu einer besonderen und unvergesslichen Erfahrung. Die ausgebildete Gymnasiallehrin, freigestellt von ihrer Kongregation für die Indigenenpastoral, hatte väterlicherseits eine Terena-Abstammung und mütterlicherseits das Blut deutscher Einwanderer. Sie war mir durch ihre lebendigen, informationsreichen und aufrüttelnden Briefe an die Geschäftsstelle aufgefallen. Wiederholt lud sie Adveniat ein, deshalb war es an der Zeit, ihre Einladung nach der Teilnahme an der Diözesanversammlung anzunehmen.

Die drei Terena hatten für mich ein informatives Programm zusammengestellt und scheuten keine Mühen. Ihre Gastfreundschaft und die feinfühlige Begleitung der beiden Indigenen – *lideres* empfand ich außergewöhnlich. An zwei Tagen hatte ich die Gelegenheit, ein von der FUNAI geführtes Reservat der Kadiwéu, ***Aldeia Bodokena***, kennen zu lernen und zwei Terena – Dörfer ***Cachoeirinha*** und ***Argola,*** beide ebenso von der FUNAI verwaltet. Das Reservat der Kadiwéu geht auf eine 100jährige Tradition zurück. Mit 483.386 ha war es damals eines der flächenmäßig größten Reservate mit Rechtstitel in Brasilien. Das Volk der Kadiwéu hatte im Tripel – Allianz – Krieg Paraguays (1864 bis 1870) gegen die verbündeten Staaten Argentinien, Brasilien und Uruguay stark gelitten. Von ehemals 12.000 Bewohnern zählte *Aldeia Bodokena* 1985 nur noch 1.850 Bewohner.

Die Anreise mit dem Geländewagen war zeitintensiv, die Piste schlecht, zum Glück regnete es nicht. Während der mehrstündigen Autofahrt hörte ich von Ir. Izalina einiges zu den jüngsten Ereignissen und zur Geschichte der **Kadiwéu,** einem Reitervolk, das vom Jagen lebt und deshalb weite Flächen braucht. Unter Anthropologen gelten die Kadiwéu als eines der Völker, die ihre Traditionen am stärksten bewahrt und deshalb die Aufmerksamkeit von Forschenden auf sich gezogen hatten. Nach Ir. Izalina, selber studierte Anthropologin, war es auch dem bekannten brasilianischen Anthropologen D. Ribeiro nicht ganz gelungen, die schwierige Sprache zu entschlüsseln und die Mythen des Volkes zu verstehen. In seinen Studien hätte er sich an einigen Stellen geirrt, wie sie meinte.

Die Serra Bodoquena ist fruchtbar und ihr Boden birgt etliche Bodenschätze. Deshalb drangen im Laufe der Jahre immer wieder weiße Siedler, Großgrundbesitzer wie Kleinbauern in das Reservat ein. Es kam wiederholt zu gewalttätigen Auseinandersetzungen. Die geschickten Reiter konnten ihr Land immer verteidigen und die Eindringlinge vertreiben. Nach anhaltenden Konflikten beschlossen die *Kadiwéu,* den Spieß umzudrehen und besetzten in einer spektakulären Aktion im Mai 1985 das Landgut des größten Störenfrieds, dabei nahmen sie den Fazendeiro als Geisel. Diesen Coup hatte der frühere *Tuxaua,* wohl auch in Beratungsgesprächen mit Ir. Izalina, lange überlegt. Seine Devise war, dass während dieser Aktion kein Blut fließen durfte. Die Forderung der *Kadiwéu* bezog sich auf den Abzug der Siedler aus ihrem Gebiet und auf die Auszahlung von Pachteinnahmen aus Vorjahren seitens der FUNAI. Schließlich kam es nach langen Verhandlungen zur Einwilligung in die Forderungen und zu einer Regelung des Abzugs der Invasoren. Seither hatte sich die Lage normalisiert.

Mein Besuch zeigte sich als außergewöhnlich, da seit dieser spannungsreichen Zeit kaum ein Nicht-Indigener das Reservat betreten durfte. Mir wurde deshalb eine besondere Ehre zuteil. Zum Mittagessen war ich bei dem jungen *Tuxaua* eingeladen und am Nachmittag bei seinem Vorgänger. In meinem Reisebericht hielt ich später fest: *Die Gesichtszüge des alten Mannes schienen mir das Leiden der Indianer über die Jahrhunderte zu tragen. Ich habe mich vor diesem weisen, alten Mann geschämt, dessen eindrückliches Gesicht ich nicht vergessen werde.* Seine Ehefrau schenkte mir ein archaisch anmutendes Affenpaar, das sie selber aus Tonerde bearbeitet hatte. Dieses kostbare Geschenk hat für mich bis heute eine besondere Bedeutung.

Am nächsten Tag lernte ich eine kontrastreiche, andere Realität der Indigenen kennen: das 2.623 ha große **FUNAI – Reservat** *Cachoeirinha* der **Terena.** Es zählte 6.000 Bewohner. Die landwirtschaftliche Fläche war viel zu klein für die große Anzahl Indigener, die vom Ackerbau leben. Erschütternd musste ich feststellen, dass die Bewohner von der FUNAI nicht annähernd adäquat unterstützt wurden. Es fehlte an ausreichender gesundheitlicher Versorgung und an Bildungsmöglichkeiten für die Kinder und Jugendlichen. Wie wenig hatten die staatlichen Behörden in Jahrzehnten seit Entstehung des Reservats in den 1920er Jahren auf den Weg gebracht! Auch im weiteren **Terena – Dorf,** *Argola,* war die Infrastruktur defizitär und das Reservat war viel zu klein für die Bevölkerungsgröße. Von den 17 Ethnien sind die Terena die zahlenmäßig stärkste Ethnie in der Diözese. Einige der indigenen Völker überleben nur noch in kleinen Gruppen.

Dieser Besuch in der Diözese Jardim gab mir einen Einblick, wie komplex die indigene Welt Brasiliens in der Zeit der 1980er Jahre mit ihren damals ca. 225 Völkern war. Ich nahm mir vor, bei weiteren Reisen diesem Thema Raum zu geben, zumal ich Anfragen zu Vorträgen bekam. Ich hielt mich aber noch zurück, über indigene Themen öffentlich zu reden. Weder Wissen noch Reisekenntnisse schienen mir ausreichend genug, dem konfliktgeladenen, sehr differenzierten Themenkomplex genügen zu können. Die bereichernden Tage mit den drei Terena zeigten auch einen Schattenaspekt. Aus einem Gespräch mit zwei Priestern hörte ich am Ende meines Aufenthaltes heraus, dass Ir. Izalina eine Einzelgängerin und eine Kooperation mit ihr nicht einfach sei.

Unterwegs im Mato Grosso

1987 bereiste ich den nördlichen **Mato Grosso (MT)**, besuchte fünf Diözesen und erfuhr in der Hauptstadt **Cuiabá,** dass man im selben Jahr die Gründung eines neuen Regionals der CNBB vorbereitete. Ich besichtigte das mit Adveniat – Mitteln erstellte Ausbildungszentrum, das ich gut gelungen fand. Von den 800.000 Bewohnern dieser 1826 gegründeten Erzdiözese lebten 600.000 (75%) in der Stadt Cuiabá. Diese Zahl zeigte beispielhaft, wie rasch sich der Verstädterungsprozess in Brasilien entwickelte. Selbst in den abgelegenen Provinzen wohnten die meisten Bewohner im urbanen Raum. Noch etwas ist mir in Erinnerung: die enorme, trockene Hitze dieser den Ausläufern des Amazonasbeckens vor gelagerten Region. Aus dem deutschen November kam ich in Cuibá quasi nonstop bei 47 Grad an.

Während der Reise hatte ich das Glück, dass mich der in Adveniat gut bekannte Generalvikar und dt. Diözesanpriester aus dem Allgäu, **Pe. Manfred Thaller**, vier Tage in seinem Fahrzeug begleitete. Auf diese Weise lernte ich seine **Diözese Sinop** kennen und auch die Nachbardiözesen Diamantino und São Luiz de Cáceres. In Sinop sprach ich mit dem **Jesuitenbischof Enrique Froehlich**, einem der Mitbegründer des Indigenenmissionsrates CIMI. Ich erfuhr näheres über den enormen Siedlungsprozess im Norden des Mato Grosso in den vergangenen 12 Jahren und über das schnelle Anwachsen der Diözese Sinop (bei räumlichen Ausmaßen in etwa der Größe der BRD) mit ihren 120.000 Bewohnern des Zensus von 1980 auf geschätzte 800.000 im Jahr 1987. Große Kolonisationsfirmen aus dem Paraná hatten mit günstigen Landkaufangeboten die Südstaatler in Fernsehwerbungen angelockt. Die Landkonflikte sahen meine Gesprächspartner in diesem Raum weniger dramatisch als in den Nachbarstaaten Rondonia oder Acre. Hier im hohen Norden des MT war jedoch nicht die Landwirtschaft, sondern die Holzindustrie der Haupterwerbszweig. Der auf die Initiative von Pe. Thaller neu eingerichtete Bauernmarkt sollte den Südstaatlern in ihrer neuen Heimat einen zentralen Treffpunkt gesellschaftlichen Lebens vermitteln – eine Gemeinschaft fördernde Idee, mit wenig Mitteln umgesetzt.

Während eines köstlichen Piranha – Fischessens der dt. Schwestern aus dem Kloster Nette bei Osnabrück in der Pfarrei von Vera erfuhr ich, dass viele der ersten Siedler aus dem Süden Malaria bekommen hatten. Da es noch keinen organisierten staatlichen Gesundheitsdienst gab, hatten die tatkräftigen Ordensfrauen das Naheliegende auf die Beine gestellt: ein kleines Malaria – Krankenhaus. Nach einigen Jahren konnten sie es aber nicht mehr unterhalten und vermieteten es an Ärzte.

Von Sinop ging es auf der leidlich asphaltierten BR 163 zurück Richtung Süden in die 400 km entfernte **Diözese Diamantino,** die wie die Kleinstadt einen verschlafenen Eindruck machte. Sie war jedoch bekannt wegen der von der Jesuitenprovinz aus Porto Alegre gegründeten *Missão Anchieta*, die nun in den 1980er Jahren ihren Niedergang erlebte, weil junge Kräfte fehlten. So schilderte mir einer der übrig gebliebenen älteren Jesuiten die Situation. Auch hatte man nach seinen Worten in der Vergangenheit wenig auf eine fachlich qualifizierte Vorbereitung der Jesuiten für die anspruchsvollen Aufgaben der Indigenenpastoral geachtet. Hinzu kam, dass man manche *gauchos* aus der Provinz in Porto Alegre einfach loswerden wollte und in die entfernte Mission des Mato Grosso schickte.

Einfluss hatte zudem der Weggang ihres im Land bekannten Mitglieds **Thomaz de Aquino Lisbôa**. Mit Zustimmung seines Provinzials ging der Jesuit einen eigenen und radikalen Weg der Inkulturation. Auf Geheiß des Häuptlings der *Enanenê-Nanê* heiratete er seine 14jährige Tochter. Freilich haben nicht alle Jesuiten der Anchieta-Mission diesen Schritt gutgeheißen. Thomaz Lisboa mit seinem äußerlich auffallend indigenen Aussehen war ich zwei Jahre zuvor in Rio de Janeiro begegnet (siehe S. 99).

Auf dem Weg Richtung Westen nach Cáceres machten wir noch in zwei Pfarreien der Diözese Diamantino halt, wo ich Bauprojekte Adveniats besichtigte. In Denise bewunderte ich den alten Wirkungsbereich meines innovationsfreudigen Begleiters Pe. Thaller. Auf seine Idee hin bekam der Ort eine Art Berufsschule, Instituto Mato-Grossense de Trabalho, Educação e Cultura IMATEC. Sie war gedacht für die Zielgruppe der Kleinbauern und Handwerker in dem Raum.

Tangará da Serra ist der zweitwichtigste Ort in der Diözese Diamantina. Dieser Agrarraum wurde erst seit 20 Jahren erschlossen. Die dortigen drei Kapuziner der Pfarrei beobachteten zunehmend, dass die Kleinbauern ihr fruchtbares Land – auf dem sie Soja, Mais und Kaffee anbauten – an größere Landbesitzer verkauften oder von bewaffneten Banditen von ihrem Land vertrieben wurden. Es gab bereits Tote; und die Kapuziner erhielten Drohmitteilungen. Wie anderenorts sorgten die Landprobleme für Unsicherheit, Unruhe und Auswüchsen von Gewalt. Dieses Thema bestimmte auf den Reisen durch den Westen, Norden und Nordosten meinen Blickwinkel zunehmend.

Interessant empfand ich den Abstecher in die Nachbardiözese **São Luiz de Cáceres** mit einer lebendigen Diözesanversammlung – der zwanzigsten ihrer Geschichte – und mit einem französischen Bischof, ein Franziskaner mit starkem Charisma und hoher Wertschätzung in der Bevölkerung. Die Pastoral der Diözese orientierte sich entschieden an den Leitlinien der

Bischofskonferenz. In der aktiven Pfarrei von Poconé, einer Kleinstadt mit 200jähriger Geschichte – sie ist das Eingangstor zum Pantanal – erfuhr ich von vielen gut organisierten Basisgemeinden, 54 an der Zahl. Der Einfluss der Sekten sei deshalb gering, meinte der engagierte Pfarrer. Ich war froh, dort einen Tag bleiben zu können nach den tagelangen Autofahrten und Gesprächen. *Jacarés* (Krokodile) waren zu meinem Bedauern in den schlammigen Gewässern am Straßenrand nicht zu sehen.

Prälatur São Félix: O novo jeito de ser Igreja – eine neue Art des Kircheseins

Die letzte der fünf Diözesen dieses Regionals erreichte ich per Flugzeug. Die **Prälatur São Félix do Araguaia** liegt sehr abgelegen im Nordosten des MT im Grenzgebiet mit den Bundesstaaten Tocantins und Goias. Da eine Busreise viel zu zeitaufwändig gewesen wäre, gab es nur den Luftweg von Brasília aus. So isoliert diese Region mit vielen Flussläufen und der Flussinsel Bananal auch ist, so bekannt war diese 1969 entstandene Prälatur im In- und Ausland geworden durch ihren Bischof **D. Pedro Casaldáliga**. D. Pedro, ein spanischer Claretianer, geprägt vom Denken von „Kampf und Kontemplation", gehörte zu den entschiedenen prophetischen Stimmen der Kirche Brasiliens in dieser Zeit – Maßregelungen aus Rom blieben nicht aus! Seine zahlreichen religiösen Texte und Gedichte wurden auch in Europa gelesen. D. Pedros Klarheit, seine mystische Ausstrahlung, Bescheidenheit und Menschenfreundlichkeit zogen viele an. Das Pastoralteam war zahlenmäßig stark und es mangelte nicht an Besuchern aus dem In- und Ausland. Mitarbeitende von Adveniat waren bisher noch nicht in der Prälatur gewesen. So war meine Präsenz für beide Seiten ein Novum. Ich hatte drei Tage eingeplant, um die Erweiterung des diözesanen Pastoralzentrums und um den Unterhalt von Pastoralmitarbeiter:innen zu besprechen, aber auch um die Atmosphäre dieses Teams zu erleben. Im nach hinein stellte ich fest, dass meine Überlegungen stimmten. Eines jedoch hatte ich gelernt: das Reisen mit leichtem Gepäck! Mein Koffer und ein Boardcase, gut bewährt auf den Reisen bisher, passten kaum in das kleine Dreibettzimmer, das ich mit zwei sympathischen Laienmitarbeiterinnen teilte. In dem zentralen, unverputzten Steinhaus, *dem palacio episcopal,* gab es nur fünf Räume für die sieben am Sitz der Prälatur Mitarbeitenden; nicht nur das, auch hatten die Zimmer keine Fenster, lediglich Holzverschläge. Und in der Küche fehlte bewusst ein Kühlschrank. Diesen wollte man erst anschaffen, wenn auch die arme Bevölkerung, das waren 95 % der 100.000 Einwohner großen Prälatur, einen Kühlschrank kaufen könnte. Ebenso verzichtete man weitgehend auf Fahrzeuge trotz der enormen Ausdehnung von 160.000 qkm Fläche; alle benutzten Busse in der Region. Der „Fuhrpark" bestand lediglich aus einem VW-Kombi in der Stadt und einem Jeep in der am weitesten von São Félix entfernten Pfarrei. Dafür standen etliche Fahrräder im Hinterhof des *palacio.* Dort sah ich in den Tagen immer wieder Hausbewohner:innen beim Wäschewaschen an einem Waschtrog, auch Pedro selbst, wie der Bischof sich von allen anreden ließ.

Ich beschreibe den Aufenthalt so ausführlich, weil in São Félix die Option der Armen nicht nur theologisch reflektiert, sondern gelebt wurde bis in den Alltag hinein. Jeden Tag mehr beeindruckte mich die Klarheit dieses Konzepts – der Bischof nannte es *simplificar a vida e acompanhar o processo do povo* – , auch die spirituelle Intensität bei den regelmäßigen Gebetszeiten, die Kreativität und Lebendigkeit der Liturgien, nicht zuletzt der Arbeitseifer des Teams. Es wurde viel gelacht und gesungen, dabei ebenso ernst gearbeitet. Manchmal fühlte ich mich innerlich beschämt, sehr bourgeois in meiner Lebensweise…

Außergewöhnlich an der Prälatur war nicht nur der gemeinschaftliche, sehr einfache Lebensstil und der hierarchiefreie Umgang miteinander, sondern auch die Organisationsstruktur der Prälatur, in der das Volk Gottes und das ganze Pastoralteam eine Einheit bildeten. Es gab die *Assembleia representativa* mit Exekutivfunktion und die *Assembleia do povo* mit legislativer Funktion. Letztere fand einmal jährlich eine Woche lang im Juli statt. Sie arbeitete jeweils an einem bestimmten Thema wie beispielsweise Familie, Bibel, Hl. Messe, Taufe oder 1987 am Thema der schwarzen Bevölkerung Brasiliens. Vor der Versammlung erstellte eine Arbeitsgruppe einen Text, der dann während der Tage besprochen und verabschiedet wurde. Das anschließend gedruckte Ergebnis erschien als Arbeitsmaterial für alle in der Pastoral Aktiven, den *agentes de pastoral.* Die religionspädagogischen Hilfen kamen auf diese Weise durch die Beteiligung der Bevölkerung zustande, worauf großen Wert gelegt wurde im Unterschied zu anderen Diözesen im Land, in denen eher Theologen und Amtsträger die Arbeitsmaterialien erstellten und die „Basis" in den redaktionellen Prozess nicht mit einbezogen worden war.

Über die Geschichte der Prälatur und ihre Zeit der Verfolgung in der Militärdiktatur ist auch in Europa viel geschrieben worden. Adveniat hatte damals eine erhellende Dokumentation über *São Félix do Araguaia* herausgegeben. Wichtig ist jedoch festzuhalten, dass in den Jahren des Übergangs zur Demokratie sich ein politischer Wandel vollzogen hat. Während in den 1970er Jahren die Regierung in Brasília einen Sender eingerichtet hatte, um Propaganda gegen die Prälatur zu machen, gab es 1987 im Jahr meines Besuchs einmal wöchentlich eine Sendezeit von 30 Minuten für das eigene Programm der Prälatur.

Den Aufenthalt in São Felix erlebte ich als ein Geschenk wegen schöner Begegnungen mit der Bevölkerung in dem Städtchen und guter Gespräche mit den Teammitgliedern. Es freute mich am Ende meines Aufenthalts, herzlich eingeladen zu werden wiederzukommen. In meinem Reisebericht schrieb ich später: *Nach meinem Eindruck wird in São Félix eine Kirche für ein anderes Zeitalter gelebt, nicht dem Aufbau in Stein gesetzter Strukturen und der Pflege von Machtsymbolen wird Aufmerksamkeit geschenkt, sondern es wird versucht, den Geist des Evangeliums zu leben.* Diese Erinnerungen halte ich in der 4. Coronawelle Anfang 2022 fest in Tagen, wo die Katholische Kirche in Deutschland wegen der eklatanten Versäumnisse und Rechtsverfehlungen gegenüber Opfern sexuellen Missbrauchs immer mehr in der öffentlichen Kritik steht. In dieser Situation tut es besonders gut, solch beispielhafte Wege von Kirchesein zu vergegenwärtigen…

Reise zu den Bororo und Xavante im Gedenken an Pe. Rodolfo Lunkenbein

In die beiden Bundesstaaten des Mato Grosso fuhr ich noch einmal 1994, zusammen mit dem Journalisten Hermann Multhaupt. Der besondere Themenschwerpunkt waren die drei **Missionsstationen der Salesianer** unter den **Bororo** und **Xavante: Sangradouro, Meruri und São Marcos.** Die Öffentlichkeitsabteilung von Adveniat beabsichtigte zudem eine Publikation zum Gedenken an den 1976 in Meruri ermordeten Salesianerpater ***Rodolfo Lunkenbein*** aus Döringstadt bei Bamberg. Bei der logistischen Vorbereitung der Reise war der Missionsprokur der Salesianer in Bonn, P. Oerder, ein kooperativer Helfer. Dank seiner Vermittlung begleitete uns fünf Tage lang der Ökonom des Inspektoriats in Campo Grande, **Pe. Frederico Heimler**, ein Mitbruder von Pe. Rodolfo. Seine Präsenz ermöglichte uns, einen vertrauensvollen Kontakt zu der indigenen Bevölkerung zu bekommen, was für die Recherchegespräche über das Leben Pe. Lunkenbeins und das Tatgeschehen seiner Ermordung hilfreich war. Dazu gab uns Pe. Frederico, schon lange mit verantwortlichen Aufgaben betreut, geschichtlich interessantes Hintergrundwissen zu den drei Missionsstationen mit, auf das ich im Folgenden überblicksartig eingehe. Herr Multhaupt hat in seiner von Adveniat 1996 herausgegebenen Publikation „Brasilianisches Tagebuch (2). Das Herz in der geballten Faust"[3] ausführlich den historischen Kontext dargestellt.

Unsere Reise zu dritt starteten wir in Campo Grande mit einem reichhaltigen Besichtigungsprogramm: zuerst das Haupthaus der drei Missionsstationen, die zentrale Anlaufstelle aller ihrer Mitarbeitenden; dann das sehenswerte Museum zur Ethnografie der indigenen Völker im Mato Grosso, vor allem der Bororo und Xavante; die gut ausgestattete Bibliothek mit den wertvollen Tagebüchern der Missionare aus der Gründerzeit und schließlich noch die neu gegründete Universität der Kongregation, die *Universidade Católica Dom Bosco*. Pe. Frederico hatte vermutlich wesentlich beigetragen zum Erfolg dieses Großprojekts, finanziert über Besitztümer des Inspektoriats. Auch wenn er in seiner zurückhaltend bescheidenen Art über sein Wirken nicht viel äußerte, so hat er doch viel bewegt.

Früh am anderen Morgen begann die Rundreise: 700 km auf der BR 163 von Campo Grande nach Sangradouro, der ersten Station – mit Unterbrechungen bei Projektpartnern in den Pfarreien von Rondonópolis und Boxoreu. Am folgenden Nachmittag ging es weiter nach Meruri, wo wir uns zwei Tage Zeit für Gespräche mit Zeitzeugen von P. Lunkenbein ließen. Am letzten Tag machten wir morgens noch einen Kurzbesuch in der Xavante – Mission São Marcos, bevor wir abends nach 400 km die Endstation Cuiába erreichten.

Zum historischen Hintergrund der drei Missionsstationen

Die Missionsstationen der Salesianer im MT sind ein spannendes Kapitel der katholischen Missionierung der indigenen Bevölkerung Brasiliens – so mein Eindruck nach den zahlreichen Gesprächen mit Pe. Frederico und seinen Mitbrüdern auf der Rundreise. Begonnen hatte sie 1904 mit dem Aufbau einer Station unter den **Bororo**, die zu jener Zeit als Nomaden lebten. In der Region östlich von Cuiába gab es damals kaum befestigte Wege oder Wasserbrunnen. Die Missionare ritten zu Pferd, manchmal monatelang, brachten dann volle Taufbücher mit und spendeten unterwegs die Sakramente. Das notwendige Material für die Gründungen transportierten sie in tage- und gar wochenlangen Fahrten im Ochsenkarren. Wenn heute die Autofahrt von einer Missionsstation zur anderen bei einer Entfernung von 120 km (Sangradouro bis Meruri) in 1 bis 2 Autostunden auf der seit 1987 asphaltierten Straße möglich ist, brauchte es damals 8 bis 10 Ochsenkarrentage, für die 380 km von Cuiába nach Sangradouro kalkulierten die Padres 6 bis 8 Wochen! Es ist kaum vorstellbar, was es vor 100 Jahren bedeutete, in diesen Gebieten eine christliche Missionierung zu beginnen.

Einer der ersten Missionare im MT war Pe. Cesar Albisetti, ein italienischer Wissenschaftler, dessen Enzyklopädie der Bororo als die weltweit beste Arbeit über diese Ethnie galt. Er arbeitete mit Claude Lévy-Strauss zusammen. Wie am Rio Negro und anderswo gab es unter den Ordensmännern ebenso hoch gebildete Akademiker, wie auch talentierte Handwerker.

Die Missionierung unter den **Xavante** hatte zwei Jahre später 1906 einen schweren Beginn. Pioniere waren der Schweizer Salesianer, Pe. Hans Fuchs, und sein italienischer Kollege, Pe. Pedro Lacelotti. Sie versuchten auf mühsamen Inspektionsreisen, mit den versteckt lebenden Xavante Kontakt aufzunehmen. Nach der ersten Begegnung mit ihnen wurden sie erschlagen – ein tragisches Ende dieses Missionsversuchs, über dessen genaue Umstände man wenig weiß. Anschließend hatten sich die Salesianer zurückgezogen. Zur Annäherung seitens der Xavante kam es, als 1956 kranke und ausgehungerte Mitglieder ihres Volkes, sich der Missionsstation Meruri näherten. Sie wurden vom Missionsteam aufgenommen und versorgt. Die Salesianer bemerkten, dass die Bororo und Xavante über Jahrhunderte ein gespanntes, feindliches Verhältnis untereinander hatten und deshalb getrennt werden mußten. Auf diesem Hintergrund gründete man 1958 die Missionsstation unter den Xavante, São Marcos, eine Autostunde östlich von Meruri gelegen. Bemerkenswert war, dass seit der Ermordung von Pe. Lunkenbein im Jahr 1976 die beiden Ethnien offenbar friedlich miteinander auskommen.

Der Zusammenhang des Verhältnisses beider Ethnien untereinander erschloß sich uns in einem Gespräch mit Pe.Theodor Neuhäusler in Meruri. Früher waren ihre Stammesgebiete durch einen Fluß getrennt, wobei das Gebiet der Bororo größer war und die Ethnie als die gefährlichere galt. Die scheuen Xavante hatten Angst vor den Bororo, bei Stammesfehden waren sie ihnen unterlegen. Im Vergleich zu den zurückgezogen lebenden Xavante hatten die Bororo viele Kontakte zur Zivilisation gehabt und auf den Land-gütern für die Währung Schnaps gearbeitet, wie wir von dem Missionar erfuhren.

Der Missionsstation in Meruri westlich vorgelagert war Sangradouro, zunächst gedacht als eine Zwischenstation, damit die Ochsen ausgewechselt und für alle Rast eingelegt werden konnte. In diesem Ort portugiesischer Siedler erwarb die Kongregation wegen der guten Bodenqualität Land und baute zur Subsistenzsicherung für Meruri einen landwirtschaftlichen Be-trieb auf. Denn für den Bestand einer Missionsstation waren Nahrungssi-cherung und Wassergewinnung von zentraler Bedeutung. Als sich einzelne Xavante dann ab 1957 näherten, begann man in Sangradouro zeitgleich wie in São Marcos eine Missionsstation aufzubauen für die von weißen Siedlern und von den Militärs verfolgten Indigenen.

Der Provinz ist es ein wichtiges Anliegen, die Geschichte ihrer Mission im Mato Grosso wissenschaftlich aufzuarbeiten, wie unser Begleiter deutlich machte. Ein Beitrag hierfür sei die geplante Veröffentlichung der Tagebücher von frühen Missionaren. Des Weiteren beschäftigen sich zwei Mitglieder der Provinz derzeit in einer Magisterarbeit mit dem Thema des Verhältnisses von Indigenen und Weißen im MT sowie in einer Doktorarbeit mit dem Thema „Inkulturation bei den Xavante in der Liturgie". Den Doktoranden Pe. Georg Lachnitt, der schon seit 20 Jahren mit den Xavante lebt, hatten wir zuvor in Rondonopolis getroffen. Der sudetendeutsche Ordensmann gab mir seine Magisterarbeit „Iniciação Cristão entre os Xavantes" für die Adveniat – Bibliothek mit. In dieser Arbeit hatte er sich mit der Sozialstruktur, den Mythen, den Übergangsriten und der komplexen religiösen Symbolwelt der

Ethnie beschäftigt. Wie wir von ihm erfuhren, spielen Sonne und Mond in der Mythologie eine große Rolle und dass es 50 Lebensjahre brauche, um alle Stufen der angestammten religiösen Initiation zu durchlaufen.

In den Ausführungen des Experten erhielten wir auch zuverlässige Daten zur Mitgliederstärke der Ethnie. Seit der gewaltvollen Phase der Verfolgung in den 1950er Jahren mit nur noch 1.000 Mitgliedern hat sich das Volk der Xavante signifikant erholt. Pe. Lachnitt zählt heute etwa 9.250 Angehörige und wie er sagte, kenne er fast alle ihre 65 Dörfer im Mato Grosso. Wir bedauerten, diesen Gesprächspartner mit seiner reichen Erfahrung und anthropologischen Kenntnissen nur kurz sprechen zu können.

Resümierend zur Geschichte der Missionsstationen ergab sich mir folgendes Bild: in einem Prozess von zwei Generationen hatten die Salesianer die Infrastruktur an den drei Orten nach und nach aufgebaut. Sie erstellten Schulen und Krankenstationen, bauten Kirchen, legten befestigte Wege an, errichteten Elektrizitätswerke und gruben nach Wasserstellen. Auch technisch waren sie wahrhafte Pioniere. Zwei von ihnen, den Gebrüdern Alois und Franz Würstle aus Ravensburg, begegneten wir am Ende der Reise in Cuiába. Sie kamen 1956 und 1965 in die Missionsstationen. Der Abend mit den beiden deutschen Handwerkern bei einem kühlen Bier bleibt mir unvergesslich. Herr Multhaupt und ich waren voll Bewunderung ob ihres Könnens, ihres hohen Einsatzes und ihrer Klugheit im menschlichen Miteinander. Welch ein Einsatz in nahezu 40 Jahren dank ihrer handwerklichen Talente und ihrer Liebe zu der armen indigenen Bevölkerung! Herr Multhaupt hat in seinem Tagebuch ein wichtiges Interview mit ihnen wiedergegeben.

Missão Salesiana S. José in Sangradouro

Der ursprüngliche landwirtschaftliche Stützpunkt ist heute der Lebensraum für 300 Xavante – Indigene. Die Familien leben in *Malocas* aus Ziegelstein, rundhüttenförmig positioniert und mit einem Grasdach (*palha*) bedeckt, das alle sieben Jahre erneuert werden muss. Die *Área Indígena* umfasst ein Gebiet von 110.000 ha, das rechtlich den Salesianern gehört, während in den beiden anderen Missionsstationen von Meruri und São Marcos meiner

Erinnerung nach die Indigenen selbst die Rechtsträger des Landes sind. Die Einrichtungen der Missionsstation liegen ca. 15 Minuten Fußweg vom Dorf der Indigenen entfernt.

Wie langwierig und widerständig jedoch der Übergang von einer Nomaden – Lebensweise in ein Sesshaftwerden ist, erfuhren wir in den Gesprächen in Sangradouro. So hatte das Missionsteam versucht, die Xavante zum Anbau von Maniok wie zur Rinderhaltung und Milcherzeugung anzuleiten. Trugen die vorhandenen 400 Rinder und 100 Kühe doch zur wichtigen Nahrungssicherung für die große Anzahl der Menschen bei. Dieses erwies sich in den ersten Jahren als ein schwieriger Prozess, da den Indigenen Vorsorge und Vorratshaltung fremd waren. Die Arbeiten auf dem Feld erforderten deshalb von den landwirtschaftlich geschulten Missionaren viel Zeit, vor allem aber Geduld. Die Xavante hatten bei der Feldbestellung ihren eigenen Rhythmus, der statt einiger Tage bei ihnen einige Wochen in Anspruch nahm. Auch war es in der Anfangszeit für die Indigenen – gemäß ihrer langen Tradition als Jäger – selbstverständlich, die Rinder zu töten. Heute noch hat die Missionsstation vorsorglich zwei weiße Kuhhirten angestellt, damit die tägliche Milchversorgung für die Kleinkinder gesichert ist. Außergewöhnliche Krankheiten kämen bei ihnen nicht vor, so unsere Gesprächspartner. Das Bevölkerungswachstum war in dem Dorf mit 3% deutlich höher als im nationalen Durchschnitt.

Dennoch zeigten sich in Sangradouro auch Probleme und widersprüchliche Beobachtungen anderer Art: z.B. werde der *Cacique* von den Mitbewohnern nicht mehr als Autorität anerkannt, wie die Padres sagten. In einem kurzen Gespräch mit dem Häuptling – in dem er seine Einladung nach Frankreich erwähnte – entließ er uns mit einem markanten Bild: er sieht die Wurzeln Brasiliens bei den Indigenen, die Weißen seien nur die Äste. Als Widerspruch zu diesem Bild empfanden wir die zwei Parabolantennen an zwei *malocas*, die uns beim Rundgang durch die Missionsstation aufgefallen waren. Das "Geschenk" war von außen über Politiker ins Dorf gekommen, die sich mit dieser „großzügigen“ Geste vor den Wahlen in Szene setzen, und die Indigenen in die „zivilisierte Welt“ hin-, besser verführen wollten, (wobei die Fernseher wegen der Stromknappheit nur am Wochenende funktionierten).

Neben solchen Widersprüchen zeigten sich auch Erfahrungen von gelungener Inkulturation. So war der Gottesdienst am Sonntagmorgen in der

Sprache der Xavante ein eindrückliches Erlebnis. Neben dem Priester, einem einheimischen Salesianer aus dem MT mit guten Xavante – Sprachkenntnissen, standen zwei junge Indigene am Altar. Sie stimmten die Lieder in ihrer Sprache aus einem eigenem Liederbuch an. Eine inkulturierte Pastoral schien mir in diesem Dorf weit fortgeschritten. Vermutlich war sie die Frucht der Arbeit von Pe. Lachnitt, der mit der Sprache und Kultur dieses Volkes sehr vertraut war.

Nach dem Gottesdienst fiel uns noch eine schöne Erfahrung mit Ricardo zu, dem jungen Lehrer der Schule. Er zeigte uns voller Stolz, wie er für seine Familie eine *maloca* in traditionellen Baustil aus Lehm und einer Überdachung aus Strohgras erstellte. Ricardo hatte eine wohlmeinende Sicht auf die Missionare: sie seien die einzigen, die den Xavante helfen würden, sei es in der medizinischen Versorgung oder in der Bildung.

Vor unserer Weiterfahrt nach Meruri machte Herr Multhaupt noch ein aufschlussreiches Interview mit dem deutschsprachigen Salesianer Theodor Neuhäusler, in dem uns einige Fragen zur Kultur und zur Beziehung der beiden Völker verständlicher wurden (siehe „Brasilianisches Tagebuch (2), S. 46–49). Aus seinen Äußerungen erfuhren wir, dass Träume bei den Xavante eine wichtige Rolle spielen, selbst ihre Gesänge und Tänze würden sich den Indigenen im Traum zeigen. Jedoch ließe diese Fähigkeit zunehmend nach, weil die Xavante durch Fernsehen und Technik den Kontakt zum unmittelbaren Erleben immer mehr verlieren würden. Der erfahrene Ordensmann verwies in dem Interview auch auf die schon erwähnte „Währung Schnaps" bei den Bororo und warnte uns vor Abfahrt, dass wir in Meruri sehen würden, was der Schnaps mit den Indigenen mache.

Missão Sagrado Coração in Meruri

In der ältesten 1904 gegründeten Missionsstation leben heute 250 Bororo – Indigene. Das Reservat hat eine Größe von 82.000 ha. Das Dorf ist in einem Halbkreis angelegt. 1964 ersetzte man mittels einer Förderung durch Misereor die *malocas* aus Lehm durch Steinhüttenrundbauten. Diese befinden sich in einem schlechten Zustand mit feuchten Wänden und massenhaftem Ungeziefer. Seit 30 Jahren war an den Rundbauten nichts mehr gemacht worden. Die Padres betrachten ihr damaliges Vorgehen inzwischen kritisch, wie sie uns zu verstehen gaben. (Das Projekt ist nach meiner Ansicht ein Musterbeispiel für die Mentalität des „desenvolvimento" in den 1960 er Jahren, wie er das Denken in den Hilfswerken und bei den Projektpartnern prägte). In der Mitte des Dorfes steht ein kleiner, schlichter Gemeindesaal, vor vielen Jahren mit einer Adveniat – Hilfe erstellt; der Fernseher dort wird auch wegen der Energieknappheit nur an Wochenenden angestellt.

Wie bereits erwähnt, war das Hauptanliegen unseres Besuchs in Meruri das Gedenken an die Ermordung von Pater Rodolfo Lunkenbein. So waren wir sehr berührt, Menschen anzutreffen, die das Attentat miterlebt hatten. Zeugen dieses Geschens sind der kolumbianische Salesianer, der heute Leiter der Missionsstation ist und die 70jährige Köchin, beide schon viele Jahre in Meruri tätig und gleichzeitig Eingeweihte in die Kosmovision der Bororo. Sie erlebten das Attentat am 15.07.1976 hautnah mit, als eine Gruppe von ca. 60 Männern in die Missionsstation eindrang und im Hof Pe. Lunkenbein und zwei Bororo bei einer gewalttätigen Auseinandersetzung erschossen. Der deutsche Salesianer hatte sich den Zorn der weißen Siedler zugezogen, weil dieser Mitglied einer staatlichen Kommission war, die das Land der Bororo neu vermessen und vergrößern sollte, um langfristig ihre Zukunft zu sichern.

Die indigene Bevölkerung war nach dem schrecklichen Gewaltakt über viele Jahre traumatisiert, denn man hatte ihren Freund Rodolfo umgebracht, dem sie die Würde eines Ehrenhäuptlings verliehen hatten. Erst jetzt nach nahezu 20 Jahren begannen die Menschen, über das schreckliche Ereignis zu sprechen. Deshalb brauchte es viel Feingefühl in den Gesprächen mit Zeitzeugen von damals, um über den Tathergang und die Hintergründe dieses Überfalls genaueres zu erfahren. Die Gespräche mit den Zeitzeugen hat Hermann Multhaupt im schon erwähnten „Tagebuch" in eindrücklicher Weise wiedergegeben. Fest steht, dass mit ihrem gewaltsamen Vorgehen die weißen Siedler aus der Umgebung wohl ein brutales Signal an die Indigenen, aber auch an die Padres richten wollten, wer im Mato Grosso das Sagen hat.

In Meruri erhielten wir vom kolumbianischen Priester Pe. Uchoa eine Lehrstunde über die komplexe Kultur der Bororo, die selber für ihn nach 35 Jahren Zusammenlebens immer noch voller Geheimnisse ist. So kommt dem Federschmuck eine besondere Bedeutung zu – er gilt in Brasilien als der kunstfertigste und schönste unter den indigenen Völkern. Für die Bororo sind die Vögel ein fundamentaler Bestandteil ihrer Kosmovision, gelten sie doch als Vermittler zwischen der irdischen und überirdischen Welt, dem Ort der Götter und Ahnen.

Eine zentrale Rolle hat bei den Bororo das Begräbnis eines verstorbenen Mitglieds der Gemeinschaft. Das 30-tägige Totenritual beinhaltet gleichzeitig eine Einführung in die Mythen und Traditionen, weshalb während des Rituals die Initiation der jungen Männer stattfindet. Pe. Uchoa schilderte die Gesänge als sehr poetisch und inhaltsvoll, dabei werden sie mantrenhaft vielmals wiederholt. Für die Bororo erfolgt nach dem Tod ein Übergang in ein anderes Leben; nach ihrem Verständnis sind Leben und Tod eins. Ein Mitglied der Gemeinschaft wird ausgesucht, um den Toten zu substituieren, so bleibt dieser weiter präsent unter den Lebenden.

Die Beerdigungszeremonien werden heute nicht mehr in Meruri durchgeführt, weil der Medizinmann, *Bari* genannt, schon sehr alt und krank sei, so Pe. Uchoa. Deshalb finden die Begräbnisse in einem Nachbardorf statt, das wie alle anderen Bororo – Dörfer noch einen *Bari* hat.

In den Gesprächen mit dem Missionsteam zeigten sich für uns ähnliche Führungsprobleme wie in Sangradouro: der *Cacique* werde als Autorität immer weniger anerkannt und könne nicht zur Arbeit motivieren. Unter den Indigenen lasse sich zunehmend Verunsicherung und Apathie beobachten und bei den Männern eine Neigung zum Alkohol. (Am Sonntagnachmittag sahen wir dann mit eigenen Augen beim Fußballspielen mehrere betrunkene Zuschauer).

Umso interessanter war für uns die Begegnung mit dem früheren *Cacique Lourenço*. Der Häuptling gab uns in dem Gespräch seine Meinung zum Indigenenmissionsrat CIMI wieder und zu den Missionaren in Meruri. Die Salesianer sah er als eine Gnade Gottes (*graça de Deus*) an, ihr Kommen wie ein Wunder. Früher wären die Bororo von den Militärs und den Weißen nur verfolgt worden oder lagen im Konflikt mit anderen indigenen Völkern, so der *Cacique*. Selbst auf unsere Frage nach möglichen Kritikpunkten machte der Häuptling deutlich, dass er bei den Missionaren negative Seiten nicht feststellen könne. Allerdings habe er die Zeit der Internate nicht mehr miterlebt, dazu könne er nichts sagen. Jedoch äußerte Lourenço auch Skepsis gegenüber dem CIMI, weil er die Indigenen in die Vergangenheit zurückholen wolle. Seiner Ansicht nach suche der akkulturierte Indigene nicht die Wiederholung der Vergangenheit, vielmehr wolle er das Gute der Weißen integrieren. Darauf käme es jetzt an.

Ein weiteres Gespräch mit einem älteren Ehepaar hatte ebenso das Verhältnis Indigene – Missionare zum Thema. Die Gesprächsatmosphäre entwickelte sich offen und herzlich. Dona Maria Rina hatte uns zunächst ihren Gemüsegarten gezeigt und uns die Pflanzen und Früchte erklärt, als Kuri, ihr Ehemann, seine Besorgnis über die Entwicklung im Dorf äußerte: der Alkohol und das Fernsehen seien eingekehrt; nur wenige Familien würden sich den Belangen der Gemeinschaft widmen. Die indigenen Wurzeln sah Kuri schwächer werden. Für ihn stand diese Entwicklung auch im Zusammenhang mit den früheren Missionspraktiken. Er erinnerte sich an die Zeit der Internate zu seiner Schulzeit, als Jungen und Mädchen getrennt wurden und nicht die eigene Sprache untereinander gesprochen werden durfte. Auch hatten die Padres indigene Bemalung und Schmuck verboten.

In unserem gemeinsamen Gespräch, an dem auch Pe. Frederico und Pe. Miguel aus Meruri teilnahmen, wurde deutlich, wie ungemein schwierig die Rolle der Missionare im Spannungsfeld zwischen Militärs und Regierung auf der einen Seite und den Indigenen auf der anderen in jener Zeit gewesen war. Die Regierung hatte den Unterricht in indigenen Sprachen völlig verboten, weshalb in den Schulen und Internaten ausschließlich portugiesisch gesprochen wurde. Missionare, die zuwider handelten, hätten die Missionsstationen verlassen müssen. Schon in frühen Jahren wäre deshalb ein Salesianer aus Meruri verhaftet und zu einer Gefängnisstrafe verurteilt worden.

Heute dagegen werden selbst die Liturgien in Bororo abgehalten. In der Kirche hängt ein großes Altarbild. Es zeigt Christus über einem See in Lebensgröße als jungen Bororo mit Kopf- und Armschmuck, einem hellen Rock aus Gräsern und freiem Oberkörper. Zwei Bororo Kinder mit einem Fisch und einem Papagei schauen zu Christus hin. Bemerkenswerter Weise findet dieses Altarbild jedoch nicht bei allen Bororo Resonanz – einige gehen deshalb nicht mehr in die Kirche, wie wir von den Missionaren hörten. Diese unterschiedlichen Wahrnehmungen sind ein Zeichen dafür, wie schwierig die Wege der Inkulturation sind. Das Altarbild hat ein Künstler aus Cuiaba gestaltet. Für die Padres symbolisiert es Christus, den Auferstandenen, im Kontext dieser Kultur der Bororo.

Missão Salesiana São Marcos

Unsere letzte Station erreichten wir morgens in einer guten Autostunde. Zum Missionsteam gehören zwei Salesianer Padres, ein Laienbruder und 5 Ordensfrauen. In dem Hauptdorf, das wir kennenlernten, leben 850 Xavante. Zum Reservat zählen jedoch weitere sieben Gemeinschaften mit 1.150 Mitgliedern. Insgesamt umfasst das indigene Territorium São Marcos 180.000 ha Land. Es ist eines von sechs demarkierten der Xavante – Indigenen im MT, wie wir von den Padres hörten. Die übrigen fünf Reservate geben ca. 7.000 Xavante Lebensraum.

Beim Spaziergang durch das Dorf fielen uns die *malocas* indigener Wohnweisen aus Lehm und mit einem Strohdach auf. Im Kontrast dazu entdeckten wir an einigen Hütten Glühbirnen an den Außenwänden und vereinzelt auch Kühlschränke im Inneren. Diese Geräte der Zivilisation mit hohem Energieverbrauch überfordern den Generator der Missionsstation, sagte uns Pe. Pedro, der 75jährige italienische Missionar des Teams.

Eine eindrückliche und bewegende Begegnung ergab sich in dem Dorf mit dem ca. 60 Jahre alten *Cacique* Aniceto Tsuvéré, der seine Leitungsaufgabe seit 29 Jahren inne hat. Aniceto ist einer der wenigen noch heute lebenden Zeitzeugen der Zeit der Militärdiktatur. Die hat damals einen schleichenden Genozid an der indigenen Bevölkerung vorgenommen. Die Leitidee der Militärs war es gewesen, den Fortschritt in die abgelegenen Gebiete des Nordens zu bringen, bei dem die *indios* als Hindernis bei der Durchführung der „Fortschrittsprojekte" (Strassenbau, Staudämme u.a.) galten und deshalb „integriert" bzw. reduziert werden sollten. Ein gängiger Spruch hält das rassistische Denken dieser Schattenepoche der brasilianischen Geschichte fest: *matar indio não faz cadeia* (einen Indio zu töten, bringt keine Gefängnisstrafe).

Der Häuptling berichtete uns aus seinen jungen Jahren, als Militärs aus ihren Flugzeugen durch Mikroben vergiftete Altkleider und verseuchte Lebensmittel (ungepressten Maniok) auf die Waldgebiete der Xavante abwarfen. Die Indigenen starben oder erkrankten, denn ihre Medizinmänner konnten nicht helfen, da sie die Krankheiten nicht kannten. In diesem geschwächten Zustand hätten sich die Xavante der Missionsstation Meruri genähert und so sei es zur Kontaktaufnahme mit den Missionaren gekommen. Unser Gesprächspartner bezeichnete diese Jahre als die des *großen Leidens.*

Bezogen auf die heutige Situation der Xavante zeigte sich der Indigenen-verantwortliche sehr besorgt. Er ist beunruhigt über die sieben Fernseher, die Politiker vor den Wahlen als Wahlgeschenke in das Dorf gebracht hatten. Der *Cacique* sieht sie als neues Gift, das die Weißen bringen. Seine indigenen Mitbewohner sind jedoch anderer Ansicht und schauen in die Röhre...

Auch unser Begleiter, Pe. Frederico, äußerte seine Besorgnis über den Einzug des Fernsehers in die indigenen Gemeinschaften. Andererseits könne man den Indigenen auch nicht verwehren, was die eigenen Mitbrüder für sich einforderten, ein Dilemna, so der Padre.

Zusammenfassende Gedanken

Die fünf Tage im MT bei den zwei indigenen Völkern erlebte ich ebenso bereichernd wie irritierend. Die Begleitung von Pe. Frederico Heimler war ein Glücksfall, es kam zu authentischen Gesprächen mit Indigenen, die sich auf den Reisen in dieser Offenheit selten so direkt äußerten. Wir hatten einen Vertrauensvorschuß bekommen, vielleicht durch unser besonderes Anliegen auf dieser Reise. Ein Türöffner dürfte indirekt auch der ermordete Pe. Lunkenbein gewesen sein.

Ich habe die Gespräche chronologisch festgehalten, auch in ihrer Wider-sprüchlichkeit, wie sich bei einigen Themen zeigte. Sie kreisten um verschie-dene Aspekte, die die Vergangenheit und die Gegenwart der Xavante und Bororo bewegten: Die Zeit der Internate in der Frühphase der Missionierung, die Fremdwahrnehmung der Indigenen gegenüber den Missionaren, den zunehmenden Autoritätsverlust der Häuptlinge, das Fehlen von Medizin-männern in einem Dorf, das Problem der Einführung des Fernsehens, die schwierige Rolle der Missionare gegenüber den Militärs und den staatlichen Instanzen. Dabei wurden vor allem auch Generationsunterschiede deutlich: Indigene ohne Internatserfahrung äußerten sich sehr wohlmeinend gegen-über den Missionaren im Unterschied zu den älteren Indigenen, deren Kultur und Sprache unterdrückt worden waren. Ich spürte bei diesem The-ma einen tiefen Schmerz, der beim Niederschreiben lebendig wird.

Bedrückend empfand ich den Aufenthalt in Meruri unter den Bororo. Die gewalttätige Invasion der weißen Siedler schien weiter ihre Spuren zu hinterlassen: Traumatisierung der Indigenen, Apathie in der Gemeinschaft, Verlust an Autorität bei den Führungspersonen. Manche Informationen waren widersprüchlich. In der Nachreflexion hatten Herr Multhaupt und ich mehr Fragen als Antworten. Wie wird es in Meruri weitergehen, fragten wir uns. Die beiden Dörfer der Xavante erschienen uns lebendiger, konsolidierter. Das Gespräch mit dem *Cacique* Aniceto in São Marcos bleibt mir unvergesslich, denn es ist wichtig, einen Zeitzeugen aus der Zeit der Militärdiktatur authentisch sprechen zu hören. Heute beim Niederschreiben dieser Aufzeichnungen zu den Missionsstationen höre ich in den Radionachrichten des Tages (15.02.2022), dass Präsident Bolsonaro einen Gesetzeserlaß unterschrieben hat, der die Goldschürfung auch in indigenen Gebieten erlaubt. Welch ein Rückfall in die alten barbarischen Zeiten!

In der Rückerinnerung an die Gespräche mit den Salesianern bin ich ihnen dankbar und beeindruckt von ihrer Bereitschaft zu Offenheit und Selbstreflektion in vielerlei Hinsicht. Sie sind uns in all den Tagen keiner Frage ausgewichen. Zum Überleben der Bororo und Xavante beizutragen, war all ihr Bemühen in den über 90 Jahren im Mato Grosso.

Die Region des Mittleren Westen bearbeitete ich nur wenige Jahre. Ich besuchte 1991 die Hauptstadt des Bundesstaates Goiás, die Erzdiözese Goiânia, die frühere Hauptstadt Goiás mit der gleichnamigen Diözese und die Erzdiözese Brasília in der Hauptstadt des Landes. Da sich seit Gründung von Brasília 1960 einige wichtige nationale Organisationen in ökumenischer und katholischer Trägerschaft dort niedergelassen hatten, lag es nahe, im *Destrito Federal* mehrmals halt zu machen (1986, 1991, 1997, 1998, 2001, 2003 und 2005). Die Wege dort waren weit, die Stadt wenig attraktiv, wie aus dem Reißbrett scheinbar seelenlos aus dem Boden gestampft. Umso mehr versöhnten mich die Gespräche mit den Projektpartnern, ich erlebte sie als verantwortungsvoll und hoch motiviert in ihrem Engagement für das Wohlergehen der benachteiligten und vulnerablen Bevölkerungsgruppen im Land. Dieser besondere Geist bei den nationalen Trägern ist mir unvergesslich.

Im Folgenden werde ich zunächst auf die Besuche in den Diözesen eingehen, bevor ich mich den nationalen Projektpartnern zuwende.

Erzdiözese Goiânia – die Landfrage als Herausforderung

Die Stadt Goiânia zeigte sich mir in einem enormen Urbanisierungsprozeß. Bei meinem Besuch 1991 zählte sie schon 1.5 Mill. Einwohner, dabei war sie erst 1933 gegründet worden. Immer mehr Kleinbauern aus dem Landesinneren hatten ihr Land an große Landeigentümer (darunter viele japanische Firmen) verkauft, und waren an den Stadtrand gezogen wie die große Schar der Arbeitslosen aus allen Teilen des Landes. Seit den 1980er Jahren waren in der Erzdiözese viele Basisgemeinden entstanden. Ihr Pastoralkonzept legte auf diese Entwicklung einen Schwerpunkt.

Der sympathische und sozial aufgeschlossene Erzbischof, **D. Antonio Ribeiro de Oliveira**, berichtete mir von der Herausforderung der Kirche, als 1987 eine Gruppe von 970 Familien das 50 ha große Land in Kirchenbesitz, nahe dem Priesterseminar, besetzt hatte. Nach Meinung meines Gesprächspartners bedeutete diese *ocupação* eine praktische Prüfung, wie ernst die Kirche ihr Engagement im Kampf um Gerechtigkeit in der Frage der Landproblematik nahm. Man entschied sich, den hilfebedürftigen Besetzern das Land zu überlassen, nicht ohne zuvor die Familien einer Prüfung durch Sozialarbeiter zu unterziehen. Sie ergab, dass 536 Familien Land erhalten sollten. Auch bei der Grundbucheintragung leistete die Erzdiözese Hilfe. Diese solidarische Aktion hat der Ortskirche – wie in der Diözese Dourados – viel Respekt eingebracht.

Mir war aufgefallen, dass wir aus dieser Erzdiözese viele kleinere Projekte aus ihren 57 Pfarreien erhalten hatten. Nach dem Besuch nun hatte ich ein klareres Bild: hier gibt es eine lebendige Kirche; weibliche Ordensgemeinschaften boten sich bei der Mitarbeit in den Gemeinden an. Ich lernte etliche Projekte an der Peripherie kennen und konnte mit dem Erzbischof wichtige Absprachen treffen, kooperativ und verantwortungsbewusst, wie er war.

Die Erzdiözese gestaltete eine über die Stadt hinausgehende Radioarbeit, die Adveniat unterstützte. Folglich machte ich einen Besuch bei **Radio Difusora de Goiânia,** das in der Stadt und noch mehr im ländlichen Umfeld ein Millionenpublikum erreichte. Die technische und programmatisch gut aufgestellte Radiostation gehörte damals zu den wichtigen katholischen Radiosendern im Land. Man wollte Sprachrohr für die 80 % der Bevölkerung sein, die in den herrschenden Medien nicht vorkam. Deshalb enthielten die Programmbereiche viele Nachrichten aus den Stadtrandvierteln und in der Musik betonte man die Volkskultur mit ihren Liedern aus den Regionen der Migranten, dem *Sertão.* Der Sender verstand sich als ein Instrument der Bewußtseinsförderung des Volkes. Sein Leiter **Pe. Jesus Flores**, ein Redemptorist, galt im katholischen Medienbereich als eine charismatische Persönlichkeit, er war in der Stadt hoch angesehen und bewahrte das Radio in den politisch schwierigen Zeiten vor der Schließung. Politischen Druck von den staatlichen Stellen und von der Vereinigung der Großgrundbesitzer UDR gab es in Goiânia – wie anderenorts in der katholischen Medienarbeit – in den Jahren immer wieder.

Wichtig war der Besuch im **Regional der Ordenskonferenz.** Von der Präsidentin Ir. Paula Wuschitz, einer österreichischen Ordensfrau der Missionarinnen Christi, erhielt ich interessante kirchliche Hintergrundinformationen. Die erfahrene Sozialarbeiterin und Psychologin sprach u.a. das Problem der mangelnden Motivationsprüfung von Priesteramtskandidaten seitens der Bischöfe an; häufig würden diese den Priesterberuf aus ökonomischen Gründen anstreben, weil er eine sichere Existenzgrundlage bedeute. Die CRB hingegen sähe es als wichtig an, die jungen Interessenten:innen am Ordensleben von Psychologen:innen in Gruppensitzungen begleiten zu lassen. Denn auch beim Ordensnachwuchs zeigten sich unterschiedliche Motivationen wie das Entfliehen aus schwierigen Familienverhältnissen oder die Möglichkeit einer guten Ausbildung.

Die Verantwortliche der Ordensleute berichtete ebenso von Spannungen zwischen einer traditionell orientierten kirchlichen Hierarchie und den engagierten Ordensfrauen kleiner Gemeinschaften (*comunidades inseridas*), die sich in der Welt der Armen verwurzelt hatten. In dem Regional mit 14 Diözesen hatten in letzter Zeit 17 Schwesterngemeinschaften den Ort gewechselt. In dem Gespräch erfuhr ich u.a. von einem Problem, von dem ich in all den Jahren immer wieder hörte: Politiker hatten – vor allem vor Wahlen – ein großes Interesse am Thema Familienplanung. Sie boten den Frauen aus dem Landesinneren in angemieteten Bussen Fahrten in Kliniken der Hauptstadt des Bundesstaates an, um dort kostenlose Sterilisationen durchführen zu lassen. Diese Angebote seien im Bundesstaat Goiânia keine Einzelfälle, so meine Gesprächspartnerin.

Einen Abstecher machte ich von Goiâna aus in die 200 km entfernte Kleinstadt **Goiâs**, die bis vor 50 Jahren die Hauptstadt des gleichnamigen Bundesstaates war. Deshalb hat die Diözese schon eine über 200 Jahre alte Tradition. Die Stadt mit vielen schönen Häusern kolonialer Bauweise ist reizvoll, eher eine Seltenheit im brasilianischen Hinterland. Mich interessierte vor allem ein Gespräch mit dem Dominikaner-Bischof **D. Tomás Balduíno,** einem der Mitbegründer des CIMI und der CPT. Der brasilianischen Kirche hatte er, geprägt von den lateinamerikanischen Bischofskonferenzen in Medellin und Puebla, wichtige Impulse gegeben. Die partizipativ orientierte Diözese legte einen deutlichen Fokus auf die theologische und vor allem biblische Ausbildung der Laien. Es wurden verschiedene Kurstypen mehrjähriger Dauer entwickelt, an denen zunehmend Jugendliche und Frauen teilnahmen. Das Bildungszentrum „Escola do Evangelio" empfand ich einladend gestaltet, an den Wänden sah ich Indigenen-Schmuck und was besonders auffiel, die Bibliothek umfasste 12.000 Bände. Wirtschaftlich versuchte die Diözese trotz ausbleibender Spenden der Agraroligarchie möglichst unabhängig zu bleiben, auch von Zuwendungen ausländischer Hilfswerke.

Einen besonderen spirituellen Ort lernte ich in einem Peripherieviertel von Goiâs kennen, das Benediktinerkloster *Mosteiro da Anunciação*, vor fünf Jahren unter der Initiative des im Land bekannten Theologen und Benediktiners **Marcelo Barros** gegründet. Diese schlichte Klosteranlage war im Unterschied zu den klassischen Benediktinerklöstern in Brasilien ein Kloster ohne Mauern, von Natur umgeben, inmitten der Lebenswelt des „einfachen Volkes" gelegen. Die acht Mitglieder der Gemeinschaft gestalteten ihre Liturgie lebensnah und kreativ, Kinder und Erwachsene der Umgebung nahmen wie selbstverständlich an den Gebetszeiten teil. Mir schien, in einer großen „benediktinischen Familie" angekommen zu sein.

Der Superior Marcelo gab mir einige seiner Bücher und Artikel für die Adveniat – Bibliothek mit. Als geistlicher Berater der Landpastoral CPT arbeitete er in der Zeit an einer „Theologie der Erde" als Grundlage für diese wichtige wie konfliktive Pastoral. Der gefragte Theologe war auch einer der Mitbegründer des mehrwöchigen Ferienkurses *Cursos de Verão* in São Paulo, der Teilnehmer:innen aus ganz Brasilien anzog. Bis heute bedauere ich, dass ich es in den folgenden Jahren nicht möglich machen konnte, in diesem beeindruckenden Kloster für länger zu bleiben.

Die **Erzdiözese Brasília** besuchte ich 1991, um mir einen Einblick in die Realität der Ortskirche zu verschaffen und Bauprojekte in Pfarreien an der Peripherie zu besprechen. Sie wurde 1960 zeitgleich mit dem Jahr der Gründung der Hauptstadt ins Leben gerufen. Seit 30 Jahren setzte ein enormer Migrationsschub ein, es entstanden binnen kurzer Zeit Satellitenstädte wie Samambaia mit einer Bevölkerung von 300.000 Bewohnern. Nicht nur für die Stadtverwaltung, auch für die Erzdiözese bedeutete diese schnelle Entwicklung eine enorme Herausforderung. Eine offizielle Kurie gab es damals noch nicht. Der Architekt Brasilias, Oscar Niemeyer, hatte neben der Kathedrale für das Gebäude zwar bereits einen Bauplan entworfen, aber man war 30 Jahre lang nicht in der Lage gewesen, die Konstruktion auch zu realisieren. Entgegen meinen Vorstellungen am Schreibtisch – und für deutsche Kirchenverhältnisse schlicht unvorstellbar – war die Erzdiözese der Hauptstadt nicht reich.

Sie verfügte lediglich über zwei kleine Mieteinnahmen zweier Wohnappartments. Die Auslagen der Kurie konnte man über die Abgaben der damals 60 Pfarreien bestreiten, darunter das Gehalt in Höhe von zwei Mindestlöhnen für den Weihbischof, der mich während des Besuches begleitete. Mit D. Damasceno de Assis, einem talentierten Organisator und sympathischen *Mineiro,* ergab sich seit dieser Begegnung eine gute und zuverlässige Kooperation, die wir in den 1990er Jahren in Brasília und in Essen nach seiner Wahl als Generalsekretär der CNBB fortsetzten. D. Damasceno machte transparent, dass die Erzdiözese zwar arm an regelmäßigen Einnahmen, aber mit einem 30 ha großen Grundstück am Priesterseminar im noblen Stadtteil oberhalb des Sees anlässlich ihrer Gründung von der Stadtverwaltung reich beschenkt worden sei. Auf dem Land wurde zur Sicherung des Unterhalts der Seminaristen Gemüse angebaut und Obst geerntet.

1998 war ich privat bei einer Katechetin der Mittelschichtpfarrei, Paroquia N. Sra. da Esperança, zum Mittagessen eingeladen. Klug wie diese Führungskraft des Bundesrechnungshofes (*Supremo Tribunal de Contas*) war, lud sie auch den Pfarrer ein. Die Pfarrei baute gerade eine schöne, große Kirche. Beiden war schnell klar, dass Adveniat in solch einem gut situierten Milieu nicht helfen würde. Gleichwohl ermöglichte dieses gemeinsame Gespräch einen Blick etwas hinter die politischen Kulissen: Nach Ansicht dieser hohen Beamtin müsse es viel mehr qualifizierte Mitarbeitende in ihrer Bundesbehörde geben, um die chronische Korruption effektiv zu bekämpfen. Auch wären manche Kollegen psychisch sehr belastet, weil sie die vielen Spannungsfelder, in die sie hineinschauen würden, nicht mehr aushalten könnten.

Besuche bei nationalen Einrichtungen in Brasília

In der Hauptstadt Brasília konzentriert sich die politische Macht im Land; gleichzeitig ist sie der Sitz bedeutender katholischer Institutionen nationaler Tragweite. Seit 1996 hatte ich die Projektbearbeitung „nationaler Projektpartner" inne – wie es damals hieß – weshalb sich die Notwendigkeit von Besuchen ergab. Im Folgenden werde ich diese Einrichtungen vorstellen. Die Gespräche erlebte ich als informativ und orientierend, hatten meine Gesprächspartner:innen doch eine profunde Kenntnis über ihre Fachbereiche und einen guten Überblick über die kirchliche Situation wie auch den politischen Kontext im Land, eine *conjuntura politica e eclesial.* Den besonderen, „dienenden Geist", den ich in den nationalen Einrichtungen erlebte, habe ich bereits erwähnt. Denn, wie mir scheint, haben die Expert:innen in Brasília nie ihren Kontakt zur Basis verloren.

Conferencia Nacional dos Bispos do Brasil (CNBB)

Im Brasilienbereich Adveniats gehört die Bischofskonferenz zusammen mit der Konferenz der Ordensleute CRB zu den Schlüsselpartnern im Land. Im gegenseitigen Austausch über Projekte hinaus ging es bei den Gesprächen auch über Anliegen zur Kooperation für die Öffentlichkeits- und Kampagnenarbeit des Hilfswerks.

Es ist mir wichtig, im Folgenden die Besuche in ihrer zeitlichen Abfolge festzuhalten, dabei die Gesprächspartner:innen in meiner Rückerinnerung zu würdigen und Themen aufzugreifen, die im damaligen Kontext aktuell waren. Anmerken möchte ich, dass die Gespräche meist punktuell aus dem Augenblick heraus stattfanden, sich deshalb nicht vertiefen konnten und oftmals Fragen offenliessen.

Zu meinem ersten Vorstellungsbesuch **1986** als neue Brasilienreferentin für das Referat Bras II kam ich als Unbekannte, die sich erst einmal ihre Sporen verdienen mußte. Glücklich fügte sich, dass uns der Verantwortliche für den Finanzhaushalt der CNBB und „Außenminister" – wie wir Brasilienreferenten **Pe. Virgílio Uchôa** nannten – jährlich in Essen besuchte und wir beide schnell eine gute Gesprächsebene fanden. Deshalb wurde er für mich in Brasília ein hilfreicher Brückenbauer zu einzelnen Berater:innen (*assessores)* der verschiedenen Pastoralbereiche. So kam ich mit **Pe. Ernanne Pinheiro** vom Nationalen Laienrat, *Conselho Nacional dos Leigos,* ins Gespräch. Er war fest davon überzeugt, dass den Laien in der brasilianischen Kirche eine neue Bedeutung nach den Jahren der Militärdiktatur zukommen würde; denn die Repression gegenüber der kath. Kirche habe sogar zugenommen. Als Beispiele aus jüngster Zeit galten die zwei Morde an Mitarbeitern der Landpastoral in Goiás und an einem italienischen Priester aus der Diözese Coroatá.

Von **Pe. Pedrinho A. Guareschi,** dem Berater für Sozialpastoral, bekam ich wichtige Hinweise zum zentralen Thema der **Agrarreform** – angesichts von 10 Mill. Landlosen in Brasilien von höchster Bedeutung. Die kath. Kirche befürworte *assentamentos* (Protestlager) und friedlich durchgeführte Besetzungen (*ocupaçoes*), lehne aber Besetzungen mit Gewaltanwendungen (*invasoes*) ab.

Pe. Ernanne hat in der Zeit der Militärdiktatur zu den engen Mitarbeitenden von **D. Hélder Câmera** in seiner Zeit als Erzbischof von Recife gehört. Deshalb überraschte es nicht, dass beim Mittagessen in der schlichten Kantine der CNBB auf einmal der gerade emeritierte D. Hélder neben uns stand. Ich war hocherfreut über diesen glücklichen Zufall, da ich dieser weltweit geschätzten Persönlichkeit zuvor nie begegnet war. Das gezeichnete Gesicht D. Hélders ist mir bis heute in lebendiger Erinnerung. Wie mir nahe Mitarbeiter erzählten, hat dieser sensible Bischof in jenem Jahr oftmals mit den Tränen gerungen, da der Vatikan einen Nachfolger ernannt hatte, der eine grundlegende Gegenpositon zu seinem Vorgänger bezog und so manches Hoffnungsprojekt zunichte machte. Die international bedauerte Ernennung schien mir exemplarisch für den scharfen Gegenwind in der Kirche Brasiliens, der damals rücksichtslos aus Rom blies. Wie er auch die CNBB erreichte, werde ich später am Beispiel des Festgottesdienstes „500 Jahre" im Jahr 2000 in Porto Seguro deutlich machen.

Bei meinem Besuch **1991** stand der Besuch von Papst Johannes Paul II im Mittelpunkt, da einer der Berater verantwortlich war für die Organisation. Einem interessanten Gesprächspartner begegnete ich im Bereich der Sozialpastoral. Der neue Zuständige, **Pe. Ignácio Neutzling S.J.,** gab mir einen Überblick über die wirtschaftlichen und sozialen Probleme im Land, das er gespalten sah in den Teil, der sich den Verhältnissen in den USA und Europa angeglichen hatte und dem Lebensraum des großteils der Bevölkerung, den *marginais* (den Marginalen). Die Collor – Regierung verfolgte nach seiner Ansicht ein liberales Wirtschaftskonzept mit einem sehr rudimentären Sozialprogramm assistentialistischen Anstrichs, was sich ihm am „Milchprojekt für die Kinder" zeigte. Pe. Ignácio bezeichnete die 1980er Jahre als verlorene Jahre, stehengeblieben beim Bruttosozialprodukt auf dem Niveau von 1979. Mein Gesprächspartner sah das Land in einer großen wirtschaftlichen, politischen und moralischen Krise; die brasilianischen Eliten charakterisierte er als autoritär und unsozial.

Auch beim nächsten Besuch **1997** sprach ich mit der Verantwortlichen für die Sozialpastoral: der angesehenen Professorin aus Campinas, **Ana Maria Soares**. Bei dem Gespräch war ebenso der Sekretär des Rates der Christlichen Kirchen (CONIC), Pastor Dr. Ervino Schmidt, anwesend. Es ging um einen Austausch und Absprachen mit der internationalen Entschuldungskampagne **„Erlaßjahr 2000"**. CONIC plante zusammen mit der Sozialpastoral der CNBB ein ökumenisch ausgerichtetes Evangelisierungsprojekt zur Entschuldungsfrage, wobei in Brasilia 1998 ein Symposium zum Thema *Dívida Externa* geplant war.

Neben der uns in den Hilfswerken damals beschäftigenden Frage der Auslandsentschuldung der Entwicklungsländer führte ich in der CNBB mit ihrem neuen Verwalter**, Francisco Julho de Souza**, ein Gespräch über aktuelle Projekte. Dazu gehörte sowohl das jährliche Globalprojekt zur Finanzierung der Pastoralprogramme der CNBB wie besondere Anliegen. In dem Jahr waren es notwendige Instandsetzungsmaßnahmen am Gebäude, die wegen einer radioaktiven Verseuchung seines Daches notwendig waren. Nach einem Reaktorunfall in Goiânia vor einigen Jahren waren etliche Gebäude in der Hauptstadt betroffen gewesen, ein Problem, das die offizielle Politik gern verschwieg und unter den Teppich kehrte. Die CNBB war wegen ihrer chronischen Mittelknappheit – sie „lebte von der Hand in den Mund" – bisher nicht in der Lage gewesen, dieses für die Gesundheit der Mitarbeitenden ernste Problem zu lösen. Nach Rückkehr in der Geschäftsstelle Adveniat war schnell klar, bei dieser atypischen Projektanfrage Verständnis zu zeigen und zu helfen.

Im folgenden Jahr **1998** sprach ich mit dem neuen Generalsekretär der CNBB, dem mir schon bekannten Weihbischof von Brasília, **D. Damasceno de Assis**. Ein interessantes Novum zeigte sich: die Bischofskonferenz plante neben der Fastenkampagne (*Campanha da Fraternidade)* die Einführung einer neuen Kollekte in allen Pfarreien des Landes, ***Campanha para a Evangelização*** genannt, vergleichbar der Aktion Adveniat, die im gleichen Jahr am 1. Advent vorgesehen war. Die chronisch schwierige und in diesem Jahr zusätzlich erschwerte Haushaltssituation veranlasste zu diesem Schritt, den wir in der Geschäftsstelle natürlich begrüßten. Man gründete eine eigene bischöfliche Kommission und beauftragte einen Berater für die konzeptionelle Gestaltung und Organisation der Kampagne. Der Verteilungsschlüssel sah vor, dass 40 % der Einnahmen der CNBB zustanden, 10 % den Regionalstellen und 50 % in der jeweiligen Diözese verblieben. Mit diesem Schritt wollte man finanziell auf sichereren Füssen stehen und unabhängiger von ausländischen Zuwendungen werden.

Im Gespräch mit dem Leiter des *Instituto Nacional de Pastoral, Pe. Dr. J.I. Kolling* zeigte sich auch inhaltlich ein neues Schwerpunktthema: die *Pastoral Urbana*. Pe. Kolling hatte sich in seiner neuen Publikation mit der postmodern religiösen Erfahrungswelt im urbanen Sektor beschäftigt. Gleichzeitig erarbeitete sein Institut – eine Art Denkfabrik der CNBB – die neuen pastoralen Leitlinien, die *Diretrizes Gerais*, für die Jahre der Zweitausendwende: ein groß angelegtes Projekt mit einem mehrjährigen Zyklus, das entlang der Messtexte der Evangelisten nach den Lesejahren entwickelt worden war. Nach meinem Eindruck hatte die CNBB die Jahrtausendwende ernsthaft zum Anlass genommen, spezifische pastorale Hilfsmittel zu erarbeiten. Zuvor hatte man CERIS beauftragt, eine repräsentative Umfrage zum Profil der Katholiken in Brasilien durchzuführen. (Als ich Silvester 1999 in meiner Heimatpfarrei in Essen – Heisingen nach Material zur Jahrtausendwende Ausschau hielt, sah ich am Schriftenstand lediglich ein nichtssagendes Faltblättchen. Hatte man in der dt. Kirche dieses symbolische Jahr 2000 schlicht verschlafen?).

In demselben Jahr 1998 betrat ich zum ersten Mal die **Dt. Botschaft** in Brasília. D. Damasceno hatte mich zu einem Abendessen beim Gesandten mitgenommen, Dr. Dieter Papenfuss. Diese Einladung war ein großer Gewinn angesichts zahlreicher interessanter Gäste wie dem Leiter des Goethe – Instituts und dem Gastgeber selbst, der mit afrobrasilianischen Themen gut vertraut war aufgrund seiner Tätigkeit in Benin. Mit 70 Mitarbeitenden gehörte die Botschaft zu einer der größten weltweit (im Vergleich dazu hatte das Team der CNBB damals ca. 55 Mitarbeitende). Ich gewann den Eindruck, dass die Brasilianische Bischofskonferenz in dt. Diplomatenkreisen eine hohe Anerkennung genoss.

Beim Besuch **2003** war wiederum die Entwicklung der neuen Evangelisierungskampagne ein zentrales Gesprächsthema. Der Generalsekretär hatte gewechselt, der frühere D. Damasceno war Präsident der CNBB geworden.

Sein Nachfolger **D. Odilo Scherer** war mir schon von São Paulo her bekannt. Die gute Zusammenarbeit ging mit ihm problemlos weiter. Von ihm erfuhr ich, dass sich die Kampagne langsam in den Diözesen etabliere: dass die CNBB jetzt 35 % der Einnahmen erhalte und die Regionalstellen 20 %, während 45 % in den Diözesen verblieben. Dieser neue Verteilungsschlüssel machte Sinn, da die Regionalstellen besonders bedürftig waren, wie ich auf meinen Reisen feststellen konnte. Immmerhin war es 2003 möglich geworden, mit Hilfe der an die CNBB zugestandenen Mittel 12 % der Ausgaben ihres Gesamthaushalts zu bestreiten. Ich bewertete diese Entwicklung als Erfolg in Richtung einer Selbstfinanzierung und war froh zu hören, dass die CNBB mit ihrem neuen Präsidenten den eingeschlagenen Weg intensivieren wollte. Beim Schreiben kommt mir jetzt die Frage, wie es wohl in den folgenden Jahren mit der Entwicklung der Evangelisierungskampagne weitergegangen ist, ob das Mantra der Hilfswerke, „Hilfe zur Selbsthilfe" seine Gültigkeit behalten hat.

Wie immer besprach ich mit dem Verwaltungsleiter das Projekt des Jahresprogramms der CNBB in allen Einzelheiten sowie mit dem Berater der *Pastoral Afro Brasileiro* kleinere Projektanfragen. Interessant war die Begegnung mit dem Soziologen **Pe. Martinho Lenz S.J.**, der nach seiner Promotion über die Landlosenbewegung MST in Rom seither in der CNBB den neuen Sonderbereich *Mutirão de Superação da Miseria e da Fome* leitete. Inzwischen hatte in Brasília der neue Präsident Lula und seine Regierungsgeschäfte übernommen und das große Sozialprogramm „Nullhunger" (*Fome Zero*) beschlossen, für das Brasilien weltweit Anerkennung erhielt. Dieses inspirierte die Bischofskonferenz zur Gründung eines eigenen Sonderbereiches. Beide Programme würden sich ergänzen, erklärte mir ihr Leiter, in den Diözesen gäbe es bereits Absprachen und Zusammenarbeit, ebenso seien Kirchenvertreter für die Räte des Programms ernannt worden. Für die Millionen von noch vulnerablen Bevölkerungsgruppen der Armen bedeuteten beide Initiativen ein Hoffnungszeichen – wie ich es in meiner 24 jährigen Referententätigkeit für Brasilien bisher noch nicht erlebt habe.

Pe. Martinho berichtete mir auch von seiner viertägigen Teilnahme am ***Tribunal Internacional dos Crimes Latiofúndio do Pará – Um ato contra impunidade!***, das in Belém stattfand (u.a. finanziert von Misereor, DKA und CESE). Pe. Lenz war einer der 11 Geschworenen. Die Veranstaltung unter der Leitung des angesehenen Politikers Hélio Bicudo sah der Jesuit als einen großen Fortschritt in Sachen Menschenrechte und Kampf gegen die Straflosigkeit an. Auf dem Tribunal waren der Gouverneur des Bundesstaates Pará und der Präsident der Republik symbolhaft für schuldig erklärt worden. Die Veranstaltung stand im Zusammenhang mit den bisher nicht erfolgten Verurteilungen von Verantwortlichen des Massakers von Eldorado de Carajás im Jahr 1996, bei dem 19 Menschen von Ordnungskräften ermordet worden waren. Auf das Massaker werde ich im Kapitel 6 zu den Reisen im östlichen Amazonasbecken näher eingehen (vgl. S. 254).

Conselho Nacional de Igrejas Cristãs no Brasil (CONIC)

Während meines Aufenthaltes 2003 in Brasília machte ich auch einen offiziellen Projektbesuch beim Nationalen Rat der traditionell Christlichen Kirchen in Brasilien **CONIC.** Ich war der Einladung seines Generalsekretärs, dem bereits erwähnten Pastor Ervino Schmidt gefolgt, der die Brasilienreferate kurz vor meiner Projektreise in der Geschäftsstelle besucht hatte. Dieser ökumenische Zusammenschluß spielte als Gegengewicht zu den erstarkenden Pfingstkirchen im Land eine wichtige Rolle. Die 1982 in Porto Alegre von den traditionell christlichen Kirchen gegründete Organisaton wurde seit einigen Jahren neben CESE und Christian Aid auch von Adveniat gefördert.

In Brasília ist CONIC ein politisches Sprachrohr dieser Kirchen. Jedes Jahr gab die ökumenische Einrichtung einen Bericht über die menschliche Würde und den Frieden in Brasilien (*Relatorio sobre a Dignidade Humana e a Paz no Brasil*) heraus, eine Art Armuts- und Menschenrechtsbericht. Im Jahr 2003 fokussierte der Bericht die Lage der Frau und der Schwarzen im Land. Von den wissenschaftlichen Mitarbeitenden des kleinen Teams erarbeitet, enthielt der Bericht neben theoretischen Reflexionen auch konkrete Beispiele von Problemlagen einzelner Bevölkerungsgruppen.

Die wissenschaftliche Kommission des Rates entwickelte in diesen Jahren auch einen „Index der Empörung" der brasilianischen Bevölkerung bezogen auf die Menschenrechte. Mit diesem *Indice de Indignação* wollte die ökumenische Einrichtung das Thema der allgemeinen Menschenrechte – das Menschenrecht auf Arbeit, Bildung und Gesundheit – in der brasilianischen Öffentlichkeit wachhalten.

Bei diesem Besuch lernte ich das „ökumenische Flair" in diesem katholischen Land kennen. Das kleine, hoch gebildete Team arbeitete in engen, äußerst schlichten Büros. Die Zusammenarbeit mit der CNBB wurde als sehr gut bezeichnet, nicht nur räumlich war man sich in 10 Autominuten nahe. Nicht zuletzt arbeitete einer der Berater der CNBB, promoviert im Fach Ökumene, seit kurzem als wissenschaftlicher Mitarbeiter in dem Team mit. Die guten Beziehungen schienen sich nach dem Regierungswechsel in Brasilia auch auf die Politik auszuweiten. Der Generalsekretär hatte den neuen Präsidenten Lula seit seinem Amtsantritt schon fünfmal gesprochen.

Conselho Indigenista Missionario (CIMI)

Der 1972 von der CNBB gegründete Indigenenmissionsrat CIMI (*Conselho Indigenista Missionario)* unterhält in der Hauptstadt seine nationale Koordinationsstelle. Wenn es eine Sympathieskala der beliebtesten Projektpartner:innen der europäischen Hilfswerke in den 1980/1990er Jahren gegeben hätte, wäre der Indigenenmissionsrat ganz oben verortet gewesen. In den ersten Jahren meiner Projektarbeit für Brasilien erlebte ich nahezu einen Wettbewerb der Förderorganisationen untereinander um Projektkontakte mit diesem international geschätzten Partner. Im Nachhinein ist mir auf diesem Hintergrund verständlich, dass ich die nationalen Büros in Brasilia nur einmal im Jahr 1991 besucht habe. Denn Adveniat förderte schwerpunktmäßig Jahresprogramme und Einzelmaßnahmen in einigen Regionalstellen, die im Laufe der Jahre auf der Reiseagenda standen. Im Dezember 1997 lernte ich dann den CIMI „von innen" näher kennen während der viertägigen Teilnahme an seiner XII. Vollversammlung in einem großen Bildungszentrum nahe Brasília, auf die ich später eingehen werde. Doch zunächst ein kurzer Rückblick auf die **Gründung** dieser für die indigene Bevölkerung wichtigen Einrichtung, die exemplarisch für den Erneuerungsprozeß der Kirche dieses Landes steht.

Seit Beginn meiner Projektarbeit für das Land Brasilien war ich an der Geschichte seines Missionsverständnisses interessiert. Hat es doch einen bemerkenswerten Bewußtseinswandel vollzogen von einer paternalistisch – ethnozentrisch geprägten Position hin zu einer befreienden indigenen Pastoral Anfang der 1970er Jahre[4]. Die Option für die ethnischen Minderheiten überraschte um so mehr, als die indigene Population nur eine verschwindende Minderheit ausmachte (1987 waren lediglich 0,17% der Gesamtbevölkerung Brasiliens Indigene, konkret 220.000 Menschen). Die vehemente Kritik von Anthropologen an der traditionellen Missionspraxis – vor allem an der Gründung von Internaten (vgl. S. 100f.) – und die besorgniserregenden Nachrichten ausländischer Medien über den Genozid an den Indigenen in der schon erwähnten Phase der großen Erschließungsprojekte im Amazonasraum veranlassten die CNBB, eine nationale Koordinierungsstelle für missionarische Aktivitäten unter der indigenen Bevölkerung einzurichten. Diese machte sich zur Aufgabe, eine Informations- und Bewusstseinsarbeit in der brasilianischen Gesellschaft wie in der Kirche über die Menschenrechtsverletzungen an der indigenen Bevölkerung (Vertreibungen, Ermordungen wie Vergewaltigungen indigener Frauen) zu leisten. Um dem Desinteresse der großen Medien entgegenzuwirken, gestaltete man die Monatszeitschrift *Porantim* mit Nachrichten zur Situation der indigenen Völker aus allen Teilen des Landes; erarbeitete Dokumentationen und Sprachstudien über einzelne Ethnien und führte einmal im Jahr die „Woche des Indianers" (*Semana dos Povos Indígenas)* durch. In den Folgejahren erweiterte sich das Aufgabenspektrum um die juristische Begleitung indigener Völker zur Erlangung ihrer Landrechte, die landwirtschaftliche Beratung in agrarökologischen Anbaumethoden, Hilfen für indigenen Bewegungen sowie eine politische Lobbyarbeit für die *causa indígena* bei Regierungsstellen und Parlamentariergruppen.

Der Besuch **1991** in der Nationalstelle hatte neben einem gegenseitigen Kennenlernen vor allem die politische Einschätzung des CIMI zur **Yanomami – Problematik** zum Thema. Dies um so mehr, als zu diesem Zeitpunkt in der europäischen Öffentlichkeit starkes Interesse für die Bedrohung dieses Volkes bestand. Mein Gesprächspartner, Generalsekretär **Antonio Brand,** sah den Staatspräsidenten Collor im Spannungsfeld zwischen zwei sehr unterschiedlichen Interessengruppen: den Militärs, die das Land der *Yanomami* verkleinern und in 19 Inseln parzellieren wollten und der nationalen wie internationalen Solidaritätsbewegung, die vom Präsidenten einforderten, für die Yanomami einen zusammenhängenden Raum zu sichern, wie er deren Lebensweise entspricht. Der Generalsekretär war der Meinung, dass in den internationalen Protesten gewichtige internationale Organisationen wie die Weltbank, WHO, ILO eingeschaltet werden müssten, um mit dem Druck ihrer Finanzmittel

Einfluss auf die Regierung auszuüben. Europäische Solidaritätsgruppen sollten entsprechende Briefaktionen und Appelle an diese richten.

In der Retrospektive stelle ich fest, wie treffend die politische Orientierung von Antonio Brand damals war. Die Zeit des internationalen Protestes habe ich bis heute gut in Erinnerung; Adveniat beteiligte sich in der Öffentlichkeitsarbeit zusammen mit den Brasilienreferaten aktiv. Auch wenn schließlich mit der Unterzeichnung des Dekretes 1992 durch Präsident Collor und der Abgrenzung des angestammten Landes als „Yanomami Park" das nationale wie internationale Engagement erfolgreich war, schützte dieses Dekret die Yanomami keineswegs vor weiterem Eindringen der Goldsucher und Holzfirmen in ihren Lebensraum. Im Kapitel „Westliches Amazonasbecken" werde ich im Teil über die Diözese Roraima auf die Yanomami – Problematik ausführlich zurückkommen.

In dem Gespräch 1991 deutete mein Gesprächspartner an, dass die Bewusstseinsbildung für die Probleme der indigenen Völker auch innerhalb der Kirche nicht leicht sei. Oft würde die Frage gestellt, warum der Einsatz für eine so kleine Bevölkerungsgruppe so intensiv sei, während so viele andere Menschen im Land unterdrückt und in Not seien. Deshalb sah es der Generalsekretär als notwendig an, die Indigenenfrage in den Kampf anderer gesellschaftlicher Gruppen wie der Arbeiter, Landlosen und Kleinbauern zu integrieren. Dem CIMI war dabei wichtig, den gegenseitigen Dialog der gesellschaftlich benachteiligten Gruppen untereinander zu fördern.

XII. Generalversammlung des CIMI 1997

Ein besonderes Erlebnis war für mich die Teilnahme an der XII. Generalversammlung des CIMI vom 1. bis 5.12. 1997 in Luziania, zu dem die gewählten Vertreter aus den 10 Regionalstellen sowie Bischöfe der Gründergeneration, eingeladene Gäste, Berater:innen und Indigenensprecher:innen aus sieben indigenen Völkern gekommen waren. (Von Seiten der Hilfswerke war ich – in Absprache mit Misereor – die einzige Teilnehmerin). Die alle zwei Jahre stattfindende Versammlung ist das oberste Organ des CIMI, auf dem wichtige Entscheidungen gefällt und die Schwerpunkte der Arbeit festgelegt werden. In diesem Jahr hatte sie einen besonderen Anlass: die Feier des 25jährigen Bestehens. Doch zuvor stand das wichtige wie heikle Thema des internen und externen Evaluierungsberichtes sowie ein Fortbildungstag mit interessanten Referenten auf dem Tagungsprogramm. Nationale Treffen dieser Art gaben natürlich ausreichend Gelegenheit zu Einzelgesprächen mit Vertreter:innen aus den von Adveniat geförderten Regionalstellen. So erinnere ich bspw. die wertvollen Gespräche mit meiner Zimmergefährtin Lucia Helena Rangel, Professorin für Anthropologie von der Universidade Católica in São Paulo und langjährige Beraterin des CIMI. Nächtelang diskutierten wir über den CIMI und über „Gott und die Welt"...

Als Vertreterin eines Hilfswerks war für mich natürlich der Programmteil „Evaluierung" besonders interessant, zumal mir die schwierige Diskussionsphase im Vorfeld bekannt war. Die von den größten Finanzgebern des CIMI, Misereor und Bilance, angeregte externe Evaluierung stiess beim CIMI auf Widerstand. Dieser sah sich als Protagonist seiner eigenen Evaluierung und wollte sich das Konzept der beiden Hilfswerke nicht aufoktroyieren lassen. Schließlich kam man überein, dass die Regionalstellen anhand eines Fragebogens ihre interne Evaluierung durchführen, ergänzt durch eine externe, kürzere Evaluierung zweier von beiden Seiten akzeptierte Experten. Der CIMI beabsichtigte, die eigene Basis in den Prozeß mit einzubeziehen und die Ergebnisse aus den Fragebogen bei der Vollversammlung zur Diskussion zu stellen.

Deshalb war der von der Fachgruppe „Evaluierung" erarbeitete interne Bericht während der Vollversammlung eintägiger Programmpunkt und wurde in Kleingruppen themenspezifisch reflektiert. In Absprache mit dem Generalsekretär nahm ich an der Arbeitsgruppe „Interreligiöser Dialog und Ausbildung der Missionare" teil. Dieses Thema war im CIMI bisher schwach ausgearbeitet im Gegensatz zum Konzept einer Aus- und Weiterbildung für die Mitarbeitenden. Auch wenn die Diskussion eher schleppend und unstrukturiert verlief, empfand ich die Teilnahme sehr lohnend, um Stimmungsbilder aus den Regionen zu hören und erfahrene *indígenistas* der Basis (Ir. Elisabeth Rondon, Ir. Blandina Spescha, Chico Loebens) wie aus den Indigenen -Theologien (Paulo Suess, Eleazar Lopez) kennenzulernen.

Inhaltlich anregend erlebte ich die Vorträge der Referenten. Großen Beifall bekam der frühere **Koordinator** der Indigenenorganisationen am Rio Negro **(FOIRN)** und Kulturbeamte, **Gerson dos Santos**, aus São Gabriel da Cachoeira. Er unterstrich die Bedeutung des CIMI: beim Prozeß der Organisierung indigener Völker; bei ihrer Mobilisierung in der politischen Diskussion um die neue Verfassung; bei den Demarkierungen indigenen Landes. Eine erfreuliche Entwicklung sah der Sekretär für Erziehung am Rio Negro in der Tatsache, dass sich Führungskräfte in der indigenen Bevölkerung neuerdings in der Kommunalpolitik engagieren würden wie bspw. die 13 Stadtparlamentsabgeordneten im Bundesstaat AM. Er warnte jedoch davor, Schritte und Strategien in der Indigenen – Politik zu generalisieren, dazu seien die Völker zu verschieden und befänden sich zudem in unterschiedlichen Entwicklungsprozessen. Selbstkritisch fügte er hinzu: *Wir haben Fortschritte im Suchen nach der eigenen Identität gemacht, müssen aber auch sehen, dass viele Indigene eher die Integration in die moderne Welt suchen.* Mit Kritik sparte Gerson auch nicht an indigenen *lideres,* die sich weit vom indigenen Leben entfernt hätten.

Mit dem bekannten **mexikanischen Theologen Eleazar Lopez** sprach ein Vertreter der indigenen Theologie Lateinamerikas. Er betonte den Lernprozeß, indigene Religionen nicht abzuwerten, wie es früher die Missionare mit ihrem ethnozentrisch geprägten religiösen Selbstverständnis gemacht hätten. Heute habe das *princípio da alteridade,* das Prinzip der Andersheit, zu gelten. Gott zeigt sich für Eleazar in vielen Gesichtern religiöser Pluralität.

Der in Lateinamerika geschätzte **Anthropologe** und Ordensmann aus **Paraguay, Bartomeu Melià,** sparte nicht mit provokanten Bemerkungen zum CIMI. Er gab den Zuhörenden eine Lehrstunde für indigenes Wirtschaften. Ausgehend vom Thema Selbstunterhalt (*Auto-Sustenção*) des internen Auswertungsberichtes stellte er fest, dass das Denken des CIMI noch in den Parametern der klassischen Ökonomie verhaftet sei im Sinn von Produktivität und Produktivitätssteigerung. Für die indigene Weise des Wirtschaftens dagegen seien vielmehr eine Zirkulation von Gütern und die Ökonomie der Reziprozität charakteristisch. Sie lasse sich von der Sorge um den anderen leiten, sogar vom Prinzip der Gastfreundschaft. Den Indigenen gehe es darum, mehr zu geben (*doar-se mais*). Indigene Ökonomie wolle keine materielle Bereicherung, sie sei *projectado para o infinito, o divino.* Wie orientierend könnte diese Sichtweise heute sein angesichts der zunehmenden weltweiten Ungerechtigkeit!

Diesem Konzept eines weisen, alten Anthropologen setzte eine Agronomin von der Universidade Federal do Amazonas aus Manaus eine pragmatische Perspektive entgegen. Sie war der Ansicht, dass die Indigenen heute durchaus in beiden Wirtschaftsvorstellungen zu Hause seien.

Bemerkenswert fand ich, dass die indigenen Teilnehmer:innen nach dem Vortrag von P. Melia ihre bisherige Zurückhaltung aufgaben mit spontanen und eindrücklichen Wortmeldungen. Sie sprachen ihren Dank aus gegenüber dem CIMI, hoben besonders seine Anstrengungen um die Demarkierung indigenen Landes hervor und machten deutlich, dass sie seine Existenz auch in Zukunft weiter brauchten. In ihren Statements bezeichneten sie die *missionarios* und *missionarias* als ihre Freunde und sie beglückwünschten den CIMI, die Evaluierung durchgeführt zu haben. Ihren Appell richteten sie vor allem darauf, an der Leitidee einer Respektierung und Stärkung der eigenen Kultur und Religion weiterzuarbeiten.

Die Teilnahme an der Veranstaltung empfand ich als sehr lohnend. Nach meinem Eindruck hatte der CIMI die Herausforderung der Evaluierung überzeugend angenommen. Sie ermöglichte eine Röntgenaufnahme, die Schwachstellen in den Regionen (mit seinen 112 Arbeitsteams und 347 Mitarbeitenden) wie bei den Sachthemen deutlich machte. Auffallend waren die Worte der Anerkennung durch die Indigenenvertreter, aber ebenso das Fehlen der kirchlichen Hierarchie – außer den bekannten Gesichtern der Gründerbischöfe. Es gab kaum anwesende hohe kirchliche Repräsentanten, nicht einmal aus dem Ordensleben und auch die Berater der CNBB zeigten sich nur in Blitzbesuchen. Der CIMI schien mir in einer „exotischen Nische" der Kirche zu leben, in der er sich weitgehend allein bewegt. Mein zusammenhängendes Fazit nach meiner Rückkehr lautete damals: *Bei allen kritischen Anfragen an den CIMI und seiner Grenzen bleibt anzuerkennen, dass ohne seine Existenz die Lage der Indianerbevölkerung in Brasilien noch dramatischer wäre als sie ohnehin ist. Dank seiner Anwaltfunktion konnte ein schlimmerer Genozid verhindert werden. In der 25 jährigen Geschichte des CIMI nahm die Demarkierung von Indianerland deutlich zu. Waren im Gründungsjahr 1972 von 556 Indianergebieten mit einer Fläche von 83.500.000 ha nur 67 abgegrenzt, so sind heute 297 Gebiete mit einer Fläche 56.500.000 ha rechtlich abgesichert – aber 259 Gebiete (27.000.000 ha) stehen noch immer aus.*

CIDSE – Seminar „Seminario sobre Cooperação em Tempos de Mudança" 2013

In Brasilia nahm ich 2013 noch einmal an einem internationalen Seminar (28.10. bis 01.11.) im Bildungshaus der Jesuiten teil. Veranstalter war die CIDSE, die Dachorganisaton der katholischen Hilfswerke in Europa und den USA. Sie hatte mit diesem Seminar die Absicht, die Hilfswerke zusammen mit ihren Projektpartnern in der Zeit des politischen Aufbruchs unter der Regierung Lula zu einer internationalen Begegnung in Brasilia zu versammeln. Das Vorhaben war bemerkenswert und hatte Pioniercharakter. Neben den Projektpartnern aus dem Bereich der verschiedenen Zweige der Sozialpastoral – *pastorais sociais* genannt – kamen Partner aus Sozial- und Menschenrechtsbewegungen, NROs, ökumenische Träger sowie 13 Vertreter:innen aus den europäischen Hilfswerken, insgesamt 57 Teilnehmende.

Das Seminar ermöglichte, etwas vom Stimmungsfeld der neuen Regierung des Präsidenten Luiz Ignácio Lula da Silva mitzubekommen, daher auch der bewusst gewählte Titel *Cooperação em tempos de mudança* – Kooperation in Zeiten des Wandels. Die drei Referenten aus dem Regierungsumfeld veranschaulichten den neuen Geist: Frei Beto sprach realistisch über das Programm Nullhunger (*O Programa Fome Zero*), der renommierte Politiker Arruda Sampaio über die politische, wirtschaftliche und soziale Situation Brasiliens und ein Mitarbeiter der Regierung mit hoher Sachkenntnis über die Positionierung der Regierung gegenüber den Themengebieten ALCA (dem Integrationsprozess der Amerikas), Auslandsverschuldung und Weltmarkt.

Anregend empfand ich die Arbeit in Kleingruppen, in denen sich Geldgeber- und empfänger offen austauschten. Während des Seminars herrschte eine konstruktive Dialogatmosphäre: der Beginn eines Suchprozesses zu einer *politica de cooperação solidaria*. Am Ende des Seminars gelang eine gemeinsame Erklärung mit nachdenkenswerten Aspekten zum Thema „Internationale Kooperation". Und natürlich durfte auch nicht der Churrasco – Abend fehlen. Im anregenden Gespräch mit der mir von Projektreisen bekannten Rechtsanwältin Ir. Rosita und D. Demetrio Valentini gesellte sich ein dritter, hochinteressanter Gesprächspartner hinzu, Pe. Roque Grazziotin. Der *gaucho* aus der Diözese Caxias do Sul gehörte zum engeren Mitarbeiterteam von Lula und plauderte recht freimütig über sein Leben im Planalto. Er war von seinem

Bischof für diese Aufgabe, in der er auch von Regierungsbeamten als Seelsorger angefragt wurde, freigestellt. Die Gelegenheit nutzend, sprach ich ihn auf die mühsame Bürokratie zur Visagewährung für Missionar:innen auf Zeit und Entwicklungshelfer:innen an. P. Roque, der Adveniat kannte und schätzte, war selber Antragsteller während seiner Mitarbeit im COM (vgl. S. 28) gewesen.

Bevor ich die nationale Bühne in der Hauptstadt verlasse und von meinen Reisen in den Norden berichte, möchte ich kurz zwei weitere nationale Einrichtungen vorstellen: die nationale Caritas, **Caritas Brasileira,** und das **Centro Cultural Missionario.** Die Zentrale der Caritas in Brasilien hatte ich 2001 einmal wegen einer Umbaumaßnahme besucht, die neben Caritas International in Freiburg auch Adveniat mitfinanzieren sollte. Den Leiter der Caritas, José Magalhães de Sousa, kannte ich von seinen Besuchen in der Geschäftsstelle Adveniats. Er war ein politisch äußerst gut informierter Gesprächspartner. Das kleine Mitarbeiterteam machte eine kompetente Arbeit auf der Basis von reflektierten Leitlinien, die soziales Handeln mit einer *mística* verbanden, einer „befreienden Spiritualität".

Die Caritas erhielt viel lobbyistische Unterstützung seitens der CNBB. Sie beabsichtigte, sich im Land bekannter zu machen mit dem Gütesiegel einer Organisation, die für eine korrekte Verwendung öffentlicher Mittel stehe. Deshalb entwickelte man in dem Jahr eine Homepage und wollte die Fastenkampagne stärker in die Öffentlichkeit bringen. Dies geschah 2001 mit einer achtstündigen Musikshow, die in den drei kath. Fernsehkanälen und in allen 150 kath. Radiostationen des Landes gesendet wurde – ein enormer Kraftakt!

Abschließen möchte ich die Besuche bei den nationalen Einrichtungen mit dem **Centro Cultural Missionario (CCM),** das ich 2003 kennenlernte. Das unter der Trägerschaft der CNBB stehende Bildungszentrum hat für die Kirche Brasiliens eine zentrale Bedeutung als Anlaufstelle für alle Missionarinnen und Missionare aus dem Ausland, die in einem dreimonatigen Sprachkursus nicht nur die portugiesische Sprache erlernen, sondern auch Landeskenntnisse und eine Einführung in das Profil der brasilianischen Kirche erhalten sollten. Interessant ist, dass die Zahl der Kursteilnehmer aus den europäischen Ländern signifikant abnahm, dafür aber immer mehr Teilnehmende aus anderen lateinamerikanischen Ländern und aus Asien und Afrika kamen. Es zeichnete sich ein zunehmender Süd – Süd – Austausch ab.

Weitere einmonatige Kursangebote macht das CCM für ausländische Missionar:innen mit mehrjährigem Einsatz in Brasilien zur Aktualisierung ihrer Kenntnisse (*Curso de Atualização*) und für Priester, Ordensleute und Laien, die in Brasilien selber in den Missionsgebieten im N und NO arbeiten wollten (*Curso de Formação Missionária*). Bemerkenswert war das zunehmende Interesse von Brasilianer:innen, die für einen missionarischen Einsatz ins Ausland gingen und sich darauf in einem Einführungskurs (*Curso „Ad Gentes"*) vorbereiteten.

In diesem Kapitel fasse ich die Reisen in den Jahren 1983 bis 2007 zusammen, die ich in die vier Bundesstaaten Acre, Rondônia, Amazonas und Roraima gemacht habe. Das westliche Amazonasbecken hatte ich seit Beginn meiner Projektarbeit im Brasilienbereich bearbeitet. In der Nomenklatur der CNBB gehörten die vier Bundesstaaten zum Regional Norden 1. Wegen der immensen Entfernungen – der Raum umfasste ein Gebiet von 2.185.000 qkm mit einer Bevölkerung von ca. 6,9 Mill. Einwohnern (Daten aus Anuário Católico 2015, S. 72) – teilte man das westliche Amazonasbecken 2002 in zwei Regionale auf: Norte 1 und Noroeste mit den Regionalstellen in Porto Velho und Manaus. Mit 3 Bewohnern/qkm ist dieser Teil Brasiliens der extrem dünnbesiedelte, wohingegen er von seinen Ausmaßen 25,9% des Territoriums ausmacht.

Wie Projektreisen gestalten in diesem riesigen tropischen Gebiet, das sechsmal größer ist als das vereinigte Deutschland? Logistisch war das eine Herausforderung, zumal ich allein auf mich gestellt war. Auf Erfahrungen meiner Kollegen konnte ich nur bedingt zurückgreifen. Hinzu kamen die gesundheitlichen Fragen wegen verschiedener Impfungen, die mich bei den ersten Reisen noch beschäftigten. Später reiste ich mit Gottvertrauen und einem Malaria – Mittel im Reisegepäck. Das beruhigte und genügte, *graças a Deus*. Nach einigen Reisen hatte ich auch gutes Kartenmaterial von unseren Partnern zur Verfügung, das mir für die Vorbereitung der Reisen und auch für die Projektbearbeitung sehr hilfreich war.

Von den damals 16 Prälaturen und Diözesen besuchte ich alle außer den sehr weit entfernten bzw. schwierig zu erreichenden Diözesen Cruzeiro do Sul, Lábrea und Alto Solimoes; manche aufgrund von Projektnotwendigkeiten, politischer Spannungsfelder, in denen unsere Partner standen oder Aufgaben für die Öffentlichkeitsarbeit mehrmals. Drehkreuz und Ausgangspunkt für die Flüge mit den kleinen Regionalflugzeugen in die Prälaturen am Alto Solimoes und am Rio Negro war immer **Manaus**. In diese rasant anwachsende Amazonas – Metropole fuhr ich insgesamt 13-mal. Der Verkehr wurde von Jahr zu Jahr unerträglicher und es war kaum möglich, an einem Tag mehrere Projektpartner an der Peripherie zu besuchen. Das war frustrierend, besonders bei Delegationsreisen mit anderen Reisenden, die in kurzer Zeit viel sehen wollten. Deshalb galt es beim vorgesehenen Tagesprogramm immer Abstriche zu machen, denn deutsche Effizienzkriterien waren in der Millionenstadt nicht angesagt. Den kleineren Flughafen *Eduardinho* für die Regionalflüge habe ich in besonderer Erinnerung. Da herrschten andere Regeln als am neuen internationalen Flughafen *Eduardo Gomes*. Der Kauf von Tickets Wochen im Voraus wurde sinnlos, wenn dunkle Gestalten mit mehr Reisebudget denselben Flug wahrnehmen wollten und ihre dicken Geldscheine am Abwicklungsschalter zückten. Ohne meine Begleiterin Ir. Leticia, Sekretärin der Regionalstelle und Amazonense, wäre ich auch mit Ticket nicht bis an den oberen Rio Negro gekommen. Sie machte dann einen Riesenaufstand und schrie durch die ganze Halle, dass in Brasilien endlich Ordnung herrschen müsse! Das Klima der Korruption hatte hier im Alltag viele Schattierungen und die unterschiedlichen Seiten des Landes zeigten sich am Flughafengelände wie in einem Brennglas.

Reisen im Regional Noroeste (Acre und Rondônia)

Die beiden südwestlichen Staaten des Amazonasbeckens hatten sich in diesen Jahren aus politischer und ökologischer Perspektive unterschiedlich entwickelt. Im Acre schien mir die Welt immer etwas „heiler" zu sein. Es gab nicht die verheerend anwachsende Umweltzerstörung wie im benachbarten Rondônia seit den 1980er Jahren; auch galten in politischer Hinsicht die Senator:innen aus dem Acre durchweg als integre Führungspersönlichkeiten. Einige von ihnen kamen aus dem Umfeld der Basisgemeinden. Ich werde im Folgenden die besuchten Jurisdiktionen im Acre und in Rondônia einzeln vorstellen.

Diözese Rio Branco – bei den Behüter:innen des Regenwaldes

Die 1919 als Prälatur gegründete Diözese bereiste ich schon früh 1985, als **D. Moacyr Grechi** der zuständige Bischof in der Hauptstadt des Acre war. Er galt damals mit seiner entschiedenen Option für die CEBs und seiner mutigen Stellungnahme zu gesellschafts- und umwelt-politischen Problemen als einer der fortschrittlichsten und intelligentesten Köpfe in der brasilianischen Bischofskonferenz. An auswärtigen Besuchern mangelte es nicht, auch nicht an Theologen aus anderen Landesteilen, die den Prozess der CEBs und der Pastoralbereiche in der Diözese begleiteten, u. a. die Gebrüder Clovis und Leonardo Boff. Sie schrieben über ihre Erfahrungen im Acre und machten mit ihren Publikationen das innovatorische Modell von Kirche im entlegenen Rio Branco im In- und Ausland bekannt.

Was war das Besondere in dieser Diözese, die 1985 ca. 220.000 Bewohner zählte und eine Ausdehnung von 117.000 qkm hat? Ihre Pastoralpläne wurden nicht von oben definiert, sondern entstanden in einer Dynamik von unten, wobei den Koordinator:innen der 95 CEBs und den Verantwortlichen der zu ihnen gehörigen 1.500 (!) *grupos de evangelização* eine besondere Rolle zukam. Beide Gruppierungen trafen sich untereinander regelmäßig und bildeten sich in Kurzkursen fort. Die Verantwortlichen der CEBs nahmen zusätzlich jährlich an einem dreiwöchigen Pastoralkurs teil. Zu diesen Kursen kamen auswärtige Theologen, die wiederum die Priesteramtskandidaten im Blockunterricht unterrichteten.

Während meines dreitägigen Aufenthalts ergab sich die Möglichkeit, am abendlichen Treffen der Monitore einer Basisgemeinde an der Peripherie von Rio Branco teilzunehmen. Ich war erstaunt, wie selbstbewusst und engagiert die Gruppe untereinander diskutierte. Der Priester hörte vor allem zu. Unsere jährlichen Hilfen für die pastorale Bildungsarbeit trugen hier, wie mir schien, reiche Früchte.

Unvergesslich bleibt mir der Besuch im Hinterland zu einem 80 km von Rio Branco entfernten Besiedlungsprojekt der INCRA (Bundesbehörde für Kolonisierung und Agrarreform) mit Namen *Humaitá*. Mich begleitete die junge Lehrerin **Maria Francisca Marinheiro**. Sie war damals Mitglied des diözesanen Koordinationsteams der Pastoral. Ich sah, dass diese Frau sehr fähig und energiegeladen war, konnte aber nicht ahnen, dass sie 18 Jahre später nach ihrer Heirat als **Marina da Silva** Ministerin für Umwelt der Regierung Lula (2003 – 2008) und eine der bekanntesten Umweltschützerinnen in Brasilien werden würde. Nicht nur das: bei den Präsidentschaftswahlen 2010 und 2014 belegte sie mit 19 bzw. 21 Prozent der Stimmen einen beachtlichen 3. Platz. In Erinnerung bleibt mir auch ihr Besuch ein Jahr später 1986 in der Geschäftsstelle Adveniats. Ich holte sie mit ihrem Partner am HBF in Essen ab. Beide kamen an mit dem Nachtzug aus Mailand, erschöpft und vor allem nach Wasser lechzend, da das Zugrestaurant während der ganzen Fahrt geschlossen war.

Maria Francisca brachte mich 1985 in Kontakt mit einem Koordinator der *CEB* des Weilers *Humaitá*. In seiner ärmlichen Holzhütte erzählte der ca. 40-jährige Mann beeindruckend aus seinem Leben: wie er vom Alkoholiker zum Monitor einer Gruppe und dann zum Koordinator der CEB wurde. Die Kurse der Diözese hätten ihm geholfen, sich von seiner Sucht zu befreien und in der Beschäftigung mit der Bibel hätte er sogar Lesen gelernt. Er erlebte seine Entwicklung wie eine Neugeburt: seine Scheu sei von ihm abgefallen und öffentlich zu reden fiele ihm nicht mehr schwer. Welch hoffnungsvolle Schritte von Empowerment der Armen!

Das Projekt *Humaitá* der Bundesbehörde für Kolonisierung und Agrarreform war ein erschreckendes Beispiel dafür, wie vertriebene *Seringueiros* (Kautschukzapfer) und Bewohner der Peripherie von Rio Branco in den Urwald getrieben und völlig alleingelassen wurden – abgeschoben wie Tiere, meinte später D. Moacyr. Es gab für diese Menschen keine minimale Infrastruktur (Busverkehr, Gesundheitsposten, Schule) und keinerlei landwirtschaftliche Unterweisung. Während der Autofahrt auf staubiger Schotterpiste sprach Maria Francisca an einer Wegkreuzung zwei Frauen mit ausgemergelten Gesichtern und einem kleinen Jungen an. Sie waren mit schwerem Gepäck schon 21 km zu Fuß gelaufen, um zu ihrer Elendshütte zurückzukehren und es fehlten ihnen noch weitere 8 km! Sie warteten am Wegrand in der Hoffnung, von einem Fahrzeug mitgenommen zu werden. Solche unerwarteten Erlebnisse in der Welt der Armen sagen oft mehr als Armutsstatistiken...

In Rio Branco sprach ich mit **Anselmo Forneck**, dem Verantwortlichen der Indigenenpastoral. Diese war in der Diözese eine der fünf Sektoren des Pastoralkonzepts neben Katechese, Laienämter (*Ministros*), Menschenrechte und Landfrage. Die Arbeit des CIMI – Teams von 13 Mitarbeitenden förderte Misereor. Im Acre lebten damals 9.000 Indigene in 11 hinsichtlich Sprache und Kultur sehr unterschiedlichen Völkern. Die Aufgaben dieser Regionalstelle bezogen sich vor allem auf die gesundheitliche Versorgung, die Ausbildung eigener Lehrer in den einzelnen Völkern sowie die Registrierung und grundbuchmäßige Eintragung indigenen Territoriums. Nach den Informationen des CIMI – Verantwortlichen befanden sich damals 89% des Landes im Acre in Händen von Großgrundbesitzern, nur 9 % galt als Land der Indigenen, das jedoch erst zu einem Drittel offiziell registriert war. Der mehrstufige Prozess von der Vermessung bis zur grundbuchmäßigen Eintragung war vor allem in Brasilia bei der Federalregierung hinausgezögert worden.

Bischof Grechi ermöglichte mir Begegnungen mit der Bevölkerung des Acre, wofür ich sehr dankbar war. 18 Jahre später sahen wir uns nach seiner Ernennung zum Erzbischof von Porto Velho in Rondônia wieder, darüber werde ich im folgenden Kapitel berichten. D. Moacyr war damals eine der starken Persönlichkeiten der Kirche in Brasilien, mutig im Wort und profunder Kenner der Probleme des Amazonasraums, dazu überzeugender Kommunikator, der den Menschen das Evangelium des Tages in seiner morgendlichen Bibelbetrachtung näher brachte.

Zu den Hütern des Waldes im Acre gehörte der Kautschukzapfer **Chico Mendes**. Auch wenn ich ihm nicht persönlich begegnete, möchte ich an dieser Stelle an ihn erinnern. Zusammen mit seiner Mitstreiterin Maria Francisca hatte er 1977 die Gewerkschaft für die *Seringueiros* in seinem Heimatort Xapuri gegründet. Beide traten in die PT ein und unterstützten den Aufbau der jungen Arbeiterpartei in ihrem Bundesstaat. Während der Autofahrt hatte mir Maria Francisca von Chico erzählt und von seinem Kampf zur Erhaltung der Wälder, der Lebensgrundlage der Kautschuckzapfer und der Paranusspflücker. Den Viehzüchtern und der Holzindustrie war dieses Engagement ein Dorn im Auge. Am 22.12.1988 wurde Chico von einem Großgrundbesitzer an der Türschwelle seiner Holzhütte kaltblütig ermordet. D. Moacyr feierte das Requiem in seinem Geburtsort Xapuri zusammen mit Tausenden von Seringueiros und Kleinbauern aus dem Acre. Seine Predigt verbreitete sich im ganzen Land, es war eine eindringliche Anklage gegen die Verbrechen der Großgrundbesitzer und die Tatenlosigkeit von Polizei und Behörden. Chico Mendes hinterlässt uns heute angesichts der

Klimakatastrophe ein starkes Lebenszeugnis. Das auf seine Initiative beruhende „Manifest der Völker des Waldes" (*Em Defesa dos Povos da Floresta*), erarbeitet von den Kautschukzapfern und den Indigenen des Acre, ist ein Vermächtnis an uns alle.

Erzdiözese Porto Velho – Migrationsströme und Erinnerungsarbeit

Die Hauptstadt des Bundesstaates Porto Velho habe ich als eine der unattraktivsten größeren Städte Brasiliens in Erinnerung. Bei meinen drei Besuchen 1984, 1985 und 2003 erlebte ich sie zunehmend gewalttätig wie gefährlich – eine Region, wo das Recht des Stärkeren zählte und die staatlichen Ordnungsinstanzen offensichtlich versagten. Rondônia verzeichnete in den 1970/80 er Jahren den größten Migrationsstrom des Landes. Die asphaltierte Straße BR 364 von Cuiabá nach Porto Velho zog die Siedler aus anderen Landesteilen an, auch das Milliardendollar – Besiedlungsprojekt der Weltbank mit der INCRA. Es sollte ursprünglich ein Kleinbauerntum fördern, aber schon bald zeigte es Schwächen und eine skrupellose Korruption seiner Funktionäre, so dass es zu einem Einfallstor für die Interessen der Großgrundbesitzer mutierte. In der Anfangsphase gaukelte die Propaganda in Fernsehsendern der Südstaaten Rondônia als Eldorado vor, einige Jahre später war dann mehr von Malaria die Rede, um die Menschen abzuschrecken...

Beim ersten Besuch **1984** erfuhr ich im Gespräch mit dem diözesanen Pastoralteam von der sehr widersprüchlichen Realität dieses Bundesstaates. Die öffentliche Gesundheitsversorgung war überaus defizitär, weshalb sich kirchliche Träger im Gesundheitsbereich engagierten, während völlig unverständlich das 300-Betten große Regionalkrankenhaus 2000 Mitarbeiter:innen unter Vertrag hatte.

Der Erzbischof **D. José Martins da Silva**, ein bescheidener und sympathischer Ordensmann, betonte, keine Hilfe seitens der Regierung annehmen zu wollen, um sich nicht abhängig zu machen. Er hatte klare Optionen: so habe beispielsweise die Renovierung der *Catedral* zu warten angesichts der immensen sozialen Probleme. Auch am Tag meines Besuchs setzte er ein deutliches Zeichen, indem er die Einladung zur Einweihung einer neuen Militärbasis unter dem Beisein von Staatspräsident Figueiredo absagte. Er könne die unsoziale und korrupte Politik der Regierung nicht unterstützen, meinte D. José und fügte – zu meiner Überraschung – hinzu, ihm sei die Begleitung der Vertreterin eines Hilfswerks wichtiger!

An der Peripherie der Stadt machte ich einige Projektbesuche in Pfarreien, sprach mit neu sich niederlassenden Schwesterngemeinschaften, einem Mitarbeiter des CIMI, besuchte eine menschenfreundliche Leprastation der Irs. Marcelinas und erwarb so ein Bild von den Notwendigkeiten vor Ort. Dazu gehörte der Umbau eines früheren Salesianerkollegs in ein regionales Priesterseminar. Die 60 Jahre alte Erzdiözese hatte bisher keinen einheimischen Nachwuchs, von den 20 Priestern waren 18 Ausländer. Von dieser kirchlichen Realität hörte ich in den folgenden Jahren an fast allen Orten im Amazonasbecken. 1985 war Porto Velho nur Zwischenstation gewesen, als ich nach einer mehrtägigen Reise ins Hinterland der Prälatur Borba in der Kurie übernachten und die wenigen Stunden für einen Projektaustausch nutzen konnte.

Interessant war für mich **2003** die Wiederbegegnung mit Rondônia und seinen drei Diözesen nach 18 Jahren. Ich staunte, wie positiv kirchliche Entwicklungen in diesen Jahren in Gang gekommen waren ganz im Gegensatz zur politischen und ökologischen Situation, die sich dramatisch verschlechtert hatte. Während des zweitägigen Aufenthalts in der Erzdiözese hatte mir der **neue Erzbischof D. Moacyr Grechi**, gezeichnet von einem schweren Autounfall, ein Besuchsprogramm mit gut informierten Gesprächspartner:innen aus den diözesanen und regionalen Gremien zusammengestellt. Er berichtete auch von Hoffnungsgeschichten für die Zivilgesellschaft: 22 Organisationen hatten (dank eines Misereor – Projekts) das Forum *Transparência Rondônia* gegründet, das bei Korruptionsverdacht eine Klage einreichte. Die Mitglieder des Forums kamen aus den Gewerkschaften, den Führungsreihen der Armenviertel, den Intellektuellen der Stadt und den Repräsentanten der historischen christlichen Kirchen. Erzbischof Moacyr unterstrich auch die bedeutende Rolle der kommunalen und bundesstaatlichen Beiräte (*Conselhos*), die nach seiner Ansicht bei guter Arbeit viel bewirken konnten. Bezogen auf die Bildungssituaton mangelte es in der Hauptstadt Porto Velho nicht an Universitäten, von den insgesamt neun waren jedoch die meisten in privater Trägerschaft, die ihre Studienangebote zu einem einträglichen Geschäft machten.

Die 2002 neugegründete **Regionalstelle Noroeste** der CNBB war dabei, sich zu strukturieren und einen Plan der Veranstaltungen und Treffen der Pastoralbereiche auszuarbeiten. Die Direktion wurde dabei mehrheitlich von Frauen wahrgenommen. Die *Secretaria* **Doralice Camargo** gehörte zu den sehr fähigen Führungspersonen in dieser wichtigen Aufgabe, eine regionale Ortskirche aufzubauen. Auch an anderen Orten im Amazonasbecken begegnete ich kompetenten Laiinnen und Ordensfrauen in dieser leitenden Rolle. Sie waren unmittelbar den Bischöfen unterstellt und hatten deren volles Vertrauen. Die Kirche im Amazonasbecken hat in diesen Jahren nach meinem Eindruck ein weibliches Gesicht bekommen.

Die Katechese war in dieser Region gut organisiert mit jährlichen Treffen und Weiterbildungsangeboten seit 10 Jahren. Auch die geschätzten ca. 3.800 Basisgemeinden in dem neuen Regional waren schon lange vernetzt und konnten eine erstaunliche Entwicklung vorweisen. Spitzenreiter war die Diözese Ji-Parana mit deutlich über 1.000 CEBs, gefolgt von der Erzdiözese Porto Velho mit über 600 CEBs. Während ihres jährlichen Bildungstreffens 2003 zum Thema „Religiöser Pluralismus" kamen 120 Teilnehmende aus dem ganzen Regional nach Guajará-Mirim. Angesichts der langen Anreisen aus großen Entfernungen zeigte solch eine hohe Teilnehmerzahl die erstaunliche Vitalität auf Ebene der kirchlichen Basis.

Die **Ordenskonferenz** bot in ihrer **Regionalstelle** in **Porto Velho** ein vielseitiges Bildungs-programm an. Ich sprach mit **Ir. Benedita D. Nogueira** als Mitglied des Direktoriums, einer wachen Ordensfrau aus São Paulo, von Beruf Sozialarbeiterin. Die Regionalstelle organisierte sich in *núcleos*, d.h. dezentralen Einheiten, damit die weit abgelegenen Ordensgemeinschaften sich untereinander treffen konnten und sich nicht abgeschnitten fühlen mußten. Mitglieder des Direktoriums kamen zu Beratungsgesprächen und zum mitmenschlichen Austausch regelmäßig in diese *núcleos*.

Die Sozialarbeiterin sprach auch das seit fünf Jahren in der Stadt sichtbare Problem der Kinderprostitution an. Die von den staatlichen Stellen einberufene Untersuchungskommission hatte nach ihrer Einschätzung bisher nicht viel bewirkt, ebenso wenig die *CPI-Narcotráfico Rondônia*. Diese Kommission aus regionalen und lokalen Poltikern war schnell aufgelöst worden, waren sie doch selbst zu 80% (!) im Drogenhandel involviert, wie die Ordensfrau sagte.

Eine eindrückliche Begegnung hatte ich 2003 ebenso bei der **Regionalstelle Rondônia des Indigenenmissionsrates CIMI,** weiterer Projektpartner Adveniats. Ich sprach mit der seit 14 Jahren in der Regionalstelle tätigen Rechtsanwältin **Maria Cecília Felipini,** einer Paulista aus Presidente Prudente. Sie machte mich auf die kulturelle Komplexität dieses Bundesstaates aufmerksam. In Rondônia gab es 40 verschiedene Ethnien mit entsprechend unterschiedlichen Sprachen, was eine Herausforderung für die Arbeit des CIMI – Teams bedeutete, zumal nicht alle indigenen *lideres* portugiesisch sprachen.

Ein schwieriges Sonderproblem stellte zur Zeit meines Besuchs die Situation des Volkes der **Cinta Larga** dar. Ihre 1.500 Mitglieder leben auf demarkiertem Land, in dem seit kurzem Diamantenvorkommen entdeckt worden waren, weshalb Diamantensucher und Holzhändler gewalttätig in die Dörfer eindrangen. Einige Indigene ließen sich offensichtlich dafür kaufen (auf einmal fuhren sie schicke Autos). Es gab Morde innerhalb der Dörfer, auch Waffenbesitz einzelner Indigener sowie Verwicklungen im Drogenhandel. Die Menschenrechtskommission wurde zu einer baldigen Untersuchung vor Ort beauftragt.

Ein weiterer thematischer Schwerpunkt dieser Regionalstelle blieb mir besonders im Gedächtnis: die **Erinnerungsarbeit.** Die Rechtsanwältin hatte viele Gespräche mit älteren Indigenen dokumentiert, die die Massaker seit den 1930er Jahren im Bundesstaat miterlebt hatten. Immer wieder habe es gewaltsame Übergriffe auf indigene Dörfer gegeben, bspw. beim **Volk der Surui.** 1968 überlebten nur 280 von damals 780 Indigenen den gewalttätigen Übergriff. Binnen drei Monaten seien 500 Surui gestorben. Dieses Volk ist ein markantes Beispiel für den Genozid an Indigenen in den Jahren der Militärdiktatur. In diesem Zusammenhang ist wichtig zu erwähnen, dass die spätere 2011 eingesetzte Wahrheitskommission Beweise zusammen getragen hatte, die die Militärdiktatur selbst für die Verfolgung und Tötung Indigener verantwortlich machte.

Meine Gesprächspartnerin benannte weitere gewalttätige Handlungen an der indigenen Bevölkerung von Rondônia: Ermordungen – noch bis in die 1970er Jahre setzten Siedlungsfirmen *pistoleiros* ein, um Indigene zu erschiessen; die Verteilung von mit Grippe- und Masernviren verseuchte Gebrauchtkleidung und mit Arsen gemischte Zuckerwürfel; Sklavenarbeit und sexuelle Gewalt gegenüber indigenen Frauen, die bisweilen durch Mitarbeiter der staatlichen Indigenenbehörde FUNAI direkt an Großgrundbesitzer ausgeliefert worden sind.

Die Regionalstelle recherchierte diese damaligen menschenverachtenden Praktiken in diesem Bundesstaat mit großer Aufmerksamkeit. Man nutzte dafür das Instrument der Oral History, solange die Zeitzeugen noch lebten. Die Gespräche mit den älteren Indigenen seien sehr bewegend, meinte die Rechtsanwältin, gleichzeitig unerlässlich, um die Schattenseiten der Kolonisation aufzudecken. Welche große Anerkennung gebührt der Mitarbeiterin des CIMI für diese gründliche Recherchearbeit! Wegen dieses Engagements lebte Maria Cecília auch im Jahr 2003 in Rondônia noch immer gefährlich.

Abschließende Daten und Hintergrundinformationen zu Rondônia

Diese informativen Begegnungen in der Erzdiözese mit dem erschütternden Blick in ihre Geschichte rundete eine gut vierstündige, 350 km lange Autofahrt (auf der asphaltierten BR 364 von Porto Velho nach Ji-Paraná) mit dem Verwalter der Landpastoral **CPT** der Regionalstelle Noroeste, **Jair Melchior Bruxel,** ab. Es war eine der Autofahrten, die – wie schon manchmal – zu einer wunderbaren Gesprächsmöglichkeit wurden, viel Wissenswertes zu erfahren über Aufgabenfelder sowie politische Verhältnisse, die Geschichte und aktuelle Problemfelder einer Region bzw. eines Bundesstaates.

So erfuhr ich bei dieser Gelegenheit aus der Arbeit der Regionalstelle folgendes: wie sehr das Bildungskonzept für die Kleinbauer:innen neben technischer Wissensvermittlung auch die ökologische Perspektive beinhaltete, jedoch ebenso religiöse Schwerpunkte wie die einer Spiritualität des Wassers und der Erde. Auch führte man alle drei Jahre eine große, themenspezifische Landwallfahrt, die *Romaria da Terra,* durch.

Noch ein interessanter Aspekt fiel mir in unserem Gespräch auf: die Bedeutung der Genderfrage für die CPT. Man achtete bewusst darauf, dass in der Koordinationsgruppe auch Frauen vertreten waren. Dass 2003 in Rondônia 1,4 Mill. Einwohner lebten und 6,4-mal so viele Rinder (9 Mill.) gezählt wurden, diese Realität war für meinen Gesprächspartner nur im historischen Kontext zu begreifen. Viele Migrant:innen stammten nämlich aus den bis zu 4.000 Kilometer entfernten südlichen Bundesstaaten Paraná, Santa Catarina und Rio Grande do Sul. Dabei war die Besiedlung – eine Idee General Rondons aus den 1940er Jahren – in zwei Etappen erfolgt: In den 1970er Jahren hatte die INCRA Großgrundbesitzern Land in der Größenordnung von 500 bis 1.000 *alqueires* (ein *alqueire* entspricht in etwa 2,5 ha) angeboten, oft kostenlos bzw. über günstige Kredite. Nach dieser ersten Welle waren die über Werbesendungen der Regierung angelockten Kleinbauern gekommen. 20% überlebten jedoch die harte Anfangsphase der Rodung des Primärwaldes und seiner Bepflanzung (zunächst Kaffee, später Kakao und Reis) nicht, sie starben an Malaria. Heute wird vor allem Soja angebaut.

Wegen dieser schwierigen Lebensbedingungen für die Kleinbauern waren nach Einschätzung meines Begleiters 20% der Migranten:innen in den Süden zurückgekehrt bzw. weiter gezogen in den Norden in die Bundesstaaten Amazonas und Roraima oder Richtung Mato Grosso. Viele Kleinbauern seien heute frustriert, krank, verzeichneten mangelnde Ernterträge und sähen keine Überlebenschancen. Für die Kleinbauern kam hinzu, dass 70% ihres Landes damals von der INCRA grundbuchmäßig nicht eingetragen worden war. Die CPT half ihnen, diesen mühsamen wie kostspieligen bürokratischen Prozess nachzuholen. Jair erachtete es als Glücksfall, dass die Lula – Regierung einen neuen, kooperativen Leiter bei der INCRA eingesetzt und damit die Arbeit der CPT wesentlich erleichtert hatte.

Die mangelnde grundbuchmäßige Absicherung des Landes für die Kleinbauern stand im Zusammenhang mit der Tatsache, dass nach den Recherchen der CPT 1 Mill. ha in Rondônia als von *Fazendeiros* geraubtes Land (*grilagem*) galt. Die INCRA versuchte aber zu diesem Zeitpunkt, die unrechtmäßige Aneignung der Ländereien rückgängig zu machen.

Bezogen auf die politischen Verhältnisse überraschte nicht, dass der amtierende Gouverneur des Bundesstaates selber Besitzer großer landwirtschaftlicher Flächen und Eigentümer von vier Wasserkraftwerken war. Eine ökologische Sicht sei den Politikern in Rondônia fremd, Korruption im Vergleich zum Acre auf allen Ebenen der Judikative, Exekutive und Legislative allgegenwärtig, so mein Gesprächspartner. Auch die **Abholzungsrate** bzw. das Abbrennen des Primärwaldes (nach offiziellen Angaben **30%**) sei in Rondônia dramatischer als im Nachbarstaat Acre. Der CPT – Mitarbeiter bestätigte, dass die Basisgemeinden im Acre in den letzten 25 Jahren einen großen Einfluss auf das Entstehen einer neuen politischen Führungselite gehabt hätten.

Angesichts dieser erdrückenden Daten und Hintergrundinformationen schien mir mein guter Begleiter nicht den Humor und den Sinn für überraschende Zusammenhänge verloren zu haben. So erzählte er, dass die Stadt Porto Velho mit ihren 420.000 Einwohnern und dem Sitz der Landesregierung bspw. über kein eigenes Theater verfüge, aber dafür fänden jährlich drei Aufführungen über das Leben Jesu statt. Diese passionsspielartige Idee war aus der Initiative einer Pfarrei-Jugendgruppe entstanden und hatte sich seither zu einem Theaterereignis etabliert – für viele Menschen, besonders für Jair selbst, ein großartiges Ereignis.

Diözese Ji-Paraná – eine Ortskirche mit lokaler Gestalt

Die Diözese wurde 1978 im Zuge des Migrationsstroms in den Süden Rondônias als Prälatur gegründet und 1983 zur Diözese ernannt. Ich besuchte sie ein Jahr später im Jahr 1984 und nach 19 Jahren 2003 erneut wieder. Auffällig war, dass die Anzahl der Bewohner inzwischen abgenommen hatte. Zählte man 1984 auf einem Gebiet so groß wie der früheren BRD 800.000 Einwohner, so waren es 2003 nur noch 639.000. Dieser Bevölkerungsrückgang ist ein deutlicher Indikator für den im Vorkapitel beschriebenen ruralen Exodus.

Schon bei meinem ersten Besuch 1984 konnte ich feststellen, wie sich in Ji-Paraná eine Kirche mit eigenem, lokalem Gesicht entwickelt hatte. Sie gestaltete ihren autonomen Weg an Seiten der vielen Migranten, die Jahr für Jahr mehr von der Hauptader der BR 364 in den Primärwald in die sogenannten *linhas* (Landschaftsparzelleneinheiten) eingedrungen waren. Dabei gaben die Basisgemeinden den Menschen in ihren ersten Jahren viel Rückhalt. Bei meinem Besuch damals zählte man schon 800. Der Aufbau von CEBs in den 15 Pfarreien, die von Ji-Paraná 35 bis 850 km entfernt lagen, und die Mitbeteiligung der Laien machten die entschiedenen Leitlinien der Diözese aus. Hinzu kam, dass man kleine Schritte gehen wollte, um nicht von Finanzquellen von außen abhängig zu werden. Deshalb lag es nahe, dass in allen Pfarreien der *Dízimo* nach eigener Methode und mit eigenen didaktischen Hilfsmitteln erstellt wurde.

Fast jede Pfarrei hatte in dieser Zeit bereits ihr eigenes, sehr schlichtes Pastoralzentrum *(centro de pastoral)* mit Übernachtungsmöglichkeiten für Gruppen, wo die *lideres* aus den CEBs monatlich zusammenkamen. Die *centros* waren der Mittelpunkt der Pfarrei. Wegen der Entfernungen konnten die Seelsorger aus ihren Pfarreien die dazugehörigen CEBs höchstens fünfmal im Jahr besuchen. Umso wichtiger sah die Diözese die kontinuierliche theologische Schulung ihrer *lideres* an.

Den Bau von Kirchen und Kapellen in den CEBs plante man für später. In der Anfangsphase reichte eine bescheidene Holzkapelle für den sonntäglichen Wortgottesdienst und für die Treffen der *grupos de evangelização* und sonstiger Zusammenkünfte. Bemerkenswerterweise hatte jede CEB auch einen eigenen Gemeinschaftsgemüsegarten, eine *horta comunitaria,* um Familien in sozialen Notlagen zu helfen oder auch den Neuankömmlingen Nahrungsmittel zur Verfügung zu stellen.

Bei meinem Besuch 1984 hatte ich Gelegenheit, zusammen mit Bischof **D. Antonio Possamai**, einem Ordensmann der Salesianer, in die erst vor vier Jahren neu entstandene Pfarrei von **Roulim de Moura** zu fahren. Sein *Fuscinha* (VW-Käfer) hatte schon etliche tausende Kilometer zurückgelegt, da D. Antonio das ganze Jahr über in seiner riesigen Diözese unterwegs war. Die Pfarrei von Roulim lag 60 km von der BR 364 landeinwärts und zählte im urbanen Zentrum 16.000 Einwohner, zu denen 38.000 in den *linhas* kamen. Das blutjunge „Städtchen" war ein typisches Beispiel für die Rodung des Urwalds im Zuge des INCRA – Besiedlungsprojektes. Auf einer Fläche von 3.200 qkm bauten die Kleinbauern Kaffee an bzw. lebten von Beschäftigungen in der Holzindustrie. Die Methoden der Rodung wurden mir vom Pfarrer als rücksichtslos, ohne jede ökologische Verantwortung beschrieben. In der Trockenheit brannte man den Wald ab, nachdem vorher jede Menge Edelhölzer geschlagen worden waren.

In Roulim sah ich die wichtige Bedeutung des *centro pastoral* für die pastorale und soziale Arbeit in der Pfarrei mit ihren 125 CEBs. Auch wenn das Team 4 Priester und 3 Ordensfrauen als Hauptamtliche zählte, standen sie vor einer Sisyphosaufgabe: Die CEBs konnten auch in dieser Pfarrei wegen der Entfernungen und schwierigen Wegverhältnisse allenfalls 4 bis 5-mal jährlich besucht werden. Umso reger entwickelten sich die Bildungsangebote im Pastoralzentrum, die von Adveniat jährlich gefördert wurden.

Bei meinem Rundgang durch den Ort fielen die vielen Apotheken auf, erstaunliche 14 an der Zahl. Und 22 Ärzte hatten sich in dieser Kleinstadt, die auf mich wie im „Far – West – Milieu" wirkte, niedergelassen. Die Privatmedizin blühte an diesen Orten im ehemaligen Regenwald, wo Gesundheit als Ware angeboten wurde. Wie ich mit eigenen Augen gesehen habe, hatte das öffentliche Krankenhaus nur 10 Betten, war miserabel geführt und sehr dürftig ausgestattet. Meine Gesprächspartner stuften Unterernährung und Malaria als die größten gesundheitlichen Probleme der Bevölkerung ein.

In Ji-Paraná hatte ich am letzten Tag meines Aufenthalts in der Diözese Gelegenheit, an einem Seminar für die Verantwortlichen der CEBs zum Thema „Glaube und Politik" teilzunehmen. Es ergab sich eine interessante Diskussion mit der Gruppe. Neben Bibelkursen, Exerzitien und Katechesewochenenden fehlte es in dieser Region natürlich nicht Weiterbildungen in landwirtschaftlichen Anbaumethoden. In dieser praktischen Bildungsarbeit war den Lehrenden vor allem wichtig, den Kleinbauern ein Bewusstsein dafür zu vermitteln, das neuerworbene Land nicht durch Verkauf aufzugeben.

Die Landproblematik war auch in dieser Diözese gezeichnet von Konflikten zwischen Großgrundbesitzern und Kleinbauern, den *posseiros*. Es gab viele Überfälle von *pistoleiros*. Der Bischof sprach von einer subtilen Benachteiligung der kath. Kirche, denn die staatlichen Gelder bekämen heutzutage die *Evangelicós*, sagte D. Antonio.

Mein Besuch im Jahr **2003** fiel mit dem 25-jährigen Jubiläum der Diözese zusammen. Nach meinem Eindruck gab es allen Grund zu feiern. Ich staunte über die Entwicklungen dieser konsolidierten Ortskirche mit lokaler Gestalt, ein Erfolg, wie ich ihn nur an wenigen Stellen so deutlich feststellen konnte.

Die Diözese hatte eine klare Organisationsstruktur mit dem Ergebnis einer soliden Finanzsituation entwickelt. Die zunehmende finanzielle Selbstständigkeit war das Ergebnis einer 20 jährigen Arbeit zum Thema *Dízimo*. 70 – 90% aller Gemeindemitglieder beteiligten sich mit mtl. Beiträgen, dabei wurden bei Taufen oder kirchlichen Trauungen keine Stolgebühren erhoben. Das war den Verantwortlichen besonders wichtig. In der Kurie, die mit Eigenmitteln in einfacher Bauweise erstellt worden war, standen 25 fest angestellte, meist jugendliche Mitarbeitenden bei einer Entlohnung von 2 Mindestlöhnen und 25 Tagen Ferien unter Vertrag. Neben den Einnahmen aus dem *Dízimo* trugen die Mieteinnahmen aus acht kleinen Ladenlokalen im Erdgeschoss der Kurie zur Deckung des Finanzhaushalts bei.

In der pastoralen Bildungsarbeit konnte man inzwischen auf eine 14-jährige Erfahrung der 3 ½ jährigen Theologieausbildung, *Escola de Teología,* für die Laienführungskräfte zurückblicken. Dies galt auch für den Kurs „*Escola Fé e Politica*". Zu beiden Ausbildungsgängen fragte man Referent:innen aus anderen Landesteilen an. Die Anzahl der **CEBs** war auf **1.300** gestiegen, obwohl, wie beschrieben, die Bevölkerung abnahm. Hinzu kamen 3.000 *grupos de reflexão*. Ebenso nahm der Priesternachwuchs zu. Auf die Medienarbeit legte man besonderen Wert mit eigens erstellten Radioprogrammen, für die Sendezeiten in lokalen Radios angemietet wurden. Dem jungen Medienverantwortlichen finanzierte Adveniat ein Journalistikstudium. Den Kauf einer Radiostation, wie er oft an anderen Orten in Angriff genommen wurde, sah man als nicht notwendig an. Auch im Medienbereich bevorzugte man die kleinen, aber dynamischen Schritte.

Dennoch: bei allem Engagement der katholischen Kirche war die Präsens der Sekten ebenso stark wie im ganzen Bundesstaat Rondônia, auch ihr Einfluss auf die lokale und regionale Politik, so D. Antonio. Insofern war der nationalistisch und militaristisch orientierte Präsident Bolsonaro bei Amtsantritt 2019 – mit seiner starker Affinität zu den neuen religiösen Denominationen – aus meiner Sicht keineswegs vom Himmel gefallen. In Rondônia wurden von den Schattenkräften in der Politik auch hier ab den 1980er Jahren Weichen gestellt. Zur gleichen Zeit waren übrigens die *pastores evangelicós* aus den USA gekommen.

Beide Besuche erlebte ich als sehr beeindruckend. Der wortkarge, zurückhaltende Bischof D. Antonio hatte eine klare Vision zu Beginn seiner Amtszeit, sicherlich konnte er sich als *Gaucho* in die Situation der Migranten gut hineinversetzen. Der Weg einer Ortskirche auf Seiten der Armen und im Vertrauen auf die eigenen lokalen Kräfte konnte das traditionell römisch geprägte Modell von Kirche auf überzeugend partizipative Weise überwinden. Die Diözese bekam so für mich Modellcharakter.

Diözese Guajará-Mirim – das schwere Erbe einer europäischen Mission

Guajará-Mirim komplementiert das geographische Dreieck der drei Diözesen im Bundesstaat Rondônia. Im Osten am Fluß Marmoré gelegen, unmittelbar an der Grenze zum Nachbarstaat Bolivien, war sie verkehrsmäßig schwieriger zu erreichen wegen des beträchtlichen Umwegs über Porto Velho. Bei meinem ersten zweitägigen Aufenthalt **1984** kam ich in die kleine Provinzstadt noch mit der regionalen Fluglinie. Im Jahr 2003 war die 335 km lange Straße von Porto Velho aus inzwischen zu zwei Drittel asphaltiert. Ich legte sie auf Vorschlag des Bischofs im Taxi zurück, wobei sich beide Seiten die Euro 100 für die Hin- und Rückfahrt teilten. Taxis waren zu meinem Erstaunen auf dieser Strecke üblich. So bevorzugte ich die Idee wegen der Zeitersparnis und des bequemeren Fahrens. Busse von Porto Velho nach Guajára gab es nur zweimal am Tag. Daran sah ich schon, wie unbedeutend diese Kleinstadt geworden war im Vergleich zur **Zeit des Kautschukbooms** der 1950er Jahre, als die Engländer sogar eine Eisenbahnlinie von Guajará-Mirim nach Porto Velho gebaut hatten. Tausende Arbeiter verloren damals während der Bauarbeiten aus Erschöpfung oder wegen Tropenkrankheiten ihr Leben. Heute erinnert nur noch ein kleines Museum mit einigen alten Schienen und einer Lokomotive an diese „Glanzzeiten" im Regenwald.

Die Geschichte der 1929 als Prälatur gegründeten Diözese ist ein konkretes Beispiel, wie im letzten Jahrhundert seitens des Vatikans ganze Regionen ausländischen Missionsorden angeboten worden waren zum Aufbau einer kirchlichen und sozialen Infrastruktur. In Guajará-Mirim übernahmen die französischen Ordensleute des *Terceira Ordem Regular TOR* diese Aufgabe. Bei meinem Besuch 1984 lernte ich den jungen Bischof **D. Geraldo Verdier** kennen, dessen ausgezeichnetes Portugiesisch einen erkennbaren französischen Akzent hatte. Er nahm mich damals zu seinen Verpflichtungen einfach mit. Das ermöglichte mir den Kontakt zu den Menschen und gab mir Einblick in ihre Probleme. Wir besuchten u.a. einen jungen Mann in seiner elendigen Hütte, der seit zwei Jahren querschnittsgelähmt war. Im betrunkenen Zustand hatten ihn Polizisten auf der Station derart zusammengeschlagen, dass er seither paralysiert war. Die Diözese gab ihm juristischen Beistand und unterstützte seine mittellose Familie. Nach D. Geraldos Ansicht müsse die lokale Kirche immer wieder die **Menschenrechtsverletzungen** anklagen, weshalb die Diözese etliche Proteste vor Gericht eingereicht hatte wegen willkürlicher Gewaltanwendung oder bspw. wegen schlechter Führung der *Postos Indígenas* der FUNAI, deren Personal der Bischof weder ausreichend menschlich noch fachlich qualifiziert fand.

Abends unter klarem Sternenhimmel nahm ich an einem Glaubensgespräch in einer CEB teil und am Feiertag Allerheiligen begleitete ich D. Geraldo zu einem Gottesdienst in einer anderen CEB am Stadtrand. In der Begegnung mit den Menschen sah ich, wie beliebt der Bischof war und welch warmherzig-mitfühlende, tief spirituelle Ausstrahlung er hatte, die verbunden war mit einer großen Unerschrockenheit gegenüber den staatlichen Stellen. Für die Menschen und für das Pastoralteam war er der *papai*, ein väterlicher Freund, dessen Haustür immer offen stand. Eine wertschätzende Atmosphäre und einen guten Zusammenhalt beobachtete ich auch beim abendlichen Austausch mit den 15 in Guajará-Mirim anwesenden Mitarbeitenden des Diözesanteams. Die aus verschiedenen Nationalitäten und Kongregationen zusammengesetzte Gruppe plante eine Demonstration, um gegen das chronische Problem der schlechten Straße von Porto Velho nach Guajara-Mirim zu protestieren. Ich erfuhr von der insgesamt schwierigen Topographie der Diözese angesichts einer Nord – Süd – Achse von 1.000 km (!) und der vielen CEBs, die in den neuen Siedlungen der 12 Pfarreien entstanden waren. Die 70 km von der Bischofsstadt entfernt liegende **Pfarrei in Vila Nova** besuchte ich am anderen Tag. Sie war erst vor 4 Jahren im Zuge eines INCRA – Besiedlungsprojektes entstanden. Etliche Kleinbauern verkauften schon wieder ihr Land. Der dynamische katalanische Priester, Pe. Pedro, gab der Pfarrei zusammen mit drei kreativen Ordensfrauen wichtige neue Impulse. Der geplante Pfarrsaal, für den man Hilfe von Adveniat erbeten hatte, schien mir zweifellos notwendig.

Im Gebiet der Pfarrei gab es drei von der FUNAI verwaltete Reservate indigener Völker. Pe. Pedro fuhr mit mir in den **Posto Indígena *Ribeirâo*** der ***Paka Nova***. Dieser Besuch hinterließ bei mir wie beim Pfarrer einen zwiespältigen Eindruck, da er uns wie ein Überfall von unserer Seite vorkam, gepaart mit Neugierde, Mitgefühl, aber auch Übergriffigkeit. Wir reflektierten ihn anschließend selbstkritisch. Ich lernte aus dieser Erfahrung, Besuche in indigenen Dörfern besser zu planen und meine Motive vorher zu prüfen.

In meinem Reisebericht schrieb ich über meine ambivalenten Gefühle: *einerseits sind Besuche vor Ort zur Kenntnis der Realität notwendig, andererseits hat solch ein unvorbereiteter Ausflug mit einer Tüte Bonbons und griffbereitem Fotoapparat in der Tasche auch immer den Charakter kultureller Ausbeutung.*

Diese Diözese wollte beim Thema Finanzen ebenso wie die beiden Nachbardiözesen nicht zu stark von ausländischer Hilfe abhängig werden; dennoch brauchten die pastoralen Bildungsprogramme und der Unterhalt der 25 Ordensfrauen von Adveniat jährliche Unterstützung. Die Sozialwerke wie das diözesane Krankenhaus *Bom Pastor* und die seit 1963 erworbene Radiostation *Radio Educadora* erforderten zu deren Unterhalt zudem einen Rückgriff auf die finanziellen Reserven. Doch konnte man auch mit Spenden eines fränzösischen Förderkreises rechnen, der seit 1961 den beeindruckenden Rundbrief *Lettre de Amazonie* herausgab (wurde Adveniat zugeschickt).

Beim Besuch im Jahr **2003** hatte ich den Eindruck, dass in den 19 Jahren die Zeit stehengeblieben schien. Die Stadt hatte sich kaum entwickelt. Sie war weiterhin ein Paradies für Schmuggler wie eh und je; zugenommen hatte in den letzten Jahren außerdem der Drogen- und Frauenhandel, ebenso die Prostitution. In der auf 40.000 Einwohner angewachsenen Stadt gab es keine Industrieansiedlungen; einzige Erwerbszweige blieben der Holzhandel und die Viehwirtschaft und in jüngster Zeit der Sojaanbau. Vereinzelt schürften *garimpeiros* auf dem *Rio Madeira* nach Gold und Diamanten, wie ich auf der Autofahrt von Porto Velho nach Guajará-Mirim sehen konnte. Bemerkenswert war der nur mäßige Bevölkerungsanstieg in den 19 Jahren: 1984 zählte die Diözese 170.000 Bewohner, im Jahr 2003 lediglich 200.000 – ein Indiz dafür, dass die Migration hinein in diesen isolierten Raum doch nicht sehr weit vorgedrungen war. Der Bischof, gezeichnet von den harten Jahren in diesen „verlassenen Tropen", sah seine Stadt in *decadência*. Die Polizei folterte wie vor 19 Jahren weiterhin in den Gefängnissen und D. Geraldo musste seine Protestnoten fortsetzen. Ich erlebte den aktuellen Fall eines jungen Mannes, *traficante de droga*, der am Tag meiner Ankunft im Gefängnis krankenhausreif geschlagen worden war, wie seine Eltern im Haus des Bischofs erschüttert berichteten.

Die Diözese verzeichnete dagegen erfreuliche Entwicklungen: die Zahl der Pfarreien war auf 14 angewachsen, ebenso hatte die Anzahl der CEBs zugenommen (ein genauer statistischer Überblick wurde gerade recherchiert) und die Anzahl der in der Pastoral und in der Sozialarbeit tätigen Ordensfrauen war auf 54 gestiegen. Wichtig war die Erarbeitung von **Pastoralplänen**; wie der 6. für den Zeitraum 2002 bis 2006 mit den Schwerpunktthemen Jugend und Familie. Nicht zuletzt hatte man sich intensiv der Herausforderung einer zunehmenden Selbstfinanzierung gestellt. In allen Pfarreien wurde der *dízimo* eingeführt, so dass fünf von ihnen bereits finanziell unabhängig waren. Alle Pfarreien gaben 10% ihrer Einnahmen an die Kurie ab. Dieser Betrag deckte bei weitem nicht alle Kosten, aber er war für den Bischof eine wichtige Einnahmenquelle mit symbolischer Bedeutung.

In dieser nach europäischen Entwicklungsvorstellungen geprägten Missionskirche zeigten sich jedoch auch Schattenseiten: der Unterhalt des eigenen Krankenhauses, *Hospital Bom Pastor*, mit seinen 60 Betten war zum Problem geworden. In der Leitung gab es außergewöhnlich gut ausgebildetes medizinisches Personal mit einer Ordensfrau als Fachärztin für Chirurgie und einem französischen Ehepaar als Allgemeinmediziner und Krankenschwester. Beim Rundgang fiel mir die geringe Patientenzahl auf, überwiegend arme Menschen und Indigene. Es wurde deutlich, dass das *Hospital Bom Pastor* nicht mehr ausgelastet war infolge der Konkurrenz durch ein neu errichtetes städtisches Krankenhaus. Angesichts der hohen finanziellen Belastung beim Unterhalt solch einer Einrichtung gab es in der Diözese deshalb Überlegungen, das eigene Hospital in Zukunft zu schließen.

Ein anderer finanzieller Klotz am Bein bedeutete *Radio Educadora*. Die Radiostation war vom Gründerbischof D. Francisco Javier Rey ebenso wie das Hospital, ein Kindergarten und eine Art Berufsschule in seiner Amtszeit (1933 – 1966) errichtet worden. Er hatte damals Großartiges geleistet und wird bis heute von den Menschen verehrt, – davon zeugen die vielen Bilder, die ich in Räumen sah – jedoch der Unterhalt des 13 Personen starken Radioteams wie auch die Erneuerung veralteter Geräte erwiesen sich zunehmend als Problem. Glücklicherweise konnte der Leiter des Radios, ein Priester aus RS, ein ausgebildeter Elektroingenieur, viele Reparaturen selber übernehmen. Da das Radio in solch einem isolierten, geographischen Raum ein wichtiges Hilfsmittel der Pastoralarbeit und der politischen Bewusstseinsbildung darstellte und über *Onda Tropical* und über Mittelwelle eine große Zuhörerschaft erreichen konnte, unternahm man alle Anstrengungen zu seiner Weiterführung. Wie an anderen Orten gehörte zu solch einem Radiobesuch ein Interview mit dem Gast aus D, was ich gern machte. Ich stufte diesen Projekttyp der diözesanen Radiostationen und generell der Medienarbeit, insbesondere im Amazonasbecken, als prioritär förderungswürdig ein.

Beim morgendlichen Frühstück in der Küche des Bischofshauses hatte ich vor meiner Weiterreise noch zufällig eine schöne Begegnung mit einer indigenen Lehrerin und zwei Indigenen der Völker der Canoé und Oromon. Sie führten ein Gespräch mit dem französischen Arzt Dr. Gil, der neben seiner Tätigkeit im Hospital Bom Pastor auch Mitarbeiter in der Regionalstelle des CIMI war. Von **Dr. Gil** erhielt ich Informationen zur **Situation der Indigenen** in der Diözese. Im Gründungsjahr der Prälatur 1933 zählte man auf ihrem Gebiet ca. 30.000 Indigene, heute waren es nur noch 4.000. Der starke Rückgang hatte zu tun mit dem Eindringen der *garimpeiros*, der Holzfirmen und der Kautschuckzapfer, die aus dem NO kamen. Alle indigenen Gebiete waren erfreulicherweise markiert mit Ausnahme des Volkes der Igarapé Oneré, einer kleinen isoliert lebenden Gruppe. Als wichtigen Anwalt der indigenen Bevölkerung in der damaligen Prälatur nannte Dr. Gil den zweiten Bischof, **D. Luiz Roberto Gomes de Arruda TOR**, einem Mitbegründer des CIMI. Mit seinen 89 Jahren besuche er weiterhin indigene Dörfer, so Dr. Gil. Der Altbischof war Initiator einer außergewöhnlichen Einrichtung mit Namen *Sagarana* gewesen, einem Dorf für 300 verlassene (*abandonados*) Indigene aus verschiedenen Völkern. Zu ihr gehörten eine Schule und ein landwirtschaftliches Anwesen mit einem Traktor und Rindern. Nirgendwo sonst habe ich je wieder von solch einer bemerkenswerten Initiative gehört.

Bewegend empfand ich das Gespräch mit der **indigenen Lehrerin Maria Eva Canoé**, die in Guajará-Mirim gerade einen Fortbildungskurs machte. In der Diözese war sie die Koordinatorin für die Zielgruppe von 57 Lehrkräften mit indigenen Wurzeln. Als Lehrerin war es ihr entschiedenes Ziel, dass die Urbevölkerung ihre kulturelle Identität bewahren möge, zumal Probleme wie Alkoholismus und Prostitution zugenommen hatten. Berufspolitisch kämpfte die Lehrerin für den zweisprachigen Unterricht an den indigenen Schulen und den nach den Grundschuljahren weiterführenden Unterricht, *ensino medio,* in den Dörfern.

Reisen im Regional N 1 (Amazonas und Roraima)

An diese Region Brasiliens mit ihren immensen Entfernungen, ihrem tropischen Klima und ihrer Andersartigkeit musste ich mich erst herantasten. Gleich zu Beginn meiner Tätigkeit für Brasilien besuchte ich 1983 die Erzdiözese Manaus in ihrer damalig politisch schwierigen Situation und kam ob allem Gehörten ziemlich verwirrt nach Essen in die Geschäftsstelle zurück. Meine Sprachkenntnisse waren zudem noch zu defizitär, um manche Zusammenhänge zuordnen zu können. Auf der zweiten Reise wagte ich den Schritt in eine Prälatur ins Landesinnere nach Borba. Auch wenn ich mich geographisch auf meiner Landkarte im Büro noch ziemlich vertan hatte, war der Verlauf der Reise erfolgreich und wurde ein Schlüssel, der mir eine wichtige Einsicht in die Projekttypen und Hilfsnotwendigkeiten dieses Raumes gab. Langsam wurde ich mutiger, verlor meine Angst vor Malaria und wilden Tieren und lernte beeindruckende Menschen an den faszinierenden wie herausfordernden Orten kennen. Ihr missionarisches Zeugnis ist mir bis heute in lebendiger Erinnerung. Jedes Mal mehr erlebte ich besonders in diesem Raum eine innere Zufriedenheit, an einer sinnvollen Aufgabe eines Hilfswerkes mitarbeiten zu können.

Erzdiözese Manaus – Auf dem Weg zu einer *igreja amazonense*

Neben den beiden Megastädten São Paulo und Rio de Janeiro wurde mir in den 24 Jahren vor allem die Amazonasmetropole Manaus zunehmend vertraut, da ich sie regelmäßig besuchte und als Zwischenstation zur Weiterreise ins Landesinnere nutzte. Fernab von Tropenromatik dehnte sich die Stadt immer mehr an die Ränder aus in ungeheurem Wachstum. Verkehrsdichte und der Lärm nahmen zu. Bei meiner ersten Reise 1983 zählte Manaus rund eine Million Einwohner, auf der letzten Reise 2007 waren es schon 2,4 Mill. So standen Gesellschaft und Ortskirche damals vor enormen Herausforderungen.

In der Zeitspanne von einem Vierteljahrhundert erlebte ich vier Erzbischöfe. Zunächst war es **D. Milton**, der, schon betagt und schwer krank, bald nach meinem Vorstellungsbesuch verstorben war. Seine Lage war außerordentlich schwierig, weil sich in der Diözesanleitung ein korrupter Mitarbeiter eingenistet hatte, ein Agent der DOPs. Dieser Geheimdienst der Militärregierung hatte jede Gelegenheit genutzt, die katholische Kirche hier wie auch an anderen Orten des Landes zu diskreditieren; z.B. hatte dieser Verwaltungsverantwortliche der Erzdiözese, ein Rechtsanwalt, an Wochenenden kircheneigene Räumlichkeiten dem Rotlichtmilieu zur Verfügung gestellt. So wurde das frühere Priesterseminar, verpachtet an einen privaten Schulträger, zu einem Ort öffentlichen Skandals ebenso wie das Bekanntwerden veruntreuter Gelder.

Meine kirchlichen Gesprächspartner betonten bereits in dieser Zeit die große Zahl von Pfingstkirchen, damals kurz und bündig unter dem Begriff „Sekten" zusammengefasst. Sie tauchten im Stadtbild vor allem in den Stadtrandgürteln auf. Hinzu kam, dass die Ortskirche von der Infrastruktur her und ihren personellen Möglichkeiten schwach ausgestattet war und sich zudem konfrontieren musste mit dem Phänomen dieser neuen religiösen Denominationen.

Der nachfolgende Erzbischof, **D. Clóvis**, ein *Gaucho*, gab der Kirche von Manaus neue Impulse. Er sorgte für eine geordnete Verwaltung und in der Pastoral entwickelte man ein Planungskonzept. D. Clovis legte Wert auf finanzielle Unabhängigkeit von staatlichen Stellen, weshalb er an die Unterstützung der Hilfswerke appellierte. Adveniat-Hilfen sah der Oberhirte vor allem bei Baumaßnahmen an der Peripherie als notwendig an. Unter seiner Leitung fand 1990 die 3. Diözesanvollversammlung in der 100-jährigen Geschichte der Diözese statt. In diesen Jahren entwickelte sich der Übergang zu einer Lokalkirche mit dem Konzept zur Ausbildung eines eigenen Klerus und der Mitarbeit von Schwesterngemeinschaften – aus den südlichen Landesteilen – in den Pfarrgemeinden sowie den neu entstandenen *áreas missionárias*. Während meiner Aufenthalte besuchte ich deshalb in den Jahren viele Bauprojekte in Peripheriegemeinden, lernte dabei engagierte Ordensfrauen mit solider professioneller Ausbildung als Sozialarbeiterin, Krankenschwester oder Pädagogin kennen, die wesentlich zur ganzheitlichen Förderung armer Frauen beitrugen.

Ein hilfreicher Begleiter bei diesen Besuchen an der Peripherie war der Koordinator der Pastoral, **Pe. Francisco**, ein spanischer Augustiner mit viel Humor und Weitsicht, dem ich große Dankbarkeit schulde. Einmal hat er gar aus Zeitnot das Eckfenster seines *Fusca* einschlagen, um an den Autoschlüssel zu kommen, sonst hätte ich das Flugzeug verpasst.

Der Nachfolger des *Gaucho – Bischofs*, **D. Luiz**, hatte 1992 bei unserer ersten Begegnung gleich andere Akzente gesetzt. Er betonte das Problem der Notwendigkeit der finanziellen Unterstützung von weiblichen Ordensgemeinschaften, die angesichts eines Aufrufs der Ordenskonferenz seit den 1990 er Jahren zahlreich aus dem Süden gekommen waren. Auch sah D. Luiz die Ausbildung von Laien und von Diakonen als prioritär an. Das sich differenzierende Programm zur Aus- und Weiterbildung erforderte zweifellos Hilfen von außen. Diesen neuen Oberhirten, einen spirituellen Ordensmann, erlebte ich eher scheu in der Antragstellung; er musste geradezu motiviert werden, um für die jährlichen Pastoralpläne ein Projekt einzureichen. Der Lebensstil in der *casa episcopal* war wie bei seinen Vorgängern eher bescheiden. Diese Beobachtung machte ich auch in den anderen Prälaturen und Diözesen des ganzen Amazonasraums. Vielleicht empfand ich deshalb von Anfang an eine besondere Liebe zu dieser Region, die Kirchenvertreter:innen lebten genügsam, oft in Einsamkeit angesichts der großen Entfernungen bei zeitaufwendigen, kostenträchtigen wie beschwerlichen Reisen; sie gaben aus meiner Sicht ein authentisches Zeugnis missionarischer Armut, auf Ebene der *cúpula* wie an der Basis.

Bemerkenswert ist, dass in der Amtszeit von D. Luiz die Medienarbeit zu einem weiteren Schwerpunkt wurde. Rádio Rio Mar, seit 50 Jahren in Händen der Erzdiözese, stand in der Beliebtheit der Hörerschaft an zweiter Stelle. Wichtig sah man die Tuchfühlung mit den Gemeinden am Stadtrand. Verschiedene Programme und Gottesdienste wurden von dort regelmäßig übertragen. Das Konzept schien überzeugend, jedoch hatte der Leiter, ein nordamerikanischer Priester, hohe Ansprüche an neue technische Anschaffungen, für die Hilfen von außen notwendig wurden. Die Verhandlungen mit ihm waren schwierig, zeigten sich aber in der Realisierung der Projekte als erfolgreich.

Die Erzdiözese beschritt in diesen Jahren der Jahrtausendwende entschiedene Wege zur Selbstfinanzierung in den Pfarreien. Unter Anleitung des MEAC aus São Paulo (siehe S. 41f.) führte man das Modell ein. Diese Bemühungen trugen in den Pfarreien des Stadtzentrums zu meinem Erstaunen schon nach einigen Jahren Früchte. Die ehemals von ausländischen Missionaren geprägte Kirche bekam immer mehr einen autochthonen Charakter. Die regionalen Stellen der brasilianischen Kirche in Manaus, langjährige Projektpartner Adveniats, hatten nach meinem Eindruck einen erheblichen Einfluss auf diese Entwicklung. Ich werde sie im Folgenden vorstellen.

Regionale Partnerorganisationen in Manaus

Einen Besuch bei der **Regionalstelle N 1 der CNBB** sah ich bei jedem Aufenthalt in der Stadt als Schlüsselkontakt an. Schließlich war sie die Anlaufstelle für die 16 Diözesen des Raumes mit einer Ausdehnung von ca. 1 Mill. qkm und ca. 4 Mill. Einwohnern (Daten von 1996). Die verantwortlichen *Secretarios:as* gaben mir alle logistische Hilfe, holten mich am Flughafen ab und übernahmen die Kontaktaufnahmen für die Weiterreisen ins Landesinnere. Der Sitz des *Regional N1* wurde auch zu meinem Schlafquartier, als die CNBB ein schlichtes, zweistöckiges Wohnhaus an einer verkehrsmäßig belebten und nicht ganz sicheren Straße erworben hatte.

Die Zusammenarbeit mit den Verantwortlichen empfand ich als verlässlich und diskret. Als wichtiger noch erwiesen sich die Gespräche über die Situationen in den einzelnen Diözesen und Prälaturen. Diese Informationen halfen mir zur Orientierung in der Projektarbeit. Die *Secretarios bzw. Secretarias* erlebte ich als kompetent, einfühlend und als sehr gute Kenner:innen der Kirche dieses weiten Raumes. Wenn bischöflicher Besuch aus Deutschland auf der Agenda stand, wusste ich, auf diese Führungspersonen der brasilianischen Kirche ist verlass. Unvergesslich bleibt mir **Ir. Leticia**, die zu meinem Glück 11 Jahre in diesem verantwortungsvollen Amt tätig war. Während meines Aufenthalts gönnten wir uns nach getaner Arbeit immer ein köstliches Fischessen am Fluss. Wie dankbar bin ich bis heute für ihre umsichtige Begleitung.

Die Regionalstelle hatte eine wichtige Funktion für den Zusammenhalt der Kirche und vor allem für die Weiterbildung ihrer haupt- und ehrenamtlich Mitarbeitenden in den Diözesen. Sie bot themenspezifische Kurse an: neben pastoral-theologischen Schwerpunkten auch zunehmend Seminare zu kulturellen, globalpolitischen und ökologischen Problemstellungen. Das sich differenzierende Angebot schloss in Etappen geplante Intensivkurse ein, zu denen neben den eigenen Dozent:innen auch einige aus dem Süden anreisten. Dieses Personalangebot hatte zu tun mit der beginnenden **Partnerschaft der Regionalstelle des N1 mit der des S1**, des Bundesstaats São Paulo. Ansonsten wären die einzelnen Diözesen für qualifizierte Bildungsangebote vor Ort finanziell und personell überfordert gewesen. Die Partnerschaft der beiden Regionale läutete eine neue, Hoffnung machende Phase in der Kirche Brasiliens ein: die Bewusstwerdung um die Probleme der Kirche im Amazonasraum samt ihrer notwendigen solidarischen Unterstützung.

Nach 25 Jahren Gründung des Regionals begannen in dessen ab Mitte der 1990er Jahre Überlegungen zur Aufteilung des Regionals in N1 und Noroeste. Die Motive lagen auf der Hand: die großen Entfernungen und damit verbundene kostenintensive Reisen wie die Zunahme der Migration nach Rondônia und dem Acre. Es waren deshalb praktische Gründe, die 1998 zu dieser Neubildung führten und die das flächenmäßig immer noch ausgedehnte Regional auf 9 Diözesen und Prälaturen verkleinerte.

Ein weiterer wichtiger Schritt des N1 war der notwendige Neubau eines eigenen Philosophisch-Theologischen Instituts, ITEPES (Instituto de Teología, Pastoral e Ensino Superior da Amazônia) genannt, das in dreijähriger Bauzeit gut konzipiert und kosten angemessen erstellt wurde. Die Finanzierung wurde von Adveniat wie auch einigen dt. Bistümern in solidarischer Weise mitgetragen. Die 1999 erfolgreich abgeschlossene Baumaßnahme ruhte wesentlich auf den Schultern der *Secretaría* Ir. Letícia, die in Manaus als frühere Provinzoberin ihrer Kongregation gut vernetzt war und zuverlässige Baufirmen kannte.

In der **Regionalstelle der CRB,** die ich nicht regelmäßig besucht habe, erfuhr ich von den Problemen des mangelnden eigenen Ordensnachwuchses im Amazonasraum und von einzelnen Orden, die kulturell noch nicht in der Welt der *Amazonenses* angekommen waren. Um den Zusammenschluss der Ordensleute in den isolierten Gemeinschaften zu erleichtern, teilte man die Region in geographisch überschaubare *núcleos* ein. An manchen Orten lebten Ordensleute gefährlich: in Cacoal (Diözese Ji-Paraná) wurde 1985 der italienische Combonianer **Pe. Ezequiel Ramin** – ein Verteidiger der Rechte der Indigenen und Landlosen – hinterhältig ermordet und in der Prälatur Lábrea **Ir. Cleusa.** Die Augustiner-Schwester, sehr erfahren in der *pastoral indigena*, wollte bei einem Konflikt von Ethnien vermitteln, der tragisch endete.

Meine fünf Besuche in der **Regionalstelle des CIMI** in den 1990er und 2000er Jahren hatten schwerpunktmäßig den Charakter von Information und Orientierung in der Indigenen-Thematik: beispielsweise zur problematischen Lage der Yanomami und anderer indigener Völker, zur Situation der Demarkierungsprozesse – 1996 waren von 174 *Areas Indígenas* nur 27 demarkiert und grundbuchmäßig eingetragen – zu den Indigenenorganisationen wie zu den unterschiedlichen Missionskonzepten der Diözesen im Amazonasgebiet. Diese Regionalstelle wurde für mich zu einer wichtigen Gesprächspartnerin, Projektgespräche standen weniger im Fokus, da der CIMI angesichts seiner Handlungsfelder schwerpunktmäßig im Förderbereich anderer europäischer Hilfswerke lag. Adveniat konzentrierte sich auf Einzelmaßnahmen wie Studienstipendien für Mitarbeitende oder Seminare in speziellen kulturell – religiösen Themenbereichen.

Im Land gehörte das Regional des Bundesstaates Amazonas zu den personell stärksten des Indigenenmissionsrates. Dies hatte mit den zahlreichen Arbeitsteams in abgelegenen Gebieten, wo einzelne Völker vom Aussterben bedroht waren oder von Eindringlingen verfolgt wurden, zu tun. Bei meinem letzten Besuch 2007 zählte man 36 Teams mit 70 Mitarbeitenden im Inneren des Bundesstaates, sowie eine Arbeitsgruppe für die Zielgruppe der Indigenen im Stadtgebiet von Manaus. An der Koordinationsstelle arbeiteten zu dem Zeitpunkt neun Fachkräfte in den Themenschwerpunkten Gesundheit, Erziehung, Selbstunterhalt indigener Gemeinschaften, juristische Beratung, interne Weiterbildung, Dokumentation und Öffentlichkeitsarbeit.

In dieser Regionalstelle bündelten sich viel praktische Erfahrung und Wissen in der Arbeit mit indigenen Völkern, weshalb Organisationen der Entwicklungszusammenarbeit, europäische Botschaften oder ausländische Journalisten den CIMI als Referenzadresse betrachteten. Einige der Mitarbeitenden gehörten zur Gründergeneration des Indigenenmissionsrates. Sie gaben ihr Leben und ihre Gesundheit für die *Causa Indígena* – ein beeindruckendes Zeugnis. Zwei von ihnen lud Adveniat zur Mitarbeit bei Kampagnen im Advent ein: Terezinha Weber und Pe. Guenther Kroemer. Den dt. Fidei – Donum Priester werde ich im folgenden Kapitel als eine der Persönlichkeiten der Indigenenpastoral vorstellen.

Ein neuer Aufbruch in der Ortskirche: SARES

Eine weitere, neu entstandene Einrichtung lernte ich auf zwei meiner letzten Reisen 2005 und 2006 kennen: den *Serviço de Ação, Reflexão e Educação Social (SARES)*. Dieses Zentrum ging zurück auf einen Appell des Erzbischofs an die Kongregation der Jesuiten, in Manaus eine akademische Bildungseinrichtung mit Schwerpunkt auf Forschung zu gründen. Nach etlichen Diskussionen war ein Konzept entstanden mit verschiedenen Handlungsfeldern, getragen von den Jesuiten, den Consolata – Missionaren und der Erzdiözese. Das Zentrum verstand sich als kirchenübergreifend, interdisziplinär und auf Handlungsforschung ausgerichtet. Zur akademischen Leitung gehörten auch Professoren von der Universidade Federal do Amazonas (UFAM). Diese Kooperation war im kirchlichen Panorama ein Novum. SARES definierte sich von Anfang an als ein nicht ausschließlich katholischer Träger.

Eine der wissenschaftlichen Leitungspersonen fiel mir durch ihre interessante Biographie und außergewöhnlichen Themengebiete auf. Von dem 45-jährigen Consolata – Missionar **Pe. Dr. Ricardo Gonçalves Castro** erfuhr ich, dass er ein echter *Amazonense* war, gebürtig aus dem Raum Parintins, dazu Sohn eines *regatão* (Flußhändler). Nach siebenjährigem Studium der Philosophie und Theologie an der Jesuiten – Hochschule in London hatte P. Ricardo 10 Jahre in Mosambik gearbeitet und nebenbei den Magister in Soziologie in Südafrika gemacht. Zurück in Brasilien promovierte er an der USP in São Paulo zum Thema Schamanismus im Candomblé und bei den Yanomami – Indianern. Anschließend kehrte Pe. Ricardo nach Manaus zurück und übernahm Aufgaben im SARES, in seiner Kongregation und erhielt die Professur an der UFAM im Fach Religionswissenschaften.

In unserem anregenden Gespräch erzählte mir der in der Kultur der Region tief verwurzelte Religionswissenschaftler – dem Denken C.G.Jungs nahestehend – eine „amazonensische Theologie" entwerfen zu wollen. Versuche in diese Richtung gäbe es bisher nicht, hörte ich von ihm. Auch interessierte sich Pe. Ricardo für eine *„espiritualidade amazônica"*: sie integriere die Symbolik des Flusses, die für Leben und Tod stehe. Die Marienverehrung mit ihrer Symbolik von Schlange und Mond – fußend auf ihrer orientalischen Tradition – beabsichtigte er, mit dem regionalen Mythos der

Cobra Grande in Verbindung zu setzen. Der Religionswissenschaftler beschäftigte sich ebenso mit einer anderen weiblichen Symbolfigur, der *Yara,* einem Halbwesen in Gestalt von Frau und Fisch.

Welch ein kreativer Geist, dachte ich nach unserem Gespräch. Pe. Ricardos Forschungsinteresse, die Mythologien im Amazonasraum auf dem Hintergrund der Archetypenlehre C.G.Jungs zu analysieren, betrat Neuland.

Innovatorischen Charakter hatte ebenso das Bildungsangebot des SARES. Für die Zielgruppe der Führungskräfte in sozialen und indigenen Bewegungen, aus Frauengruppen wie der Sozialpastoral hatte man einen zweijährigen Kurs entwickelt, *Formação para a Ação Social (FAS)* genannt. Er beabsichtigte, die *lideres* zu schulen, damit sie die öffentlichen Interessen der armen Bevölkerung besser vertreten konnten. Der an zwei Abenden in der Woche stattfindende Kurs hatte auch Professoren aus der UFAM im Dozententeam und konnte die staatliche Anerkennung vorweisen. Wie stark das Bedürfnis nach solch einer Fortbildung war, zeigte die beachtliche Teilnehmerzahl und die erstaunlich hohe Durchhaltequote beim ersten Kurs: von 70 Teilnehmenden bestanden 50 die Abschlussprüfung.

Ein weiterer 11-monatiger Kurs richtete sich an die Zielgruppe der Stadtverordneten, der politischen Berater in der bundesstaatlichen Regierung, der Verantwortlichen in der kommunalen und bundesstaatlichen Verwaltung sowie an Gewerkschaftsführer. Er konnte 35 Eingeschriebene vorweisen, darunter Lokalpolitiker aus fünf Parteien. Zum Unterrichtsstoff gehörten Themengebiete der Kath. Soziallehre, Ethik in der Politik und Dialogkultur. Wenn auch in diesem ersten Kurs, *Formação para Intervenção Política Local e Regional (FIP)* genannt, lediglich 15 Teilnehmende den Abschluss machten, sah man jedoch einen Erfolg darin, dass die Beteiligten am Ende in der Lage waren, politisch miteinander zu kommunizieren und zu streiten.

Im Forschungsbereich beabsichtigte das interdisziplinäre Team zusammen mit internationalen Experten, das in der Region virulente Problem des Drogenhandels aufzugreifen – auf diskrete Weise, um keine öffentliche Aufmerksamkeit zu erregen. Dieses Vorhaben zeugte von Mut und Weitsicht, denn ungefährlich war es nicht.

In einem weiteren Projekt „Sozialkartographie" erstellten Geographen Landkarten mit sozialen Indikatoren im Gebiet neuer Landbesetzungen. Diese neue Art der Kartographisierung gab den Bewohnern die Möglichkeit, ihre Primärinteressen zu artikulieren. Das Kartenstudium diente dazu, der Bevölkerung in diesen neuen Stadtrandvierteln eine Hilfe bei der Überlegung der Standorte für Schulen, Gesundheitsposten und Festlegung von Bushaltestellen zu geben. Mit dem partizipativ erstellten Kartenmaterial wurden die öffentlichen Stellen herausgefordert, im Sinn der Interessen der Bevölkerung eine Infrastruktur im Viertel zu entwickeln.

Neben sozialpolitischer Beratung von Sozialbewegungen und Volksbewegungen begleiteten SARES – Mitarbeiter:innen Ehrenamtliche in einem Projekt, *Educação e Cidadania* genannt. Diese boten in verschiedenen Peripherievierteln Schüler:innen Nachhilfeunterricht und kulturelle Freizeitaktivitäten an.

Was hat mich nach diesen beiden Projektbesuchen überzeugt? Die Unterstützung von notwendigen Baumaßnahmen ermöglichte, ein kreatives Bildungszentrum mit nachhaltiger Wirkung kennenzulernen. Die Wissenschaftler verstanden sich im Geist Paulo Freires, ihr Handlungs- und Forschungsinteresse aus den Problemen in der Welt der Armen abzuleiten und daraus Schlüsse zu ziehen. So bekam die Kirche von Manaus am Beispiel des SARES eine eigene Gestalt.

Begegnungen mit Persönlichkeiten der Indigenen-Pastoral in Manaus

Im Verlauf der Reisen verdichtete sich bei mir die Beobachtung, dass insbesondere in abgelegenen und politisch schwierigen Regionen des Landes starke Persönlichkeiten mit ausgeprägter menschlicher Reife, Begabungen und fachlichem Wissen tätig waren. Drei von ihnen aus der Zusammenarbeit mit Indigenen sind mir besonders in Erinnerung geblieben. Sie möchte ich stellvertretend für andere abschließend zur Kirche dieser Stadt vorstellen. Ihre Hingabe an die *causa indígena* ist mir ein bleibender Eindruck geblieben.

Pe. Kazys Juris Békšta SDB, genannt Pe. Casimiro, war ich auf der ersten Reise 1983 begegnet im damaligen *CENESC (Centro de Estudos de Comportamento Humano, ab 1999 ITEPES)* und 1992 noch einmal zusammen mit dem Journalisten Hermann Multhaupt im Inspektoriat der Salesianer. Der aus

Litauen gebürtige Ordensmann, ein im Zweiten Weltkrieg Vertriebener, lebte schon seit 1950 im Amazonasgebiet. Er galt unter Ethnologen des In- und Auslandes als anerkannter Experte für die Sprachen und Kulturen der indigenen Völker dieses Raums, vor allem der Tucano und Yanomami. Sein kleines Arbeitszimmer im CENESC glich einer Spitzwegidylle, so voll gestapelt mit Tonbandaufzeichnungen, Videos und Zeichnungen der Indigenen war es. Pe. Casimiro hatte das Vertrauen der Indigenen in all den Jahren erworben. Sie kamen immer von sich aus zu ihm und erzählten, oft dabei malend, von den Mythen und Geheimnissen ihrer Völker. Den Missionar und Wissenschaftler – ein „Hörender" – machten die Tucano sogar zu einem der ihren und verliehen ihm die Auszeichnung eines *pajé*.

Während die Indigenen Pe. Casimiro als ihren Freund betrachteten und die Dozenten des CENESC ihren Kollegen in seinem Unterrichtsdisziplin Anthropologie schätzten, hatte dieser jedoch in seiner Ordensfamilie einen schweren Stand. Er war zu einem Einzelgänger geworden, verbittert, verkannt in seinem Können. Dies war mein Eindruck, als ich Pe. Casimiro 1992 wiedertraf. Der Grund der Begegnung war das Interesse meines mitreisenden journalistischen Begleiters Hermann Multhaupt an Schöpfungsmythologien der Völker im Amazonasbecken. Wir waren dankbar, dass uns Pe. Casimiro seine kostbare Zeit schenkte. Er hatte sich auf das Gespräch vorbereitet, erklärte uns ausführlich am Beispiel der Desana am Fluß Tiauié deren komplexe Schöpfungsmythologie. Auch gab er uns zu unserer Freude eine Kopie seiner Aufzeichnungen und eine von einem Indigenen gestaltete Zeichnung zu diesem Mythos mit.[5]

In dieser Begegnung war mir deutlich geworden, *wie vielschichtig die indigene Auffassung des Kosmos ist, welch zentrale Bedeutung das Übernatürliche hat, wie archetypische Konstellationen (Mutter-Sohn-Verbindung, rivalisierende Geschwisterpaare) sich widerspiegeln und welch prophetische Funktion der Träumende hat*, so mein Reisebericht 1992. Der Ursprung des Kosmos ist die *Mamãe Terra* – nicht zu verwechseln mit der *Pachamama* der andinen Völker. *Mamãe Terra* geht im Beispiel der Desana eine Verbindung mit ihrem Sohn ein mit nachfolgend schwindelerregenden, turbulenten Folgeereignissen.

Pe. Casimiro hatte mir am Ende wertvolle Schriften übergeben, u.a. zum Thema der sakralen Anordnung einer Maloca, die in gewisser Hinsicht einer gotischen Kathedrale ähnlich sei, wie wir staunend hörten. (Der Bibliothekar bei Adveniat zeigte sich natürlich hocherfreut über diese Neuzugänge aus dem Amazonasbecken). Als Gegenleistung versprach ich dem Forscher, mich in Adveniat für seine bescheidene Bitte eines Verstärkungsteils seines PCs einzusetzen. Sein Computer fasste nicht mehr das Wörterbuch der Yanomami – Sprache, an dem er arbeitete.

Pe. Luís Laudato SDB

Den 1941 geborenen Missionar, ein in Messina promovierter Philosoph, hatte ich zum ersten Mal in den 1980er Jahren in der Geschäftsstelle Adveniats kennengelernt. In der Zeit seines Heimaturlaubs in Italien machte er den Abstecher nach Essen. Der bärtige Missionar hatte eine faszinierende Ausstrahlung auf mich, als er von seinen Erfahrungen unter den Yanomami in der Mission „Sagrada Familia" von Marauiá berichtete. Dort hatte er seit 1978 über 10 Jahre die Arbeit des Gründers der Station, Pe. Antônio Goes, fortgesetzt. Später begegneten wir uns 1990 und 1991 in Manaus im CENESC wieder, wo er das Fach Philosophie lehrte und in der Direktion tätig war. Zu einer seiner Initiativen gehörte der mehretappige Kurs für Mitarbeitende aus den Diözesen des N1 zum Thema *Realidade Amazônica: Homen, Meio Ambiente e Ação Pastoral*. Zur Identitätsbildung einer autochthonen Kirche waren solche Kurse von großer Bedeutung, wie ich schon an anderer Stelle betonte.

Pe. Laudato war für mich in den 1990er Jahren eine wichtige Ressourcenperson zur Kultur der Yanomami und zu deren Bedrohung geworden. Er schenkte mir zwei seiner Publikationen über seine Erfahrungen in Marauiá mit kostbarem Fotomaterial. Seine überarbeitete Darstellung der Yanomami-Kultur „Yanomami Pey Këyo: O caminho yanomami" aus dem Jahr 1998 (hrsg. von der Universidade Católica de Brasília, 327 S.) war für mich in der Zeit der Bedrohung dieses Volkes wichtige Informationsquelle auch für meine eigene Vortragstätigkeit.

1992 besuchte ich Pe. Laudato in Manaus als Pfarrer einer riesigen Peripheriepfarrei mit 180.000 Bewohnern im Stadtteil Aleixo, wohin ihn seine Kongregation versetzt hatte. In dem Jahr war die Situation der Yanomami auch am Oberen Rio Negro – wie in Roraima – dramatisch geworden. P. Laudato berichtete, dass Tausende *Garimpeiros* in das Gebiet der Yanomami am Pico de Neblina und in das Munizip von Santa Isabel do Rio Negro eingedrungen seien (siehe auch S. 211). Der Bürgermeister von Santa Isabel würde die Goldsucher gar einladen, denn nach seiner Ansicht würden sie nur „Gutes für die Bevölkerung" bringen, so mein Gesprächspartner. Wir teilten gemeinsam unsere Erschütterung über die Invasion so vieler Eindringlinge. Hinzu kam am Pico de Neblina das Problem der Präsenz der Compania Vale do Rio Doce, dem mächtigsten Bergbaukonzern Brasiliens. Der war neugierig geworden auf die vermuteten diversen Bodenschätze, die durch Bodenanalysen identifiziert worden waren.

Pe. Laudato kämpfte zusammen mit seinen Freunden in Brasilien und in Italien unermüdlich für das Überleben der Yanomami. Er empfahl – wie auch die Mitarbeitenden des CIMI – diplomatischen Druck von Europa auszuüben in Form von Schreiben an die internationalen Organisationen wie UNO, Weltbank, ILO. Auch begrüßte er Mahnwachen und Fastenaktionen. In Bezug auf die internationale Solidaritätsarbeit fragte ich Pe. Laudato nach seiner Meinung zum Engagement von *Rüdiger Nehberg*, durch dessen spektakulären Regenwald – Aktionen die Yanomami-Problematik in den dt. Medien bekannter geworden war. Mein Gesprächspartner zeigte sich verhalten und gab zu verstehen, dass der dt. Aktivist eher die Selbstdarstellung suche und keinen Wert auf Kontaktaufnahme mit Mitarbeitenden der kirchlichen Indigenenpastoral suche.

Pe. Gunther Kroemer

Dem dt. Fidei – Donum Priester, einem langjährigen CIMI – Mitarbeiter des Regional Manaus, war ich im Laufe der Jahre in der Geschäftsstelle Adveniats, beim 9. Nationalen Treffen der Basisgemeinden 1997 in São Luis und 2006 bei einem Treffen zur Vorbereitung der Geschwisterlichkeitskampagne zum Thema „Amazonien" begegnet. Pe. Gunther in Manaus zu treffen war ein Glücksfall, weil er im Urwald über längere Zeiträume bei kleineren indigenen Völkern lebte, um ihnen in ihrer Existenzbedrohung beizustehen.

Pe. Gunther gehörte zweifellos zu den sehr erfahrenen Indigenen – Missionaren in ganz Brasilien, weshalb er offensichtlich von der staatlichen Behörde FUNAI geschätzt wurde und man ihn zu einem Experten – Seminar zum Thema isoliert lebender Völker eingeladen hatte. Diese Einladung war außergewöhnlich, weil es in der Vergangenheit von beiden Seiten keinen Austausch über Indigenenfragen gegeben hatte. Das Verhältnis beider Einrichtungen war über viele Jahre eher angespannt gewesen.

Zusammen mit dem ebenso erfahrenen Indigenen-Missionar Frei Volmir aus Rondônia hatte Pe. Gunther sich zum Ziel gesetzt, isoliert lebende Völker zu erkunden und deren Situation zu dokumentieren. Gleichzeitig recherchierten die zwei *Indígenistas* auf ihren beschwerlichen Pfaden illegale Holzeinschläge wie Viehhaltung und Brandrodungen in Naturreservaten. Die beiden hatten zu Beginn ihrer Urwaldwanderungen in der Region von Lábrea nicht geahnt, wie viele „bösen Entdeckungen" sie machen würden, die sie später den Behörden meldeten. Sie trugen nur sehr wenig Gepäck bei sich, immer aber ein Handy. Diesem Missionar konnte ich stundenlang zuhören, wie er herausfordernde Situationen im Regenwald zu beherrschen lernte. Eine schwere Malaria – Infektion hatte er trotz tagelangen hohen Fiebers überlebt, in offenbar tiefem Vertrauen auf die Kraft des Lebens. Sein Weggefährte Pe. Volmir hatte den kranken Weggefährten schon aufgegeben. Welch eine auch gesundheitliche Hingabe für die *causa indígena,* dachte ich während seiner lebendigen Schilderungen! In dem Gespräch fiel mir auf, dass die beiden ihre Recherchen bisher vollständig aus persönlichen Finanzmitteln bestritten hatten. Natürlich ermunterte ich den außergewöhnlichen dt. Fidei – Donum Priester, sich wegen einer Unterstützung an die Hilfswerke Misereor und Adveniat zu wenden.

Eine wichtige Aufgabe übernahm der Missionar über verschiedene Jahre in der Begleitung von jungen Diözesanpriestern indigener Herkunft. Die Regionalstelle N1 hatte eine entsprechende Arbeitsgruppe eingerichtet und Pe. Kroemer zum Verantwortlichen ernannt. Die indigenen Priester lebten in zwei Welten und standen in der permanenten Herausforderung, beide Identitäten zu integrieren. Davon erzählten mir zwei junge Priester aus dem Volk der Desana 2006 während des Vorbereitungsseminars zur *Campanha da Fraternidade* zum Thema Amazonien. Der Austausch mit ihrem älteren Mitbruder war für sie ein Schlüssel, ihre unterschiedlichen Herkunftswelten fruchtbar zu leben. Die beiden waren sehr dankbar für die Jahreshilfe zur Durchführung dieser mehrtägigen Treffen wie auch für die Teilnahme an einem internationalen Seminar zur „Teología Indígena". Welche Bedeutung ein sogenanntes Kleinprojekt beinhalten kann, wurde mir in dieser zufälligen Begegnung bewusst. Auch diese beiden indigenen Priester sah ich als Protagonisten einer autochthonen Kirche in Amazonien.

Diözese Parintins – die europäische Prägung

Auf meinen Reisen ins Amazonasbecken besuchte ich neben Manaus immer auch eine der Diözesen bzw. Prälaturen im Inneren des Bundesstaates. 1983 auf der ersten Reise stand die 400 km östlich gelegene Stadt am Fluss Amazonas Parintins auf dem Reiseplan, denn die Kleinstadt mit wichtigem Hafen ist per Regionalflug täglich leicht erreichbar. Diesen zweitägigen Ausflug erlebte ich nach den anstrengenden Tagen in Manaus als Erholung. Ich staunte nicht schlecht, was die italienischen PIME – Missionare seit 1955, dem Jahr der Gründung dieser kirchlichen Jurisdiktion, mit eigenen Mitteln auf die Beine gestellt hatten: einen großen Radiosender, eine Druckerei, ein Exerzitienhaus, ein großräumiges Kleines Seminar und einen stattlichen Kathedralbau mit einem über 40 m hohen Turm. Die Fischer in ihren Booten konnten so schon von weitem erkennen, wenn sie sich der Stadt näherten. Vielleicht hat es mit der diözesaneigenen Ziegelei zu tun, den Kirchturm in die Höhe schnellen zu lassen? Doch sieht es so aus, dass die Missionare auch die Bevölkerung im Auge hatten, deren Lehmhütten in Steinhäuschen verwandelt wurden – nach europäischem Muster. Diese „Ziegelsteinbauweise", die ich auch an anderen Orten, sogar in indigenen Dörfern gesehen hatte, war indessen keineswegs klimaangepasst. Wegen der hohen Luftfeuchtigkeit hatte sich im Laufe der Jahre bald Pilzbefall u.a. an den Wänden herausgestellt.

Die Infrastruktur in Parintins, im Entwicklungsdenken (*Desarrollismo*) der 1960/70er Jahre erstellt, zeigte ein deutliches Muster: die europäischen Missionare waren mit ihren in Europa erlernten Konzepten gekommen, der Weg zur Inkulturation war noch weit, nicht minder der Anschluss an die neueren Entwicklungen der Pastoral in Brasilien. Man hatte mich vor dem Besuch gewarnt, Worte wie Basisgemeinden oder Theologie der Befreiung besser nicht in den Mund zu nehmen. So verwunderte es nicht, dass der Bischof seine Priesteramtskandidaten ins über 4.400 km entfernte Priesterseminar nach Rio de Janeiro schickte und nicht etwa nach Manaus. Dieser Besuch lehrte mich einmal mehr auf den Reisen, jede Diözese möglichst vorurteilsfrei in ihrem eigenen geschichtlichen Kontext zu sehen.

Menschlich habe ich diesen Besuch in angenehmer Erinnerung. Der italienische Ordensmann mit Bart und freundlichem Gemüt sah seine Diözese solide aufgestellt. Hilfen aus dem Ausland brauchte er nicht mehr, allenfalls zur Schulung von Laienmitarbeitenden oder für einen neuen Bootsmotor. Diesbezüglich motivierte ich den eher zurückhaltenden Bischof, unbesorgt ein Projekt einzureichen.

Ein Bild blieb mir in Erinnerung: im Hafen der Kleinstadt sah ich hohe Berge von fein geschnittenen Holzplatten, alles Tropenhölzer für den Export, wie man mir sagte, sorgsam gestapelt zum Transport auf den großen Lastschiffen des Amazonas – ein umgekehrter Transfer zwischen den brasilianischen Tropen und Europa! Später bei der Bootsfahrt mit dem Stadtpfarrer in eine nahe Außenstation auf einem der Seitenflüsse des Amazonas sah ich dann mit eigenen Augen die Abholzung des Urwalds auf *erschreckende Weise*, wie in meinem Reisebericht von 1983 vermerkt.

Prälatur Borba – unterwegs auf dem Boot im südlichen Amazonasbecken

Der Aufenthalt in der Prälatur Borba vom 11. bis 17.11.1985 bedeutete für mich eine ganz neue Erfahrung. Ein Jahr zuvor hatte mir die Provinzoberin der Missionárias da Imaculada, einem Missionsorden mit einigen Niederlassungen im Amazonasraum, in Manaus die dringende Empfehlung gegeben, die mehrtägige Bootsfahrt mit einem Pastoralteam mitzumachen. Nur so könne ich die Probleme der missionarischen Tätigkeit in dieser tropischen Welt mit ihren eigenen Projektnotwendigkeiten verstehen lernen. Dieser Rat zeigte sich als überaus wertvoll. Wie „zufällig" ergab sich dann in der Projektkorrespondenz die Einladung der **Pfarrei von Novo Aripuanã** aus der Prälatur Borba, mit dem Pastoralteam vom Sitz der Pfarrei bis an die Transamazônica in das neue Siedlungsgebiet von Apuí zu reisen. Aus dieser Pfarrei hatten wir wiederholt Anträge erhalten, sodass dieser Ortsbesuch geboten erschien. Die Reiseroute war vom Büro aus nicht genau zu identifizieren und ich hatte kein Vorstellungsvermögen davon, welche Entfernungen in diesem Raum mit welchen Hilfsmitteln und in welcher Zeitdauer zu bewältigen waren. Selbst mein Reisegepäck konnte ich nicht richtig einschätzen. Ich schämte mich ob des großen Schalenkoffers einschließlich eines Bordcase, als ich in das enge Boot „Frei Rogerio" einstieg – ein Lehrstück! Auf weiteren Reisen wusste ich dann, wie und mit welchen Gepäck- und Kleidungsstücken man in den Tropen unterwegs ist...

Doch zunächst einige Hintergrunddaten zur 1966 gegründeten Prälatur Borba: sie war vom Vatikan der nordamerikanischen Kongregation TOR übergeben worden, mit ihrer Ausdehnung von 99.000 qkm entlang der zwei Hauptflüsse **Rio Madeira und Aripuanã** (1983 ca. 80.000 Bewohner). An den drei Hauptorten Nova Olinda, Borba und Novo Aripuanã arbeiteten zunächst 11 Priester. Es folgten Jahre der Krisen, weil die nordamerikanischen Franziskaner krank wurden oder nach Manaus gingen, um eine *amazonense* zu heiraten, so dass vor einigen Jahren der Bischofsprälat nahezu ganz allein stand. Im Jahr meines Besuchs hatte sich die personelle Lage erholt, da brasilianische Priester und Ordensfrauen aus dem Süden zur Verstärkung gekommen waren.

Zur Anreise benutzte ich den 45-minütigen Flug von Manaus, alternativ wären 15 Stunden Bootsfahrt erforderlich gewesen. Ein „großer Bahnhof" erwartete mich in herzlicher Atmosphäre: neben den beiden Reisebegleitern **Pe. Marcos** und **Ir. Corina** auf dem Boot der Pfarrei „Frei Rogerio" begrüßte mich der Bischofsprälat, ein wortkarger, fast tauber Ordensmann nordamerikanischer Herkunft, ein ehemaliger Professor für Chemie. Die Priester schätzten seine franziskanische Bescheidenheit und Menschlichkeit, vermissten aber Impulse für eine lebendige Pastoral.

Nach einem kurzen Austausch in dem 7.000 Einwohner Städtchen am Rio Madeira hatte unser Bootsführer **Neguinho** die „Frei Rogerio" schon zur Weiterfahrt gerüstet – ein typisches, überdachtes, längeres Holzboot mit Sitzbänken an den Seiten, einer Kochnische, Plumsklo und starken Haken für die Hängematten. Wir fuhren noch am Nachmittag los. Am anderen Tag abends vor Dunkelheit kamen wir dann am Sitz der Pfarrei in Novo Aripuanã an. Mit meinen drei Reisegefährten verstand ich mich schnell gut. Wir besuchten unterwegs Gummizapfer-familien, hielten auch an der einen und anderen Holzkapelle der insgesamt 36 organisierten *comunidades* und wurden von den *amazonenses* überreich beschenkt mit Früchten, Fischen und sogar einer Gans. Mich beeindruckte diese großzügige Willkommenskultur, mit der uns die Allerärmsten empfingen – als wohlsituierte Westeuropäerin gaben sie mir eine Lehrstunde! Vor allem die Landschaften in den Gesichtern der älteren Menschen faszinierten mich. Ich hatte viel zu staunen, zu schmecken, zu riechen und zu schwitzen. Körper und Geist waren ab mittags angesichts der aufsteigenden Hitze nur noch träge. Morgens fühlte ich mich fit, bewunderte den Sonnenaufgang und machte meine Aufzeichnungen. Von Ir. Corina lernte ich viel, die 53-jährige Krankenschwester aus Espírito Santo hatte eine starke Empathie für die Menschen. Außerdem gab es kein gesundheitliches Problem, für das sie nicht eine hilfreiche Antwort hatte angesichts ihres Erfahrungsschatzes, zumindest kannte sie immer einen Heilkräutertee. Einen Stock von Basismedikamenten führte sie mit – wie auf allen Pastoralreisen auf dem Boot, manche im Jahr von mehrwöchiger Dauer. Auf dieser Bootsfahrt lernte ich vor allem den Nährwert und die Frische von Wassermelonen kennen und schätzen. Welch großartige Angebote die Natur uns in den Tropen schenkt!

Am Abend des zweiten Tags erreichten wir den 3.000 Einwohner großen Hauptort der 63.000 qkm ausgedehnten Pfarrei, Novo Aripuanã. Das halbe Dorf erschien am Hafen und begrüßte uns mit Salutböllern. Im Gottesdienst sprach Pe. Marcos über das Anliegen meines Besuches, die Fürbitten drückten die große Dankbarkeit der Menschen aus. Wir sangen Lieder eines befreienden Glaubens und wie anderenorts wurde ich eingeladen, zum Abschluss etwas zu sagen. Am nächsten Morgen besuchten wir beim Dorfrundgang alte Menschen, Kranke, Blinde. Von einer Schar von Kindern umgeben, zeigten mir die beiden Claretianer zwei schlichte, von Advenat mitfinanzierte Holzkapellen. Dann fuhren wir noch vor der Mittagszeit weiter mit der „Frei Rogerio" auf dem Rio Aripuanã. Ab jetzt begleitete uns **Pe. Ramiro**, ein spanischer Claretianer, der 1984 in der Prälatur São Félix von Bischof Casaldaliga (siehe S. 123f.) zum Priester geweiht worden war. Der Schwerpunkt des Pastoralkonzepts lag auf dem Aufbau einer Katechese und auf der gesundheitlichen Versorgung der Bevölkerung mit Ausbildung von Gesundheitshelfer:innen. Neben der „Frei Rogerio" unterhielt die Pfarrei noch ein weiteres größeres Holzboot, das *Barco de Saúde*.

Von Pe. Ramiro hörte ich viel über die Probleme der Siedlerfamilien aus den Südstaaten und dem Ceará, die vom *Instituto de Terra do Amazonas* (ITERAM) total im Stich gelassen worden waren, sodass die Familien mit leeren Händen frustriert in ihre Heimat zurückkehrten. Eine Gruppe von 300 Familien aus Curitiba hatte sogar in Manaus einen Protest vor dieser Behörde geplant. Pe. Ramiro begleitete mit einer Ordensfrau die Protestierenden. Die Militärpolizei verhaftete alle umgehend, als das Linienboot im Hafen von Manaus einlief. Doch dank der hartnäckigen Verhandlungen des Claretianers mit der Polizei fuhr das Boot seine Insassen zurück nach Novo Aripuanã. Als der um Vermittlung gebetene Bischof zusammen mit einem Rechtsanwalt der *Pastoral da Terra* in einem Flugtaxi in Novo Aripuanã ankam, wurden die im Boot festgehaltenen Siedler nach langer Verhandlung schließlich frei gelassen. Dieses Beispiel machte sehr anschaulich, dass die Ordnungskräfte in diesem Bundesstaat selbst arme Migranten:innen aus dem Süden willkürlich traktierten. Es zeigte auch, dass der Geist aus der Zeit der Militärdiktatur Mitte der 1980er Jahre weiter präsent war.

Bei allen Problemen und Sorgen vergaßen wir nicht, unterwegs ein erfrischendes Bad zu nehmen, zu singen und uns abends in unseren Hängematten Geschichten zu erzählen. Neguinho und Pe. Ramiro ließen keine Anekdote aus über die gefährlichen *onças* (Jaguare), wie sie sich nachts der „Frei Rogerio" nähern würden. Auch wenn ich keineswegs angstfrei war, so haben mich doch die Hitze und die bewegenden Eindrücke so erschöpft, dass mich weder wilde Tiere noch unser Schnarchkonzert am Schlaf hindern konnten.

Ab dem Dorf Novo Aripuanã gab es auf dem Fluss keinen Linienbootsverkehr mehr. Mir schien unvorstellbar, wie man in dieser Einsamkeit leben kann, wie ich in mein Tagebuch dieser Reise schrieb. Wenn wir nach stundenlanger Fahrt bei einer kleinen Kapellengemeinde anhielten – und dabei unterwegs keinen einzigen Menschen gesehen hatten – fiel mir auf, mit welcher Würde uns die Menschen begegneten. Ich staunte und beneidete die Frauen um ihre Strahlkraft und fand es beeindruckend, wie liebevoll sie ihre armseligen Hütten pflegten.

Am vierten Tag unserer Bootsfahrt kamen wir auf Höhe der *Transamazônica* (BR-230) mittags an. Dieser Treffpunkt war mit dem zuständigen Priester von Apui vereinbart worden. Auch hier wurden wir mit Salutschüssen empfangen. Der Abschied von meinen zwei *compadres* war nahezu herzergreifend. Wir vier waren richtig zusammengewachsen und ein Team geworden! Mein neuer Begleiter **Pe. Falerio** wartete bereits mit seiner Camioneta, um Ir. Corina und mich auf der „legendären" BR-230 in das zwei Stunden entfernte Apuí zu fahren, dem südlichen Seelsorgestützpunkt dieser „Mammutpfarrei".

In **Apuí** war ich in einer völlig anderen Welt angekommen. Der Ort an der *Transamazônica* war erst vor zwei Jahren im Zuge eines Siedlungsprojektes der INCRA entstanden. Dieses nationale Institut für Kolonisation und Agrarreform lockte Kleinbauern aus den Staaten Paraná und Rio Grande do Sul an, um im Urwald eine neue Existenz zu gründen. Viele von ihnen sprachen Deutsch mit dem typischen Akzent der Südstaatler. Das neue Leben stellte harte Bedingungen, um den Urwaldboden mittels der üblichen Brandrodung bepflanzbar zu machen. Die neuen Siedler bauten Mais, Reis, Maniok, Kaffee und Kakao an in der Weise, wie sie es im Süden gelernt hatten. Welche Folgen ihre Art der Landwirtschaft nach 10 Jahren Bepflanzung haben würde, blieb eine offene Frage. Manche Bauern mussten schon nach zwei Jahren das Land verlassen, weil es sich als zu unergiebig herausstellte. Kolonisten mit einem gewissen Eigenkapital, damit unabhängig von der INCRA, hatten es leichter, da sie über die notwendigen landwirtschaftlichen Geräte verfügten.

Die Kommune von Apuí erstreckte sich auf 280 km entlang der *Transamazônica.* Sie zählte 8.000 Bewohner. Der tatkräftige und erfahrene Claretianer Pe. Falerio, ein früherer Provinzial und Engagierter in der nationalen wie lateinamerikanischen Ordenskonferenz, wurde von der Bevölkerung sehr geschätzt. Ohne paternalistisches Denken wollte er eine menschennahe Pastoral entwickeln. So waren in den zwei Jahren 21 *comunidades* entstanden, in Organisation und Aktivitäten sehr unterschiedlich, und mit der Ankündigung auf die Unterstützung von drei Irs. Catequistas Franciscanas, die die Kongregation ihm zur Mitarbeit in Aussicht gestellt hatte.

Wir besichtigten das von Adveniat mitfinanzierte Kirchbauprojekt, das sich in der Endphase befand und einige schlichte Holzkapellen in der Umgebung. Bisher gab es kein Gemeindezentrum. Auch an diesem Ort sprach ich am Ende des stark besuchten Gottesdienstes über die Zielsetzung von Adveniat und trank anschließend mit einigen Besuchern im Pfarrhaus, der einzigen Versammlungsmöglichkeit neben der Kirche bisher, ein kühles Bier.

Dieses ebenerdige Pfarrhaus aus Holz, ein älterer, prekärer und schlecht befestigter Bau, habe ich bis heute in besonderer Erinnerung. Denn Pe. Falerio hatte es vor meinem Besuch einem Großputz unterzogen, eine rührende Geste von Gastfreundschaft. Trotz aller sympathischen Putzaktion – nicht jeder Priester nahm damals Putzutensilien selber in die Hand – waren die zwei Nächte für mich fürchterlich. Neue Gerüche – ich hatte immer 4711 Parfumfläschchen als Mitbringsel im Koffer – müssen die Scharen von Mäusen, die jede Nacht durch das Pfarrhaus rannten, irritiert haben. Sie blieben und ihr Pipskonzert brachte mich zwei Nächte um den Schlaf. Zum Abschied sagte ich dem sympathischen, sehr engagierten Claretianer mit einem humorvollen Schlenker, dass ich gern wiederkomme, wenn in seinem Pfarrhaus Katzen für das biologische Gleichgewicht gesorgt hätten!

Pe. Falerio brachte mich auf der Transamazônica mit seiner Camioneta ins 600 km entfernte Porto Velho. Wir benötigten dafür, einen Kurzbesuch im Bischofshaus von Humaitá eingeschlossen, 14 Stunden. Mit dem Linienbus, der in den Schlaglöchern oft stecken blieb, hätte ich mindestens zwei Tage gebraucht – welch ein großzügiger Freundschaftsdienst!

Prälatur Itacoatiara – ein Benediktinerinnenkloster im Regenwald

Die 1964 gegründete Prälatur, einem kanadischen Missionsorden übergeben, kann auf dem Landweg auf einer asphaltierten Straße in 3 bis 4 Stunden Autofahrt (280 km) von Manaus aus in nordöstlicher Richtung leicht erreicht werden. Ich besuchte sie 1991 und ein Jahr später mit dem Journalisten Hermann Multhaupt, der mit den Benediktinerinnen des neugegründeten Klosters „Água Viva" ein Interview machen wollte. Der kanadische Bischof, D. Jorge, war seit 30 Jahren Missionar im Amazonasbecken und kannte jeden Flusslauf in der 58.000 qkm ausgedehnten Prälatur, wie er sagte. Das intensive Gespräch mit ihm gab mir einen Überblick über die sozialen wie politischen Probleme dieses Raumes und eine Orientierung für die Projektarbeit. Mir waren die wenigen, bescheidenen Anfragen aufgefallen.

An der 1991 um die 90.000 Einwohner großen Stadt Itacoatiara lässt sich die frühe Geschichte der Industrialisierung des Bundesstaates Amaonas nachzeichnen. Die Großprojekte des Staudamms Balbina und des Erzabbaus zogen in den 1970-1980er Jahren viele Arbeiter aus anderen Landesteilen an. Opfer dieser Entwicklung waren die Ureinwohner der Region, die Waimiri – Atroari. *Indígenistas* sprechen von einem Genozid an diesem Volk, denn ihre Population von ursprünglich 3.000 dezimierte sich auf 500. Bisher nicht gekannte Krankheiten, Gewalt und Vertreibung waren die Todesursache. Erst nach starkem nationalem und internationalem Protest erhielten die Waimiri – Atroari 1987 ihr Schutzgebiet, durchtrennt von der über 125 km asphaltierten Straße. Es stand unter Aufsicht der staatlichen Indigenenbehörde FUNAI; diese hatte der Prälatur untersagt, das Schutzgebiet zu betreten.

Der Bevölkerungszustrom in die ehemalige Kleinstadt Itacoatiara hatte auch mit der Ansiedlung großer Holzfirmen zu tun, die den Hafen für den Export nutzten. Mehr als die Hälfte der Arbeiter:innen waren Frauen, deren Bezahlung allenfalls auf Höhe des Mindestlohns lag; die Sicherheitsbedingungen waren schlecht, es passierten viele Unfälle, nicht selten tödliche. Die Frauen wurden bei ihrer Einstellung nach einer unternommenen Sterilisation befragt. Sie galt damals beispielsweise bei Einstellungen im Industriepark von Manaus (*Parque Industrial*) als Bedingung – wie auch an anderen Orten in den armen Regionen des Landes. Das hörte ich oft auf den Reisen. Politiker kauften dann vor den Wahlen die Stimmen der armen Frauen, indem sie ihnen kostenlos eine Sterilisation anboten. In Itacoatiara galten diese inhumanen, Frauen verachtenden Praktiken als üblich. Ein weiteres, damit zusammenhängendes Problem war die häufige Vergewaltigung von Frauen und Mädchen; selbst von Kindern, wie mir **D. Jorge** von einem jüngst zugetragenen Fall eines 11-jährigen Mädchens berichtete, das von einem 22-jährigen Mann aus reicher Familie geschwängert worden war.

In dem intensiven Gespräch mit D. Jorge wurde mir deutlich, wie entschieden die Prälatur auf Seiten der armen Bevölkerung, besonders der Frauen, stand. Diese klare Option zeigte sich in den pastoralen Schwerpunkten einer Förderung der Basisgemeinden – es gab in dem Jahr 260 CEBs – , der Weiterbildung von *agentes de pastoral* oder der Durchführung einer mehrtägigen *Assembléia do Povo*, bestehend aus Mitgliedern der CEBs und des Pastoralteams. Die Weiterbildungskurse fokussierten beispielsweise das Verhältnis von Glaube und Politik oder ökologische Probleme. Zu den Pastoralbereichen gehörten u.a. die Landpastoral CPT, die Arbeiterpastoral PO, die Frauen – Pastoral (*Pastoral da Mulher*) und die Kinderpastoral (*Pastoral da Criança*). Bei Projekten der Kinderpastoral bot die Prälatur den Pfingstkirchen, die zunehmend ihre Präsenz zeigten, eine Zusammenarbeit an. Diese verboten jedoch ihren Mitgliedern, bei der Mutter-Kind-Betreuung mitzumachen, wie sie überhaupt einen Kontakt zur Prälatur mieden. Ihre Präsenz stieg zu Beginn der 1990er Jahre signfikant in der Stadt.

Angesichts der klaren Option der Prälatur überraschte nicht, dass bei Einstellungsgesprächen seitens der Holzfirmen nach Mitgliedschaft in der katholischen Kirche gefragte wurde. Wenn sich ein Bewerber als engagiertes Mitgled einer CEB bekannte, hatte er kaum Chancen, den Arbeitsplatz zu bekommen, zumal eine autonome Gewerkschaftsbewegung erst zögerlich im Entstehen war. Nur wenige Arbeiter hatten den Mut und das Bewusstsein, Syndikate zu gründen.

Bei meinem Besuch im folgenden Jahr 1992 ging es um einen weiteren Schwerpunkt der Prälatur, dem der spirituellen Förderung und Begleitung von Menschen. Eine kleine Gemeinschaft von Benediktinerinnen aus Curitiba hatte vor drei Jahren eine schlichte „Klosteranlage" inmitten des Urwaldes, unweit von Itacoatiara errichtet. Das **Mosteiro da Água Viva** war in der kurzen Zeit an Wochenenden ein frequentierter Ort für Exerzitien von Pastoralgruppen oder für Hauptamtliche der Pastoral. Das Bedürfnis nach Kontemplation und Gebet sei sehr stark gewachsen, wie mir die erfahrene Priorin mitteilte.

Neben der geistlichen Orientierung versuchten sich die Benediktinerinnen auch in botanischen und gärtnerischen Projekten, ein ganzheitlicher Ansatz in diesem tropischen Umfeld. Die Ordensfrauen waren Pionierinnen, im ganzen westlichen Amazonasraum gab es bis dato kein einziges kontemplatives Kloster. Herr Multhaupt und ich bewunderten den Mut der Frauen, sie kannten die soziopolitischen Probleme des Landes und der Region, dazu verfügten sie über ein fundiertes theologisches Wissen.

Wieder zurück in Deutschland schrieb ich im Büro mit Freude eine Projektbeurteilung für den Antrag auf den Bau eines kleinen Gästeflügels in Holzbauweise – angepasst dem vorhandenen rechteckigen Bau. Für mich wurde Itacoatiara ein außergewöhnlicher Ort in Brasilien, da politisches Engagement und spirituelle Angebote in einem Pastoralkonzept verknüpft wurden. Bemerkenswert war auch die Namensgebung *Água Viva* des Klosters. Sie hatte sich während der Prozession zum 25-jährigen Bestehen der Prälatur vom Stadtzentrum in das 10 km entfernte Kloster ergeben: An einer der Stationen war ein Fischer aus der Reihe hervorgetreten und zeigte ein Glas Wasser mit einem toten Fisch darin. Mit diesem Bild wollte der Sprecher einer der Flussgemeinschaften auf das Problem der Verseuchung der Flüsse in der Region aufmerksam machen. Nach der Prozession wurde den Schwestern schnell klar, welchen Namen ihre junge benediktinische Initiative erhalten sollte: *Mosteiro da Água Viva.*

Die Prälaturen Coari und Tefé am Alto Solimões

Coari ist eine 50.000 Einwohner große Kleinstadt am Fluß Alto Solimões, einem der beiden großen Hauptflüsse im Westen des Bundesstaates, die in Manaus zusammenfließen und ab da den Amazonas bilden. Das Städtchen liegt näher an Manaus als Tefé, beides wichtige Orte auf dem Weg des Drogenhandels von Kolumbien nach Brasilien. Die Bevölkerung dieser Verkehrsknotenpunkte in den Flussgebieten leben von Beschäftigungen in der Stadtverwaltung oder vom Drogenhandel. Coari, eine ehemals unbedeutende Provinzstadt, hatte jedoch in den letzten Jahren durch die Entdeckung von Gas- und Ölvorkommen in der Region von Uruçu großen wirtschaftlichen Aufschwung erlebt, wie ich 2006 bei meinem Besuch erfuhr und an der schön gestaltet Praça mit eigenen Augen sehen konnte. Die brasilianische Firma Petrobras förderte die Energiequellen und hatte schon eine Gas- und Ölleitung von Uruçu nach Coari gelegt, die weiterführen sollte bis nach Manaus. Und man plante gar eine weitere Leitung bis nach Porto Velho. Wegen der Ansiedlung von Petrobras kamen Migranten:innen aus anderen Regionen des Landes. Durch den Pipelinebau zeigten sich neben den ökologischen Problemen auch kulturelle und soziale Probleme: Kinderprostitution, Zunahme von Drogenkonsum und des Drogenverkehr. Der Bürgermeister galt in dieser Hinsicht als „Diktator", der keine Gegenmeinung zulasse und Klientelpolitik betreibe.

Ins Augenmerk fiel die 200-jährige Geschichte der Hauptpfarrei in Coari. Selten lernte ich in Brasilien eine solch historische Pfarrei kennen, dazu noch in einer so abgelegenen und schwer schiffbaren Region. Die Gründung der Prälatur im Jahr 1963 war wesentlich jüngeren Datums; sie wurde den Redemptoristen anvertraut. Die Topographie war extrem: auf einer immensen Fläche von 119.000 qkm lebten ca. 270.000 Menschen in einem sehr verzweigten Netz von Flussläufen. Die überwiegend katholische Bevölkerung verteilte sich auf 400 Flussgemeinden, die zu sechs Pfarreien gehörten. Ihre Hauptsitze lagen weit voneinander entfernt und manche Gemeinden innerhalb einer Pfarrei konnten wegen der mehrtägigen Anreisen mit dem Boot nur ein- bis zweimal im Jahr besucht werden.

Seit ihrer Gründung legte die Prälatur einen Schwerpunkt auf eine gründliche Aus- und Weiterbildung ihrer meist ehrenamtlichen Laienmitarbeiter. Man entwickelte zweijährige Intensivkurse in *Teologia Pastoral* in vier Etappen von je zweiwöchiger Dauer. Zu einzelnen thematischen Blöcken lud man Dozent:innen aus Manaus und Belém ein. Ein weiterer Intensivkurs, *Curso de Fé e Cidadania,* vermittelte ein Basiswissen in Katholischer Soziallehre und in den Richtlinien der Evangelisierung der Kirche Brasiliens. Interessant war, dass sich für die Übernachtungen der Kursteilnehmer Familien in der Pfarrei zur Verfügung stellten. Dies galt auch für die jährliche Vollversammlung der Prälatur, an der 100 Delegierte aus den Pfarreien teilnahmen, die auf ihrem Boot bzw. bei Familien übernachteten. Ein ausgesprochenes Bildungszentrum gab es in der Prälatur nicht, das war für mich ein Novum. Manche interpfarrlichen Kurse fanden in der geographisch zentral gelegenen Pfarrei von Manacapu statt, auch dort boten die Familien vor Ort eine Übernachtungsmöglichkeit an.

Noch etwas fiel in der Prälatur auf: die Priesteramtskandidaten hatten neben ihrem Philosophie- und Theologiestudium am regionalen Priesterseminar in Manaus auch ein Berufspraktikum zu absolvieren, sei es in einem Sägewerk oder in einem landwirtschaftlichen Betrieb. Mich beeindruckte ebenso die Einführung des *Dízimo* in solch einer armen Region. Sie war schon in vier Pfarreien gut organisiert, wie der Koordinator der Pastoral, **Pe. Francisco**, mir berichtete. Dieser erzählte von seiner Promotion zum Thema *A Evangelização da Amazônia Brasileira – História, Desafios e Perspectivas* an der Universität Gregoriana in Rom. Das Thema der Doktorarbeit zeigte, welche Aufbrüche im jungen Klerus der Ortskirche festzustellen waren; man stand in einem Suchprozess der Konzipierung eines eigenen Weges. Weniger optimistisch sah ich meine Besichtigung bei *Rádio Educação Rural de Coari*, dem seit 42 Jahren betriebenen Radiosender der Prälatur. Dieser notwendige Projektbesuch war mein prioritärer Anlass, Coari anzufliegen. Die Eindrücke vor Ort bestätigten meine Zweifel, die mir während des Projektstudiums gekommen waren. Den Besuch machte ich mit dem neuen Bischof der Prälatur, **D. Joércio Gonçalves Pereira**. Wir kamen unangemeldet und überraschten damit den eloquenten und in der katholischen Medienarbeit gut vernetzten Leiter des Radios. D. Joércio war ich schon bei einem Besuch in Aparecida als damaligen Rektor des Wallfahrtsortes begegnet. Im Nachgespräch tauschten wir uns offen über unsere Eindrücke aus. Das Radio musste hinsichtlich der Eigentumsfrage und seiner Finanzsituation einer Betriebsprüfung (*auditoria*) unterzogen werden. Ich war erleichtert, der Spur einer Besichtigung vor Ort gefolgt zu sein.

Die froh stimmenden Eindrücke in der Prälatur verstärkten sich bei einer Fahrt mit dem Aluminiumschnellboot der Hauptpfarrei, dessen Finanzierung Adveniat mit ermöglicht hatte. Seine Nützlichkeit wollte man mir bei einem Halbtagesausflug in eine der nah gelegenen Fischergemeinden von Coari zeigen – es war eine entspannende Tour mit sehr guten Gesprächen mit meinen zwei Begleitern, Frei Ney und der Katechetin Franziska. Beide waren zuständig für die Betreuung der Flussgemeinden und in dieser Aufgabe über die Hälfte des Jahres mit dem größeren Holzboot unterwegs. Die junge, aktive Katechetin interessierte sich für die Lektüre brasilianischer Theologinnen; ich versprach ihr, das Hauptwerk von Ivone Gebara zum Ökofeminismus zukommen zu lassen. Frey Ney, ein Redemptorist aus Bahia, hatte einen besonderen Umgang mit den *cabóclos* und war ein ausgezeichneter Hobbyfotograf. Er schenkte mir einige Fotos mit Motiven des Sonnenuntergangs in der Flusslandschaft, die zu meiner Freude mein Büro später schmückten.

Beeindruckt war ich auch von dem Besuch des Jugendzentrums in Coari, dem *Centro Juvenil São Geraldo*. Es war das Lebenswerk eines nordamerikanischen Redemptoristen und bot Kindern und Jugendlichen berufskundliche Kurse (Schreinerei, Schlosserei, EDV und Holzschnitzarbeiten) wie Kurse zur musischen Erziehung (Gitarre, Tanz). Der ältere nordamerikanische Ordensmann hatte die Leitung einem einheimischen Ehepaar mit vier Kindern übergeben, die mir sehr kompetent und engagiert schienen. Zum Jugend-

zentrum gehörten ebenso eine kleine Bibliothek und ein Lädchen, wo selbst-
angefertigte kunsthandwerkliche Gegenstände verkauft wurden.

Die **Prälatur Tefé**, 600 km westlich von Manaus gelegen, besuchte ich im
Jahr 1991 und im Jahr 2000 im Rahmen einer Delegationsreise zusammen
mit dem Präsidenten der Bischöflichen Kommission Adveniats, Weihbischof
Franz Grave. Beide Aufenthalte empfand ich als sehr informativ. Beim ersten
Besuch bekam ich einen Eindruck von der langen Missionsgeschichte dieses
Raumes und von der Schönheit der Natur, als mich Fischer in Laichschutzge-
biete mit ihrem Boot führten. Neun Jahre später erfuhr ich mehr über die
neuen Pastoralinitiativen, die sich in den letzten Jahren entwickelt hatten.

Die Prälatur hat im Vergleich zu Coari noch wesentlich größere Ausmaße.
Sie umfasst ein Territorium von 264.000 qkm am Alto Solimões (war damit
größer als die frühere BRD mit 249.000 qkm), das sich bis zur kolumbianischen Grenze erstreckt. In diesem Gebiet lebten 1991 ca. 150.000 Menschen,
darunter 5.000 Indigene aus 12 verschiedenen Ethnien. Alle 10 Pfarreien
waren im Unterschied zur Prälatur Coari personell besetzt. Zum Pastoralteam gehörten 14 Priester, 15 Ordensfrauen und 15 Laienmissionare.

Interessant an Tefé ist die Geschichte seiner Missionierung, die 1910 mit
der Gründung eines Apostolischen Vikariats begann und der in den nachfolgenden Jahrzehnten verschiedene Etappen der Wandlung folgten. Aus
Europa waren vor 80 Jahren zunächst französische, später holländische
Spiritaner gekommen, die „Macher", wie der Generalvikar, selber ein älterer
holländischer Missionar, anmerkte. Die Europäer errichteten Krankenhäuser, Schulen und sorgten für landwirtschaftliche Initiativen. Später sei ihnen
bewusst geworden, dass der Staat die grundlegenden Aufgaben fürs Ge-
meinwohl selber zu übernehmen habe. Auch trugen die Versammlungen der
lateinamerikanischen Bischöfe von Medellin und Puebla zu Anfragen an das
traditionelle Missionsverständnis bei. Anstelle des handlungsleitenden
Motivs des Aufbaus einer Infrastruktur im Bildungs- und Gesundheitsbereich fokussierten die holländischen Missionare die *conscientização*, die
Bewusstseinsbildung. Sie legten 1980 die Leitung der Prälatur in die Hände
eines brasilianischen Spiritaners, **D. Mário Clemente Neto**. Dessen Ernennung seitens des Vatikans bedeutete den Übergang der 1948 zur Prälatur
erhobenen Missionskirche zu einer Ortskirche. Die alte Tradition zeigte sich
noch am Hauptgebäude der Prälatur, das mir wie eine „feste Burg", pittoresk

am Fluss gelegen, vorkam. Ich wohnte in dem inzwischen heruntergekommenen Gebäude mit dem Blick auf eine kleine Favela und den Marktplatz des damals 3.000 Einwohner großen Provinzstädtchens. Die intensiven Gerüche erlebte ich morgens als gutes Aufwachmittel. Gespenstisch wirkende schwarze Geier kreisten in den Lüften und sorgten für ein Minimum an Hygiene, die der Stadtverwaltung nicht am Herzen zu liegen schien.

Der brasilianische Bischof beeindruckte mich in seiner äußerst bescheidenen Lebensweise. Er wohnte zusammen mit drei Mitarbeitern in einem schlichten Holzhaus, sein einziger Luxus war sein Gemüsegarten, den er als Sohn einer kinderreichen Kleinbauernfamilie mit großer Liebe pflegte. Dieser Lebensstil war auch richtungweisend für die Prinzipien der Prälatur. Man lebte von der Hand in den Mund und wollte mit den Mitteln und Möglichkeiten vor Ort auskommen. Die Kontakte zu den Hilfswerken sollten auf wenige Projekte beschränkt werden.

Das Pastoralkonzept betonte die Partizipation von Laien. Basis aller Aktivitäten war die intensive Aus- und Weiterbildung der Katechet:innen und die Schulung von *animadores do setor,* womit Verantwortliche von Basisgemeinden eines räumlichen Sektors der territorial großen Pfarreien gemeint waren. Man zählte 292 CEBs in den 10 Pfarreien. D. Mário war jedoch der Ansicht, dass nur 200 Basisgemeinden ein gut organisiertes Gemeindeleben vorweisen konnten. Begleitet wurden sie von einem fünfköpfigen, zentralen Pastoralteam. Über das Radio der Prälatur hielt man die Kommunikation zu den Pfarreien und Gemeinden wie auch über das Printmedium Diözesanzeitung, das alle zwei Wochen erschien. Jeweils im Januar fand die einwöchige *Assembleia Geral,* die Vollversammlung der Prälatur, statt, auf der alle wichtigen inhaltlichen und organisatorischen Themen besprochen wurden.

Adveniat hatte bei der Anschaffung eines Transmitters von 5 kW geholfen. Dieser musste aus São Paulo auf den Transportweg gebracht werden, logistisch und technisch eine Herausforderung, die jedoch gelang. Der Leiter des Radios, ein holländischer Spiritaner, galt als Selfmade-Techniker und war der Experte für Probleme der Elektrizität in der Prälatur.

Die Sendeeinheiten des Radios mit religiösem Bezug gestaltete das Koordinationsteam für die Pastoral. Ich hatte 1991 einen sehr guten Eindruck von dem durchdachten pastoralen und pädagogischen Konzept der Radiostation und staunte nicht schlecht, als unsere Delegationsgruppe, bestehend aus neun Personen, neun Jahre später gleich auf dem Rollfeld des Provinzflughafens mit einer Fernsehkamera interviewt wurde. Es gab – dank einer Adveniat-Hilfe von Euro 12.000 – inzwischen ein kleines Fernsehstudio, in dem lokale Sendungen produziert wurden. Unser zweieinhalbtägiges Programm im Jahr 2000 war voll interessanter Begegnungen und mit einem schönen Bootsausflug in ein staatliches Modellprojekt des sich entwickelnden Öko-tourismus (*Reserva de Desenvolvimento Sustentável Mamiraua*) verbunden. Die Organisation des Aufenthaltes lag in Händen von **Thomas Schwamborn**, einem dt. Laientheologen, der eine Lehrerin aus Coari geheiratet hatte. Thomas kannte ich von Besuchen in der Geschäftstelle, wenn er auf Heimatbesuch in Oberhausen bei seinen Eltern weilte. Für mich war er ein ausgewiesener Experte der Radioarbeit im Amazonasbecken. Die Gespräche mit diesem bescheidenen Medienmann im Regenwald waren mir immer eine verlässliche Orientierungshilfe für die Projektarbeit.

Einen intensiven Gedankenaustausch hatte unsere Reisegruppe mit den Verantwortlichen der 10 Pastoralbereiche wie der Kinderpastoral, Jugendarbeit, Berufungspastoral, Katechese, der Rechtsberatung und Menschenrechtsarbeit, der Alphabetisierung von Erwachsenen durch das MEB (*Movimento de Educação de Base*) und der Indigenenarbeit des CIMI (*Conselho Indígenista Missionário*). Von der Vertreterin der *Pastoral da Criança* erfuhren wir, dass es in den acht Kommunen (*municípios*) 38 Ehrenamtliche gab, die 4.000 Säuglinge und Kleinkinder betreuten. Dank ihrer Arbeit war die Kindersterblichkeitsrate in der Stadt Tefé signifikant gesunken. Der Verantwortliche der Jugendpastoral verwies auf die mangelnden Arbeitsmöglichkeiten für Jugendliche in Tefé. Es fehle an Industrieansiedlungen und seitens der Stadtverwaltung an einem Entwicklungskonzept für die Region. Der Koordinator des CIMI informierte über die vier Teams bei verschiedenen Völkern, die im Gesundheitsbereich Gesundheitshelfer:innen ausbilden wie auch Lehrer:innen für den zweisprachigen Unterricht an den Schulen in den indigenen Dörfern.

Ein Novum war für mich, die **Arbeitsstelle für Rechtsberatung** (*Assessoria Juridica*) **und Menschenrechtsarbeit** kennenzulernen, die in Händen des 51-jährigen, wortgewaltigen Juristen **Claudemir** lag; die Spiritaner hatten ihm ein Jurastudium in Minas Gerais gewährt. Der Rechtsanwalt berichtete uns recht freimütig über die politischen Probleme in der Region Tefé und im Bundesstaat Amazonas. Nach seiner Ansicht hätten die Politiker wenig ökologisches Bewusstsein und einige von ihnen auf führender lokaler und bundesstaatlicher Ebene seien involviert in Firmen, die mit ihren Kuttern exzessiven Fischfang betreiben würden. Mein Gesprächspartner sah sie mafiös vernetzt und auch mit dem Drogenhandel verbandelt. Die Prälatur kämpfe mit ihren Ideen des Naturschutzes allein auf weiter Flur – wie eine Ameise gegen den Elefanten, war Claudemirs Bild. Er betrachtete das Engagement der Prälatur zur Rettung Amazoniens auch als Beitrag für die Menschheit, denn der tropische Regenwald gehöre allen Menschen, nicht nur den Bewohnern von Tefé. Der Vater von vier Kindern fügte noch hinzu, dass an die Zukunft der folgenden Generationen gedacht werden müsse. Wie hochaktuell dieses Denken ist – meine Aufzeichnungen zu dieser Region schreibe ich gerade in den Tagen, wo die 27. UN-Klimakonferenz im ägyptischen Scharm el-Scheich (November 2022) stattfindet.

Solch klare Worte habe ich in all den Jahren der Reisetätigkeit nicht oft gehört. Pioniercharakter hatten für mich auch die Kurse zur Ausbildung von *monitores jurídicos* und von *agentes ambientais voluntários*. Diese Schulung für die ehrenamtlichen Naturschützer wandte sich an die Bewohner in den Flussgemeinden, die Überwachungsaufgaben zum Schutz der Laichgebiete und zur Einhaltung der Umweltgesetze wahrnahmen. 375 Naturschützer hatte man schon ausgebildet; angesichts des immensen Territoriums sah man das als einen eher symbolischen Beitrag, aber als einen notwendigen Aktionsschritt. So wie der Kurs zur Schulung von *monitores jurídicos* in den 10 Pfarreien – eine Kooperation mit der brasilianischen Vereinigung der Rechtsanwälte OAB. Führungskräfte in den Pfarreien erhielten in dem Kurs ein juristisches Grundwissen. Die dort ausgebildeten „Barfußrechtsanwälte" berieten die arme Bevölkerung in den abgelegenen Dorfsiedlungen bei juristischen Fragen wie Anzeigen, Rechtsansprüchen und Rechtsbrüchen.

Der Verantwortliche der Rechtsabteilung der Prälatur hatte uns bis zum Flughafen begleitet. Die Zeit nutzend, erzählte er der Journalistin Hildegard Nagler und mir in einer geschützten Ecke des Flughafengebäudes von Tefé vor Abflug, dass er sich seit 37 Jahren in der Prälatur engagiere. Wir erfuhren, dass Cloudemir auch der Landpastoral und allen anderen Pastoralbereichen fachlich zur Seite stand. Die Prälatur hatte damals 19 Gerichtsprozesse eingereicht wie die Klagen gegen unerlaubtes Fischen in den Laichgebieten. Den Politikern wie den Beamten der öffentlichen Verwaltung in der Region war dieser Rechtsanwalt freilich ein Dorn im Auge. Für mich stand er stellvertretend für die kompetenten und mutigen Mitarbeiter:innen der Kirche in diesem politisch angespannten Raum Brasiliens. Sie gehörten für mich zu den Hoffnungsträgern im Land, verfolgten sie doch ein entschiedenes Konzept zur Förderung der vulnerablen Bevölkerungsgruppen und zum Schutz des Regenwaldes.

Die Diözese São Gabriel da Cachoeira – das Dreiländereck Brasilien, Kolumbien, Venezuela

Die Diözese am Oberen Rio Negro zu bereisen, bedarf einer guten körperlichen Konstitution. Die Entfernungen sind weit, das Territorium von 294.000 qkm noch ausgedehnter als in der Prälatur Tefé, dafür die Besiedlung mit 67.000 Bewohnern (Zensus 2001) extrem dünn. Das Besondere dieses Raumes ist, dass die indigene Bevölkerung aus 14 Ethnien den Großteil der Bevölkerung stellt. Auch dürfte keine Region in Brasilien so dünn bewohnt sein. Neben den Indigenen machte das Militär in dieser Grenzregion die zweitgrößte Bevölkerungsgruppe aus (8.000 Soldaten im Jahr 2007).

Die Kleinstadt São Gabriel da Cachoeira (SGC) mit ihren 17.000 Bewohnern (2007) liegt 850 km westlich von Manaus und ist von dort aus mit einer regionaler Fluglinie in 3 Stunden gut erreichbar; (der öffentliche Schiffsverkehr braucht dagegen mehrere Tage flussaufwärts von Manaus aus). Zeitintensiv und anstrengend sind vor allem die Bootsfahrten von Ort zu Ort wie der nach Cucuí, dem Grenzort mit Venezuela und Kolumbien, von der ich später berichten werde. Hauptfluss in São Gabriel ist der Rio Negro: diese verzweigte, betörend schöne Flusslandschaft mit ihren kleinen Wasserfällen – im Hintergrund das Bergmassiv des legendären Pico de Neblina (2994 m) – bietet ein faszinierendes Panorama.

So beeindruckend sich die Natur zeigt, so deutlich waren die Schatten, die sich während der Besuche abzeichneten, als das Gespräch um soziale und politische Themen ging. Auf der ersten Reise 1992 kam ich in Begleitung des Journalisten Herrmann Multhaupt. Wir hatten den Auftrag, mit einer Malgruppe indigener Schüler, dem *Núcleo de Animação Desenho Suikiri*, Kontakt aufzunehmen. War dieser Aufenthalt seitens der Öffentlichkeitsarbeit Adveniats vorgegeben, standen bei meiner zweiten Reise 2007 schwerpunktmäßig Projektgespräche im Vordergrund.

In dieser Diözese Brasiliens ist ihr **historischer Kontext** hervorzuheben. Sie hat als Apostolische Prälatur zwar dasselbe Gründungsjahr 1910 wie Tefé, dennoch verlief die Entwicklung der Salesianermission – die zunächst italienische, dann brasilianische Ordensmitglieder prägten – recht unterschiedlich und auch konfliktiv. Zur Gründergeneration gehörten italienische Ordensleute, allen voran der erste Bischof, der wie manche seiner Mitbrüder akademisch und humanistisch gut vorbereitet war und den Weg der Inkulturation wählte. Der zweite Bischof dagegen ignorierte diesen Aspekt und begann mit Hilfe der Militärs, Schulen und Internate für Kinder aus den verschiedenen Ethnien zu errichten. Er leitete seinen geographisch am Rande befindenden Sprengel von Rio de Janeiro aus und kam nur einmal im Jahr mit der Luftwaffe nach SGC. Offenbar wollte er, wie der Inspektor der Salesianer 1992 sagte, die Bildungsstruktur von Rio in den Urwald übertragen. Sein Denken war geprägt von der Idee der „Patria" und der Integration der Indigenen in die dominante weiße Gesellschaft.

Für diese Phase stehen die mächtigen Gebäude, die meinem journalistischen Reisegefährten und mir gleich bei Ankunft aufgefallen waren: die große Kirche in neugotischem Stil einschließlich Glockenturm, an die sich eine meterlange Gebäudefront anschließt mit Kurie und Wohnung des Bischofs, dem ehemaligen Internat für indigene Kinder dieses Raums sowie einem Riesenkomplex von Primar- und Sekundarschule der Filhas de Maria Auxiliadora mit 1.300 Schüler:innen. Die Gebäudemassen wirkten ebenso irreal wie erdrückend in dieser transportmäßig so abgelegenen Region! Auch in den sieben Missionsstationen, die die Kongregation nach und nach unter verschiedenen Völkern eröffnet hatte – gefördert und unterstützt vom Militär – war die großräumige Bauweise prägend mit ihrem gleichbleibenden Grundriss von Kirche, Wohnhaus der Missionare, Internat, Schule.

Im Jahr 1980 wurde das Missionskonzept der Salesianer am Rio Negro massiv in Frage gestellt durch das **4. Russell-Tribunal** in Rotterdam. Zwei ihrer ehemaligen indigenen Zöglinge klagten den Erziehungsstil der Salesianer vor internationaler Öffentlichkeit vehement an (siehe auch S. 100f.). Die beiden Tucano – Indigenen warfen der Kongregation vor kritischem, europäischem Publikum vor, ihnen ihre Sprache, kulturellen Gebräuche und Kosmovision in den ordenseigenen Bildungseinrichtungen verboten zu haben. Dieses Tribunal bedeutete eine notwendige Provokation für den Orden, wie uns 1992 der neue Bischof, **D. Walter Ivan de Azevedo SDB**, zu verstehen gab. 1986 war er zum Bischof am Oberen Rio Negro ernannt worden, um der in Misskredit geratenen Missionsarbeit ein neues, inkulturiertes Gesicht zu geben. Der bescheidene, asketisch wirkende Oberhirte – erfahren in der Indigenenpastoral und promovierter Experte für Linguistik – erarbeitete für die Mitarbeitenden der Diözese einen Sprachführer in den drei Hauptsprachen der Region Nheengatu, Yanomami und Tucano. Denn für ihn bedeutete die Sprache die Seele eines Volkes, wie er sagte. Es verstand sich von selbst, dass er zwei der indigenen Sprachen (Yanomami und Nheengatu) fließend beherrschte. Mit den *Cadernos Missionarios* hatte er Grundsatzpapiere zur neuen Indigenenpastoral herausgegeben. Es war offensichtlich, dass auch in SGC die Kirche ein „amazonensisches Gesicht" bekommen hatte mit dem Prinzip der Respektierung und Wertschätzung der indigenen Kulturen. Die Etappe der Internate – bis heute kontrovers diskutiert – wurde mit deren Schließungen im Jahr 1989 unter D. Walter endgültig beendet.

Einen tiefsichtigen und sensiblen Propheten unter den Ordensleuten lernte ich auf der ersten Reise 1992 kennen, den 82-jährigen **Pe. Eduardo Lagorio SDB**, gebürtig aus Rom. In seinem Heimatland hatte er Musik am Konservatorium studiert. Seine Begabung für Musik und Tanz waren das Medium, sich schnell mit den Tucano zu verständigen. Er beherrschte ihre Sprache und schien mir auch einer ihrer Eingeweihten zu sein. Der Musikbegeisterte entwickelte eigene Liturgieformen für die Gottesdienste in den Dörfern der Tucano und schrieb zusammen mit einem Tucano – Schriftsteller die Geschichte seines Volkes auf. Pe. Lagorio, seiner Zeit weit voraus, fand indessen keinesfalls die ungeteilte Zustimmung seiner Mitbrüder, während Herr Multhaupt und ich als Besucher vom Ausland ihm mit Faszination zuhörten. Wir bekamen so einen Einblick in die Schöpfungsmythologie der Tucano mit ihrem höchsten Wesen, der *Mãe Terra,* die das Universum geschaffen hat. Weiter erklärte uns der Ordensmann, dass es in der Tucano – Kultur keine vorformulierten Gebete gäbe, sie vielmehr spontan entständen und formuliert würden. Pe. Lagorio schenkte uns ein Gebet auf unseren Weg: *A Mae Eterna* (nicht Gottvater, wie er unterstrich!) *está sempre connosco* oder auf Tukano: *Yepá sakkó manine seori menota*. Das Wort *seori* (im Dt.: mit) sei ein Schlüsselwort für die Tucano, so der Padre. Diese Begegnung hinterließ bei uns wichtige Spuren.

Der Besuch bei der **Federação das Organizaçoes Indigenas do Rio Negro (FOIRN)** 1992 in einem schlichten Holzhäuschen am Stadtrand von SGC gab Aufschluss über die aktuellen Probleme der indigenen Bevölkerung dieses Raumes. Wir hörten von unserem Gesprächspartner, dem Vizepräsidenten der 1984 gegründeten Organisation, **Sr. Gersen Luciano dos Santos**, dass es eine **Invasion der Goldsucher** im Munizip von SGC und im östlich gelegenen Provinzstädtchen Santa Isabel gäbe. Während das Eindringen der *garimpeiros* im Raum SGC im Gebiet des Pico de Neblina den Charakter von Einzelinitiativen hätte und zahlenmäßig geringer sei, sprach Herr Gersen jedoch von einer organisierten, mafiösen Aktion von ca. 3.000 Goldsuchern im Flussgebiet nahe der Provinzstadt Santa Isabel. Eine Untersuchungskommission war gerade dabei, das Geschehen zu inspizieren. Die Diözese stellte der FOIRN ihren Platz in der Kommission zur Verfügung, da die Organisation der Indigenen nicht einmal gefragt worden war, ob sie einen Vertreter schicken möchte.

Die Bevölkerung von Santa Isabel hatte in dieser Zeit 177 technisch best ausgestattete Schiffe und Lastenschiffe aus Richtung Manaus beobachtet. Das Schürfgebiet der Eindringlinge lag im Nationalpark und im angrenzenden Gebiet der Yanomami. Der Fluss Canaburí war bereits durch Quecksilber verseucht. Auf den Schiffen gab es Verkaufstheken mit Waren bester Qualität, die Bezahlung erfolgte in Gramm Gold, wie wir staunend hörten.

Der allerorts angesehene Vizepräsident der FOIRN machte deutlich, welche Umweltprobleme und die Verteuerung der Waren diese Invasion aus Manaus mit sich gebracht habe. Hinzu käme das Problem von Gewalt und Prostitution. Der Bürgermeister von Santa Isabel war jedoch der Meinung, dass die *garimpeiros* Entwicklung und Fortschritt fördern würden. Dieses Beispiel zeigt deutlich, in welch einem Spannungsfeld die lokal ansässige Bevölkerung stand.

Die FOIRN hatte ein großes Interesse an der Einführung des zweisprachigen Schulunterrichts in den indigenen Dörfern; doch sei es schwer, indigene

Sprachen als Unterrichtsstoff zu verankern und Lehrkräfte für den bilinguären Unterricht zu gewinnen. Nach Einschätzung von Sr. Gersen lag eine Schwierigkeit darin, dass die Bevölkerung am Rio Negro einen Prozess des *embranquecimento* durchgemacht habe und von ihren kulturellen Wurzeln sich abschneide. So sei auch die Kraft des Schamanismus zurückgegangen und damit eine Quelle kultureller Identitätsfindung.

Erwähnen möchte ich im Zusammenhang mit der **Schulsituation** der Kinder und Jugendlichen noch ein kurzes Gespräch mit dem Pfarrer der Kathedralpfarrei, einem früheren Direktor einer großen ordenseigenen Schule in São Paulo. Pe. Gilberto war auf dem Hintergrund seiner Erfahrungen aus der Megalopolis der Ansicht, dass es am Rio Negro ausgezeichnete und gute Schulen gäbe. Im Vergleich zu anderen Regionen des Landes sei die Analphabetenrate gering. Jedoch mangele es an Berufsmöglichkeiten für die Jugend, die nur Arbeitsplätze bei städtischen Einrichtungen, im Krankenhaus, in Schulen oder im Einzelhandel fände.

Mut machend nach den Gesprächen auf dieser ersten Reise war eine persönliche Begegnung mit Schulkindern in der Stadt, mit der Malgruppe des ***Núcleo de Animação Desenho Suikiri***. Der Pfarrer der Pfarrei Don Bosco, Pe. Nilton, ein Diözesanpriester, hatte sie vor einem Jahr ins Leben gerufen und uns bei seinem Besuch in der Geschäftsstelle 1992 von dieser außergewöhnlichen Initiative berichtet. Es hatte damals in Essen wie ein Märchen geklungen: der japanische Medienkonzern Sanyo – interessiert an einem besonderen Weihnachtsgeschenk für seine Kunden – beauftragte die 30 am Malen interessierte Kinder der 3. bis 7. Schulklassen des *Núcleo*, eine Zeichenserie zum Thema der Zerstörung und des Schutzes des tropischen Regenwaldes zu gestalten, (ein 5-minütiger Zeichentrickfilm ist daraus entstanden).

Bei unserem Besuch wollten wir mit den jungen Malenthusiasten und ihrem Koordinator, dem 18-jährigen Maltalent Denivaldo Cruz da Silva, einem Jupi Guarani – Indigenen, Kontakt aufnehmen, in dem wir zum Malen des Themas „Geburt des Jesuskindes im Regenwald" anregten. Pe. Nilton hatte unseren Besuch mit der Gruppe vorbereitet. In den drei Tagen fanden mehrere fröhliche und erfolgreiche Treffen mit den jungen Künstlern statt, die vom Thema begeistert waren. Die Schulkinder malten eine ganze Serie von Bildern, die sie uns mit strahlenden Augen erklärten. Wir nahmen diese kostbaren Zeichnungen mit ins Gepäck, sorgten als kleine Anerkennung für Zeichenmaterial und praktische Dinge wie Kleidung und Schuhe. Und natürlich begleiteten uns die jungen Freund:innen bis ans Rollfeld der Piste vor Rückflug nach Manaus – es war ein herzergreifender Abschied! Einzelne Motive der 50 Bilder verwob Herr Multhaupt später in das sehr schön gestaltete Meditationsheft „Bethlehem im Regenwald" – ein Dankgeschenk Adveniats für die Pfarreien in Deutschland. Eindrücklich hatten die Kinder die Zerstörung des Regenwaldes oder die Holztrommel eines Indigenen gemalt, die die freudige Nachricht der Geburt des Erlösers der Welt ankündigen sollte. Auch dreißig Jahre später hat diese besondere Begegnung nichts an Lebendigkeit und Freude verloren!

15 Jahre nach meinem ersten Besuch stand die Diözese **2007** wegen Projektverhandlungen – es ging um das Für und Wider eines jährlichen Globalfonds – erneut auf der Reiseagenda. In der Diözese wie in der Gesellschaft zeigten sich markante neue Entwicklungen. Während sich im kirchlichen Panorama die personelle Situation durch neue Ordensgemeinschaften verlebendigt und erweitert hatte – die Salesianer befanden sich indessen in einem Rückzug – zeigten sich sozial wie politisch große Probleme. In einem aufschlussreichen Gespräch mit den **Irs. Catequistas Franciscanas** erfuhr ich, dass der Rio Negro inzwischen immer mehr zur Handelsstrasse der kolumbianischen Drogenkartelle genutzt wurde mit der Kreisstadt São Gabriel da Cachoeira als wichtigem Durchgangsort. Dies hatte den vermehrten Drogenkonsum von Jugendlichen zur Folge sowie die Zunahme eines organisierten Prostitutionsgewerbes, zu dem seit einigen Jahren auch Taxi-Unternehmen zählten, die aus anderen Landesteilen kamen. Diese vermittelten Prostituierte und seien auch im Drogenhandel involviert. Diese Art Sammeltaxis waren ebenso ein empörendes Novum wie die Touristenschiffe aus Manaus aus dem Umfeld der organisierten Kinderprostitution.

Aus der Sicht dieser politisch wachen wie beruflich qualifizierten Ordensfrauen war die Verantwortungslosigkeit der lokalen Politiker und Regierungsbeamten mehr als offensichtlich: so hatte beispielsweise eine rangohe Delegation von Ministerialbeamten aus Brasilia bei ihrem Kontrollbesuch keinen der Verantwortlichen an ihrem Arbeitsplatz angetroffen – der Bürgermeister, der Amtsrichter und der Polizeipräsident waren wie so oft abwesend.

Ein weiteres Problem sahen die Franziskanerinnen in der mangelnden Strafverfolgung von Delinquenz und Drogenkriminalität. Dennoch, einen Lichtblick gab es in São Gabriel da Cachoeira. Nach 10-jähriger Verzögerung und Prozessen der Baufirma mit den zahlungsunwilligen Behörden hatte das Krankenhaus mit der Präsens mehrer Ärzte endlich seinen Betrieb aufgenommen und garantierte eine akzeptable Gesundheitsversorgung.

Selten hatte ich auf Reisen so gut beobachtende und informierte Gesprächspartner:innen in abgelegenen Gegenden getroffen. Diese Schwestern brachten wie auch andere Mitarbeiter:innen aus südlichen Bundesstaaten Bildungs- und Berufserfahrungen mit, die ihnen einen neuen Blick auf die Realität ermöglichten und zu Handlungskonzepten ermutigten, die den traditionell ansässigen Mitarbeiter:innen der Kirche bis dahin fremd geblieben waren.

Erwähnen möchte ich in diesem Zusammenhang auch die eindrückliche Begegnung mit einer Schwester, die von außen gekommen war: die Salesianerin **Elisabeth Schwaiger** aus Bayern. Als Meisterin im Sticken und Nähen arbeitete sie seit 47 Jahren am Oberen Rio Negro. Ich traf sie am Stadtrand von SGC in einer Haushaltsschule für indigene Mädchen, denen sie nicht nur hauswirtschaftliche Fertigkeiten vermittelte, sondern sie auch erfolgreich unterrichtete in Kunsthandwerk und EDV. Sie war selbst mit der Zeit gegangen, und hatte ihre Kompetenzen stetig weiterentwickelt, um die indigenen Mädchen am Rio Negro in ihrem weiblichen Entwicklungsprozess und ihrer Selbständigkeit zu fördern und zu unterstützen.

Bei meinem zweiten Besuch 2007 war deutlich geworden, wie die nahezu 100 Jahre alte Diözese SGC im Übergang zur eigenen Ortskirche stand. Das hatte signifikante personelle und finanzielle Konsequenzen. Das Inspektoriat der Salesianer in Manaus hatte weniger Ordensleute geschickt und auch die Finanzmittel gekürzt. In der kurialen Verwaltung bemühte sich ein Herz – Jesu – Priester aus São Paulo um eine Struktur und um die Erschließung neuer Finanzquellen. Dem neu ernannten Bischof **D. José Song Sui-Wan**, ebenso aus São Paulo stammend, einem Salesianer chinesischer Abstammung, lag sehr an einer soliden Haushaltsführung; beide entwickelten ein internes PC-Programm für die Pfarreien und Missionsstationen, ebenso ein Statut. Diese neue Organisationsstruktur mit einem Direktorium und einem Finanzrat gab der Diözese ein modernes Gesicht. Interessant war, dass das ehemalige Internat für indigene Kinder zu einem Zentrum für körper- und geistig behinderte Menschen umgebaut worden war (dank einer Spende von taiwanesischen Buddhisten aus SP). Der neue Bischof sah diese Initiative als wichtig an, da es in der Stadt bisher keine Betreuungsangebote für behinderte Menschen gab.

D. Song war es ein Anliegen, mir eine der 10 Pfarreien seiner Diözese, die **Pfarrei São Sebastião** in **Cucuí**, zu zeigen. Sie lag geographisch neben der Pfarrei von Taracuá zur Bischofsstadt am nächsten und war mir über Projektanliegen bekannt; ich ahnte aber nicht, was diese Anreise auf dem Rio Negro von 240 km bis an die äußerste nördliche Grenze des Bundesstaates bedeuten würde (geographisch ist es das unmittelbare Dreiländereck Brasilien – Kolumbien – Venezuela). Vor allem war eine gute Wirbelsäule angesagt, weil wir sechs Stunden Reisezeit auf dem schmalen Aluminiumboot aufrecht ohne Rückenlehne sitzen mussten – und es bedurfte einer Windjacke, die mir der Seniorbischof D. Walter fürsorglich für die Zweitagesfahrt auslieh. Die Strecke belohnte für die Anstrengung, die unendlichen Weiten des (intakten) tropischen Regenwalds zu erleben. Wegen des Windes waren Unterhaltungen kaum möglich, die Natur lädt hier zum Schweigen ein! Wir legten unterwegs an drei Kapellengemeinden an. D. Song holte dann seine *flauta mágica* aus seiner Westentasche hervor – ein Geschenk seiner Mutter aus Jugendzeiten in Shanghai – und beglückte die indigenen Kinder mit seinem beachtlichen Musikrepertoire, das die Wiener Klassik mit einschloss. Zu meiner Überraschung hatte der aus einer vor Mao-Tse-Tung geflohenen Juristenfamilie stammende Bischof noch einen Zauberkoffer bei sich. Dieser durfte wie die Flöte auf keiner Bootsfahrt fehlen. Zusammen mit den Kindern erfreute ich mich an seinen Zauberkünsten. Solch ein musisches Talent unter den brasilianischen Bischöfen hatte ich bisher nicht kennengelernt! Noch vor Dunkelheit kamen wir schließlich in dem Grenzort mit seinen ca. 800 Bewohnern (und weiteren 500 in den 13 organisierten und bis zu 12 Bootsstunden von Cucuí entfernten Gemeinden) an. Dem sympathischen, engagierten Pfarrer – einem für die Seelsorge in Cucuí freigestellten kolumbianischen Weltpriester des Apostolischen Vikariats von Porto Inirída – lag besonders an einer Förderung der Jugendlichen und der indigenen Frauen. Von **Pe. Vidal** erfuhr ich, dass die drei benachbarten kirchlichen Jurisdiktionen sich in der Pastoralarbeit abstimmen und auch personell unterstützen würden. Denn einfach war die Arbeit in diesem von der kolumbianischen Guerilla FARC bestimmten nördlichsten Gebiet des Rio Negro nicht: auf dem Fluss wurden Waffen und Drogen nach Brasilien transportiert. Eine Ordnungspolitik brasilianischer Seite gab es nicht, kommunale Politiker, Polizisten und Militärangehörige waren im Drogenhandel infiltriert. Nicht nur das, diese mafiöse Gruppe warb männliche und weibliche junge Indigene aus den Dörfern ab, damit sie in den Etablissements in São Gabriel da Cachoeira anschafften.

Es wurde offensichtlich, dass Pe. Vidal gefährlich und mit Todesdrohungen leben musste. Seine Predigten formuliere er vorsichtig, wie er sagte. In einem Umfeld, das bei Erwachsenen und jungen Männern von Alkoholismus geprägt war, verzichtete er bewusst auf Alkoholkonsum, zumal nach seiner Ansicht Cacharí, das lokal beliebte, fermentierte Getränk, in der Vermischung mit Zuckerrohrschnaps abhängig und sogar süchtig machte.

Welch einem mutigen Priester war ich auf dieser Fahrt begegnet! Vermutlich hatte D. Song absichtlich diesen isolierten Raum ausgesucht, um dem kolumbianischen Seelsorger einen Besuch abzustatten und unsere Solidarität zu zeigen. Auch wurde mir bewusst, wie sinnvoll und notwendig die kleinen Projekthilfen (Holzkapellen, Bildungsarbeit, Musikinstrumente für die Jugendarbeit) für diese Pfarrei waren. Diese eindrückliche Bootsfahrt bleibt unvergesslich, wie auch unser 58 jähriger **Bootsführer Jacaré** mit seinem ausdrucksstarken Gesicht. Der indigene Mitarbeiter der Diözese navigierte seit 40 Jahren seine Bootsfahrten ohne Uhr, Kompass oder Landkarte! In seiner Kenntnis der Einheitssprache Nheengatu konnte er sich mit allen Bewohnern problemlos verständigen. Dieses ehemals von den Jesuiten entwickelte „Esperanto der indigenen Sprachen" im Amazonasraum ist bis heute zur Verständigung der verschiedenen Ethnien ein großer Segen.

DIE DIÖZESE RORAIMA – DAS DREILÄNDERECK BRASILIEN, VENEZUELA UND GUYANA

Einführende Hintergrundinformationen

Die Diözese im gleichnamigen Bundesstaat Roraima lag mir ob der schweren Spannungen zwischen den Gold- und Diamentenschürfern, Holzhändlern, Viehzüchtern und dem Handelsgewerbe in der Stadt mit der indigenen Bevölkerungsgruppe wie den katholischen Missionar:innen besonders am Herzen. Die zunehmenden politischen Konflikte in den 1980/ 1990er Jahren erforderten unsere solidarische Präsenz vor Ort und Unterstützung in den Projektanliegen. Deshalb war es notwendig, Roraima im Laufe der Jahre immer wieder zu besuchen (1984, 1990, 1996 und 2007). Auch die Öffentlichkeitsarbeit engagierte sich für diesen schwierigen Raum Brasiliens und machte ihn zu einem Schwerpunkt im Rahmen der Adveniat – Aktion 1993 mit dem damaligen Bischof **D. Aldo Mongiano** als Hauptgast. Er war ein authentischer Vertreter einer Kirche in Lateinamerika, die entschieden auf Seiten der indigenen Völker stand – mit sanfter Stimme, aber klaren Worten. Seine Fähigkeit zum Aushalten und Durchleiden vieler spannungsreicher Situationen, die ich auf der Reise 1990 hautnah miterlebte, werden mir unvergesslich bleiben.

Wie kaum eine andere Region Brasiliens ist dieser Bundesstaat von Migration geprägt. Bei meinem ersten Besuch 1984 zählte die Diözese mit einer Ausdehnung von 224.000 qkm lediglich ca. 100.000 Einwohner. Die Hälfte von ihnen lebte in der Hauptstadt des Bundesstaates Boa Vista, die andere Hälfte im Hinterland als Viehzüchter bzw. *Fazendeiro*. Dazu die Indigenen der 22 verschiedenen Völker – wobei die Yanomami, die Macuxi und die Wapixana die zahlenmäßig größten Ethnien darstellten. Die indigenen Bewohner machten 1983 ca. 25 % Anteil an der Gesamtbevölkerung des Bundesstaates aus; je nach Ethnie waren sie unterschiedlichen Phasen der Akkulturation zuzuordnen. Mit einer jährlichen Migrationsrate von 10%, der höchsten in Brasilien, erreichte Boa Vista auf der Reise 1996 schon 150.000 Bewohner und 2007 mit 300.000 sogar eine Verdoppelung der Stadtbevölkerung. Ich besuchte auf der letzten Reise mehrere Favelagemeinden und *áreas missionárias* am Stadtrand. Ein Kontrast dazu waren die neuen höheren Bildungseinrichtungen wie die Existenz einer *Universidade Federal* und die schön gestaltete Praça im Stadtzentrum. Zur Freude der Diözese hatten Restauratoren des berühmten *Teatro Municipal* in Manaus mit den Mitteln des Denkmalschutzes die kleine, historische Kathedrale mit ihrer barocken Ausstattung zu neuem Glanz verholfen, eine Meisterleistung. Das älteste Bauwerk in Roraima war ein richtiges Schmuckstück geworden und die Bewohner zeigten sich stolz darüber! Das sich verändernde Stadtbild zeugte von wachsendem Wohlstand, Geldzirkulation und Identitätsbildung in dieser von Gold- und Diamentenquellen geprägten Region, die zunehmend die *garimpeiros* anzog. Zunächst waren es seit dem frühen 20. Jahrhundert die Großgrundbesitzer, die aus dem Süden kamen und dann ab den 1980er Jahren die nach den kostbaren Edelmetallen Schürfenden aus allen Landesteilen. Diese Migrationszyklen entwickelten sich zu einem multikulturellen Schmelztiegel, der unweigerlich zu Spannungen führen musste. Bevor ich auf die Konfliktjahre näher eingehe, interessiert ein Blick auf die facettenreiche Missionierung dieses Bundesstaates.

Zur katholischen Missionsgeschichte

Die Missionierung Roraimas begann mit den Jesuiten, die im 17. und 18. Jahrhundert in diesem Raum wirkten und ca. 1725 auf Anordnung der portugiesischen Krone vertrieben wurden. Von der spannenden Geschichte erfuhr ich in einem aufschlussreichen Gespräch mit einem der vier ersten Diözesanpriester der Diözese Roraima, **Pe. Raimundo Vanthuy Neto**. Er war der Kathedralpfarrer von Boa Vista und hatte in São Paulo den Magister in Missionswissenschaften an der Theologischen Fakultät mit einer Arbeit zur Geschichte der Evangelisierung in Roraima abgeschlossen. Pe. Raimundo stammte aus einer Familie, die aus dem Nordosten, aus Rio Grande do Norte, zugewandert war.

Auf die Jesuiten folgten die Karmeliten aus dem *Convento do Carmo* von Belém, die der Krone näher standen als ihre Vorgänger. So betrieben sie Sklavenhandel und verkauften die Indigenen an die *Fazendas* des portugiesischen Herrscherhauses. Die Rebellion gegen die Missionare blieb nicht aus; es kam zu zwei großen Massakern in der Hafenstadt Belém und in Roraima, wo 1.000 Indigene bei gewalttätigen Übergriffen ermordet wurden. Fünf der Missionstationen der Karmeliten, außer der *Missão do Carmo* in Boa Vista, hatten die Indigenen zerstört. Bis 1850 blieben die Karmeliten in Roraima.

Eine Wende in der Missionsgeschichte von Roraima geschah mit der Ankunft der deutschen Benediktiner aus dem Kloster in Beuron. Zu Beginn des 20. Jahrhunderts waren sie über Recife nach Boa Vista gekommen, um ein großes Benediktiner – Kloster zu gründen. Bald schon entstand ein heftiger Konflikt mit den Großgrundbesitzern, weil diese die Indigenen wie Sklaven hielten und ihre Haut mit einem Stempel markierten wie in der Viehhaltung. Die Benediktiner lehnten diese Praxis der Sklavenhaltung mit ihren *marcos de gado* entschieden ab, was zu Konflikten zwischen den *fazendeiros* und den Ordensleuten führte mit einer Todesdrohung an einen Benediktiner. Deshalb entschlossen sich die deutschen Ordensleute, weiter ins Landesinnere zu ziehen. In Surumú gründeten sie eine Station, lernten die indigenen Sprachen, so dass ab den 1930er Jahren Gottesdienste in vier indigenen Sprachen gefeiert wurden. Einige der deutschsprachigen Benediktiner, darunter ein schweizer und ein österreichischer Ordensmann, verfügten über anthropologisches Wissen, das zur Würdigung der indigen Kultur beitrug. So mussten die Indigenen beispielsweise nicht, wie an anderen Orten üblich, ihren Namen ändern, wenn sie sich taufen ließen.

Die aus heutiger Sicht als inkulturiert zu betrachtende Evangelisierung der Benediktiner erregte jedoch Unmut, in diesem Fall seitens des Vatikans. Dieser entschied 1948 – nur vier Jahre nach Gründung der Prälatur Roraima im Jahr 1944 – die Mission der Benediktiner in Roraima zu schließen und zwang die Ordensleute, Roraima zu verlassen. Der Vatikan beauftragte fortan die italienischen Consolata – Missionare mit der Evangelisierung des Bundesstaates. Die neuen *Padres* holten sich einen Architekten aus Italien, um eine große, moderne Kirche in der Form eines Schiffes zu bauen und entfernten an der alten Kirche, genannt *Catedral*, Gegenstände. Das neue, eurozentrische Missionsverständnis zeigte sich in Boa Vista in der Art moderner europäischer Architektur. Das historische Gebäude der *Prelazia*, den Konvent der Benediktiner am Fluss Rio Branco, war den italienischen Ordensleuten nicht genehm, weshalb sie umzogen in einen Neubau am Hauptplatz der Stadt, der mit Gründung der Diözese Roraima im Jahr 1979 zum Bischofshaus wurde.

In diesem Jahr 1979 hatte der Vatikan den italienischen Consolata – Missionar **D. Aldo Mongiano** zum Bischof ernannt; 1975 war er als Bischofsprälat nach Roraima gekommen, nachdem er zuvor 10 Jahre als Missionar in Mocambique gearbeitet hatte. Mit ihm begann die Loslösung von der europäischen Ordenszentrale, die sich in einer Neuorientierung an den von der brasilianischen Kirche geprägten Pastoralkonzepten mit bevorzugtem Blick auf die Indigenen und ihrer Landrechte zeigte. Dieses Engagement missfiel freilich der ökonomischen Elite im Bundesstaat, hatten sich doch die italienischen Missionare bislang abhängig gemacht vom Einfluss der mächtigen Viehzüchter. Mit dem begonnenen Veränderungsprozess für die indigenen Völker entstanden die ersten Spannungen zwischen der Wirtschaftselite und der Diözese, die schon Anfang der 1980er Jahre in Lokalpresse und Fernsehen Angriffen ausgesetzt war.

Invasion der Goldschürfer im Territorium der Yanomami

Sieben Jahre später – **1990** bei meinem zweiten Besuch in der Diözese – war die **politische Lage** in hohem Maße **angespannt**. Mein sechstägiger Aufenthalt in Roraima (26. bis 31.01.) galt vor allem als Zeichen unserer Solidarität mit dem Bischof und seinen Mitarbeiter:innen, die von den zunehmend den Bundesstaat überrollenden Goldschürfern und den wirtschaftlich Mächtigen bedroht wurden. Von den Attacken gegen die Kirche in Roraima hatten wir in den Projektkorrespondenzen, im Austausch mit der CNBB in Brasília und aus Nachrichtenberichten europäischer Medien erfahren. Vor Ort erlebte ich mit, dass die politische Situation noch dramatischer war, als die internationalen Presseberichte vermuten ließen. Die *garimpeiros* hatten sich organisiert und riefen alle paar Tage zu Demonstrationen um den Hauptplatz der Stadt auf, um in unmittelbarer Nähe des Bischofshauses ihren Protest gegen Bischof D. Aldo und die ausländischen Missionar:innen lautstark zu bekunden.

Die Schimpftiraden der Sprecher der Goldschürfer bekam ich hautnah während meines Aufenthaltes mit, wobei mir kalte Schauer über den Rücken liefen. Vom Balkon des Bischofshauses aus hörte ich die demagogisch –

schrillen Töne wie *O Brasil é nosso* mit der Drohung, die ausländischen Missionare hätten im Land nichts zu suchen. Jedoch flössten nicht nur diese Demonstrationen Angst ein. Auch die ständigen Morddrohungen per Telefon und der wochenlange Psychoterror gegen D. Aldo waren besorgniserregend und zeigten, wie lebensbedrohlich die Lage für die Mitarbeitenden der Kirche in Roraima, vor allem für den Bischof, damals war. Ich bewunderte seine Ruhe und innere Haltung, die offenbar nichts erschüttern konnte. Poltisch unterstützt wurden er und seine Mitarbeiter von der Brasilianischen Bischofskonferenz in Brasilía, die auch für seinen Polizeischutz sorgte.

Zum Verstehenshintergrund dieses Konflikts ist es von Bedeutung, das Hauptargument der Invasoren zu kennen: aus ihrer Sicht gestand ihnen die Kirche nicht das Recht zu, mit dem Schürfen nach Gold in geologisch ausgewiesenen Fundgebieten einer Arbeit nachgehen zu können, um damit ihre eigene Lebensgrundlage zu sichern. Nach Schätzungen der CNBB waren in den 1980er Jahren ca. 65.000 garimpeiros in das Gebiet der Yanomami, vor allem in den Nordwesten des Bundesstaates eingedrungen (in den Medien war von 40.000 bis 140.000 seit 1987 die Rede). Sie hatten illegale Landepisten für ca. 350 Kleinflugzeuge, man vermutete damals 120 Flugschneisen in ganz Roraima[6], gebaut. Wie sich herausstellte, hatte 1990 der Flugplatz in Boa Vista täglich mehr Starts und Landungen als der verkehrsdichte Flughafen Congonhas in São Paulo! An diesen Daten wird deutlich, dass die brasilianische Regierung dem illegalen Vorgehen der *garimpeiros* politisch keinerlei Einhalt geboten hatte.

Während die lokalen Medien in Roraima also die Interessen der *garimpeiros* vertraten und Kirchenvertreter verunglimpften, machte sich hingegen die internationale Presse wie in- und ausländische Umweltschutzinitiativen zum Anwalt der bedrohten Yanomami und ihrer Verteidiger. Sie berichteten über Goldschürfertrupps, die die Indigenen vertrieben oder gar töteten, ebenso über eingeschleppte Krankheiten wie Malaria, Masern und Grippe. Und sie deckten die ökologisch und gesundheitlich verheerenden Langzeitfolgen auf, die durch das Verseuchen der Flüsse mit Quecksilber und die Verwüstungen in den hinterlassenen Gebieten entstanden. Europäische Umweltschutzbewegungen, die internationalen Medien wie die CNBB sprachen damals von einem Genozid an der Yanomami – Bevölkerung in Roraima. Man schätzt, dass in dieser Zeit 15 – 20% der ca. 9.000 Yanomami umgekommen sind, sei es durch Gewalt oder durch die ihnen bis dahin nicht bekannten Krankheiten. Meine Gesprächspartner waren überzeugt, dass es nur des politischen Willens „von oben", von der Federalregierung in Brasília, bedurft hätte, um gleich zu Beginn der Invasion ihre schlimmen Folgen durch das Verbot von Helikopter- und Kleinflugzeug – Flügen zu stoppen.

Besuch in der *Casa do Índio der FUNAI*

Wie dramatisch die Zunahme von Krankheiten unter der Yanomami-Bevölkerung war, erlebte ich bei einem Besuch in dem staatlichen Krankenhaus der FUNAI außerhalb der Stadt Boa Vista, *Casa do Índio,* genannt. Das in der Form eines Dorfes mit 10 Rundhütten im Stil von *malocas* erstellte kleine Hospital war mit 70 Patienten, darunter vielen Malariaerkrankten, überfüllt. Nach meinem Eindruck gab es kaum Medikamente, medizinisch – pflegerische Betreuung, dazu schlechtes Essen, mangelnde Hygiene und keine Trennung der Patienten nach Krankheitsbildern – ein desaströser Zustand. Meist kämen die eingewiesenen Patienten kränker zurück in ihre *aldeia,* als sie gekommen waren, sagte mir meine Begleiterin, Ir. Teresa. Sie gehörte zu einem jüngst durch einen Appell der Ordenskonferenz CRB gebildetem Ad-hoc-Team von Krankenschwestern aus ganz Brasilien, die der bedrohten indigenen Bevölkerung solidarisch beistanden in ihrer gesundheitlichen Versorgung. Da es den staatlichen öffentlichen Gesundheitsdiensten an ausreichendem Personal mangelte, hatte die Diözese diese personellen Dienste zur Durchführung eines Hilfsprogramms der Regierung Sarney angeboten. Es war unter dem Druck der internationalen Kritik kurzfristig ins Leben gerufen worden. Interessanterweise hatten die kirchlichen Mitarbeiter keinen Zutritt zur *Casa do Índio* gehabt.

Aufenthalt in der *Missão Catrimani*

In Begleitung von Ir. Teresa konnte ich in die nordwestlich, 310 km von Boa Vista gelegene Missionsstation ins Territorium der Yanomami am Fluss Catrimani fahren. Auf dem Landweg erforderte diese Anfahrt gute Absprachen. Außerdem zeigte sich diese Möglichkeit als der natürlichere Zugang, um zu der *Missão Catrimani* zu gelangen, als ein Kurzflug mit wenigen Stunden Aufenthalt ermöglicht hätte (bei extrem hohen Flugkosten). So konnte ich mich in dieser „anderen Welt" unter den Yanomami zwei volle Tage aufhalten. Mir war wichtig, intensiver mit den drei Mitarbeitenden in Catrimani über die Bedrohung des Volkes der Yanomami und die Geschichte der 1965 gegründeten Mission ins Gespräch zu kommen. Als wir nach 180 km Autofahrt auf der BR-174 an der verabredeten Stelle des Übergangs per Floß über den Rio Branco ankamen, erwartete uns schon der Leiter der Mission, **Pe. Guilherme Damioli**. Der Fluss zeigte sich uns Besucherinnen von außen wie eine Scheide zwischen zwei unterschiedlichen Welten, der sog. Zivilisation und der Indigenen eines Volkes, das in Lateinamerika zu der zahlenmäßig größten, seine kulturelle Identität bewahrende Ethnie zählte. Je weiter wir auf der *Perimetral Norte* im klapprigen Kastenwagen Richtung Missionsstation fuhren, umso deutlicher wurde an der Natur der Unterschied der Welten sichtbar. Vor dem Grenzfluss lag der gerodete Urwald der Rinderzüchter, auf deren Weiden viele Tiere grasten. Bäume waren kaum noch zu sehen. Nach der Floßüberquerung eröffnete sich der ursprüngliche üppige Regenwald, der Lebensraum der Yanomami. Die jungen Männer, die uns begleiteten auf der Fahrt, wurden in atemberaubender Weise zu kulturellen Lehrern, denn wir beiden weißen Frauen konnten nur noch staunen: mit welcher Schnelligkeit sie unterwegs an Wasserstellen Fische fingen (mit den Blättern einer Giftpflanze), Körbe flochten und darin die Fischbeute auf die Ladefläche stemmten oder mit der Machete den Weg der *Perimetral Norte* von heruntergestürzten Bäumen freilegten. Und wie fix unterwegs Yanomami mit Pfeil, Bogen und Jagdbeute auf die Ladefläche aufsprangen, so dass wir übervoll beladen am Zielort ankamen. Levinas Begriff der „Andersheit des anderen" – nirgendwo sonst war er mir so präsent wie auf dieser Fahrt und in diesen Tagen.

Im Umfeld der Missionsstation lebten mit räumlichem Abstand von 15 Gehminuten 300 Yanomami, verteilt auf drei *shabonos,* sehr großen runden Lehmhütten mit kleinem, niedrigem Eingang. Umgeben von Maniokanpflanzungen führten Pfade in den Urwald hinein und hinab zum Fluss Catrimani. Die Wohneinheiten der drei Mitarbeitenden der Missionsstation bestanden aus einfachen Holzhütten mit einer Gesundheitsstation, dem

Wirkort von **Ir. Florença**, einer ca. 45-jährigen Krankenschwester aus Guyana. Sie arbeitete seit 10 Jahren zusammen mit dem 39-jährigen Pe. Guilherme in Catrimani. Beide sahen ihre Lebensaufgabe darin, die Yanomami in ihrem Prozess des Übergangs im Kontakt mit der Zivilisation zu begleiten. Deshalb war seit einem Jahr eine 40-jährige Lehrerin aus Marilia/SP, **Maria Edna de Brito**, zum Team hinzugekommen, die mit großer Achtsamkeit begonnen hatte, Jugendliche in der Yanomami – Sprache zu unterrichten.

Interessant an dieser Missionsstation der Consolata – Missionare ist seit der Gründung ihr Konzept.[7] Die ital. Padres sahen ihre Aufgabe nicht in einer Evangelisierung der Indigenen, vielmehr wollten sie ihnen einen Schutzraum zur Wahrung ihrer kulturellen Identität ermöglichen mitsamt einer gesundheitlichen Versorgung. Denn beim ersten Kulturschock für die Yanomami im Zuge des Baus der *Perimetral Norte* (der von den Militärs strategisch geplanten Straßenverbindung Richtung Pazifik) waren Masern- und Grippeepidemien ausgebrochen, auf die die Ureinwohner nicht vorbereitet waren. Untersuchungen von Anthropologen hatten damals ergeben, dass am Fluss Ajarami nur 81 von 250 Yanomami der Region das Eindringen der Straßenarbeiter überlebten. (Die Militärregierung gab das 1973 begonnene Straßenbauprojekt in seinen Anfängen aus Mangel an Finanzmitteln auf).

Die Gruppe der ersten Missionare machte sich darüber hinaus das Studium der Sprache und Kultur des Volkes zur Aufgabe. Einer der Consolata – Brüder erstellte eine Grammatik und ein kleines Wörterbuch Yanomami – Portugiesisch. So wurde die Missionsstation im Laufe der Jahre immer wieder zur Anlaufstelle für Anthropologen und Linguisten, durch die etliche Studien über die Yanomami am Rio Catrimani entstanden.

Neben dem wissenschaftlichen Interesse der italienischen Consolata – Missionare war ihnen in dieser Übergangsphase einer sich wandelnden semi-nomaden Lebensweise die Einführung in Anbaumethoden neuer Kulturpflanzen sowie in neue Techniken des Fischfangs und der Haustierhaltung wichtig. Pe. Guilherme sah seine Aufgabe in der Fortführung der Tradition seiner frühen Mitbrüder. Ihm ging es um die Nahrungssicherung für die Bevölkerung, wobei er selber kräftig mit anpackte; seine bäuerliche Herkunft aus Südtirol war die beste Vorbereitung gewesen für seine Aufgaben in dieser anderen Welt von Catrimani.

Bei meinen Rundgängen durch die Missionsstation und ihrer Umgebung verhielt ich mich selbst behutsam – vorsichtig und suchte keinen Kontakt mit der Bevölkerung. Hatte ich doch im Anfangsgespräch mit Pe. Guilherme herausgehört, dass Besuche von außen eher ungewöhnlich waren und sich in der Regel auf Arzteinsätze beschränkten. Meine Zurückhaltung galt insbesondere für das Fotografieren, was ich sehr gut verstand. Am letzten Tag durfte ich mich eine Stunde lang mit meiner kleinen Kamera bewegen und konnte einige illustrative Motive aufnehmen – hilfreiches Bildmaterial für mich selbst und spätere Seminararbeit. Ir. Florença war beim Rundgang meine Begleiterin. Sie zeigte mir ihre Krankenstation, die mit Medikamenten gut bestückt und sehr sorgsam mit Krankheitsdaten dokumentiert war. Von ihr erfuhr ich, dass ihr Angebot krankenpflegerischer Dienste keineswegs konkurriere mit der Arbeit der Medizinmänner, im Gegenteil, beide Seiten ständen in einem guten Kontakt und „kämen sich nicht ins Gehege", wie sie sagte. Mir fiel Ir. Florenças natürlicher, respektvoller Umgang mit den sich der Station nähernden jungen Yanomami – Frauen auf. Für die Jugendlichen war ich ein nicht minder interessantes neues Wesen, das aufgetaucht war – das beruhigte mich. Ihr aufrechter, federleichter Gang, dazu noch mit Baby auf dem Rücken, faszinierte mich. Zu staunen gab es viel: die Aufmerksamkeit, mit der ein Junge seinen Bogen spannte und den Pfeil auf einen Vogel zielte oder das Bad des Häuptlings mit seinem weiblichen Großfamilienumfeld im Fluss, das ich aus räumlichem Abstand beobachtete.

In meiner kleinen Holzhütte, dem Gästequartier, fühlte ich mich so sicher wie kaum an einem anderen Ort während der Projektreisen. Ich war in eine Welt des gegenseitigen Respekts, feinfühligen, leisen Umgangs miteinander eingetaucht. Freilich kamen mir viele Fragen: wie geht das Leben von 100 Menschen auf engem Raum in einem *shabono*, wie ist die Rolle der Geschlechter, Generationen untereinander, der Modus Vivendi intimen Zusammenlebens... Bei dem täglichen gemeinsamen Essen mit den drei Missionar:innen wuchs allmählich meine eigene Sicherheit, auch neugierige Fragen zur Lebensweise der Yanomami zu stellen. Ich fand offene Ohren – ein kostbares Geschenk von Begegnung und gegenseitigem Verstehen entwickelte sich zwischen uns und wir sprachen über die Formen solidarischen Handelns von Europa aus.

Zur Invasion der Goldschürfer erfuhr ich, dass sie im Raum des Flussgebiet Catrimani eher sporadisch festzustellen sei. Nach Meinung von Pe. Guilherme lagen damals die zahlreichen Konfliktgebiete vor allem im Norden von Roraima. Ein schlimmer Vorfall hatte sich jedoch in ihrem Umfeld im August 1987 ereignet, als bei gewalttätigen Auseinandersetzungen vier Indigene und ein *garimpeiro* gestorben waren. Die Presse in Roraima führte eine heftige Attacke gegen Ir. Florença und Pe. Guilherme, die zu dem Zeitpunkt alleine in der *Missão* arbeiteten, und erklärte sie für die Morde verantwortlich. In einer konzertrierten Aktion von Gouverneur, FUNAI und Polizei waren beide Mitarbeitenden aus der Missionsstation vertrieben worden. Die Ordnungshüter gingen nicht zimperlich vor: verwüsteten die Krankenstation, die Wohnhütten der Missionare, entwendeten gar persönliche Wertgegenstände und, besonders bitter, das Forschungsmaterial der *Missão*; jedoch konnte Pe. Guilherme die kostbaren Tagebücher der Missionare im letzten Moment retten. Mit Tränen in den Augen berichteten mir beide von diesen Vorfällen: 15 Monate blieben FUNAI – Mitarbeiter in Catrimani, verwirrten die Indigenen, brachten die behutsame wie mühevolle Arbeit der Vorjahre gänzlich durcheinander, ignorierten ethnologische wie pädagogische Kriterien im Umgang mit den Yanomami, instrumentalisierten ihre Führungspersonen und machten die Missionare zu Gegnern. Dank des engagierten Einsatzes der Rechtsanwälte der CNBB und des CIMI in Brasília konnten Ir. Florença und Pe. Guilherme aufgrund eines Gerichtsbeschlusses des Obersten Bundesgerichts im November 1989 wieder nach Catrimani zurückkehren.

Pe. Guilherme berichtete, dass zeitgleich mit der Vertreibung in Catrimani auch nordamerikanische, protestantische Missionare aus ihrer Station ausgewiesen worden waren ebenso wie ein Ärzteteam der Kommission zur Schaffung eines Yanomami – Parks (CCPY). Der italienische Ordensmann sah diese Maßnahmen als eine gezielte Aktion an, um die wenigen Augenzeugen der Invasion der Goldschürfer im Bundesstaat von der Bildfläche verschwinden zu lassen.

Diese Gespräche in der Mission waren für mich sehr bewegend. Mir wurde immer deutlicher, mit welcher Konsequenz Ir. Florença und Pe. Guilherme in ihrer Liebe zu den Yanomami ihr Leben dem Überlebenskampf dieses bedrohten Volkes verschrieben hatten. Den beiden begegnet zu sein, ist bis heute eine der ganz kostbaren Erfahrungen aus all meinen Reisen. Die Tage in Catrimani erlebte ich wie einen Aufenthalt an einem geborgenen, paradieshaften Ort. Selbst wenn meine Wahrnehmung projektiv überhöht gewesen sein sollte – ich habe eine tiefe Erfahrung in der Begegnung mit einer fremden Kultur machen dürfen. Mit einer gewissen Wehmut fuhren deshalb Ir. Teresa und ich wieder nach Boa Vista zurück.

Eindrücke von den Projektreisen 1996 und 2007

In den Folgejahren hatte Adveniat die politische und kirchliche Entwicklung in Roraima immer im Blick. Sechs Jahre nach dem explosiven Stimmungsbild von 1990 zeigte sich bei meinem Besuch **1996** ein überraschendes Bild. D. Aldo beschrieb die Entwicklung in seinem Bundesstaat als *gut* und *wesentlich ruhiger*. Die vehementen Angriffe gegen den Bischof und seine Mitarbeitenden hatten nachgelassen. Im Vergleich zu früher sei bei den öffentlichen Behörden mehr Verantwortung für die Lage der Indigenen festzustellen, wie es hieß. Selbst die FUNAI kooperierte mit der Diözese.

Als ein positiv markantes Ereignis für die Situation des Yanomami – Volkes kann die 1. UN – Konferenz für Umwelt und Entwicklung (ECO) im Juni 1992 in Rio de Janeiro mit Delegierten aus 178 Nationen gelten. Unter dem Druck dieses Ereignisses sah sich der damalige Präsident Collor gezwungen, kurz vor Beginn der Veranstaltung das Dekret zur Abgrenzung des angestammten Landes für die Yanomami zu unterschreiben (*Parque Yanomami*). Der internationale Druck hatte Wirkung gezeigt, wie sich auch im Abzug der *garimpeiros* seit Beginn der 1990 er Jahre ausdrückte.

Konfliktiv dagegen blieb die Lage für die Macuxí – Indigenen in der **Área Indígena Raposa Serra do Sol,** die im Norden im Grenzgebiet mit Guayana leben, ein akkulturiertes Volk mit ca. 15.000 Mitgliedern. Ein Dekret hatte ihnen ihr angestammtes Land zugesprochen – dieses war nach anthropologischen Kriterien des auch international geschätzten Präsidenten der FUNAI, Sidney Possuelo, festgelegt worden. Einige *Fazendeiros* hatten jedoch Einsprüche gegen das Dekret erhoben und verblieben auf dem von ihnen okkupierten Land, andere zogen sich zurück. Gewalttätige Auseinandersetzungen beider Seiten bahnten sich in der Zeit schon an.

Erwähnen möchte ich die Entwicklung der Diözese, die sie in den folgenden sechs Jahren seit meinem zweiten Besuch 1990 gemacht hatte. Sie konnte in der Zeit ein erfreuliches Anwachsen des Personals verzeichnen. Ordensleute verschiedener Kongregationen kamen aus allen Teilen des Landes und boten ihre Mitarbeit an. Die Pastoral wurde zielgruppenspezifisch ausgerichtet: auf die Bevölkerung in den wachsenden Peripherievierteln der Stadt Boa Vista – man gründete mehrere Pfarreien und sog. *áreas missionárias* – und auf die indigenen Völker. Sie wurden differenziert nach den schon in einem Prozeß der Akkulturation stehenden Ethnien und denen, die als weniger akkulturiert galten. 1996 betrug die Anzahl der Indigenen im Bundesstaat 35 – 40.000 und lag damit höher als in São Gabriel da Cachoeira. Das Team der Indigenenpastoral zählte allein 36 Mitarbeitende; ihre Weiterbildung wurde als wichtig angesehen. Neben Kursen zu den Mythen der Völker oder zum interreligiösen Dialog wurden Sprachkurse angeboten Auch war im nördlichen Lebensraum der Yanomami, in **Xitei**, eine neue Missionsstation eröffnet worden, in der vier Ordensfrauen verschiedener Kongregationen als Krankenschwestern tätig waren. Wie in Catrimani galt der gesundheitlichen Versorgung Priorität, man errichtete ein kleines Krankenhaus und eine Schule. Mit dieser neuen Station beabsichtigte die Diözese auch eine Präsenz in diesem geographischen Lebensraum der Yanomami, der insbesondere von den Goldschürfern vor acht Jahren invadiert worden war und in dem sich zu dem Zeitpunkt immer noch 1.500 von ihnen aufhielten, wie mir eine der Krankenschwestern aus Xitei sagte. Die neue Station konnte die Diözese nur über angemietete Flüge erreichen, weshalb ihr Unterhalt ausgesprochen kostenintensiv war.

Die Kirche von Roraima hatte 1996 konzeptionell und personell eine erstaunliche Entwicklung gemacht. Sie wurde partizipativ geleitet, weshalb es D. Aldo ein Anliegen war, dass ich die Hauptamtlichen der einzelnen Pastoralbereiche (Indigenenpastoral, Jugend, Bibelarbeit, Ausbildung von *agentes de pastoral)* an einem runden Tisch in informativer Runde kennenlernen konnte. Adveniat förderte in den Jahren die Aktivitäten der verschiedenen Sektoren und unterstützte auch einzelne Ordensgemeinschaften im Landesinneren. Roraima löste sich zunehmend von einem europäischen Missionskonzept und entwickelte sich zu einer lokalen Kirche, die sogar einen ersten Indigenen des Volkes der Wapixana zu ihrem Klerus zählen konnte.

Bei meinem letzten, anderthalbtägigen Aufenthalt **2007** verstärkte sich diese Beobachtung. Der neue Bischof, **D. Roque Paloschi** aus RS, führte die Leitlinien seiner beiden Vorgänger (D. Aldo Mongiano und seines Nachfolgers D. Apparecido José Dias) fort, ebenso die gute Zusammenarbeit mit dem Indigenenrat CIR (*Conselho Indigenista de Roraima*). Die Diözese hatte sogar der CIR ihr eigenes Krankenhaus zu einem symbolischen Mietpreis überlassen. Dieses war angesichts des schlechten Zustandes der *Casa do Índio* vor einigen Jahren mit ausländischen Zuwendungen für die medizinische Versorgung der indigenen Bevölkerung erstellt worden. Es genoss die Anerkennung des Gesundheitsministeriums und gewährleistete eine gute Schulung von Gesundheitshelfer:innen in den indigenen Dörfern.

Bezogen auf die Demarkierung des Lebensraumes der Macuxi, die wie erwähnt schon 1996 Thema war, hatte das Gutachten eines dt. Anthropologen von der *Universidade Federal* große Zuarbeit geleistet. Interessant ist, dass seine Vorstellungen in etwa denen der Benediktiner aus den 1940er Jahren entsprochen hatten. Die Lage in *Raposa Serra do Sol* war 2007 sehr angespannt, da Reisbauern und andere Großgrundbesitzer die Region nicht verlassen hatten. Auch machte die Polizei der Federalregierung keine Anstalten, die Farmer zum Rückzug zu bewegen. Im Gespräch zeigte sich der Bischof sehr besorgt und befürchtete in Zukunft gewalttätige Auseinandersetzungen.

In diesem Zusammenhang sah D. Roque weiterhin das Verhältnis zu den *Fazendeiros* wie zu den Politikern und großen Kaufleuten im Bundesstaat als schwierig an. Dies traf jedoch nicht auf alle kulturellen Milieus der Hauptstadt zu, denn die Kontakte zum akademischen Personal der *Universidade Federal* und anderer Bildungseinrichtungen stellte er als respektvoll wie konstruktiv vor.

Hinsichtlich der Medienaktivitäten der Diözese gelang es ihr nach 15 jährigem Ringen mit den Behörden, einen eigenen Radiosender zu eröffnen, **Monte Roraima**. Konzipiert als Bildungssender, entwickelte er neben religiösen Sendeeinheiten und Übertragungen von Gottesdiensten Programme zu Themen wie Bürgerbewusstsein, Menschenrechte, Migration und ethnischen Pluralismus. Die Yanomami erhielten einen eigenen Sendeplatz wie auch die CIR, die ihre Berichterstattung zu indigenen Fragen wöchentlich selber gestaltete. Auf diese Weise wurde der Einflussbereich der *Fazendeiros* als Besitzer der drei Lokalzeitungen eingeschränkt. Sie bestimmten nicht mehr ausschließlich das Meinungsbild von Roraima. Welch eine erstaunliche Entwicklung!

D. Roque hatte Mut und eine Vision für die Zukunft. Sein Vorgänger D. Apparecido, schwer erkrankt und nach acht Jahren Amtszeit früh verstorben, hatte einige administrative Probleme nicht mehr lösen können, die sein Nachfolger beherzt anging. Die Diözese sollte durch verschiedene Maßnahmen (wie Vermietung von kirchlichen Räumlichkeiten) langfristig auch unabhängiger von Fördermitteln ausländischer Hilfswerke werden. Solidarisch zeigten sich einige Diözesen in ganz Brasilien in dieser Phase des Übergangs. Diese interdiözesane Geste machte deutlich, dass im Land das Bewusstsein wuchs, die Diözesen im Amazonasraum personell wie finanziell nicht allein zu lassen.

ÖSTLICHES AMAZONASBECKEN

In diesem Kapitel fasse ich meine Projektreisen in den Jahren 1990 bis 2006 zusammen. Dieser immense geographische Raum lag erst ab 1990 in meinem Zuständigkeitsbereich. Ich habe ihn deshalb weniger bereist, entsprechend kürzer als das Vorkapitel wird dieser 7. Teil über die Diözesen und Prälaturen der Bundesstaaten Pará, Amapá und Tocantins ausfallen. Elf der 18 Jurisdiktionen habe ich besucht und damit bei einigen von ihnen vor Ort einen Erstkontakt zu Adveniat herstellen können. In der Erzdiözese Belém mit ihren Regionalstellen bin ich viermal gewesen. In der Nomenklatur der CNBB Regional N 2 genannt, umfasste dieser Raum insgesamt 1.593.000 qkm und zählte annähernd 10 Mill. Einwohner – damit war er von der Fläche her zwar „kleiner", von der Anzahl der Bevölkerung her jedoch stärker besiedelt als der N 1. Die sozialen und ökologischen Probleme als Folge der illegalen Landbesitznahmen, der vermehrten Abholzung, des Goldabbaus von Serra Pelada sowie der industriellen Großprojekte von Grande Carajás und Tucuruí bekamen dramatische Ausmaße, die bis heute andauern. Es war damals eine politisch, aber auch kirchenintern schwierige Region mit großen Kontrasten und hohem Gewaltpotential. Unterwegs war ich zu Schiff auf den Flüssen Amazonas und Tocantins, mit PKW auf der Bundesstrasse und mit Regionalflugzeugen einschließlich Lufttaxis der Banco do Brasil. Die vorherigen Absprachen mit den Diözesanverantwortlichen ermöglichten zeitsparendes und preisgünstiges Reisen, so dass ich meine Aufenthalte optimal nutzen konnte. Ich war immer wieder erstaunt, wie reibungslos und relativ pünktlich alle Wegstrecken zurückgelegt werden konnten.

Die besuchten Diözesen und Prälaturen des Norden 2 teile ich in drei geographische Räume: die Erzdiözese Belém do Pará mit Sitz in der zweitgrößten Stadt am Amazonas; dann die nahe gelegene Prälatur Marajó auf der gleichnamigen *Ilha do Marajó* im Mündungstrichter des Amazonas und Tocantins sowie die Diözesen Santarém und Óbidos am Mittleren Amazonas. In einem zweiten Großraum folgen die südlich von Belém am Fluss Tocantins gelegenen Diözesen Cametá und Marabá sowie am Fluss Araguaia die gleichnamige Diözese Ssma. Conceição do Araguaia. Am Ende dieses Teils stelle ich kurz die 1990 bereisten Diözesen im Bundesstaat Tocantins vor, die damals noch zum N 2 gehörten (und ab 2013 ein eigenes Regional N 3 bildeten) und dessen Flussgebiet der Tocantins bzw. der Araguaia ist: Tocantinópolis, Miracema do Tocantins, Porto Nacional und Cristalândia.

REISEN IM AMAZONAS-DELTA UND AM MITTLEREN AMAZONAS

Erzdiözese Bélem do Pará – die Tradition des Volkskatholizismus

Die Erzdiözese, 1719 gegründet, gehört zu den ältesten in Brasilien. In Kirchenkreisen des Landes wurde sie zur Gruppe der konservativen, wenig Aufbruch verzeichnenden Diözesen gezählt. Der koloniale, römisch – europäische Geist schien in den Mauern der historischen Gebäude wie Köpfen der Oberhirten zu lasten. In den Gesprächen mit den Verantwortlichen der Regionalstellen wurde bald klar, dass hier zwei Kirchenmodelle präsent waren und es immer wieder zu entsprechenden Spannungen kam. Der Kontrast zum wesentlich homogeneren Regional westlichen Amazonasbecken (Norden 1) bildete sich im Stadt – Land – Gefälle ab. Während die 12 Diözesen im Landesinneren sich mit einer Ausnahme an den nationalen Pastoralplänen der CNBB orientierten und sich durch die problemgeladene politische, soziale und wirtschaftliche Realität herausfordern ließen, verharrte die Erzdiözese in den traditionellen Mustern eines „römischen Katholizismus" (L. Boff) mit seinen Ausprägungen einer eindrücklichen Volksreligiösität.

Diese findet ihren markanten Ausdruck in dem bedeutenden religiösen Fest des ***Círio de Nazaré***, das seit 1793 jedes Jahr am 2. Sonntag im Oktober in der 1,2 Mill. Einwohner (2004) zählenden Amazonasmetropole gefeiert wird. An der Prozession zur Verehrung der *Nossa Senhora de Nazaré* nehmen über 2 Mill. Wallfahrer:innen teil, so dass die Stadt aus allen Nähten platzt. Auch wer aus Belém in eine andere Region gezogen ist, lässt es sich nicht nehmen, zu diesem Großereignis anzureisen. Jeder der Wallfahrer:innen versucht, während der mehrstündigen, vier Kilometer langen Prozession von der Kathedrale zur Basilika N.Sra. de Nazaré einmal die von Gardisten getragene 400 m lange Kordel hinter dem Wagen mit der kleinen Marienstatue berühren zu können. Begleitet wird die Fußprozession durch die Strassen der Stadt von Hunderten geschmückter Boote in der Amazonasmündung und von nicht minder kunstvoll gestalteten Wagen, die verschiedene Themen aufgreifen. Bei keinem *Círio* darf der *Carro das Promessas* mit reichen Votivgaben der Wallfahrer:innen fehlen, noch der *Carro dos Angos,* der Engel-Wagen.

Interessant ist die Organisation dieses bedeutenden Ereignisses. Sie liegt in Händen eines Direktoriums, das sich aus Mitgliedern traditionsreicher Familien und Ordensleuten der Barnabitas, Seelsorger der Basilika, zusammensetzt. Die Amtskirche habe bei diesem religiösen Fest nicht viel zu sagen, es weise seine eigene Dynamik auf, so ein Pfarrer aus einer Peripheriepfarrei der Stadt. Bemerkenswert ist, dass auch in vielen anderen Pfarreien der Erzdiözese im Laufe des Jahres eigene *Círios* in Anlehnung an das für den Pará bedeutende Fest durchgeführt werden. Ich bedauere es sehr, dass ich selbst nie an einem *Círio* teilnehmen konnte, wo er mir so eindrücklich geschildert wurde. Mir schien, dieses Ereignis vereinte alle: traditionell oder fortschrittlich gesinnte Katholiken ebenso wie Menschen, die der Kirche fern stehen.

In der Rückerinnerung war es bei meinen Besuchen zwischen 1997 und 2006 routinemäßig um Besprechungen laufender Anträge, meist auf Pfarreiebene, gegangen. Denn bei dem enormen Wachstum der Stadt an der Peripherie waren neue Pfarreien entstanden, von denen uns entsprechende Bauanträge zur Erstellung einer räumlichen Infrastruktur erreichten. Frischen Wind hatte der dynamische, junge Weihbischof D. Carlos eingebracht, ein norditalienischer Fidei-Donum-Priester mit guten Beziehungen zu großzügigen Spendern in der Heimat. So war eine seiner Ideen die Einrichtung eines *Centro Cultural* auf dem Gelände des Priesterseminars, konzipiert als eine Art Katholischer Akademie, mit einem Auditorium für 600 Sitzplätze. Mir war dieses Anliegen durchaus verständlich, auch wenn es bei vielen basisorientierten kirchlichen Mitarbeitenden keine Resonanz fand. Diese hatten den Eindruck, D. Carlos wolle auf diese Weise die „Erste Welt" in den Pará bringen. Zudem hatte der Weihbischof bei unserem Austausch ein Problem offen ausgesprochen, von dem ich schon an manchen Orten in

Brasilien gehört hatte: die mangelnde Spiritualität bei Priestern. Viele sähen den Priesterberuf als Motivation für sozialen Aufstieg.

Von meinen drei Aufenthalten in der Stadt sind mir die Begegnungen in den regionalen Büros der Bischofskonferenz CNBB, der Ordenskonferenz CRB und des Indigenenmissionsrates CIMI in besonderer Erinnerung. Dort erfuhr ich von den aktuellen Problemen dieser Amazonasregion mit ihren zahlreichen industriellen Entwicklungsprojekten. Auch bekam ich durch die erfahrenen Mitarbeitenden einen Überblick über die kirchliche Situation in diesem ausgedehnten Raum und konnte nach Rückkehr die Bedürftigkeitssituation der einzelnen Jurisdiktionen besser einschätzen.

Die **Regionalstelle der CNBB** lernte ich bei drei Besuchen näher kennen. Sie wurde geleitet von Regionalsekretärinnen, die theologisch hoch gebildet in menschlich kluger Weise Vermittlungsarbeit leisteten. Ihre Aufgabe war, alle Diözesen aus sehr unterschiedlichen regionalen Kontexten zusammen zu halten. Konfliktthemen waren in der Vergangenheit die Priesterausbildung und die theologisch – philosophische Ausbildung von Laien gewesen, für die eine eigene Einrichtung, das **Instituto Pastoral Regional (IPAR)**, gegründet worden war. Die Erzdiözese wie auch einige traditionell orientierte Kongregationen in der Stadt hatten in den 1980er Jahren auf dem Höhepunkt der befreiungstheologischen Dispute einen eigenen Weg eingeschlagen. Seither gab es in Belém zwei akademische Ausbildungsstätten für Philosophie und Theologie. Eine friedliche Koexistenz hatte sich ab den 1990er Jahren eingestellt, wie ich **1997** erfuhr. Und man berichtete von Kooperationen wie einem kürzlich gemeinsam veranstalteten dreitägigen Seminar mit dem bekannten Missionstheologen Paulo Suess aus São Paulo.

Bei meinem zweiten Besuch **2004** hörte ich in der Regionalstelle, dass um die Jahrtausendwende die Existenz des IPAR auf dem Spiel stand, da die Erzdiözese ein eigenes Bildungszentrum für Laien errichtet hatte, das Teilnehmern aus allen Diözesen des Regionals offen stehen sollte – dieser Plan hatte sogar die Befürwortung der Bischöfe des Landesinneren gefunden. Die Erzdiözese wollte damit die Aus- und Weiterbildung von Laien unter ihre Fittiche nehmen und dem IPAR Konkurrenz machen. Hunderte von Protestbriefen ehemaliger Kursteilnehmer:innen an alle Bischöfe des Regionals, die die wertvolle Bildungsarbeit für ihre persönliche Glaubensentwicklung unterstrichen, bewirkten schließlich den Meinungswechsel unter den Bischöfen zum Erhalt der Bildungseinrichtung.

Wie gegensätzlich die Optionen der Kirche des Pará politisch waren, zeigte sich deutlich 2003 bei einem Protestmarsch der verletzten Betroffenen des Massakers von Eldorado do Carajás. Diese Gruppe forderte eine Entschädigung von der Regierung des Bundesstaates Pará. Bei dem Massaker 1996 waren 19 Landlose von den staatlichen Sicherheitskräften ermordet worden (siehe S. 254) und es hatte viele Verletzte gegeben. Nachdem der Erzbischof von Belém die Gruppe nicht empfangen wollte, feierte der emeritierte Bischof von Cametá einen Gottesdienst mit den Protestierenden vor dem Regierungsgebäude.

Bei meinem Besuch **2006** in der Regionalstelle stand die für 2007 geplante Geschwisterlichkeitskampagne der CNBB zum Thema Amazonien (*Fraternidade e Amazônia)* im Fokus. An ihrem Basistext hatten auch die Regionalstellen N1 und 2 mitgearbeitet. Der Entwurf wurde von meinen Gesprächspartner:innen für gut befunden, weniger das *exotische* Cover mit dem Motiv des lächelnden Kindes in der Wasserpflanze *Victoria Regia*, das die schwergewichtigen Probleme der Region verharmlosen würde. Von der Fastenkampagne erhoffte man sich einen Bewusstseinsschub im Land, mehr Aufmerksamkeit für die Probleme der Region und stärkere innerkirchliche Solidarität. Dies galt auch für die **Sonderkommission für Amazonien,** die die CNBB eingerichtet hatte. In der Regionalstelle fühlte man sich mit diesen neuen Aktionen nicht mehr allein gelassen im „hohen Norden".

Wichtig war mir die Kontaktaufnahme mit den Ordensleuten in der **Regionalstelle der CRB** von Belém. In Gesprächen 1997 und 2006 erfuhr ich, dass in Zukunft für die Aus- und Fortbildung von Ordensmitgliedern deren kulturelle Wurzeln stärker in den Blick genommen werden sollten. Selbstkritisch reflektierten meine Gesprächspartner:innen einen bis heute versteckten *Rassismus* unter den Ordensleuten. In dem Intensivkurs für die Ausbilder:innen wurde das Thema problematisiert, denn es gab inzwischen auch junge Nachwuchskräfte aus indigenen und afrobrasilianischen Familien. Kennzeichnend für die Ordenswirklichkeit war jedoch die Tatsache, dass die Mehrzahl der ca. 900 im Pará tätigen Ordensleute auch im Jahr 2006 immer noch Ausländer waren. Hinzu kam, dass von den 86 Kongregationen nur acht einen brasilianischen Ursprung hatten.

Es war herauszuhören, dass meine sechs Gesprächspartner:innen die bisherige europäisch ausgerichtete Priesterausbildung im Interregionalen Priesterseminar von Belém als befremdlich wahrnahmen. Dagegen verstanden sie das Engagement von Ordensleuten in diesem Raum als prophetisch. So galt ihnen die 2005 in Anapu in der Prälatur Xingú ermordete Ordensfrau Dorothy Stang als Vorbild.

Eine weitere, für die Kirche des Pará wichtige **Regionalstelle** hat in Bélem ihren Sitz, der Indigenenmissionsrat **CIMI.** Dort wurden die insgesamt 15 Arbeitsteams, die sich auf meist sehr abgelegene Völker in sechs Diözesen des Bundesstaates verteilten, koordiniert. Wie ich von der Leiterin erfuhr, lebten 1997 im Pará an der Grenze mit Surinam und dem Mato Grosso sogar noch nicht kontaktierte indigene Völker. Im Staat Amapá zeigte sich eine erfreuliche Situation: alle fünf indigenen Völker – Karipuna, Galibi, Palikur, Galibi-Marusrus und Waiapi – verfügten über demarkiertes Land. Als schwierig sah man im CIMI die Zusammenarbeit mit dem Volk der Kaiapó im Pará, die sich damals zunehmend für Geschäfte und Gewinne auf ihrem Land interessierten.

In dieser Regionalstelle waren bei meinem Besuch **1997** zwei in der Indigenenpastoral sehr erfahrene Mitarbeitende tätig, die nordamerikanische Ordensfrau **Ir. Rebeca Spires** und der italienische Missionar **Pe. Nello Rufaldi.** Ir. Rebeca, ausgebildete Pädagogin, sprach mehrere indigene Sprachen und erarbeitete Grammatiken und Unterrichtseinheiten für den zweisprachigen Unterricht an indigenen Schulen im Staat Amapá. Beide waren die Redakteure der zweimonatlich herausgegebenen Zeitschrift *Mensageiro*, die als Zielgruppe vor allem indigene Leser:innen ansprechen wollte – das war zu der Zeit in Brasilien ein Unikum. Das gut zusammengestellte Medium verstand sich als Austauschbörse für die 241 indigenen Völker Brasiliens, gleichzeitig als Informations- und Weiterbildungsinstrument. Da die Printmedien meist nur Sensationsnachrichten zur Indigenenproblematik brachten, kann *Mensageiro* als strategisch wichtiges Medium im Projektpanorama Adveniats gelten.

Ein neues Aufgabenfeld sahen die beiden CIMI – Mitarbeitenden in der Produktion von Radioprogrammen zu Indigenenfragen für interessierte Radiostationen im ganzen Land, die ein erfahrener Journalist übernommen hatte. Man wollte das Netzwerk RCR (*Rede Católica de Radio*) für Kontakte nutzen. Themen der Sendungen bezogen sich bspw. auf: indigene Erziehung, das Dekret 1975 (bezogen auf Artikel 231 zu den Rechten der Indigenen in der neuen Verfassung von 1988) oder auf die Wahlen in Brasilien. Auch an die Erstellung von Videos hatte man sich gewagt. Zwei Videos zum Thema Alkoholismus – einem gravierenden Problem unter männlichen Indigenen – sollten als Lehrmittel für die Diskussion in indigenen Dörfern eingesetzt werden.

Das Medienteam der Regionalstelle war auf nationaler Ebene ebenso zuständig für den Arbeitsbereich Inkulturation wie interreligiöser Dialog, einem Themenfeld, das nach Meinung beider Gesprächspartner noch zu wenig wertgeschätzt wurde. Der CIMI würde sich bisher zu sehr mit politischen Analysen und sozialwissenschaftlichen Fragen beschäftigen und anthropologische wie religionsethnologische Themen vernachlässigen, war die Klage. Deshalb versuchte der Fachbereich, Kontakte mit Schamanen (*pajés*) verschiedener indigener Völker aufzunehmen, um einen gemeinsamen Austausch zu suchen. Diese Annäherung sollte die religiösen Führer im Wert ihrer eigenen Religiosität und in ihrem Schamanentum bestärken. Ir. Rebeca sah jedoch eine Tragik darin, dass die Anzahl der *pajés* in indigenen Dörfern kleiner wurde und ihre Kraft zurückging. Diese nachdenkliche Einschätzung hatte ich einige Jahre zuvor schon vom Sprecher der FOIRN am Rio Negro gehört (siehe S. 210f.).

Ir. Rebeca verstand die Evangelisierung unter indigenen Völkern als einen vielschichtigen Prozess. Langsam müsse dieser vonstatten gehen und wichtig sei das Hören auf die Vorstellungswelt der Indigenen und der beständige Austausch mit ihnen. Auf dem Hintergrund ihrer langjährigen Erfahrungen beobachtete die Ordensfrau durchaus auch ambivalente Motive bei der Absicht mancher Indigener, sich taufen zu lassen. Diese fuße nicht immer auf innere Überzeugungen, sondern auch auf ein Erreichen des Status der Weißen.

Die nordamerikanische Ordensfrau war eine gefragte Rednerin auf Bildungskongressen. Ihr Expertenwissen und ihre Erfahrung zum Thema indigener zweisprachiger Schulbildung und Indigenenpastoral führte sie aufgrund einer Einladung von Adveniat 1996 in die Katholische Akademie „Die Wolfsbug" nach Mülheim a. d. Ruhr. Dort hielt Ir. Rebeca einen viel beachteten Vortrag zum Thema „Identität – Glaube – Kulturen – Inkulturation"[8]. Den Aufenthalt hatte sie in sehr guter Erinnerung, wie sie mir ein Jahr später in Belém versicherte. Über unser Wiedersehen freuten wir uns beide. Ir. Rebeca sprach mit leiser, aber eindrücklicher Stimme und hinterließ den Endruck von großer Glaubwürdigkeit und Stärke.

Bei meinen Besuchen in der Erzdiözese Belém möchte ich eine weitere, Zeugnis gebende Frau nicht unerwähnt lassen, der ich 2004 in der 40 km von Belém entfernten **Pfarrei N. Sra. de Nazaré in Marituba**, begegnet bin, die **dt. Krankenschwester Huberta von Galen** aus Münster. Sie arbeitete seit 19 Jahren als Freiwillige in dieser 100.000 Einwohner großen Stadt, die ich als die „Peripherie der Peripherie" von Belém wahrnahm. Kaum zu glauben, dass dieses Stadtgebiet vor 60 Jahren noch reiner Urwald war. Seine Besiedlung entstand durch eine Leprosenkolonie, die zurück ging auf den legendären italienischen Industriellen Dr. Marcello Candia, der in den 1960er Jahren an einigen Orten im Amazonasraum Krankenhäuser, Leprastationen und Sozialeinrichtungen aufgebaut hatte, so wie hier in Marituba. Huberta van Galen gehörte zu dem Team der Pfarrei N. Sra. de Nazaré, zu der eine modellhafte Pflegestation für 70 Leprakranke, ein technisch best ausgestattetes Krankenhaus mit 120 Betten, ein Kindergarten und eine Schule gehörten. Natürlich wurde der Unterhalt so vieler Einrichtungen, insbesondere des Hospitals, ein Riesenproblem, das den Ordensleuten der Pobres Servos da Divina Providência zusammen mit den freiwilligen Mitarbeiterinnen aus Südbrasilien und Münster starke Kopfschmerzen bereitete. Von Huberta van Galen, Großnichte des „Löwen von Münster", ist viel zu lernen, was langjähriger Einsatz unter den Ärmsten bedeutet.

Prälatur Marajó – die besondere Inselwelt

Die Prälatur umfasst die gleichnamige Insel Marajó nördlich von Belém. Dieses Feuchtgebiet mit einer Ausdehnung von 86.000 qkm und 250.000 Bewohnern (bei meinem Besuch 1997) ist umgeben von den verzweigten Wassermassen des Amazonas und seiner Archipelwelt im Mündungsgebiet und von den Wasserfluten des Tocantins. Wegen seiner schwierigen Topografie ist dieser isolierte Raum eine große Herausforderung. Um in den Hauptort Souré – auf der Landkarte gegenüber von Belém gelegen – zu kommen, brauchte es sechs Bootsstunden mit dem öffentlichen Linienverkehr. Wesentlich zeitintensiver ist es, die anderen Kommunen zu erreichen. Allein 45 Bootstunden benötigte das Linienboot von Belém aus in die nordwestlich gelegene Pfarrei von Anajás. Innerhalb der Geographie Brasiliens hat diese Inselwelt ihren besonderen Charakter und für kirchliche Mitarbeiter bedarf es einer hohen Motivation und inneren Stabilität, um in dieser Abgeschiedenheit unter sehr kargen Bedingungen leben zu können.

Zudem ist die Flußinsel Marajó innerhalb des Bundesstaates Pará – dem zweitärmsten in Brasilien – besonders marginalisiert, vor allem das Schul- und das öffentliche Gesundheitssystem. Bundesstaatliche Gelder kamen im Marajó kaum noch an. Deshalb überraschte nicht, dass 80 % der Erwachsenen nicht richtig lesen und schreiben konnten. In manchen Kommunen mit 30.000 Bewohnern gab es keinen einzigen Arzt.

Die Prälatur, 1928 vom Vatikan dem Orden der Agostinianos Recoletos (OAR) aus Spanien anvertraut, legte auf diesem Hintergrund von Anfang an einen Schwerpunkt auf die pädagogische Förderung von Kindern und auf die Sozialarbeit. Einige der neun Pfarreien unterhielten nämlich gebührenfreie Schulen – wie ich sie anderenorts in diesem Umfang und Schülergröße auf Pfarreiebene noch nicht kennengelernt hatte – , wobei der Staat die Lehrergehälter zahlte.

Bis heute ist der Bischofsprälat ein Spanier, **D. José Luis Azcona**, gebürtig aus Pamplona. Mich überraschten seine perfekten Deutschkenntnisse. D. José war einige Jahre in Paderborn als Seelsorger der Spanischen Mission tätig gewesen. Da er zurzeit meines Besuches ignatianische Exerzitien gab, sprach ich vor allem mit seinem Ökonom, Fr. Marcelo, einem Ordensbruder aus Buenos Aires. Von ihm erfuhr ich über diese besondere Prälatur mit ihren 14 Priestern und 49 hauptamtlich Mitarbeitenden, dass die Schwerpunkte der Pastoral in der Förderung von Basisgemeinden lagen – es gab insgesamt 350 in den neun Pfarreien – neben der Einführung der *Pastoral da Criança*. Aufgrund des miserablen Gesundheitsdienstes war dieses erfolgreiche Mutter-Kind-Programm der CNBB von zentraler Bedeutung für arme Schwangere und Mütter. Auch überlegte die Prälatur, ein Schulungsprogramm für Gesundheitshelfer:innen einzuführen.

Von großer Bedeutung war im Marajó die jährlich stattfindende Pastoralvollversammlung. Die letzte Versammlung hatte in der geographisch zentral gelegenen Pfarrei von Breves, einer Stadt mit 45.000 Bewohnern, stattgefunden. Die Teilnehmerzahl betrug, ich konnte es zunächst kaum glauben, 500; sie repräsentierten die Delegierten aus den Pfarreien und den 350 CEBs. Und wo schlafen am Wochenende so viele Menschen, beeilte ich mich gleich nachzufragen: in den Schulen der Stadt, war die prompte wie selbstverständliche Antwort.

Mir wurde bald klar, wie lebendig diese Prälatur sich den Bedingungen vor Ort anzupassen bereit war, und mit einer minimalen Infrastruktur zu recht zu kommen. Wohl wurde zu dem Zeitpunkt in Souré ein größeres, zweistöckiges Gebäude mit multiplen Funktionen (Wohnung für den Bischof, Arbeits- und Versammlungsräumen) errichtet. Wobei sich auch beim Thema Bauen der Wille zur Anpassung an die lokalen Gegebenheiten zeigte neben der Konsultation befreundeter Architekten. Nach der Ausschreibung hatte nicht etwa eine große Baufirma aus Belém den Auftrag erhalten, sondern ein Familienunternehmen. Den Kauf von Baumaterial nahm man aus Kostengründen selbst in die Hand. Es fiel auf, dass die Bauarbeiter keine technischen Geräte benutzten, vielmehr ersetzte in Souré – wie in vorindustriellen Zeiten – die Handarbeit die Maschine; diese Methode passte genau zu diesem Ort. Diese Fakten halfen mir später, eine detaillierte, lebendige Projektbeurteilung ausarbeiten zu können.

Dieser zweitägige Aufenthalt hinterließ jedenfalls einen starken Eindruck. Nicht nur war die Bootsanreise bei Sonnenaufgang auf dem Amazonas ein Erlebnis, auch die Begegnung mit D. José, einem liebenswürdigen Ordensmann mit seiner klaren Ausrichtung auf die „Unterscheidung der Geister" ignatianischer Spiritualität.

Gottvertrauen war in dieser Region auf den oft stürmisch bewegten Wassern vonnöten. Dies wurde mir besonders deutlich in einem Gespräch mit einer der Ordensfrauen der *Irs. da Caridade*, die seit einem Jahr die priesterlose Pfarrei im entfernten Anajás übernommen hatten. Die vier Lehrerinnen und Krankenschwestern waren aus Venezuela und Spanien nach Marajó gekommen. Eine von ihnen berichtete, wie kurz zuvor das Aluminiumboot der Pfarrei gekentert und zwei der Schwestern mit Knochenbrüchen und Schnittwunden im Fluss gelandet waren. Dabei hatten sie Glück im Unglück: in ihrer Nähe befand sich ein Motorboot eines Sägewerkes und brachte die Verletzten nach 1 ½ Stunden in den größeren Ort Breves, wo zufälligerweise ein Kleinflugzeug stand, das sie nach Belém flog. Dort wurden beide im Krankenhaus behandelt. Die Ordensfrauen erkanntem in diesem Unglück auch eine Fügung: sie erlebten das Geschehen wie eine Initiation für ihre neuen Aufgaben im Marajó; zum anderen sei die Rettung für sie ein Fingerzeig Gottes, der seine schützende Hand über die Ordensgemeinschaft halte.

Die Diözesen am Mittleren Amazonas: Óbidos und Santarém

Die beiden Diözesen Óbidos und Santarém – 1957 bzw. 1903 als Prälaturen gegründet und dem Orden der Franziskaner übergeben – besuchte ich 2002 (15. bis 20.11.). Die Hafenstadt Santarém mit 200.000 Bewohnern war zur drittgrößten Stadt am Amazonas herangewachsen und bekam durch die neue, privat betriebene Strasse von Cuiabá nach Santarém wegen des Sojatransports aus dem Mato Grosso als Exporthafen eine strategische Bedeutung. Davon zeugten die großräumigen Lagerhallen im Hafengebiet. Nichtsdestotrotz waren die Strassen in der Stadt ziemlich löchrig und zu 90 % nicht asphaltiert. Auch fehlten zementierte Abwässerkanäle. Dafür ließ der Bürgermeister einen großen Viadukt bauen, ein überflüssiges Großprojekt, aus Sicht meiner Gesprächspartner ein Musterbeispiel von korrupten Beziehungen innerhalb von Politiker-Familien. Nach meiner Wahrnehmung ist Santarém eine der ärmsten Städte, die ich kennengelernt habe.

Meine Anreise machte ich von Porto Alegre aus, erstaunt, in knapp neun Reisestunden die 4.500 km lange Süd-Nordstrecke durch ganz Brasilien bewältigen zu können. Fast genau dieselbe Zeit brauchte es am anderen Tag, um mit dem Linienschiff auf dem Amazonas das westlich gelegene Provinzstädtchen Óbidos zu erreichen. Die Bootsfahrt war recht kurzweilig: die Mitreisenden in ihren Hängematten zu beobachten oder einfach in die unendlichen Wassermassen zu schauen. Gleich im Hafen von Santarém begegnete ich **Miraselma**, einem engagierten Mitglied der Pastoral da Criança. In unserem Gespräch erfuhr ich viel über Ziel und Methoden der Kinderpastoral und aus dem Leben der 35jährigen Mutter aus einem Armenviertel der Hafenstadt – eine informative wie eindrückliche Begegnung mit dieser engagierten Frau. Miraselma verließ zwei Stunden vor Óbidos an einer einsamen „Haltestelle" das Schiff, wo ihr Bruder sie in einem kleinen Boot abholte. Beide fuhren weiter in ein Nebenflussgebiet des Amazonas, um schließlich nach weiteren sechs Fahrstunden die Holzhütte ihrer schwer erkrankten Mutter zu erreichen. Über ihre Mutter erfuhr ich in unserem Gespräch, dass sie eine verwitwete Kleinbäuerin war, die sechs Mädchen und zwei Jungen geboren hatte. Eine starke Frau sei sie, die die Kraft habe, in dieser einsamen Region allein zu leben, so Miraselma. In der beginnenden Abenddämmerung und der immensen Weite des Flusses verlor ich die Geschwister bald aus dem Blick – dankbar über diese Zufallsbegegnung und dem kurzen Blick in die Lebenswirklichkeit von „Einheimischen".

In der 45 Jahre alten **Prälatur Óbidos** (seit 2011 Diözese) mit ihrer Ausdehnung von 182.000 qkm – im Norden an Surinam angrenzend und im Süden der Amazonas als Grenzlinie – erfuhr ich viel über den ersten Bischof **D. João Floriano Löwenau.** Der gebürtige Ostpreuße gehörte zur Provinz der OFM in Recife. Als er 1957 zum Bischofsprälaten ernannt wurde, rodete er mit eigener Hand und unter starker Beteiligung der Bevölkerung den Urwald, um eine Landebahn für Kleinflugzeuge und Militärmaschinen zu errichten. Dies half der damaligen Prälatur, aus ihrer geographischen Isolation heraus zu kommen. Die deutsche Franziskaner der Anfangszeit waren Pioniere gewesen, denn auch Schulen gab es damals noch nicht. Sie investierten deshalb vor allem in den Bildungsbereich. Heutzutage macht die Prälatur die solide Schulung von Laien zum Schwerpunkt ihrer Pastoral, keine *pastoral de tijolo* (Backsteinpastoral), wie der aus Westfalen stammende **Bischof Martinho Lammers** unterstrich. Auch förderte man die Jugendarbeit und als Novum im Regional N 2 die Ausbildung von „Barfußjuristen" (*Tecnicos de Direito*), wie ich sie schon in der Prälatur Tefé kennengelernt hatte (siehe S. 206f.). Dieser seit 1992 in vier Modulen stattfindende Kurs mit einem Rechtsanwalt aus Santarém sollte Führungskräften aus Gemeinden Basiswissen in Recht vermitteln. Der 5. Kurs im Jahr 2002 zählte 35 Teilnehmer:innen aus 17 Kommunen: Mitglieder von Gewerkschaften, Frauengruppen, Menschenrechtsbewegungen, Lehrer oder öffentliche Angestellte.

Der Besuch in der Prälatur bescherte mir noch zwei schöne mitmenschliche Begegnungen wie die mit dem aus Ahaus stammenden Franziskaner **Bento Letschert.** Der Münsterländer erzählte mir lebendig von seinen 25 Jahren auf der Missionsstation der OFM beim Volk der *Tiriyó.* Angesichts seiner intensiven Erfahrung in der indigenen Welt fühlte er sich auch nach zwei Jahren noch nicht in der städtischen Welt von Óbidos zu Hause. In der Kurie traf ich **Pe. Sebastião Sadeck de Santos**, einen weiteren interessanten Gesprächspartner. Neben seiner Aufgabe in einer nahen Pfarrei von Óbidos war der 42-Jährige Präsident des *Conselho Nacional dos Presbiteros (CNP)*. Der in der Nähe von Florianópolis geborene Priester hatte neben Theologie Sozialwissenschaften studiert. Pe. Sebastião bestätigte den Trend eines *Clero light* im Land, der auch im Klerus von Santarém zu finden sei.

Mein Aufenthalt in der **Diözese Santarém,** die ich auf dem Rückweg mit dem Flugtaxi von Óbidos schnell erreichte, war von **D. Lino Vomboemmel** und dem Koordinator der Pastoral, **Pe. Gilberto Pastana de Oliveira**, gut vorbereitet worden. Ich hatte Einzelgespräche mit Projektpartnern und am Morgen einen Austausch mit 13 Diözesanpriestern aus Pfarreien in Santarém und Umgebung. Mein Besuch fiel zeitgleich zusammen mit dem monatlichen Treffen des Bischofs mit dem Diözesanklerus. Der Austausch mit der Gruppe der Diözesanpriester fand in einer menschlich angenehmen Atmosphäre statt, es herrschte ein guter Geist untereinander. Die Anwesenden waren erfreut, dass die Organisation Adveniat ein Gesicht bekommen hatte. In diesem Rundgespräch erfuhr ich zu meinem Erstaunen Lebensgeschichten aus der Vergangenheit.

Der zweite Bischofsprälat, **D. Amando Bahlmann**, der die Prälatur von 1907 – 1939 geleitet hatte, war ein aus Essen gebürtiger Franziskaner, der 1939 mit 77 Jahren auf der Rückfahrt von einem Heimatbesuch im Hafen von Genua gestorben war. Für die amazonensische Bevölkerung war D. Amando ein sehr aktiver und beliebter Bischof, ein Gymnasium und einen weiblichen Orden hatte er gegründet.

Als eine charismatische Persönlichkeit galt auch der erst vor vier Monaten verstorbene Altbischof **D. Tiago M. Ryan**, ein US – Franziskaner mit zahlreichen Spender:innen in seiner Heimat. Er habe *Großes* geleistet für die Diözese, so der amtierende Bischof. Um die ausbleibenden finanziellen Zuwendungen aus den USA mit eigenen Mitteln und Möglichkeiten auszugleichen, hatte der verstorbene nordamerikanische Bischof bereits vor zehn Jahren vorsorglich den *Dízimo* unter Mitwirkung von Antoninho Tatto (siehe S. 41f.) eingeführt.

Die Pastoral in der 151.000 qkm ausgedehnten Diözese mit einer Einwohnerzahl von 421.000 (Zensus 2001) war von einem starken Engagement der Laien geprägt. Man zählte 700 organisierte *Comunidades* im *Interior* und 300 im städtischen Gebiet. Hinzu kamen die 200 geschulten Katechet:innen in den 22 Pfarreien. Der neue Koordinator der Pastoral sollte die neuen pastoralen Leitlinien unter Berücksichtigung des Reflexionsprozesses der CNBB zum Übergang ins 3. Jahrtausend entwickeln. Die Diözese arbeitete seit längerem mit Pastoralplänen.

Die engagierte Medienarbeit schien mir das Markenzeichen in Santárem, sie hatte eine Schlüsselfunktion insbesondere für die Bevölkerung im *Interior*. Einer der Pastoralbereiche war deshalb die *Pastoral da Comunicação* mit einem jungen, dynamisch wirkenden Mitarbeiter. Dank einer kleinen Adveniat-Hilfe konnten neue Geräte angeschafft und das Sekretariat schalldicht verkleidet werden. Die Radiostation, **Radio Rural,** betrieb die Diözese schon seit 18 Jahren, dank ihres fähigen Direktors, **Pe. Edilberto Mouro Sena.** Sie war wichtig in der Koordination mit den acht anderen katholischen Radios im Amazonasraum, die bislang isoliert für sich arbeiteten. Der Medienfachmann plante zwei Pilotinitiativen: ein gemeinsames Seminar zum Erfahrungsaustausch der Verantwortlichen aller Radiostationen und ein Nachrichtennetzwerk zu Amazonien, *Rede de Notícias da Amazônia.* Mein Gesprächspartner betonte die geopolitische Bedeutung des Amazonasraumes, die in der katholischen Kirche bisher noch nicht ausreichend bewusst sei. Pe. Edilberto – ein *global player,* fremdsprachenkundig – las frühmorgendlich übers Internet die großen europäischen Zeitungen und konnte so die wichtigsten Nachrichten aus aller Welt schnell zusammenstellen. Auch liebte er politische Kommentare, die von den Mächtigen kritisch beäugt, von der Bevölkerung jedoch geschätzt wurden. Der Gesprächsaustausch mit diesem erfahrenen, unkonventionellen Medienexperten war immer ein Gewinn, sei es in Santarém oder in Essen.

Neben *Radio Rural* unterhielt die Diözese auch seit drei Jahren eine eigene, lokale Fernsehstation. Das Zweipersonenteam, bestehend aus dem Koordinator der Pastoral und einem jungen Laien, produzierte täglich eine fünfminütige Sendung *Voz do Pastor* mit dem Bischof, das wöchentlich 40 Minuten Nachrichtenprogramm aus der Diözese *Informe TV Vida Santarém* und ein 45 Minuten religiöses Programm am Sonntag *Deus ama vocé.* Ich hatte große

Wertschätzung für diese kleinen Medienprojekte in der katholischen Kirche, die, lokal angepasst, den großen nationalen Fernsehkanälen ein kritisches Gegenüber waren.

Abschließend darf ein Kurzbesuch in der 7.000 Einwohner großen **Stadtpfarrei N. Sra de Fátima** von Santarém nicht fehlen, den ich außerordentlich interessant fand; er war nicht projektbezogen. Die 1999 gegründete Pfarrei mit überwiegend unterer Mittelschichtbevölkerung hatte sich selber organisiert und den *Dízimo* eingeführt. Da man großen Wert auf Transparenz von Einnahmen und Ausgaben legte, wurden die Daten monatlich in der Pfarreizeitung veröffentlicht. Das Gemeindeleben war sehr lebendig; es gab 23 (!) verschiedene Pastoralbereiche und die Gruppen hatten viel Selbstständigkeit in ihrer Entfaltung. Der vielbeschäftigte Pfarrer, **Pe. Gilberto Pastana de Oliveira**, sah seine Aufgabe vor allem darin, geistige Impulse und den Mut zur Eigenständigkeit zu vermitteln.

Bereits seine Biografie war ungewöhnlich gewesen: nach seinem Theologiestudium hatte Pe. Gilberto 1990 in Rom am Teresianum das Lizentiat in Theologie Geistlichen Lebens abgeschlossen und es durch seine eigene Arbeit finanziert! (Während des postgradualen Studiums arbeitete der Student in den Sommermonaten bei Mercedes Benz in Böblingen). Seine Eltern hätten ihm mit auf den Weg gegeben, sich seine Ausbildung mit eigener Kraft zu verdienen – ein Vermächtnis, das ihn zeitlebens prägte und ihn abgrenzte von der Mentalität heutiger Seminaristen, die seiner Meinung nach „vollversorgt" würden.

REISEN ENTLANG DER FLÜSSE TOCANTINS UND ARAGUAIA

Prälatur Cametá – traditionelles Fischereigewerbe und der Staudamm Tucuruí

Die Prälatur mit ihrem Sitz in der Kleinstadt Cametá konnte seit einigen Monaten wegen drei neuer Brücken und der weitgehenden Asphaltierung der Landstraße leichter als früher erreicht werden. Alternativ hätte die 200 km lange Entfernung von Belém 12 Stunden mit dem Linienschiff bedeutet.

Ich hatte Glück, da der Bischofsprälat **D. Jesús Maria Cizaure Berdoncés**, ein spanischer Augustiner, mich in Marituba abholte und wir in gut sechsstündiger Autofahrt (einschließlich einer Flussüberquerung auf der Fähre) in Cametá ankamen. Er hatte ein informatives Programm für die drei Tage im November **2004** zusammengestellt, so dass ich einen für die Projektarbeit hilfreichen Überblick auf die Prälatur bekam und sogar eine Fischergemeinde und die Stadt Tucuruí mit ihrem Wasserkraftwerk besuchen konnte.

Historisch interessant ist, dass die 1952 gegründete Prälatur zunächst von zwei holländischen und dann von einem brasilianischen Lazaristen geleitet wurde. Sie hatten D. Jesus, einem spanischen Ordensmann, eine ausreichende Infrastruktur und eine organisierte Pastoral hinterlassen. Der brasilianische Vorgänger, D. José Elias, hatte in seinen 20 Amtsjahren vor allem die Entstehung von Basisgemeinden gefördert. In den 10 Pfarreien – verteilt auf einer Fläche von 48.000 qkm und einer Bevölkerungsanzahl von 412.000 – waren in seiner Zeit 644 *CEBs* gegründet worden. Ihre Führungskräfte, die *lideres,* wurden intensiv geschult. Mit dem zweistöckigen Bildungszentrum, etwas außerhalb der Stadt pittoresk am Fluss Tocantins gelegen, verfügte man über gute räumliche Bedingungen, die wegen hoher Teilnehmerzahlen – nicht selten kamen bis zu 300 Teilnehmer:innen aus Basisgemeinden – erforderlich waren. Die Beschäftigung mit den Problemen der gesellschaftspolitischen und ökologischen Realität wurde in den Kursen als wichtig angesehen. So gab es damals in der Prälatur ein starkes Engagement der Laien mit einem hohen Ausbildungsgrad – einige der *lideres* waren inzwischen engagierte Lokalpolitiker. Das soziale Engagement der Prälatur zeigte sich in verschiedenen kleine Einkommen schaffende Maßnahmen für die vulnerablen Bevölkerungsgruppen (z.B. Einrichtung von Schneidereien für arme Frauen oder Förderprojekte für Fischer).

Überrascht war ich zu hören, dass die 40.000 Einwohner zählende Stadt Cametá mit herrlicher Lage am Fluss Tocantins schon seit 300 Jahren besiedelt war. So zählt eine 200 Jahre alte, im Kolonialstil erbaute, schöne Kathedrale zu ihrem Juwel. Die 10 Pfarreien spiegeln zwei sehr unterschiedliche Realitäten wider: die sechs Pfarreien entlang des Flussgebiet des Tocantins repräsentieren die traditionelle Welt der Fischer, der *ribeirinhos*; die übrigen vier Pfarreien gehören zur Region an der Transamazónica und dem Wasserkraftwerk Tucuruí. Dank guter Planung der Prälatur konnte ich beide Welten kennenlernen.

Hilfreich war ein eintägiges Gespräch in der Kurie mit dem Bischof. In dieser Zeitlänge hatte ich mich selten mit einem Diözesanverantwortlichen auf Reisen zusammenhängend ausgetauscht. Ich fand das intensive Gespräch sehr nützlich, da wir über die Projektnotwendigkeiten der Prälatur und einen Rundgang durch die laufenden Projekte auch über administrative Themen sprachen wie über die Bemühungen zur finanziellen Selbständigkeit oder über das Für und Wider von Scheck- bzw. Banküberweisungen, damals ein häufig diskutiertes Thema in den Brasilienreferaten.

Über Cametá hinaus erörterten wir die Situation des Regional N 2, zumal D. Jesús der Vizepräsident dieser Regionalstelle und maßgeblich an der Gründung einer eigenen regionalen Kommission für Amazonien beteiligt war. Aus seiner Sicht lagen die großen kirchlichen Probleme im finanziellen Unterhalt der Seminaristen in den Jurisdiktionen sowie im Fehlen eines eigenen Klerus und qualifizierter Ausbilder in den Seminaren. In der 52-jährigen Geschichte der Prälatur Cametá seien zwar 10 Diözesanpriester geweiht worden, in manchen Prälaturen gäbe es jedoch bis heute keinen einheimischen Priesternachwuchs.

Zu den politischen Problemen zählte D. Jesús die Umweltfrage, denn in der Prälatur Cametá sei wegen der besorgniserregenden Zunahme der Abholzung wie des Abbrennens kaum noch Primärwald vorhanden. Für den Bischof war dieses Geschehen ein *gewalttätiger Umgang mit Mutter Erde*. Ein weiteres ökologisches Problem für die Region sah D. Jesús im „wilden" Fischen und in der Nichtrespektierung von Laichgebieten. Und in den Kleinstädten fehlte es seiner Meinung nach an Abwässerkanälen und ausreichenden Einrichtungen der öffentlichen Gesundheitsversorgung.

Die ökologischen Probleme des Flusses waren natürlich zentrales Thema beim Besuch der Fischergemeinde, ***Comunidade Nossa Senhora das Graças***. Die lebendige Gemeinde mit 140 Fischerfamilien und einer 30-jährigen Tradition lag nur 30 Boot-Minuten von Cametá entfernt. Die Bewohner lebten von der Landwirtschaft, vor allem vom Verkauf der Tropenfrucht Açaí, und vom Fischfang. Ich war überrascht, wie viele Pastoralbereiche es neben dem sonntäglichen Wortgottesdienst gab: Katechese, Firmvorbereitung, *Pastoral da Criança,* Bibelgruppen, Familienkreise. Im Gespräch mit einigen Gemeindemitgliedern fiel mir auf, wie selbstbewusst und selbständig sie auftraten. In dieser Gemeinde konnte ich mit eigenen Augen sehen, welche Früchte die kontinuierliche Bildungsarbeit der Prälatur hervorgebracht hatte.

Im Gespräch mit den Fischern erfuhr ich vom reduzierten Fischbestand und vom Artensterben im Fluss Tocantins seit der Eröffnung des 210 km entfernten Wasserkraftwerkes Tucuruí. Früher seien die Fische zum Laichen flussabwärts Richtung Tucuruí gezogen und anschließend wieder zurückgekommen, so meine Gesprächspartner. Dieser natürliche Kreislauf sei nun unterbrochen, die Eier würden absterben. Ein weiteres Problem seit Inbetriebnahme des Wasserkraftwerks sahen die Fischer in der Verschmutzung des Tocantins.

Der Aufenthalt von 1 ½ Tagen in der Stadt **Tucuruí** war möglich dank des Flugtaxis der Banco do Brasil, das zu einem günstigen Preis einen Sitz für einzelne Reisende zur Verfügung stellte. Diese Reisestation war für mich von besonderem Interesse, da mich das Thema der Industrialisierung des Amazonasraumes seit den 1980er Jahren beschäftigt hatte. Die sozialen und ökologischen Folgen des Staudammprojekts – es war mit dem von Itaipú seinerzeit das größte in Brasilien – hatte auch der „Runde Tisch" in São Luis 1995 zum Thema. Über dieses Projekt der Gemeinsamen Konferenz der Kirchen für Entwicklung (GKKE) werde ich im Kapitel über den Nordosten näher berichten (siehe S. 274ff.).

Den Flug von Cametá in das südlich gelegene Tucuruí empfand ich wie eine Lehrstunde über die ökologischen Probleme dieser Region. Vom Flugzeug aus war an den großen Weideflächen deutlich die Zerstörung des Primärwaldes zu sehen. Je mehr wir uns Tucuruí näherten, umso erschreckender nahmen die Brandrodungen zu. Tucuruí ist ein Musterbeispiel für urbane Besiedlungsprozesse im Amazonasraum. 1975 war der Ort noch eine kleine, unbedeutende Dorfsiedlung gewesen; bei meinem Besuch 2004 zählte die Stadt schon 100.000 Bewohner, Migrant:innen aus anderen Landesteilen, vor allem aus dem Nordosten, die mit dem Bau des Staudamms auf Arbeit und eine Zukunft für ihre Familien hofften.

Der **Bau des Staudammes** war 1975 unter der Militärregierung begonnen worden. Die Errichtung dieser Großanlage war dem Konzept der Erschließung des Nordens geschuldet. Mit der Energiegewinnung sollten vor allem die Werke der Aluminium-Industrie im Pará und Maranhão versorgt werden. Die ersten 11 Turbinen wurden 1989 in Betrieb genommen. Die Fertigstellung weiterer 11 Turbinen war für 2006 geplant. Zur zweiten Bauphase gehörte auch der Bau von zwei Schleusen zur Schiffbarmachung des Tocantins.

Pfarrer Adriano Sousa Santos von der damals einzigen Pfarrei am Ort, ein brasilianischer Lazarist, hatte mir eine Führung durch die technischen Anlagen ermöglicht. Die Staumauer mit einer Höhe von 175 m ist gewaltig, dabei wurden die Turbinenräume bis 30 m unter dem Meeresspiegel gebaut. Für die erste Bauphase investierte das staatliche Energieversorgungsunternehmen Electronorte 4,7 Mrd. US-$, finanziert zu zwei Dritteln mit ausländischen Krediten. 2.400 qkm Fläche Regenwald – so groß wie das Saarland – mussten unter Wasser gesetzt und 32.000 Bewohner umgesiedelt werden. Dabei hatte der Großteil der Anwohner damals keine Entschädigung für ihr verlorenes Land erhalten! Welch eine Ungerechtigkeit angesichts dieser Investitionshöhe. Ein weiterer erschreckender Kontrast eröffnete sich später im Gespräch mit dem Pfarrer: zwar werden die Aluminium-Firmen und selbst die Bevölkerung bis zum Bundesstaat Tocantins mit ausreichend Strom versorgt, nicht jedoch die Fischer entlang des Sees in ihren Hütten, sie bekamen keinen Strom!

Von dem jungen, uns führenden Ingenieur erfuhr ich, dass das Wasserkraftwerk 6.000 Menschen Arbeit gibt. Der Kernmitarbeiterstamm der Electronorte wohnt in einer *Vila*, einem firmeneigenen Dorf mit einer schönen, ökumenisch konzipierten Kirche und einer katholischen Messfeier am Samstagabend. Mein Begleiter, Pe. Adriano, und der Firmenmitarbeiter kannten sich von der Gemeindearbeit her; (nur auf diesem Hintergrund schien mir der Besuch der Anlage möglich). Der sympathische Ingenieur wich kritischen Fragen nicht aus. Er machte deutlich, dass seine Kollegen in den 1970er Jahren die ökologischen und sozialen Folgen dieses Projekts nicht im Blick gehabt hätten. Damals wäre eine rein technische Sichtweise ausschlaggebend gewesen; man hatte vor allem für die Aluminium-Werke eine Energiegewinnung auf langfristige Zukunft schaffen wollen. Heute weise der Stausee wieder einen großen Fischreichtum auf, so der Ingenieur. Seinen Ausführungen nach plante die Regierung derzeit noch ein weiteres, sehr großes Wasserkraftwerk, Belo Monte, nahe Altamira/Xingú.

Die katholische **Pfarrei São José** in Tucuruí zählte 24 organisierte Gemeinden im urbanen Bereich und sechs im ländlichen Hinterland. Sie war seit dem Jahr 2000 dabei, eine größere Kirche zu bauen, da sich die Anzahl der Pfarrmitglieder in den letzten 20 Jahren mehr als verdoppelt hatte. Im Projektgespräch ging es deshalb darum, ob und in welcher Form Adveniat bei der Bauetappe Dachkonstruktion beitragen könne. Den Bau eines schlichten Hauses für die *Pastoral da Criança,* die seit 1994 aktiv war, wollte die Pfarrei aus den Einnahmen des jüngst eingeführten *dízimo* stemmen.

Tucuruí hat übrigens eine konfessionell interessante Seite: Die älteste Pfingstkirche im Land, die *Assembleía de Deus,* nahm um 1910 hier im Pará ihren Anfang. Ich sah etliche ihrer Kirchen, manchmal kleine Holzbauten, aber auch eine auffallend große Kirche. Die Stadt verzeichnete ebenso weitere Kultorte anderer Denominationen.

Diözese Marabá – das Industriegebiet im Amazonasraum

Der Besuch in der Stadt Marabá mit ihrer 88-jährigen Geschichte – am Südausläufer des Staudammes Tucuruí gelegen – gehört für mich zu den besonderen Eindrücken in Brasilien. Sie wuchs seit vier Jahrzehnten zum Hauptort eines umfassenden regionalen Entwicklungsraums heran, **Projeto Grande Carajás** genannt. Der Name leitet sich ab von der Entdeckung der Eisenerzmine in den *Serras do Carajás* im Munizip Parauepebas, dem weltgrößten Erzabbaugebiet. Ich besuchte Marabá erstmals im Mai **1995** im Rahmen des Exposure – Vorprogramms des schon erwähnten *Runden Tisches.* Damals war ich die begleitende Übersetzerin eines Mitglieds unserer deutschen Delegation, des **CDU-MdB Armin Laschet** aus Aachen. Wir besichtigten an zwei Tagen ein Roheisenwerk, ein Sägewerk, einen Kohlenmeiler, sprachen mit Mitarbeitern der Umweltschutzbehörde IBAMA und vor allem mit Vertretern der Kleinbauern sowie der Metall- wie Landarbeitergewerkschaften. Nicht zuletzt waren wir am Stadtrand in einem schlichten Häuschen einer armen Familie aus Marabá untergebracht. In den zwei Jahren Vorbereitung des *Runden Tisches* in unserer ökumenischen Arbeitsgruppe erweiterte sich auch mein Wissen über die komplexen Zusammenhänge dieses neuen, strategisch wichtigen Industrieraumes Brasiliens.

Ebenso wie die anderen drei MdBs der deutschen Delegation zeigte sich Armin Laschet als sehr kooperativ, aufgeschlossen und menschenfreundlich. Ich werde nicht vergessen, wie er mit anpackte, einen steckengebliebenen Bus aus dem Schlamm zu ziehen. Zusammen mit dem Leiter der Vorbereitungsgruppe, Paul Hell, verstanden wir uns als Trio schnell gut und hatten interessante Begegnungen in den zwei Tagen, vor allem mit den Vertreter:innen der Zivilgesellschaft (Näheres zum *Runden Tisch* siehe S. 274 – 279).

Auf dem Hintergrund dieser Erfahrung machte ich **2001** in meiner Rolle als Länderreferentin erneut eine viertägige Projektreise in diese Diözese, um die herausfordernde Situation der Ortskirche besser kennenzulernen. Der erst jüngst ernannte italienische Bischof, ein Salesianer, **D. José Forlasso**, zeigte sich sehr erfreut über diesen ersten Besuch einer Mitarbeiterin von Adveniat, zumal es ihm die Reise nach Essen ersparte, wie er sie für dasselbe Jahr im Rahmen seines Heimatbesuches in Italien bereits geplant hatte.

Zum **sozialen und politischen Kontext** erfuhr ich: die Stadt Marabá mit 200.000 Einwohnern war Verkehrsknotenpunkt der Eisenbahnlinie von Carajás nach São Luis und der Bundesstrasse von Belém nach Brasília. Außerdem war Marabá militärischer Stützpunkt mit einer Kaserne des Heeres von 7.000 Soldaten. Weniger rühmlich zeigte sich dagegen die Infrastruktur dieser Metropole des Carajás – Raumes: kaum asphaltierte Strassen im Stadtbild, kaum Abwässerkanäle, keine Wasserleitungen in den Häusern, keine Müllabfuhr, Strassen als Brutstätten für Insekten. So verwunderte es nicht, dass seit drei Monaten eine Epidemie des Denguefiebers aufgetreten war. Bei monatlichen Steuereinnahmen von 1 Mill. US-$ stellte sich dabei schnell die Frage, wo die Steuereinnahmen verblieben waren. Nach Meinung meiner Gesprächspartner:innen hatten die Kommunalpolitiker die Stadtkasse mehr geplündert, als zur Entwicklung des Ortes beigetragen. Das öffentliche Gesundheitssystem galt als defizitär, vor allem im Landesinneren. Für medizinische Spezialbehandlungen mussten die Kranken gar ins 800 km entfernte Teresina fahren, da es in Marabá damals keine Fachärzte gab. Hinzu kam, dass es im Bildungsbereich an ausreichenden Schulplätzen fehlte und die Lehrer:innen, so hieß es, schlecht ausgebildet seien.

Im **kirchlichen Kontext** zeigte sich ein Bild dunkler Wolken. Marabá war 1911 als Prälatur gegründet worden und damit zeitlich vor der kommunalen Verwaltung entstanden. Nach den Ausführungen des jetzigen Bischofs hatte die Kirche in der Vergangenheit jedoch eine schwache Rolle abgegeben und kaum zur Entwicklung der Stadt beigetragen. Auch seien Bemühungen zur Heranbildung eines eigenen Klerus vernachlässigt worden, weshalb in 90 Jahren nur drei Diözesanpriester geweiht worden waren. Hinzu kam in der Zeit seines Amtsvorgängers zunehmend eine *Politisierung, Ideologisierung* und *Radikalisierung* im Klerus bei einer zögerlichen Diözesanleitung. Das Sakrale sei nicht mehr gewürdigt worden, meinte der neue Bischof, es sei kaum noch Gottesdienst gefeiert und seiner Ansicht nach *zu wenig gebetet* worden. Selten habe ich einen so sorgenvollen Bischof erlebt in Bezug auf die religiöse Praxis. Zu diesen grundlegenden und personellen Problemen kamen auch die finanziellen, da die Diözese über nur geringe Einnahmen verfügte. Es war somit eine Aufbauarbeit auf verschiedenen Ebenen notwendig.

Dagegen hatte die „**Obra Kolping**" keine finanziellen Nöte. Sie hatte von der Betreiberin der Eisenerzmine Carajás, der **Companhia Vale do Rio Doce (CVRD)**, eine Spende von US-$ 500.000 erhalten, um ein stattliches berufliches Ausbildungszentrum zu errichten. Die Diözese hatte jedoch keinen Einfluss auf die Nutzung des Gebäudes und auch keinen Kontakt zur Obra Kolping. Dieser Komplex erschien mir wie ein Fremdkörper in der Region. Welche Kontrastwelten in der katholischen Welt, dachte ich später...

Dieser Eindruck verstärkte sich, als ich die beiden Ausbildungszentren der Diözese besichtigte. Das kleinere hatte große Gemeinschaftsschlafsäle mit Hängemattenbefestigungen, die am Amazonas übliche schlichte Bauweise bei offenen, aber überdachten Versammlungsflächen. Das bescheidene Zentrum wurde jedoch intensiv genutzt, wie ich hörte!

Dagegen lag auf dem Nachbargrundstück ein großes, „schickes" Bildungszentrum mit Doppelzimmern, vor einigen Jahren von einem italienischen Jesuiten errichtet mit Geldern aus seiner Heimat. Der Bau wirkte wie ein „weißer Elefant" (*elefante branco).* Gleichwohl fehlte der Diözese ein guter Verwalter, um ein Konzept für seine Nutzung zu entwickeln. Durch Fremdbelegungen sollte dieser Bau zu einer Einnahmequelle werden, was sich jedoch noch nicht eingestellt hatte.

Lichtblicke sah ich in den Gesprächen mit zwei Ordensfrauen, die in der Diözese für die **Katechese** zuständig und in der **Landpastoral** tätig waren. Die beiden kanadischen Ordensfrauen **Ir. Anne und Ir. Holy** arbeiteten schon seit mehreren Jahren in Marabá. Sie schienen kompetent und sensibel, sich auf die Migrantenbevölkerung mit ihren unterschiedlichen kulturellen Wurzeln einzustellen. Die Diözese war ein Schmelztiegel und die meisten Hinzugekommenen hatten noch keine Identifikation als *Paraense*, sie sahen sich weiter als *Nordestino* oder *Maranhense,* der Region ihrer Heimat. Große Flexibilität sei erforderlich in der katechetischen Arbeit mit allen Altersgruppen, wie Ir. Anne meinte.

Das katechetische Material wurde eigenständig entwickelt und in einer Nachbardiözese gedruckt. Auch einen Pastoralplan hatte die Diözese entwickelt. Ein Schwerpunkt war die ***Pastoral da Comunicação.*** So gab man eine kleine Diözesanzeitung heraus und hatte ein Gemeinderadio, ein *Radio Comunitário*, in der Stadt Marabá eingerichtet. Ein Seminarist war dabei, eine Website über die Diözese für die Kommunikation im Internet zu erstellen.

Bezogen auf die Landproblematik und die politische Situation fand ich in Ir. Holy von der ***Pastoral da Terra*** eine sehr versierte Gesprächspartnerin. Sie sah die Arbeit der Beiräte (*Conselhos*) in dieser Region noch als sehr schwierig an. Nur wenige Kommunalpolitiker würden die Arbeit fördern. Die Mitglieder der Beiräte hätten keinen Einblick in den Haushalt einer Kommune und auch keine Entscheidungsfunktion. Ir. Holy stufte die Korruption größer denn je ein, weil mehr Mittel in der öffentlichen Verwaltung zur Verfügung stünden als früher. Außerdem herrschte nach ihrer Ansicht bis heute die Mentalität des *Coronelismo* und *Clientelismo* vor.

Bezogen auf die Landkonflikte im Staat Pará und Amapá hielt die CPT 2001 folgende traurige Jahresbilanz fest: 4 Landarbeiter waren ermordet worden, 14 Landarbeiter hatten Todesdrohungen erhalten, in 19 von der Landlosenbewegung MST besetzten Gebieten war die Militärpolizei eingedrungen und 600 Familien vertrieben worden. Die Konzentration von Landbesitz und die illegale Landaneignung mit fingierten Dokumenten (*grilagem*) seien bis heute kennzeichnend für die Situation auf dem Land, so Ir. Holy.

Am zweiten Tag meines Aufenthaltes lernte ich kurz vier Pfarreien in Marabá kennen, wo kleinere Baumaßnahmen zu besprechen waren. Bezogen auf die starke Präsenz der verschiedenen Denominationen in der Stadt war das Gespräch mit dem Pfarrer, **Pe. Ademir**, in einem neuen Stadtgebiet in der **Pfarrei Nossa Senhora de Nazaré in Nova Marabá** aufschlussreich. Nach seiner Einschätzung kamen auf einen Ort der katholischen Liturgie sechs *templos protestantes*. Die neuen religiösen Angebote wüssten die Menschen anzuziehen, seien einladend und ihre Pastoren würden eng mit Kommunalpolitikern zusammenarbeiten. Im Gegenzug erwarteten sie von ihren Mitgliedern Spenden zum Bau ihrer Kirchen. Vier der *pastores* hatten bei den letzten Kommunalwahlen für einen Sitz im Stadtparlament kandidiert.

Ein Ort lebendiger Volksreligiösität ist und bleibt dagegen die Pfarrkirche, die gleichzeitig der Wallfahrtsort zur Nossa Senhora de Nazaré ist. An dem *Cirio* in Nova Marabá nehmen jährlich 50 bis 60.000 Menschen teil. So hatte diese Pfarr- und Wallfahrtskirche weniger finanzielle Probleme als Pfarreien anderenorts in der Diözese. Umso mehr war der engagierte Pfarrer, der auch Militärseelsorger war, besorgt wegen der häuslichen Gewalt und der Gewalttätigkeit von Drogenbanden in seinem Viertel. Täglich verzeichnet man durchschnittlich ein Tötungsdelikt!

Der zweite Schwerpunkt meines Aufenthaltes in der Diözese war der Besuch der Pfarrei São Sebastião von Parauapebas nahe der Eisenerzmine Carajás (ca. 350 km von Marabá). Mein Begleiter auf dieser Autofahrt war D. José. Unterwegs machten wir Halt an der **Gedenkstätte der Ermordung von 19 Landlosen.** Sie waren bei einem Massaker, verübt seitens der Militärpolizei von Pará, am **17.04.1996** in der Stadt **Eldorado de Carajás** noch am Tatort ums Leben gekommen. Weitere 67 Personen waren verletzt worden. An jenem Tag hatte die Landlosenbewegung MST die Strasse PA-150 blockiert, woraufhin die Militärpolizei auf brutale Weise einschritt. Im Prozess dieses schrecklichen Massakers hatte das Gericht des Bundesstaates Pará die Klage im Jahr 2000 zunächst abgewiesen und die drei angeklagten Offiziere der Militärpolizei im August 1999 aus der Untersuchungshaft entlassen. Nach starkem öffentlichem Protest lag die Klage nun beim Obersten Bundesgerichtshof in Brasília. Auch forderten die 67 Verletzten Entschädigung und medizinische Behandlung. Politiker und Militärs hatten gehofft, dass durch den zeitlichen Abstand von fünf Jahren die Ereignisse nicht mehr in Erinnerung gerufen würden...

Die Pfarrei Nossa Senhora das Dores in Eldorado do Carajás und die Diözese wollten jedoch diese Vorfälle nicht vergessen. Man begann in den Tagen meines Besuchs, wie jedes Jahr im April, mit den Vorbereitungen der Feier zur Würdigung der Opfer. D. José war es wichtig, an dem 17.04. persönlich zur Gedenkstätte zu kommen, wie er sagte. Diese besteht aus einem

Holzhaus, in dem Erinnerungsstücke der Opfer aufbewahrt werden wie die mit Blut getränkten und zerfetzten Textilien und andere symbolische Gegenstände, z.B. die Flagge der Landlosenbewegung. Auf dem Gelände erinnern 19 kahle Baumstämme, gestaltet in der Form eines Kunstwerks, an die Opfer. Für mich persönlich war dieser Halt in Eldorado do Carajás sehr wichtig, damit ich die Jahresberichte der CPT zur Gewalt auf dem Land nicht nur in unserem Brasilien-Archiv ablegte. Diese Region ist eine der Martyrer seit den 1970er Jahren!

Auch der zweite Halt auf dem Weg nach Parauapebas, die Kleinstadt **Curionópolis,** erinnert an eine Invasionsgeschichte, die blutgetränkt ist. Das Städtchen mit 7.000 Einwohnern war in den 1970-1980er Jahren von Goldschürfern überschwemmt worden. Diese suchten in den 40 km entfernten **Goldminen von Serra Pelada** nach den begehrten Goldklumpen – unter unwürdigen und äußerst lebensgefährlichen Bedingungen. Die Fotos dieser Hölle von Serra Pelada gingen damals in den internationalen Magazinen um die Welt. (Im Gedächtnis sind mir die eindrücklichen Fotos des großen brasilianischen Fotografen Sebastião Salgado). Täglich zählte man dort sieben bis acht Tote. Gleichzeitig mutierte Curionópolis zu einem Ort des Vergnügens, es soll damals allein 2.500 (!) Häuser des Rotlichtmilieus gegeben haben. Die garimpeiros zahlten keine Steuern und setzen ihren Gewinn gleich in Genuss um.

Von diesen „goldenen Jahren" ist nicht viel übrig geblieben. Die beim Besuch 2001 verschlafen wirkende Provinzstadt mit ein paar wenigen Geschäften hätte sich zu einer wohlhabenden Oase entwickeln können, meinte mein Begleiter. Bemerkenswert ist, dass in den 1980er Jahren die *Filhas do Amor Divino* aus Südbrasilien den Mut hatten, sich in diesem ehemaligen „Sündenbabel" niederzulassen, nachdem dann auch 1988 eine Pfarrei gegründet worden war. In der Zeit des Goldgräber-Booms war eine kirchliche Präsenz nicht gewünscht gewesen.

Denkwürdig ist für mich der Gang zum Friedhof in Curionópolis: der Bischof und ich besuchten das Grab von **Ir. Adelaide**, einer der Ordensfrauen von den *Filhas do Amor Divino*. Sie war 1985 bei einem Schusswechsel am Busbahnhof verwechselt worden mit dem Gewerkschaftsführer der Landarbeitergewerkschaft, mit dem sie gerade im Gespräch war, als die Kugel sie vermutlich versehentlich traf. (Zehn Jahre später erlitt auch der Gewerkschaftsführer einen tödlichen Schuss). In Erinnerung des Bischofs war Ir. Adelaide eine *bescheidene, einfache* Ordensfrau gewesen, eine Blutzeugin jener gewalttätigen Jahre, die Mensch und Natur in kurzer Zeit sozialen Schaden und Leid verursacht haben. Von Serra Pelada, der toten Goldmine, blieb nur eine verwüstete und wegen des Quecksilbers ökologisch extrem verseuchte Landschaft übrig. Dieser Ort ist für mich zu einem der traurigsten in ganz Brasilien geworden. Nachdenklich, ratlos wie wütend machte mich auch die Information, dass derselbe Chef der Militärs, der in der Zeit des Goldbooms für die öffentliche Ordnung verantwortlich gewesen war, bei den letzten Kommunalwahlen von der Bevölkerung zum Bürgermeister gewählt worden war. Dieser populistische Politiker war bis heute bei der Bevölkerung von Curionópolis beliebt.

Von Curionópolis führte eine sehr gute Asphaltstrasse nach Parauapebas. Es war die Strecke, die abzweigt zur Goldmine Serra Pelada und auf der man am Ende zu dem Eisenerzabbau-gebiet von Carajás gelangte. Die **Pfarrei São Sebastião in Parauapebas** wurde erst 2001 gegründet, eine Abtrennung von der Pfarrei in Curionópolis, die vier Kommunen umfasste und seit einigen Jahren im Rahmen des Geschwister – Austausches (*Igreja – Irmãs*) mit der Diözese Santo Ângelo *gauchos* als Seelsorger hatte. Wegen der Eisenerzmine und dem Niedergang von Serra Pelada wurde dann der Ort Parauapebas wichtiger, wie mir der Pfarrer aus Santo Angelo, **Pe. Luiz José Weber** die kirchliche Organisationsform zu erklären versuchte. Nach seiner Einschätzung liefe das Partnerschaftsprojekt der Ortskirchen nirgendwo so gut wie zwischen Marabá und Santo Ângelo in Rio Grande do Sul – und das ohne Unterbrechung seit 25 Jahren. Mir schien, dass die interdiözesane Solidarität in dieser Region auch dringend benötigt wurde. Im Zuge dieses Austausches waren auch die Ordensfrauen der *Filhas do Amor Divino* nach Parauapebas gekommen.

Die Pfarrei hatte ein sehr aktives Gemeindeleben. Die *Pastoral da Criança* gehörte zu den Schwerpunkten und hatte einen Heilkräutergarten angelegt. Unterstützt wurde die Arbeit durch die Partnerschaft mit einer italienischen Pfarrei. Ein weitere prioritäre Aufgabe war die Aus- und Fortbildung der zahlreichen *agentes de pastoral*. Es fehlte jedoch noch ein Bildungszentrum, in schlichter Bauweise war es geplant und wegen der Finanzierung stand man in Verhandlungen mit der CVRD.

Der soziale wie politische Kontext zeigte ebenso wie in Marabá ein erschütterndes Bild von Armut. Die Einwohnerzahl war in fünf Jahren von 25.000 auf 70.000 angeschnellt. Meist waren die Migrant:innen mit dem Zug der Bahngesellschaft der CVRD (*Estrada de Ferro Carajás*) aus dem Maranhão gekommen. Die Wohnviertel: ohne Strom, Wasserleitungen, Kanalisation; keine ausreichenden Plätze für die schulpflichtigen Kinder, dazu ein notdürftig ausgestattetes öffentliches Krankenhaus, ein Ort ohne Fachärzte und soziale Dienste.

Die Stadt werde von einem traditionellen Politikertyp regiert, so Pe. Luiz: vor den Wahlen werde die eine oder andere Straße asphaltiert oder Lockmittel wie Busreisen nach Teresina angeboten, um dort zum Arzt gehen zu können. Nach den Wahlen sei das alles wieder vergessen und die nicht wenigen Steuermittel in der Stadtkasse (wegen der Abgaben der CVRD in Höhe von 1 Mill. Reais bzw. Euro 518.000) würden weiterhin in dunkle Kanäle fließen. Besonders geldgierig soll der erste Bürgermeister gewesen sein, als 1989 die Kommune gegründet wurde. Er, ein Arzt aus São Paulo, – bislang in Parauapebas nicht bekannt – muss so korrupt gewesen sein, dass er Jahresabschlußberichte nach Brasília verweigerte, bis das Finanzministerium schließlich seine Absetzung bewirkte. In der Bevölkerung galt dieser Bürgermeister als der größte Drogenhändler der Region.

Nach Meinung von Pe. Luiz waren bis dahin in diesem Raum keine alternativen Politiker:innen aus dem Volk erwachsen. Die Arbeiterpartei PT war noch unbedeutend. Deshalb sah der Pfarrer die Pfarrei als einzige oppositionelle Kraft, die ihre Rolle als moralische Stimme übernehmen müsse.

Ein differenziertes Bild hatte mein Gesprächspartner zu den Landbesetzungen. In der Pfarrei gab es sechs *assentamentos* – das Land war den Besetzern rechtlich zuerkannt worden – wobei die staatliche Behörde INCRA aber nicht dafür sorgte, ihnen technische Hilfe anzubieten. Einige Behördenmitarbeiter seien zudem korrupt. Widersprüche zeigten sich für Pe. Luiz auch bei Führungskräften der Landbesetzungen: neben kulturellen Differenzen gäbe es interne Ausbeutungsstrukturen.

Einen Lichtblick zur Kontrolle der Korruption eröffnete sich mir in einem aufschlussreichen Gespräch mit einer der Ordensfrauen aus Parauapebas, **Ir. Cecilía.** Sie war geübt in der Durchführung von Bauten und in der Verwaltung von Finanzmitteln. Ir. Cecilía berichtete von einer neuen

Politik der Regierung gegenüber Nichtregierungsorganisationen und Vereinen in gemeinnütziger Trägerschaft. Diese würden angehalten, nur solchen Baufirmen einen Auftrag zu erteilen, die ihre Bauarbeiter offiziell anstellen und damit sozial versichern, mit der *carteira assinada*. Auf diese Weise würde das Bauen um die Hälfte teurer. Beim Kauf des Baumaterials müsse eine Rechnung, eine *nota fiscal* vorliegen, denn die Behörden würden stark die Einhaltung der Mehrwertsteuer kontrollieren. Diese Informationen waren für mich zur Prüfung von Bauprojekten von Wichtigkeit. Auch wenn Baumaßnahmen damit kostenträchtiger wurden, waren wir beide der Ansicht, dass diese ordnungspolitische Maßnahme der Regierung das Land auf einen richtigen Weg führte und zu begrüßen war. Für die Kongregation selbst hatte das konkrete Konsequenzen: die *Filhas do Amos Divino* waren gerade dabei, das alte Holzhaus aus ihrer Anfangszeit durch ein neues Wohnhaus zu ersetzen. Erfreulicherweise hatte die Gemeinschaft keine Nachwuchssorgen.

Den Abschluss meines Aufenthaltes in dieser außergewöhnlichen Pfarrei bildete eine Besichtigung in der **Eisenerzmine** von **Carajás**. Betreiber dieser Mine ist das Unternehmen ***Companhia Vale do Rio Doce***, eines der weltweit größten Bergbauimperien. Der Abbau des qualitativ hochwertigen Eisenerzes erfolgt auf höchstem technologischem Stand, wie uns unsere Begleitperson, ein junger Geologie-Assistent, erklärte. Er war engagiertes Mitglied in der Pfarrei, wodurch die Besichtigung (nach starken Kontrollen) zu zweit möglich wurde. Mein Begleiter Pe. Luiz und ich erfuhren von der Reduzierung des Mitarbeiterstammes von 5.000 auf 3.000 nach der Privatisierung der Vale (1997). Von diesen 3.000 standen nur gut 900 Mitarbeitende in einem festen Arbeitsverhältnis, die anderen waren unter schlechteren Lohn- und Versicherungsbedingungen über Leihfirmen angestellt. Für den Schutz aller würden jedoch starke Sicherheitsmaßnahmen gelten. Unser Begleiter meinte, dass nach der Günstlings-wirtschaft altgedienter Militärs in den ersten Jahren das heutige Management einen modernen, auf Effizienz gerichteten Führungsstil pflege und ökologische Fragen ernst nehme.

In diesem ausgedehnten Territorium der Urwaldregion stießen also moderne Unternehmensführung und traditioneller Politikstil vehement aufeinander. Daneben gab es noch eine ganz andere Wirklichkeit, von der der junge Geologe berichtete: Zum Gebiet der CVRD gehört eine Siedlung von 5.000 Indigenen des Volkes der *Xicrim,* die von der FUNAI betreut wurde. Das Dorf konnte nur mit Helikopter erreicht werden, weshalb es kaum Informationen über die Lebenssituation der *Xicrim* gab. Auch der Pfarrei war es bisher nicht gelungen, einen Besuch in dem Territorium zu machen. Wohl kursierten Gerüchte über die schlechte Gesundheitssituation der *Xicrim* und die mangelhafte Betreuung durch die FUNAI, wobei auch bekannt geworden war, dass einzelne Indigene bei schweren Krankheiten eine medizinische Behandlung im firmeneigenen, gut ausgestatteten Hospital erhalten hatten.

Welche Kontrastwelten, die sich in dieser Diözese wie in einem Brennglas zeigten! Ich war sehr froh um diesen Besuch und dankbar für die Hilfen, um entscheidende Orte dieser Region kennenzulernen.

Diözese Ssma. Conceição do Araguaia – Region der Landkonflikte

Die beiden benachbarten Diözesen im Süden des Pará, Marabá und Ssma. Conceição do Araguaia, haben nach der Abtrennung von Belém 1911 eine vergleichbare Geschichte. Die für die ganze Region zuständige Prälatur wurde dann 1979 vom Vatikan in zwei eigenständige Diözesen aufgeteilt.

Auf der Projektreise **2001** habe ich sie nach Absprache mit den Diözesanverantwortlichen zusammen besucht. So wurde ich in Parauapebas von Pfarrer Pe. Benedito aus der nächstliegenden Pfarrei der Diözese Ssma. Conceição do Araguaia in Xinguara abgeholt. Die Strecke auf der BR 158 von 220 km war wegen der gut ausgebauten Straße angenehm zu bewältigen. Nach einem Mittagessen in Xinguara mit Bischof D. Pedro Conti fuhr ich mit ihm weiter südlich auf derselben Bundesstrasse nach Redenção, dem wirtschaftlich und verkehrsmäßig zentralen Ort der Diözese. Diese eintägige Autofahrt war – ein kurzer Stopp am Nachmittag in der Pfarrei von Rio Maria eingeschlossen – gefüllt mit informativen Gesprächen. Ich lernte auf diese Weise an einem Tag vier Pfarreien kennen, während ich einen großen Teil der Nord-Süd-Achse dieser Diözese durchquerte – eine 2001 immer noch anhaltende Konfliktregion des Landes.

Auf der Fahrt fielen die enorm entwaldeten Flächen auf mit vielen Rinder- und gelegentlichen Schafherden. (Wenige Wochen vor Reisebeginn hatte in der Frankfurter Rundschau in einem Bericht gestanden, dass 15 % des Pará gerodet seien). Hier im Südosten dieses Bundesstaates wurde nach meinem Eindruck der tropische Regenwald am stärksten abgeholzt – schon damals berichteten Menschen von Klimaveränderungen, da es in der Regenzeit deutlich weniger geregnet hatte. Es wiederholte sich die bekannte Szenerie: Zuerst waren in den 1980er Jahren die Holzfirmen mit ihren Sägewerken gekommen, die später geschlossen wurden und weiter in das Landesinnere des südlichen Pará vordrangen. Nach den Sägewerken folgten die landwirtschaftlichen Betriebe der Viehwirtschaft, kleinere wie größere *Fazendas*, die entlang der Bundesstraße häufig zu sehen waren. Die Gesprächspartner berichteten von der schlechten Entlohnung der Landarbeiter seitens der Viehzüchter (bei einem Tageslohn von 5 bis 16 Reais bzw. Euro 2,60 bis 8,30) und einer mangelnder Sozialversicherung. Auf manchen *Fazendas* herrschten sogar sklavenähnliche Verhältnisse.

Wenn diese bekannt wurden, recherchierte und dokumentierte die diözesane Landpastoral CPT die Vorwürfe und reichte vor Gericht Klage ein. Ebenso zeichnete sie auch die zahlreichen Landkonflikte der letzten zehn Jahre auf, begleitete die Familien der ermordeten Landarbeiterführer und unterstützte die arme Landbevölkerung durch juristische Beratung. Legendär war damals einer der Mitarbeitenden der CPT, der 70jährige, französische Dominikaner und Rechtsanwalt, ***Frei Henry*** – ein Missionar mit großem Mut und großer Fachkompetenz.

Die Mitarbeit in der *Comissão Pastoral da Terra* war, was nicht überrascht, in jenen Jahren überaus gefährlich. Bezahlte Killer, *pistoleiros* bzw. *jagunços* genannt, ermordeten Führungskräfte der Landarbeiter, Kleinbauern und Landlosen, aber auch ihre Helfer und Anwälte. Die Jahresberichte der CPT dokumentierten besonders für diese Region ein erschreckendes Ausmaß an Gewalt. Aus Sicherheitsgründen hatte deshalb die Diözese ihre Arbeitsräume von Rio Maria nach Xinguara gleich neben der Pfarrkirche São José verlegt. Wenn auch die Situation Anfang der 2000er Jahre zum Zeitpunkt meines Besuches „ruhiger" schien, so lebten die Mörder und ihre Auftraggeber weiter unter der Bevölkerung. Bischof Conti fuhr mich in Xinguara an einem Haus vorbei, in dem seit Jahren ein pensionierter hoher Beamter der Militärpolizei wohnte, von dem man wusste, dass er Namen zum Töten anvisierter Personen an *pistoleiros* weitergegeben hatte. Das mörderische

Agieren von bezahlten Killern sei bis heute in der Region gang und gäbe, war das traurige Fazit von Bischof Conti; erst vier Wochen zuvor war ein Gewerkschaftsführer „im Auftrag" ermordet worden.

Die Gewalt im Südosten des Pará war geprägt von einer langen Geschichte: Schon in der Zeit der Militärdiktatur hatte es in den 1970er Jahren in der Region um Conceição do Araguaia gewalttätige Auseinandersetzungen zwischen Militärs und Guerillagruppen gegeben. Letztere hatten sich damals in dem noch unzugänglichen Gebiet versteckt gehalten. Unter den Verhafteten waren auch einzelne Ordensleute der Dominikaner gewesen.

Zum Rückblick auf den **historisch kirchlichen Kontext:** Dem Orden der Dominikaner war 1911 die Prälatur übergeben worden. 1979 war sie, wie schon erwähnt, zusammen mit Marabá zur eigenständigen Diözese ernannt worden. Ihr Territorium erstreckt sich auf 52.000 qkm. In den neun Pfarreien zählte man 257.000 Bewohner (Zensus 1999). Den Mangel an Priestern bezeichnete D. Pedro Conti, ein italienischer Fidei – Donum Priester und erster Oberhirte, der kein Ordensmann war, als Hauptproblem der Diözese. In der 91-jährigen Geschichte hatte es nur vier einheimische Berufungen gegeben.

Hinsichtlich der Situation in der Pastoral sah man umso mehr die Aus- und Weiterbildung von Laienmitarbeiter:innen als prioritär an, weshalb die Diözese in drei Sektoren eingeteilt wurde. An den strategisch wichtigen Orten Conceição do Araguaia, Redenção und Xinguara sollten regionale Ausbildungszentren eröffnet werden. Am historischen Hauptort Conceição war das ruhig gelegene und gut konzipierte Zentrum schon vorhanden. Der Bau in **Redenção** befand sich dank einer signifikanten Förderung von Adveniat auf gutem Wege.

Interessant war bei diesem Bildungszentrum in Redenção das vielseitige Konzept: neben den kirchlichen Gruppen sollte der Neubau ebenso Schulklassen, Kindern und Jugendlichen aus der Peripherie für Freizeitaktivitäten sowie Gewerkschaftsführern und Engagierten aus Sozialbewegungen zur Verfügung stehen. Auf dem 5 ha großen Gelände plante man auch neben einem kleinen See und Fischteich eine Schweinezucht und Experimentierflächen für die Landwirtschaft. Das interessante Projekt galt als Schlüsselzentrum für die Diözese und konnte mit der erfahrenen bautechnischen Begleitung eines Ordensbruders der Herz-Jesu-Missionare rechnen; Frei Ricardo

unterrichtete als Lehrer an einer Berufsschule u.a. im Themenbereich kleinbäuerlicher Landwirtschaft. Im Gespräch mit ihm spürte ich, dass der Ordensbruder mit ganzem Herzen dieses Projekt realisierte.

Aufgrund des bestehenden Priestermangels war D. Pedro vor einigen
Monaten in die Stadt Redenção (29.000 Enwohner) gezogen, um als Pfarrer
einer der beiden Pfarreien vorzustehen. Wegen der verkehrsmäßig günstigen Lage an der BR 158 und seines Handelszentrums hatte der Ort einen
wirtschaftlichen Aufschwung erfahren, was gleichzeitig bedeutete, Um-
schlagplatz für den Drogenhandel zu werden. Angezogen wurden im Laufe
der Jahre ebenso verschiedene Denominationen, die sogar Schulen errichtet
hatten. Es gäbe mehr *templos* als katholische Kapellen, meinte der Bischof.
Dennoch war nicht zu übersehen, wie viele Menschen am Palmsonntag an
der Palmprozession teilnahmen. Jesusdarsteller war ein 10-jähriger Junge,
der ganz in der Tradition der Volksreligiösität würdevoll auf einem Esel ritt.

Während der anschließenden Autofahrt an den eigentlichen Sitz der
Diözese nach Conceição da Araguaia (90 km) erfuhr ich im Gespräch, wie
hilfreich es für Bischof Conti und seine Diözese war, sich an den Pastoralplänen der CNBB auszurichten. Ihre Materialien zum Übergang ins neue Jahrtausend, *Ser Igreja no Novo Milénio (SINM),* würden in den Gemeinden
intensiv eingesetzt und durchgearbeitet. Auch mir wurde deutlich, wie
wichtig in solch einer großen Ortskirche wie Brasilien zentral konzipierte
und didaktisch klug zusammengestellte Arbeitshilfen waren. Die differenzierte Gestaltung von Pastoralplänen auf mehrjähriger Basis ist nach meiner
Einschätzung eine der besonderen Stärken der CNBB.

Den Besuch in dieser Diözese mit ihrer lebendigen Pastoral und starkem
Engagement von Jugendlichen erlebe ich in der Nachreflexion wie eine *visita
do médico,* einen Kurzbesuch. Dies galt vor allem für die erste Pfarrei in
Xinguara, die aufgrund einer mehrjährigen Aufbauarbeit des Pfarrers viele
Initiativen, einschließlich gerade durchgeführter Volksmissionen unter dem
bekannten Gründer Pe. Mosconi, aufweisen konnte. Ich hätte gern mehr
dazu erfahren.

Interessant war für mich am letzten Abend in Redenção noch eine Begegnung mit einem italienischen Xaverianer – Missionar, **Pe. Zezinho**. Er,
Mitglied des Klerus der Prälatur Xingú, lebte zusammen mit einem mexikanischen Mitbruder in einem der 15 von der FUNAI verwalteten Dörfer der

Kayapó, einem Volk mit 3.500 Indigenen, das für seine starke, selbstbewusste Führungsstruktur bekannt war. Die Indigenen hatten Pe. Zezinho zu dieser *convivência* eingeladen und die FUNAI gestattete diese außergewöhnliche Präsenz. Mir schien, es war das besondere Charisma dieses sensiblen Mannes Pe. Zezinho, sein Leben mit den Indigenen zu teilen. Unter anderem informierte er über die gesundheitliche Versorgung der Indigenen durch die FUNASA anlässlich eines Besuchs im *Hospital do Índio* der FUNAI, das erfreulicherweise sehr gepflegt wirkte.

Mir blieb am Ende ein oberflächenhafter Einblick in die sozial – pastorale Realität dieser Diözese. Ein sympathisches junges Paar, Missionare auf Zeit aus Norditalien, hatten mich in einer drei stündigen Autofahrt (240 km) noch zum Flughafen von Araguaína gefahren. Brasília erreichte ich spätabends, dankbar, dass während des sechstägigen, intensiven Programms in den zwei Diözesen des Südostens vom Pará „alles gut gegangen“ war.

Reisen im neuen Bundesstaat Tocantins

Zwei Jahre vor meiner Projektreise 1990 war dieser Bundesstaat, eine Abspaltung von Teilen des Bundesstaates Goiás, 1988 neu gegründet worden. Die Region mit einer Fläche von 294.000 qkm (größer als die ehemalige BRD) zwischen dem Amazonas-Regenwald und Savannen gilt auf einer Reise-Magazin-Seite als ein „Stück Brasilien nahezu unbekannt – touristisches Neuland, Geheimtipp für Abenteurer, die Lust auf Wasserfälle, Tafelberge, Canyons und unberührte Savannenlandschaft haben“ (Die Welt, 24.03.2023). Welch eine lockende Werbung, die die Regierung dieses jüngsten Bundesstaates Brasiliens über eine überregionale Tageszeitung in Deutschland startet, um ökologisch orientierte Touristen und Abenteuerlustige anzulocken. Sie errichtete im Osten sogar einen eigenen, neuen Staatspark, den *Jalapão*, für Fernreisehungrige aus aller Welt. Von dieser ursprünglichen Romantik habe ich auf meiner einwöchigen Reise nicht viel mitbekommen, wohl begleiteten mich der mit 2.640 km längste Fluss Brasiliens, der Rio Tocantins, auf meinen Stationen in Tocantinópolis, Miracema do Norte, Porto Nacional, und der Rio Araguaia in Cristalândia am östlichen Ausläufer der Flussinsel Bananal. Wichtige Verkehrsanbindung ist die

Bundesstraße BR-153, auf der ich mich im PKW und in Linienbussen von Nord nach Süd entlang des Tocantins bewegte.

Eines der Hauptthemen in allen vier kirchlichen Jurisdiktionen war die Gründung der neuen Hauptstadt Palmas, die damals – wie Brasília – aus dem Nichts auf dem Reißbrett entstand: ein ehrgeiziges Vorzeigeprojekt des ersten Gouverneurs, finanziert über Kredite aus arabischen Ölstaaten, wie es hieß. Interessant ist, dass in diesem abgelegenen, wenig besiedelten Raum des Landes seit den 1950er Jahren drei Prälaturen und über 35 Jahre zuvor 1915 die Diözese Porto Nacional gegründet worden waren. Die neue Hauptstadt Palmas wurde 1996 unverzüglich zum Sitz als Erzdiözese ernannt.

Diözese Tocantinópolis – Gedenken an Pe. Josimo Tavares

Meine Rundreise durch die vier Jurisdiktionen 1990 begann ich im Norden des Bundesstaates. Die Anreise war damals per Flug über die benachbarte Diözese Imperatriz im Maranhão möglich, wo ich einen Kurzaufenthalt eingeplant hatte, da ich dem dortigen Bischof D. Gregory in Essen und Brasilien schon mehrmals begegnet war. Von Imperatriz war es dann ein „Katzensprung" in die zwei Autostunden entfernte Stadt Tocantinópolis, meiner ersten Reisestation.

Die 1954 den italienischen D. Orione – Patres übergebene Prälatur war 1981 zur Diözese ernannt worden. Sie hatte eine Ausdehnung von 45.000 qkm, zählte 1990 ca. 460.000 Bewohner und war in 21 Pfarreien eingeteilt. Das Personal setzte sich aus 18 Ordens- und 12 Diözesanpriestern sowie aus neun Schwesterngemeinschaften zusammen. Als Besonderheit fiel damals ins Auge, dass der D. Orione – Padre **Aloisio Hilário de Pinho** – 1981 zum zweiten Bischof der Diözese ernannt – afrodeszendent war. Damit gehörte er zu einer verschwindend geringen Minderheit im Episkopat. Mit D. Hilário gelang die Hinwendung zur Gestaltung einer Ortskirche, die sich aus eigenem Klerus rekrutierte. Von Anfang an hatte er einen Schwerpunkt auf die Berufungsarbeit gelegt und seine Bemühungen waren erfolgreich. In keiner Diözese sah ich auf dieser Projektreise so viel jungen Klerus und hörte von 17 Priesteramtskandidaten, die in Goiânia und Brasília studierten. Die Ausstrahlung des Bischofs und das Vorbild des 1986 heimtückisch ermordeten Diözesanpriesters, **Pe. Josimo Tavares**, schienen Einfluss auf diese erfreuliche Entwicklung gehabt zu haben. Für D. Hilário zeigte sich in der Zusammensetzung des Klerus jedoch ein Ungleichgewicht: es gab die finanziell über die Kongregation in Italien abgesicherten Ordensmitglieder gegenüber den jungen Diözesanpriestern, die, aus einfachen Verhältnissen stammend, unter sehr armen Bedingungen lebten. Wichtig war deshalb, eine Übergangslösung zum Unterhalt der bedürftigen, aktiven Diözesanpriester zu finden.

Vor dem Dienstgespräch war es dem Bischof wie mir ein Anliegen, zunächst das Grab von Pe. Josimo zu besuchen. Zum Friedhof begleitete mich der zum Nachfolger des Ermordeten ernannte Pfarrer. Das Grab war wegen der vielen Blumen und Symbole schnell identifizierbar. Berührend empfand ich diesen auch nach vier Jahren reichen Grabschmuck – ein deutliches Zeichen der Beliebtheit des ermordeten Priesters. Dieser galt als sanfter, ruhiger Mensch, Sohn einer Witwe aus einfachen Verhältnissen. Pe. Josimo, ein Anwalt der Landlosen und Kleinbauern, kannte die Probleme und Nöte der Menschen. Zur Erinnerung an ihn und an sein Lebenszeugnis organisieren die vier Diözesen an seinem Todestag jedes Jahr eine gemeinsame Prozession.

Bezogen auf die Landproblematik berichtete der Bischof, dass die schlimmsten Jahre 1981 und 1982 gewesen seien, wo ganze Dörfer verbrannt und die Bevölkerung vertrieben wurden. Heute seien die Probleme nicht mehr so gravierend und es würden weniger Gewalttätigkeiten verzeichnet. Nach Ansicht von D. Hilário hatte die Gewalt jedoch andere Formen angenommen, wenn beispielsweise Großgrundbesitzer zur Gewinnung von Weideland massenweise Babaçu-Palmen fällten, die in der Vergangenheit die Lebensgrundlage der armen Bevölkerung bedeutet hätten. Die Landbewohner lebten und leben vom Verkauf der Samenkörner der Früchte (Nüsse), aus denen gutes Speiseöl produziert wird. Das Sammeln, Knacken und Entkernen der Frucht obliegt traditionell den Frauen, den *Quebradeiras de Coco*, während die Männer aus den Schalen Holzkohle herstellen. Für 1 kg Samenkörner zahlten die Firmen im Jahr 1990 DM 0,14 (NCZ 1,5), wobei wegen der harten Arbeit am Tag maximal eine Menge von 10 bis 15 kg entkernt werden konnte.

Die Seelsorge mit armen Frauen zählte neben der schon erwähnten Berufungspastoral, der Jugendarbeit, Katechese und der Landpastoral zu den Schwerpunkten der Diözese. Es gab Selbsthilfegruppen der Babaçu-Nußknackerinnen und der Wäscherinnen. Wichtig war in der Arbeit mit den Frauen, sie in ihrer Würde und in ihrer Fähigkeit der Selbstorganisation zu stärken. Dafür müsse das kulturell weiterhin prägende Muster des *machismo* mit der unterwürfig (*submissa*) sich anpassenden Tendenz der Frauen (*conformista*) überwunden werden, wie der Bischof und der Kathedralpfarrer betonten. Die armen Frauen begannen sich damals ebenso am Prozess der Entstehung autonomer Gewerkschaften zu beteiligen.

Just im Jahr 1990 fokussierte die CNBB in ihrer Fastenaktion das Thema der Gottesebenbildlichkeit von Frau und Mann, *Mulher e Homen: Imagen de Deus*. In dieser traditionell geprägten Region mit einem Heiratsalter für Mädchen von 14 bis 15 Jahren bedurfte es nach Ansicht des Bischofs einer vorsichtigen Vermittlung dieser Grundgedanken von Geschlechtergleichheit.

Ein zusätzlicher Aspekt war mir im Gespräch mit dem Diözesanverantwortlichen aufgefallen: die hohe Abhängigkeit von den finanziellen Zuwendungen Adveniats. Die Diözese hatte bis dahin keine eigenen Einnahmequellen, und es gab noch kein Bewusstsein, nach Wegen finanzieller Unabhängigkeit zu suchen. Sie sei bislang mit dieser kontinuierlichen Hilfe, abgesehen von kleineren Zuwendungen zweier weiterer europäischer Hilfswerke, aufgebaut worden, meinte der Bischof.

Während meines zweitägigen Aufenthaltes gab es deshalb viele laufende Projektanträge zu besprechen. Auch besuchte ich zwei Pfarreien in relativer Nähe zu Tocantinópolis in Wanderlândia und in Araguaína, einer Stadt mit 100.000 Bewohnern – der größten in der Diözese. Araguaína zählte vier Pfarreien, die Diözesanpriester lebten zusammen in einer Priestergemeinschaft. Den Abend mit ihnen behielt ich in schöner Erinnerung. Einer der Priester, Pe. Linoel, begeisterte mit seiner Musikalität und seinem Repertoire an Liedern aus dem *Cerrado*.

Miracema do Tocantins – eine frauenorientierte Diözese

Die 1966 gegründete Prälatur, seit 1981 Diözese, erreichte ich von Araguaína aus nach gemütlicher sechsstündiger Busfahrt. Von Bischof **D. James Collins**, einem humorvollen irischen Redemptoristen, erfuhr ich, dass sie durch eine Abtrennung der wesentlich älteren Diözese Porto Nacional entstanden ist und irischen Redemptoristen übergeben worden war. Auf einem Territorium von 62.000 qkm lebten 1990 ca. 220.000 Bewohner. Wegen des Priestermangels – es gab nur neun Priester, davon vier Redemptoristen – wurden 11 der 17 Pfarreien von Schwesterngemeinschaften geleitet. Die Übernahme der Seelsorge durch Ordensfrauen in Pfarreien war damals im Norden und Nordosten des Landes keine Seltenheit, jedoch fiel diese Diözese dadurch auf, dass mehr weibliche Ordensgemeinschaften für Pfarreien verantwortlich waren als Priester. Der Bischof sah darin kein Problem, wohl meinte er, dass die Ordensfrauen eine würdige Entlohnung erhalten müssten. Die Diözese war dazu jedoch finanziell nicht in der Lage, weshalb der Vorschlag, sich an Adveniat zu wenden, hilfreich angenommen wurde. Die monatliche Unterhaltshilfe von DM 200 für jede in der Pastoral tätige Ordensfrau hatten damals die Brasilienreferate in Absprache mit der Geschäftsleitung festgelegt (im Vergleich: der Mindestlohn betrug 1990 US-$ 50).

Ebenso wie in der Nachbardiözese hörte ich im Gespräch mit dem Bischof auch an diesem Ort heraus, wie wichtig die Projektförderungen von Adveniat und von Misereor in der Vergangenheit zum Aufbau einer Infrastruktur waren. Beide Hilfswerke hatten beim Bau eines Bildungszentrums (*Centro de Treinamento*) geholfen mit seiner bezaubernden Lage am Tocantins und einem gelungen Architekturstil. Für mich war es eines der schönsten Zentren im Land, die ich bis dahin kennengelernt hatte. Selbst der neue Gouverneur zeigte sich an der Nutzung des Gebäudes interessiert und setzte damit den Bischof stark unter Druck – allerdings ohne Erfolg.

Der irische Oberhirte hatte ein waches politisches Bewusstsein und beklagte die hohe Korruption der Politikerkaste in diesem neuen Bundesstaat, allen voran des Gouverneurs. D. James sprach das Problem der Landkonflikte an, nachdem erst zwei Tage zuvor ein armer Kleinbauer ohne Besitztitel seines Landes (ein *posseiro*), Vater von 11 Kindern, erschossen worden war. Nach seiner Ansicht hielten die Landkonflikte in der Region weiter an, wenn auch die schlimmsten Jahre von 1976 bis 1978 vorbei waren, als der zuständige Priester wegen ernster Morddrohungen zeitweise die Diözese verlassen musste. D. James hob sehr lobend die wichtige Arbeit der *Comissão Pastoral da Terra* hervor.

Neben der Kontaktaufnahme mit dem Diözesanverantwortlichen war bei meinem Aufenthalt in der Diözese der Besuch in der neu gegründeten Regionalstelle des Indigenenmissionsrates **CIMI TO/GO** in **Tocantínia** wichtig. Dieser Ort ist, da er auf der anderen Seite des Flusses Tocantins liegt, von Miracema aus leicht erreichbar. Das umliegende Gebiet ist der Lebensraum zweier indigener Völker, der *Xerente* und der *Krahô*. In der Regionalstelle sprach ich mit der Steyler Missonsschwester **Ir. Silvia Wewering**, einer der Mitbegründer:innen des CIMI. Sie hatte 1972 in Brasilía zusammen mit D. Ivo Lorscheiter, D. Pedro Casadaliga, D. Tomás Balduíno und anderen Bischöfen an der Gründungssitzung teilgenommen. Ir. Silvia gehörte zum Urgestein der Missionar:innen in der Arbeit mit indigenen Völkern in Brasilien. Sie, eine 58jährige Münsterländerin aus Rhede, lebte seit 10 Jahren mit den Xerente in der *Aldeía Terra Nova*, und hatte den Stammesnamen *Sibaka Vakedi* erhalten. Nur wenige der *Indigenistas* in der Kirche Brasiliens waren den Weg der Inkulturation so radikal gegangen wie sie. Im Gespräch merkte ich an dieser außergewöhnlichen Frau, dass ihre Heimat im Münsterland weit hinter ihr lag. Ir. Silvia war dabei, in Tocantínia ein kleines Arbeitsteam von drei Mitarbeitenden zum Aufbau einer Regionalstelle zu bilden, lebte aber in der Regel in dem 50 km entfernten Dorf Terra Nova. Die letzen 3 km waren zu Fuß zurückzulegen, um zum Dorf zu gelangen. Mit ihrem klapprigen *Fuscinha* (vor 10 Jahren über Adveniat erworben) bewegte sie sich deshalb zwischen diesen beiden Orten mit ihren unterschiedlichen Welten, was ihr viele Kräfte abverlangte. Der Rückhalt ihrer Kongregation, vor allem durch die Provinzoberin, jedoch bestärkte sie, so radikal in der Kultur der Xerente zu leben und für diese in Situationen wie medizinischen Notfällen bereit zu stehen, wenn ein Krankentransport nach Miracema do Norte erforderlich war.

Einer der beiden CIMI-Kollegen von Ir. Silvia, Geraldo, für die Öffentlichkeitsarbeit zuständig, war dabei, in der Regionalstelle ein Foto- und Tonbandarchiv aufzubauen. Er plante mit der Ordensfrau Tonbandaufzeichnungen, damit Wissen und Erfahrung unter den Xerente nicht verloren gehen.

Ein Problem, das Ir. Silvia auch angesprochen hat, war folgendes: bis heute gäbe es in dieser traditionell von Indigenen bewohnten Gegend viele Vorurteile gegenüber den Ureinwohnern seitens der kleinstädtischen Bevölkerung von Tocantínia. Deshalb mussten die CIMI-Mitarbeitenden mit großer Vorsicht agieren. Der dritte Teamkollege Valdir lebte unter den *Krahô* und war während meines Besuches abwesend.

Prälatur Cristalândia – Region des Kristallabbaus

Die 1956 gegründete Prälatur erreichte ich nach ca. sechsstündiger Autofahrt 1990 von Miracema do Norte aus mit einem Mittagessen-Stopp bei den vier Irs. da Nossa Senhora in Paraíso do Norte. Die Schwestern, einige von ihnen aus Südbrasilien, fühlten sich in dieser Region der Feuchtsavannen sehr wohl. Adveniat hatte vor einigen Jahren beim Bau des Schwesternhauses und vor einem Jahr beim Kauf eines VW-Golf geholfen. Von ihnen hörte ich, wie schwierig sich in der Zeit knappen Warenangebots und überhöhter Preise der Kauf eines Fahrzeugs gestaltete. Das waren wichtige Hintergrundinformationen, da dieser Projekttyp einen signifikanten Anteil der Vergabe für das weite Land Brasilien ausmachte.

Wie absolut lebensnotwendig Fahrzeuge in der Region waren, erfuhr ich dann am Nachmittag in der Kleinstadt Cristalândia im Gespräch mit dem Diözesanadministrator, einem 37-jährigen Diözesanpriester. **Pe. Eduardo Alencar Lustosa** leitete diese Prälatur seit einigen Monaten, da der bei der Bevölkerung sehr beliebte brasilianische Bischof nach zwei Amtsjahren 1989 verstorben war. Er hatte eine Herztransplantation in São Paulo nur 48 Tage überlebt.

Pe. Eduardo berichtete aus der Geschichte der Prälatur und ihrer ziemlich bizarr zerstückelten Geographie. Die Prälatur war damals 85.000 qkm groß (wenige Jahre nach meinem Besuch 1990 wurden Teile abgetrennt), zählte in den 17 Kommunen ca. 250.000 Bewohner, die sich auf diesem riesigen Gebiet mit einer Entfernung von Norden nach Süden von 1.000 km verteilten. Es gab damals acht Pfarreien, fünf Diözesanpriester, 11 Ordensmänner und 30 Ordensfrauen. Der erste Bischofsprälat, ein nordamerikanischer Franziskaner, hatte weibliche Kongregationen zur Mitarbeit eingeladen. Die Region war kaum erschlossen gewesen. Es hatte kein öffentliches Schulsystem gegeben, weshalb die Schwestern den Bau von kleinen Schulen in Angriff genommen hatten – eine Pionierarbeit für Pe. Eduardo. Einzelne Orte konnten damals wegen fehlender Strassen nur mit einem *teco-teco* (einmotoriges Kleinstflugzeug) erreicht werden. Mit dem Bau der asphaltierten Strasse Belém – Brasilía hatte sich dann die Situation verändert.

Beim Rundgang durch die Kleinstadt entdeckte ich viele Werkstätten mit Bergen von Kristallfunden; so wurde mir bald klar, weshalb der Ort den

Namen *Cristalândia* erhalten hatte. Denn vornehmlich vom Kristallabbau lebte diese Region, die 1939 als Stützpunkt für Mineraliensucher entstanden war. Natürlich ließ ich es mir nicht nehmen, einen reinen Kristall als Souvenir zu erwerben.

Bei diesem kurzen, eintägigen Aufenthalt konnte ich mir ein ungefähres Bild von der Prälatur machen und laufende Projekte besprechen. Auch hier war zu hören, dass die Weltpriester kaum wüssten, wie sie ihren Unterhalt sichern konnten, weil die Pfarreien dazu kaum in der Lage waren. Trotz aller finanziellen Sorgen initiierte der couragierte Verantwortliche der Prälatur die Einführung des *dizímo* in den Pfarreien. Ihm lag an einer genauen Haushaltsführung in der Kurie, die er auch von den Pfarreien erwartete. Mich beeindruckte diese klare Vision. Sie zeugte von einem neuen Bewusstsein in der brasilianischen Kirche, das in der sehr armen, abgelegenen Region wie dieser besondere Wertschätzung verdiente.

Diözese Porto Nacional – eine besondere Missionsgeschichte

Von Cristalândia war es wiederum nur ein „Katzensprung" von 110 km in unmittelbarer West – Ost – Achse, um die Stadt Porto Nacional am Fluss Tocantins zu erreichen. Sie ist Sitz der Diözese, die sich durch ihre lange Tradition und ihre interessante Geschichte von den anderen Jurisdiktionen im Bundesstaat abhob. Dazu war sie mit 113.000 qkm Ausdehnung die territorial größte des Quartetts, das ich auf der Rundreise **1990** besuchte. In Porto Nacional fiel mir das gemächliche Leben dieser Kleinstadt auf, die damals kaum Industrie vorwies und vom Kleinhandel lebte. In der Landwirtschaft überwogen kleine Latifundien; und im Vergleich zu anderen Regionen galt die Problematik der Landkonflikte als weniger brisant. Die Diözese zählte 1990 ca. 400.000 Bewohner, wobei der westliche Teil entlang der Straße Belem – Brasília als am meisten besiedelt und entwickelt beschrieben wurde im Vergleich zum wenig bewohnten, verlassenen Osten.

Diese Region des *Cerrado* war bei der Gründung der Diözese 1915 französischen Dominikanern übergeben worden. Die ersten zwei Bischöfe, französische Ordensleute, bezeichnete ihr brasilianischer Nachfolger, **D. Celso Perreira OP**, als gute Reiter; denn sie waren monatelang zu Pferd unterwegs, um die Gemeinden zu besuchen. Eine besondere Persönlichkeit muss der zweite Bischof gewesen sein: **D. Alano Maria du Noday** hatte die Diözese über 40 Jahre geleitet (1936 bis 1976). Er war aristokratischer Abstammung und hatte zunächst als Offizier in Afrika gedient, bevor er in den Orden der Dominikaner eingetreten und dann als Bischof in diesen Teil Brasiliens gegangen war. Der humanistisch geprägte Gelehrte mit verschiedenen Ausbildungen hatte das Angebot, Rektor der Katholischen Universität der damaligen Hauptstadt Rio de Janeiro zu werden, ausgeschlagen. Seine Option war die arme Landbevölkerung im Landesinneren gewesen und in monatelangen Ritten hatte er auch die letzten Dörfer seines Bistums besucht. Das übliche Fortbewegungsmittel war zu jener Zeit neben dem Pferd der Maulesel oder das Schiff; die Diözese reichte in den ersten Jahrzehnten bis nach Tocantinópolis. D. Alano galt deshalb als sehr volkstümlich und schätzte die Kultur der indigenen Völker hoch.

Seinen Nachfolger, D. Celso, erlebte ich ganz in der Tradition des früheren außergewöhnlichen wie faszinierenden Missionsbischofs. Der Dominikaner aus São Paulo beeindruckte durch seine Begabung, mit den armen Menschen zu reden und das Evangelium in die Sprach- und Denkwelt des Volkes zu übersetzen. Er schien ein begabter Theologe und erinnerte mich an den Bibeltheologen Carlos Mesters vom CEBI. Die Option für die Armen setzte er in seinem eigenen Lebensstil um: sein einziger Reichtum waren die vielen Bücher in seinem Arbeitszimmer. Die Diözese selber verfügte über zwei kleine Landgüter, ein Patrimonium des französischen Bischofs. Auf seinen Feldern wurde Reis und Maniok angebaut und auf den Weiden liefen 200 Rinder.

Es war gut, an diesem Ort zwei Tage zu verweilen, um mit dem schüchternen wie gastfreundschaftlichen Verantwortlichen der Diözese Kontakt zu bekommen. Der Rhythmus war hier ein anderer, wie ich bald bemerkte. Um etwas zu bitten, lag D. Celso nicht, nicht einmal dem Pfarrer der Kathedralpfarrei, Pe. Juraci, den ich in der Kurie kennenlernte. Mit beiden fuhr ich durch die Stadtrandviertel, wo mir in einem Armenviertel meine Begleiter einen schon weit fortgeschrittenen Kapellenbau zeigten, erstellt ausschließlich mit lokalen Mitteln. Der Pfarrer, selbst aus einer sehr armen Familie eines abgelegenen Dorfes stammend, hatte in seinen 30 Jahren als Diözesangeistlicher noch nie einen Antrag an ein Hilfswerk gestellt. In den Augen dieses gutmütigen Priesters funkelte die Seele der liebenswürdigen und tieffrommen Menschen des *Cerrado*.

Ich staunte in den zwei Tagen viel, auch darüber, dass von den 16 Priestern nur ein einziger Ausländer war, alle anderen gehörten zum Diözesanklerus. Die beiden französischen Bischöfe hatten sich um die Heranbildung eines eigenen Klerus gesorgt und ein eigenes Kleines Seminar errichtet mit derzeit 17 Jugendlichen. Die Priesteramtskandidaten studierten im Regionalseminar von Goianía und kamen wegen der großen Entfernung nur selten nach Hause.

Im Gespräch mit D. Celso hörte ich sehr lobende Worte über die Mitarbeit der 12 Schwesterngemeinschaften in der Pastoralarbeit der damals 13 Pfarreien des Bistums. An einigen Orten benötigten sie eine Unterhaltsbeihilfe, die für die bedürftigen Ordensgemeinschaften in den Folgejahren beantragt wurde.

Eine interessante, mir bis dahin unbekannte Initiative gab es in der Diözese: ein fahrendes Team von Ordensfrauen – *equipe volante* – mit der Aufgabe, in abgelegenen Pfarreien Ausbildungskurse für Laienmitarbeiter:innen der Pastoral zu geben. Für die Fahrten und den Transport von Hilfsmitteln brauchten diese Schwestern ein stärkeres Fahrzeug, eine *Caminhonete*, eine verständliche Projektanfrage. Die Diözese verfügte nur in der größeren Stadt Gurupí (180 km von Porto Nacional entfernt) über ein Bildungszentrum, das für die entfernten Pfarreien zu weit weg lag. Der Kathedralpfarrer plante seit einiger Zeit ein Bildungszentrum auf Dekanatsebene zur Ausbildung von *agentes de pastoral,* dessen Vorbereitungsphase noch nicht abgeschlossen war. Da es vor Ort gab nur einen Gruppenraum im Kleinen Seminar und die Kathedrale als Versammlungsmöglichkeit gab, war die Notwendigkeit für ein Zentrum offensichtlich.

Im Jahr meines Besuchs zeigte sich die Region bei weitem nicht mehr so isoliert, wie sie mir aus ihrer Anfangsphase beschrieben worden war. Dank des kleinen Provinzflughafens konnte ich problemlos in die Millionenmetropole der Hauptstadt Brasília weiter reisen. Welche facettenreichen Kontrastwelten hat dieses komplexe Land, dachte ich im Flieger, mich wieder auf den Lärm der Städte vorbereitend, wobei ich mich als Kind aus dem ländlichen Raum in Regionen wie der des Tocantins besonders wohl und vertraut gefühlt hatte. Ein Gefühl, das auf allen Reisen mit mir unterwegs war.

NORDOSTEN

Dieses Kapitel führt vor allem in den Bundesstaat Maranhão, der nördlichsten von fünf Regionalstellen der CNBB dieses Großraum „Nordosten", gemeinhin bezeichnet als das „Armenhaus" des Landes. Die Projektbearbeitung für das Regional, in der Nomenklatur der CNBB *Regional Nordeste 5* genannt, hatte sich nach personellen Veränderungen im Länderbereich 1996 bei der damaligen Neuaufteilung des Landes ergeben. Durch die Mitarbeit in der zweijährigen Vorbereitungsgruppe des *Runden Tisches* waren mir die politischen, sozialen und ökologischen Probleme vertrauter geworden, zumal ich die Hauptstadt São Luís do Maranhão 1995 als Teilnehmerin des *Runden Tisches* kennengelernt hatte.

Das Regional Nordosten 5, von der CNBB erst 1990 gegründet, stand also noch am Anfang und hatte mit zahlreichen Herausforderungen sowie chronischem Finanzmangel zu kämpfen. Die geographische Ausdehnung des Raumes beträgt 332.000 qkm bei einer geschätzten Einwohnerzahl von damals ca. 6 Mill. Von den 12 Diözesen habe ich die Erzdiözese São Luís und die zweitgrößte Stadt Imperatriz mehrmals besucht sowie die Diözesen im Landesinneren Pinheiro, Viana, Brejo und Zé Doca.

Da ich seit 1996 für die Bearbeitung von Projekten nationaler Partnerorganisationen zuständig war, fallen unter das Kapitel „Nordosten" auch meine Besuche 2004 in Recife bei der Nationalstelle der Fischerpastoral sowie beim Instituto Dom Hélder Câmara. Interessante Begegnungen fanden statt mit Partnern in Salvador da Bahia in den Jahren 1996, 2000 und 2006.

Den Abschluss von 24 Reisen durch das Land bilden zwei außergewöhnliche Anlässe in eben diesem Bundesstaat Bahia, an denen ich teilnehmen durfte: am 26.04.2000 die Liturgiefeier der CNBB in Porto Seguro zum Gedenkens an den ersten Gottesdienst auf brasilianischem Boden (*1a Missa dos 500 anos*) sowie im Jahr 2001 eine Einladung in die Área Indígena Camaruru der Pataxó-Hã-Hã-Hãe-Indigenen, Pau Brasil, Diözese Itabuna.

Beginnen möchte ich mit einem Bericht über die *Mesa Redonda Internacional*, so der offizielle Titel der drei-tägigen Veranstaltung vom 5. bis 7. Mai

1995 in São Luís. Wegen ihres Innovationscharakters ist es mir auch nach vielen Jahren ein Anliegen, das Projekt bilateraler Zusammenarbeit mit zivilgesellschaftlichen Partnern und Partnerinnen aus dem Süden eingehender darzustellen. Anschließend werden die bereisten Diözesen und Besuche bei nationalen Partnern dieses Großraumes vorgestellt.

RUNDER TISCH SÃO LUÍS (MESA REDONDA INTERNATIONAL) MAI 1995

Vorgeschichte und die Intentionen des Runden Tisches (RT)

Bereits Anfang der 1980er Jahre war von der Militärregierung unter Präsident Figueiredo das *Projeto Grande Carajás* (PGC) als regionales Entwicklungsprogramm in den Bundesstaaten PA, MA und TO angestoßen worden – mit gravierenden Folgen für Mensch und Natur. Diese waren zunehmend in der deutschen Entwicklungspolitik bekannt geworden. Schließlich handelt es sich um einen geographischen Raum, der 10,5% des Territoriums des Landes ausmacht. Das PGC, von Anfang an auf Export ausgerichtet und u.a. mit Krediten der Weltbank finanziert, berührte auch deutsche Wirtschaftsinteressen. Denn die Eisenerz-Waggons von Carajás kamen nach ihrer 890 km langen Bahnfahrt auf der eigens dafür entwickelten Bahntrasse zur Verschiffung zum neuen Tiefseehafen bei São Luís, bevor der Rohstoff über Rotterdam am Ende den Binnenhafen von Duisburg erreichte. Jedoch ging es im PGC nicht nur um die Förderung von Eisenerz und dessen Export in alle Welt; es wurden in dieser Zeit mitten im Regenwald ebenso Roheisenwerke erstellt, Kohlenmeiler angelegt, Aluminium-, Zement- und Zellulosefabriken errichtet, Stahlwerke geplant, das riesige Wasserkraftwerk Tucuruí zur Energiegewinnung gebaut sowie Strassen angelegt – insgesamt 35 Projekte. Unzählige Sägewerkbetreiber wie Großgrundbesitzer kamen von außen, von diesem Sog angetrieben. Eine Lawine von „Entwicklungseuphorie"[9] zur wirtschaftlichen Erschließung dieses immensen Raumes hatte sich in Gang gesetzt. Dies alles geschah über die Köpfe der einheimischen Bevölkerung hinweg; sie wurde weder gefragt, noch in die Planung einbezogen und da, wo sie störte, gar vertrieben, verfolgt, ermordet. 1.000 Morde an der Landbevölkerung sind eine der Folgen dieser Entwicklung. Eine andere ist, dass eines der zehn indigenen Völker, die entlang der Bahnlinie lebten, die *Kapinawa*, siebenmal von ihrer abgestammten Erde umgesiedelt wurde!

Die gravierenden gesellschaftspolitischen, sozialen und ökologischen Probleme dieses Industrialisierungsprozesses sollten mit allen Beteiligten, die wirtschaftlichen Interessengruppen jenseits des Atlantik eingeschlossen, nun am „Runden Tisch" diskutiert werden – eine Praxis, die sich in der Problembearbeitung im Nachkriegsdeutschland bewährt hatte. Den ursprünglichen Bewohnern dieses Raumes, den indigenen Völkern, Kleinbauern und Babaçu-Nußknackerinnen sowie den Industriearbeitern, Köhlern und Landarbeitern sollte dieses Forum ermöglichen, ihre Interessen und Probleme vor den Vertretern aus Politik und Wirtschaft zu artikulieren und ihre Forderungen öffentlich zu bekunden. Angesichts der bis dahin praktizierten massiven Gewalt der staatlichen Sicherheitsorgane gegenüber den armen Bewohner:innen dieses Raumes war die Intention eines RT Mitte der 1990er Jahre immer noch ein heikles Unterfangen. Die dreitägige Veranstaltung in einem Hotel in São Luís hatte deshalb zum Ziel, mit den unterschiedlichen Interessengruppen Dialoge über eine partizipative, sozial gerechte und ökologisch nachhaltige Entwicklung der Region in Gang zu bringen. Das Experiment sollte die Zivilgesellschaft stärken, ihre Partizipationschancen vergrößern und unter gesamtgesellschaftlicher Perspektive die Polarisierung in den sozialen Schichten aufbrechen.

Zu schultern war solch ein Vorhaben nur mit einer guten Vorbereitung von zwei Arbeits-Gruppen diesseits und jenseits des Atlantiks, die sich abstimmten über die Zielsetzung, den Programmablauf und die Organisation des mehrdimensionalen Projekts einschließlich seiner dreitägigen Exposure – Vorphase (siehe S. 250). Die **brasilianische Koordinationsgruppe** setzte sich aus Repräsentanten von 80 Basisbewegungen der Bundesstaaten AM, PA und MA und NGOs zusammen. Die deutsche **Fachgruppe Brasilien**, einberufen vom Dialogprogramm der Gemeinsamen Konferenz Kirche und Entwicklung **(GKKE)**, bestand aus Vertreter:innen der Hilfswerke wie Experten:innen aus Brasilien-Instituten, Akademien, Universitäten sowie aus zwei Betriebsräten der Stahlindustrie. Die gut zweijährige Vorbereitungsphase war notwendig, um solch ein für Brasilien bis dahin einmaliges Vorhaben durchzuführen. Für mich standen in der Zeit einige Dienstreisen (und „Extraschichten") nach Bonn an; jeder von uns 12 landeskundigen Mitgliedern der Fachgruppe war sich über die Bedeutung solch einer „Lobbyarbeit" für die arme Bevölkerung dieser Region bewusst, die im Land über keinerlei Rückendeckung verfügte. Dies schweißte uns zusammen und wir kooperierten gut trotz mancher Frustrationserlebnisse wegen der schwierigen Verhandlungen mit brasilianischen wie deutschen Industrievertretern der Stahlbranche. Ihnen gegenüber versicherten wir wiederholt, dass es nicht um eine Veranstaltung in Gestalt eines Tribunals ging, sondern um ein Dialogforum unterschiedlicher Interessengruppen. Kooperativ entwickelten sich die Gespräche mit den vier deutschen Bundestagsabgeordneten der drei Parteien CDU, SPD, Bündnisgrünen sowie eines Europaabgeordneten dieser Partei, die diese Mammuttour von einer Woche nach Nordostbrasilien auf sich nehmen wollten. Als hilfreich zeigte sich ebenso im Vorfeld die Zusammenarbeit mit dem BMZ, mit der Deutschen Botschaft in Brasília und mit dem DGB.

Die **deutsche Delegation** am RT setzte sich unter ihrem Leiter, Prälat Herkenrath von Misereor, aus 38 Personen der Bereiche Politik (Abgeordnete), Ministerien, Gewerkschaften, Kirchen/Werke/Z-Stellen, NGOs und den Mitgliedern der Fachgruppe Brasilien zusammen – ein breites Spektrum von Akteuren der Entwicklungszusammenarbeit. Eingeladen waren auch drei in Brasilien residierende Journalisten und ein Mitarbeiter der KNA.

Die **brasilianische Delegation** bestand aus gut 80 Vertreter:innen, von denen 47 gewählte Repräsentanten der Basisorganisationen auf regionaler und nationaler Ebene wie Mitarbeitende von NGOs waren (bspw. Gewerkschaft der Land- und Metallarbeiter, Vereinigung der Babaçu-Nussknackerinnen, Nationaler Rat der Kautschukzapfer, landwirtschaftliche Beratungsinstitute, Gesellschaft zur Verteidigung der Menschenrechte, CIMI, CPT, Cáritas). Gestützt wurden die Basisrepräsentanten von einer fünfköpfigen Forschergruppe, die in der Vorbereitungsphase empirisches Material über die politischen, sozialen und ökologischen Probleme des Raumes zusammengetragen hatte. Seitens der Kirchen nahmen neben dem Präsidenten des Rates der Christlichen Kirchen (CONIC) auch drei katholische Bischöfe aus den Diözesen São Luís, Brejo und Coroatá teil.

Die brasilianische Exekutive war durch Vertreter des Staatssekretariates für Regionalfragen und des Nationalen Instituts für Agrarreform sowie durch fünf Parlamentarier der Bundes- und Landesebene anwesend. Hinzu kamen Ministerialbeamte aus den Landesbehörden vom MA und PA des jeweiligen Planungs-, Umwelt- und Landwirtschaftsministeriums. Auf Ebene internationaler Organisationen war ein Delegierter der Weltbank vertreten.

Einzige Repräsentanten der Wirtschaft waren neben dem Vertreter der Vereinigung der Rohstahlproduzenten der Firmeninhaber der Roheisengruppe COSIPAR in Açailândia. Zu unserer großen Enttäuschung hatte die mächtige CVRD trotz zweijähriger Vorbereitungs-Gespräche ihre Teilnahme kurzfristig abgesagt und infolgedessen auch die Deutsche Wirtschaftsvereinigung Stahl. Interessanterweise hielt sich ein Mitarbeiter der CVRD – ein früherer Militär – die ganze Zeit während des RT unauffällig als Gast im Hotel auf. Von der brasilianischen Presse waren Mitarbeiter regionaler Zeitungen und des regionalen Fernsehens gekommen.

Programmablauf

Der RT wurde am Morgen des ersten Tages mit Begrüßungsworten des Erzbischofs von São Luís, der Bürgermeisterin der Stadt, des Rektors der Universität sowie des Deutschen Botschafters und deutschen Delegationsleiters eröffnet. In zwei Grundsatzreferaten erfolgte eine Einführung in die Problematik der Region, aus Sicht der Bundesregierung in Brasilía sprach der stellvertretende Staatsminister für regionale Politik und aus Sicht der sozialen Bewegungen der Anthropologe Dr. Alfredo Wagner. Die anschließende Aussprache war lebendig, sie wurde vor allem von den Basisrepräsentant:innen als Chance begriffen, sich öffentlich zu äußern.

Der zweite Tag blieb der Diskussion in vier Arbeitsgruppen (unter der Koordination anerkannter Persönlichkeiten aus der brasilianischen Politik und Gesellschaft) zu folgenden Themen vorbehalten:

1.) Regierungspolitik, Partizipation der Zivilgesellschaft und parlamentarische Initiativen

2.) Perspektiven zur Verbesserung der Arbeitsbeziehungen in der Region Carajás

3.) Lösungsansätze für die Problematik der Landrechtssituation und der Zerstörung der natürlichen Ressourcen der Region
4.) Fragen der sozialen, ökologischen und ökonomischen Verträglichkeit neuer Projekte in der Region und Mitsprache der zivilen Gesellschaft.

Am dritten Tag wurden nach einem Ökumenischen Gottesdienst die von den vier Gruppen erarbeiteten Vorschläge im Plenum vorgestellt.

Meine Einschätzung des Runden Tisches

Aus meiner Sicht gestaltete sich der RT zu einer „runden Sache", er war ein bewegendes Ereignis. Dass in einer so konfliktreichen Region, wo koloniale Strukturen mit schwerwiegenden Gewalttätigkeiten herrschten, zwischen den unterschiedlichen gesellschaftlichen Gruppen ein differenzierter Dialog möglich war, ist als Erfolg an sich zu bewerten. Mich beeindruckte die politische Dialogkultur der Vertreter:innen der Basis, vor allem die zahlreichen Gesprächsbeiträge der armen Frauen. Die Veranstaltung entwickelte sich zu keiner Zeit zu einem Tribunal oder einer Anklagebank für Schuldzuweisungen, wie von den Skeptikern im Vorfeld gemutmaßt. Die Arbeitsgruppen formulierten zahlreiche, sehr konkrete Vorschläge für die zukünftige Entwicklung dieser Region.

Aufschlussreich waren insbesondere Ausführungen des **Anthropologen Alfredo Wagner**, einem ausgewiesenen Experten für diese Region, die er seit 1972 erforschte. Mit seinem Team hatte Dr. Wagner für den RT eine eigene, alternative Landkarte[10] entwickelt, die sehr anschaulich die unterschiedlichen Probleme der Region statistisch festhielt und verortete. Der Referent unterstrich, dass die Bevölkerung bisher von den staatlichen Behörden nie als Informantin betrachtet worden war und dass es seit 1988 keine offiziellen Statistiken mehr gegeben hatte. Umso spannender waren deshalb seine Daten wie z.B. die zur Entwicklung des Großgrundbesitzes seit dem PGC – diese ging einher mit dem Bau der Eisenbahnlinie. Allein die CVRD besaß damals 1 Mill. ha Land.

Interessant war für mich die Teilnahme an der AG zum Thema Landrechtssituation. Mehrere Kleinbauern machten deutlich, wie sich die Besitzverhältnisse seit dem PGC umgekehrt hätten: Früher hätten sie, die *posseiros*, über 80% des Landes verfügt, heute seien es nur noch 20%. Ihrer Ansicht nach fehlte es an einer Förderpolitik, so dass die bäuerliche Bevölkerung gezwungen worden sei, in die Peripherie der Städte zu flüchten. Die Diskussion war sehr intensiv und am Ende erarbeitete die Gruppe neben sieben Vorschlägen grundsätzlicher Art konkrete, spezifische Vorschläge und Forderungen: zur Regulierung der Landrechtssituation in konkret benannten Kommunen, zu Landfragen in indigenen Gemeinschaften, zu aktuellen Landkonflikten, zur Förderung von Kleinbauern durch günstige Kredite oder zum freien Sammeln der Babaçu-Nüsse auf den Ländereien der großen Fazendas.[11]

Beeindruckend war die hohe Motivation der dt. Teilnehmer:innen für ein gutes Gelingen zu einem „Empowerment" der Armen. Die Gruppe der Parlamentarier verhielt sich klug und vermied die Gefahr, Rezepte politischen Miteinanders vermitteln zu wollen. Selten dürfte in der entwicklungspolitischen Zusammenarbeit solch eine breite Allianz zustande gekommen sein. Alle Delegationsteilnehmer:innen äußerten sich einhellig positiv zum Erfolg dieses innovativen Projekts, wenn auch das Bemühen, die brasilianische wie deutsche Stahlbranche einzubeziehen, gescheitert war. Die deutschen Delegierten zollten der brasilianischen Vorbereitungsgruppe viel Anerkennung für ihre Professionalität und ihren hohen Einsatz. Allen war klar, dass dieses Projekt nur der Anfang sein kann, um die Prozesse der Zerstörung hin zu einer sozial und ökologisch ausgerichteten Entwicklung zu lenken, und wie auch bei uns ein globales Verantwortungsbewusstsein einzusetzen hat.

Erzdiözese São Luís do Maranhão – Kolonialer Niedergang und kirchlicher Aufbruch

Die Stadt São Luis, auf einer Insel gelegen, gehört zu den ältesten und bedeutsamsten Hafenstädten des Nordostens. Die Altstadt mit ihren zahlreichen denkmalgeschützten Häusern erinnert an das französisch-portugiesische Erbe. Die kulturelle und wirtschaftliche Blüte des 18. und 19. Jahrhunderts – damals galt die Stadt nach Rio, Salvador und Recife als die viertreichste im ganzen Land – florierte dank des Zuckerexports und Baumwollhandels. Mit dem Verbot der Sklaverei im Jahr 1888 begann eine Phase des wirtschaftlichen Niedergangs, von der sich der ärmste Bundesstaat nicht wieder erholt hat. Erhalten geblieben ist das architektonische Erbe und zu meiner Überraschung zeigte sich die Altstadt mit ihren portugiesischen Kolonialhäusern im *Azulejo*-Stil bei meinem letzten Besuch im Jahr 2006 ästhetisch ansprechend restauriert, ganz anders als der triste Eindruck der 1990er Jahre.

Nicht nur touristisch war die Stadt anziehend. Auch kirchenpolitisch gab es in São Luís gleich bei meinem ersten Projektbesuch im Jahr 1997 ein bedeutendes Ereignis: das Neunte Nationale Treffen der Basisgemeinden Brasiliens, eine besondere Erfahrung mit der geballten Energie von über 2000 Delegierten aus den *CEBs* im ganzen Land. Darüber wird später ausführlich zu berichten sein.

Das Erzbistum blickt ebenso wie die Stadt auf eine lange Geschichte zurück. Es wurde 1677 gegründet und ist damit eines der ältesten im Land. Über die sicherlich interessante Historie in der Kolonialzeit mit regem Sklavenhandel erfuhr ich bei meinen drei Besuchen (1997, 1998 und 2006) eigentlich nichts, zu groß waren die aktuellen Sorgen. Erzbischof **D. Paulo Eduardo Andrade Pontes**, gebürtiger Nordestino, kannte ich von seinen Besuchen in der Geschäftsstelle. Mir waren seine guten deutschen Sprachkenntnisse aufgefallen. Er hatte die Stadt Essen Ende der 1950er Jahre kennengelernt während seines Postgraduierten-Studiums in Rom und in den Semesterferien als Krankenhausseelsorger im kath. Krankenhaus von Stoppenberg gearbeitet. Mit großer politischer Wachheit hat D. Paulo die Zeit des Wiederaufbaus in Deutschland nach dem Krieg miterlebt, worüber wir im Gespräch waren. Dieser interessante und gastfreundschaftliche Gesprächspartner bot Mitarbeitenden aus Hilfswerken großzügig „Kost und Logis" an samt Hausschlüssel, wenn er verreisen musste. Der Blick vom Balkon seines schlichten Wohnhauses auf das Meer vermittelte mir eine wohltuende Ruhe inmitten der lärmenden Stadt.

São Luís war wie alle anderen Hauptstädte der Bundesstaaten innerhalb weniger Jahre expandiert an der Peripherie. So lernte ich bei den Besuchen 1997 und 1998 einige der wie Pilze aus dem Boden schießenden Gemeinden kennen. Eine von ihnen war **Vila Zeni** in **Cidade Olímpica** mit ihrer bemerkenswerten Geschichte. Sie war nämlich in Form einer organisierten Landbesetzung durch die Initiative der Frauengruppe einer Basisgemeinde entstanden. Die legendäre Führungsperson **JU** berichtete über den Kampf mit den städtischen Behörden und wie die Gruppe sieben Monate Gewalttätigkeit durch die Polizei widerstanden hatte. Der Besitzer des Bodens, ein Bundesabgeordneter der Liberalen Partei, hatte einen Gerichtsprozess gegen die Besetzerinnen angestrengt und die Richter hatten die Polizei gerufen.

Diese Landbesetzung ist in die Geschichte der Volksbewegungen des MA eingegangen. Die Öffentlichkeitsabteilung Adveniats hatte über die tapferen Frauen ein Video erstellen lassen. Rückhalt erhielten sie von **Frei Godofredo Bauerdick**, einem betagten engagierten Franziskaner aus dem Sauerland, der bei der Produktion des Videos „Hier soll wieder Leben sein. Eine Basisgemeinde in Brasilien" behilflich war.

Im Gespräch mit JU und Pe. Godofredo hörte ich heraus, wie wichtig den Besetzerinnen in den Monaten des Konflikts ihr Glaube war und wie er ihnen Halt und Stärke vermittelte durch die Frauengestalten der Bibel und das regelmäßige Rosenkranzgebet. Die festgelegten Gebetszeiten wurden auch später weiterhin beibehalten, ebenso die ökumenische Wort-Gottes-Feier am Samstagabend. Damit die Basisgemeinde sich in einem würdigen Raum treffen konnte, finanzierte Adveniat ein kleines Bauprojekt. Glaube kann Berge versetzen, heißt es!

Trotz des Anwachsens der Hafenstadt lebten noch 40% der gut 1 Mill. Bewohner der Erzdiözese im Umfeld des ländlichen Raumes. Man hatte einige Jahre zuvor ein eigenes Vikariat zur Betreuung der *Área Rural* eingerichtet. Dazu gehörten fünf ehemals priesterlose Pfarreien, die sich auf 11 Kommunen verteilten. Der Bischofsvikar, **Pe. José Bráulio Sousa Ayres,** ein schwarzer Diözesanpriester, hatte in Rom über das Thema der afrobrasilianischen Religionen promoviert. Ihm lag am Kontakt zu den Führungspersonen der verschiedenen Religionen, was damals nicht üblich war.

Außerdem hat dieser sympathische *Maranhense,* selbst aus dem ländlichen Raum stammend, ein überzeugendes Konzept für den Bau eines Bildungszentrums in Rosário entwickelt, dem Hauptort des Vikariats: In der Woche erhielten die Kleinbauern – überwiegend Analphabeten und von der Landwirtschaft auf Subsistenzniveau lebend – Kurse in alternativen Anbaumethoden wie Kultivierung von Mandelbäumen, Anbau von Gemüse, in Kleintierhaltung und Fischzucht. Die bis dahin archaische Arbeitsweise im

Anbau von Reis, Mais und Bohnen sollte aufgebrochen werden hin zu einer nachhaltigen Landwirtschaft – für ihn ein Schlüsselbegriff für die Zukunft.

Pe. Bráulio wollte auf diese Weise die Theologie der Befreiung weiterführen, was für ihn ein Entwickeln und Konkretisieren von Handlungsschritten bedeutete – in diesem Fall für die Zielgruppe der Kleinbauern. Ihm war wichtig, die Glaubensverkündigung immer mit der Wirklichkeit der Menschen in Beziehung zu bringen, so auch in der Arbeit mit Frauen und jungen Menschen.

Bei dem Projekt der Erstellung des Bildungszentrums fiel mir wie anderenorts die Bauweise auf. Eine Gruppe von 12 Bauarbeitern war dabei, den schlichten Bau mit großen Schlafsälen für Hängematten und Plumps-Toiletten (die als billiger und hygienischer galten), zu erstellen. Es wurden keine Baumaschinen benutzt, selbst die Leitern wurden mit Stricken handgefertigt.

Kirchlich entwickelte sich São Luís zum regionalen Schwerpunkt für die 12 Diözesen des Bundesstaates. Deswegen waren in den 1990er Jahren Projekte mit regionalem Charakter zu besprechen. Im Theologischen Institut des Maranhão (CETEMA) war die Anzahl der Studierenden zwischen 1988 und 1997 von 120 auf 270 stark angewachsen. Den laufenden Unterhalt konnte man mit den Einnahmen aus den Studiengebühren gut bewältigen. Schwierig war die Finanzierung für die Erweiterung des CETEMA um ein Auditorium und der Bau von neuen Seminarräumen. Der gut durchdachte Plan überzeugte und ich staunte nicht schlecht, wie das Projekt beim Besuch im folgenden Jahr erfolgreich und architektonisch harmonisch zum Gesamtgefüge abgeschlossen worden war. Dies galt auch für die Erweiterung des Seminars für die Studenten der Philosophie, dessen Rektor, **Pe. Jacinto**, eine Vision von Kirche mit einer klaren Vorstellung über ein Priesterbild für die Zukunft hatte. Er war überzeugt, dass die Berufung eines heranwachsenden Priesters mit einem inneren Erfahrungsweg verbunden ist und von dort her Gestalt bekommt: Verkündigung, persönliches Zeugnis sowie inneres Erleben. Bemerkenswert war, wie die Entwicklung der theologischen Ausbildung mit der Reflexion über das Priesterbild sich zeigte. Der Erzbischof, damals auch in Leitungsfunktionen in der nationalen CNBB tätig, erwähnte nämlich das Anwachsen des Diözesanklerus seit seiner Amtsübernahme 1984: hatte es damals 10 Diözesanpriester gegeben, so waren in den zurückliegenden Jahren 39 neue Priester geweiht worden. Besorgt schaute er auf die **Entwicklung der Charismatischen Bewegung,** deren Mitglieder aus seiner Sicht sich als „Wächter der Wahrheit" mit viel religiöser Theatralik äußerten. Interessant war, dass Ende der 1990er Jahre das Thema „Charismatische Bewegung" in der kircheninternen Diskussion auch an anderen Orten aufgekommen war.

Besuche bei den Regionalstellen

Bei den zwei Besuchen (1997 und 1998) in der **Regionalstelle** *Nordeste 5* erfuhr ich durch den Sekretär **Pe. Ivo Ritter**, ein Ordensmann aus Südbrasilien mit langjähriger Praxis im MA, Interessantes zur sozio-politischen Situation im Bundesstaat: im Süden des MA sei durch die Niederlassungen von Großgrundbesitzern aus Südbrasilien die Landwirtschaft stark im Kommen (Anbau von Soja, Mais und Weizen). Auch die kleinen Provinzstädte würden wegen der zunehmenden Migration wachsen. Die Abholzung des Regenwaldes sei insbesondere kennzeichnend für die Region von Açailândia; die Industrialisierung bringe eine Verschmutzung des Flusses Pindara und damit eine Reduktion des früheren Fischreichtums.

Mit dem Prozess der Verstädterung würden die sozialen Probleme anwachsen: so nähme die Zahl der Straßenkinder zu, ebenso der Kinderhandel und die Kinderprostitution – nach seiner Einschätzung ein innerbrasilianisches Problem, denn die Kinder würden eher von Brasilianern der Mittel- und Oberschicht missbraucht als von ausländischen Touristen, wie in der Öffentlichkeit gemutmaßt wird. Für den Südstaatler zeigte sich die wachsende Korruption als weiteres gravierendes Problem im MA. Bis dahin habe es keine politisch ernsthaften Versuche gegeben, dem Missbrauch öffentlicher Gelder Einhalt zu gebieten.

Die Räumlichkeiten der Regionalstelle waren für das Team mit sechs Mitarbeiter:innen sehr beengt. Eine von ihnen war zuständig für das Referat der Frauenseelsorge, das sich vor allem mit den Problemthemen des Sextourismus, des Mädchenhandels und der Gewalt an Frauen beschäftigte – ein Fachbereich, dem der Sekretär eine besondere Bedeutung gab.

Bezogen auf die kirchliche Situation im Bundesstaat zeigte sich mein Gesprächspartner ausgesprochen kritisch. Er vermisste eine *pastoral de conjunto*, beobachtete viel Provinzialismus und mangelnde Zusammenarbeit der Diözesen in großen gesellschaftspolitischen Fragen. Auch in der CNBB gäbe es eine „Rückwärtsentwicklung" und in der Kirche wachse der Einfluss der neuen religiösen Bewegungen, der *Movimentos*. War diese Beobachtung nur ein Stimmungsbild eines einzelnen Insiders der brasilianischen Kirche oder deutete sich damit das Ende einer Ära an? Diese Frage begleitete mich in den folgenden Jahren des Übergangs ins neue Jahrtausend.

Bei meinem ersten Besuch 1997 in São Luís besuchte ich auch die **Regionalstelle der Ordenskonferenz**, die sich wie das CNBB-Regional noch in der Aufbauphase befand. Die Erzdiözese hatte in ihrer Kurie großzügig drei Büroräume zur Verfügung gestellt, die einladend eingerichtet waren. Die Präsidentin **Ir. Luciana** berichtete über die gute Annahme des Regionals bei den Ordensleuten, die meisten von ihnen Ausländer (Italiener, Kanadier, Deutsche) im MA. Das Kursangebot wurde insbesondere von Ordensfrauen angenommen.

Ein Novum hatte das Regional eingeführt: den dreimonatigen Kurs für Ordensleute, die vor den ewigen Gelübden stehen (PERPINTER). Die Bildung einer eigenen Arbeitsgruppe für Ordensleute mit indigenen oder afrodeszendenten Wurzeln stand am Anfang.

Ir. Luciana selbst war eine spirituelle und sozial engagierte Ordensfrau, die in ihrer Gemeinschaft an der Peripherie von **Cidade Operaria** ein Zeugnis evangelischer Armut lebte. Die Ordensfrauen der **Irs. da Sagrada Familia** gaben auch Kurse in Ernährungs- und Gesundheitsfragen und bauten im Gärtlein ihres bescheidenen Hauses Heilpflanzen an. Zusammen fuhren wir in das Nachbarviertel, das vor kurzem durch eine Landbesetzung des *Movimento Sem Teto* entstanden war. Den 15.000 Familien, ungefähr 45.000 Menschen, fehlte bisher an jeglicher Infrastruktur wie Strom, Abwässer, Kanalisation. Die Bewohner waren dabei, ihre Holzhütten mit Strohdach zu bedecken, nachdem sie zunächst von der Polizei vertrieben worden waren, die ihre Hütten verbrannt hatte. Die Gruppe hatte aber nicht aufgegeben und das Nachbarland besetzt, das dem Staat gehörte. Zur Zeit meines Besuches standen 1997 Verhandlungen mit dem Gouverneur an, in denen das besetzte Land den Bewohnern zugestanden werden sollte, wie ich von Ir.

Luciana hörte. Auch war sie der Meinung, dass das *Movimento Sem Teto* (Bewegung der Menschen ohne Dach) im Maranhão damals stärker organisiert war als das *Movimento Sem Terra*.

Die Schwestern der Irs. da Sagrada Familia trugen das Leid und die erlittenen Erniedrigungen dieser Menschen mit, legten die Probleme auf den Altar ihrer bescheidenen Kapelle, während sie sich gleichzeitig mit all ihren Kräften engagierten. Die Begegnung mit der leise auftretenden Ir. Luciana war eindrücklich – und ist bis heute in Erinnerung.

Den Höhepunkt meines ersten Aufenthalts in São Luís bildete die Teilnahme am Neunten Nationalen Treffen der Basisgemeinden Brasiliens vom 15. bis 19.07.1997. An einem *Encontro Intereclesial* teilzunehmen, ist ein besonderes Ereignis. Es ist wie ein Energiefeld, das jeden in seinen Bann schlägt, der dafür offen ist.

NEUNTES NATIONALES TREFFEN DER BASISGEMEINDEN BRASILIENS (15. BIS 19.07.1997) IN SÃO LUÍS

Zur Vorgeschichte der CEBs

Die kirchlichen Basisgemeinschaften – *Comunidades Eclesiais de Base*, in Brasilien kurz CEBs genannt – sind entstanden in den 1960er Jahren während der Zeit der Militärdiktatur und galten damals als Orte des politischen Widerstands wie des kirchlichen Aufbruchs. Ihr Motto *O novo jeito de ser Igreja* (die neue Art, Kirche zu sein) bedeutete Anspruch wie Programm zugleich. In den 1970er Jahren fanden die CEBs ihre stärkste Ausbreitung. Kennzeichnend war ihre Wirkkraft in die Gesellschaft und die Überwindung eines fatalistischen Bewusstseins unter den Armen, geprägt vom befreiungspädagogischen Ansatz einer Bewusstseinsbildung. So verstanden sich die Mitglieder in den CEBs als Subjekte, die im historischen Prozess aktiv eingriffen: *O Povo acorda*, das Volk wacht auf, wie es hieß. Kennzeichen der CEBs in den 1980er Jahren war ihr konkretes Mitgestalten in der Gesellschaft: Ihre Mitglieder machten bspw. mit bei Volksbewegungen, der Gründung unabhängiger Gewerkschaften und der Bildung neuer Parteien.

Die bibeltheologische und liturgische Kreativität mit ihren neuen Impulsen für die Kirche hatte das Interesse in Europa und in anderen Teilen der Welt geweckt. Das Selbstverständnis der CEBs war von Anfang an geprägt von Offenheit und Ökumene. Großen Anteil an dieser Weite hatten die befreiungstheologisch orientierten Theologen:innen im Land, vor allem aus dem CEBI (siehe S. 31f.), die der neuen Aufbruchbewegung eine theologische Fundierung gaben.

Empirische Untersuchungen zur Verbreitung, zur Mitgliederstärke und zum Handlungsradius der CEBs gab es damals kaum. Bekannt ist mir eine empirische Untersuchung von CERIS aus den 1990er Jahren, die etwa 100.000 CEBs im ganzen Land ausmachte mit ca. 2 Mill. aktiven Mitgliedern (d.h. ca. 1,5 % aller Katholiken). Dabei war nicht zu übersehen, dass die Engagierten der CEBs im Gesamtgefüge der katholischen Kirche eine kleine, wenn auch agile Minderheit darstellten.

Das 1. Treffen der CEBs fand 1975 in Vitória/ES statt mit 70 Delegierten aus 11 Diözesen. Beim 5. Treffen im Jahr 1983 in Canindé/CE waren schon 318 Personen aus 94 Diözesen gekommen. Bei den *Intereclesias* 1989 in Duque de Caxias/RJ und 1992 in Santa Maria/RS versammelten sich über 2.000 Delegierte aus nahezu allen Diözesen des Landes. Ort, Jahr und Thema wurden jeweils bei der Abschlussveranstaltung des Treffens festgelegt. Eine Vorbereitungsgruppe mit Delegierten aus verschiedenen Regionen, den Berater:innen sowie den kirchlich Verantwortlichen der austragenden Diözese – die *Ampliada Nacional* – stimmte in verschiedenen Arbeitssitzungen den Basistext, den Programmablauf und die organisatorischen Aufgaben ab.

Einige Daten zum Neunten Nationalen Treffen (*9° Intereclesial*)

Zum *9° Intereclesial* in die Hauptstadt des Maranhão im Nordosten waren Delegierte aus 240 Diözesen (90% des Landes) gekommen. Die meisten von ihnen reisten mit angemieteten Bussen an und brauchten je nach Region – allein aus Rio Grande do Sul betrug die Entfernung fast 4.000 Kilometer – bis zu vier Tagen (!) für ihre Fahrt. Unterwegs an den Halteorten im MA wurden die Reisenden mit der besonderen Herzlichkeit der *Maranhenses* begrüßt und gastfreundschaftlich verpflegt.

Insgesamt nahmen neben den 2.359 offiziellen Delegierten 2.798 Personen an dem Treffen teil, nämlich weiterhin: 57 katholische Bischöfe, 58 Repräsentanten der traditionell Christlichen Kirchen, 57 Berater und Beraterinnen, 53 Indigenenvertreter:innen aus 33 verschiedenen Ethnien, 65 Teilnehmende aus anderen lateinamerikanischen Ländern sowie 94 eingeladene Gäste. Die Teilnehmenden waren nach dem Geschlecht verteilt auf 1.430 Männer und 1.368 Frauen. Auch ihr Durchschnittsalter von 41 Jahren hielt das Organisationskomitee fest. In der offiziellen Statistik fehlten noch die 1.350 freiwilligen Helfer:innen und die über 5.000 Personen, die in den Gastfamilien der Pfarreien der Stadt die Delegierten aufnahmen. Die Herbergsfamilien hatten sich monatelang auf die Begegnung vorbereitet. Der *Nono Encontro* war ein fünftägiges Großereignis mit vielen Beteiligten!

Zum Programm und zum Ablauf des Neunten Nationalen Treffens

Das Thema des 9. Treffens lautete: ***CEBs: Vida e Esperança nas Massas*** (CEBs: Leben und Hoffnung in den Massen). Der Basistext fokussierte sechs Unterthemen, die in entsprechenden Großgruppen, sogenannten *Blocos,* diskutiert werden sollten:
Bloco 1: *CEBs e Catolicismo Popular* (529 Teilnehmer)
Bloco 2: *CEBs e Religioes Afrobrasileiras* (406 Teilnehmer)
Bloco 3: *CEBs e Pentecostalismo* (422 Teilnehmer)
Bloco 4: *CEBs Excluidos e Movimento Popular* (561 Teilnehmer)
Bloco 5: *CEBs e Cultura de Massa* (483 Teilnehmer)
Bloco 6: *CEBs e Questão Indígena* (377 Teilnehmer)
Der *Nono Encontro* begann mit einer lebendig vibrierenden Eröffnungsfeier von zweieinhalb Stunden unter blauem Sternenhimmel auf der *Praça Maria Aragão.* An der inkulturiert gestalteten Liturgie nahmen auch zwei religiöse Repräsentant:innen der nichtchristlichen Religionen teil: eine *Mãe de Santo* aus Salvador da Bahia sowie ein *Pajé* einer Ethnie aus dem Maranhão.
Vom 2. bis 4. Tag arbeiteten die Teilnehmer in den sechs *Blocos,* für die sie sich angemeldet hatten. Wegen der großen Teilnehmerzahl wurde jeder *Bloco* in Kleingruppen aufgeteilt, die ihr Thema nach der methodischen Vorga-

be: *Sehen, Urteilen, Handeln, Auswerten, Zelebrieren* erarbeiteten. Die Kleingruppen trafen sich dazu in *Miniplenárias* und im Plenum ihres *Bloco*. Abends kamen alle Teilnehmenden wieder zu den Großversammlungen (*Assembléias*) in einer offenen, überdachten Sporthalle zusammen.

Jeden Morgen fanden Frühgottesdienste in den Kirchen der Pfarreien statt. An den drei Abenden gab es ein unterschiedliches Programm: eine Kulturnacht (*Noite Cultural,* u.a. mit dem bekannten Volkstanz der Region *Bumba meu Boi*); eine liturgische Gedenkfeier mit Gottesdienst im Andenken an die Martyrer (*Celebração dos Mártires*) und eine Begegnung in den Pfarreien (*Confraternização*).

Der letzte Tag war von der ganztägigen Schlussveranstaltung bestimmt, auf der die Reflexionsergebnisse in den sechs Themenblöcken vorgestellt und eine Abschlusserklärung, die *Carta de São Luís,* verabschiedet wurde. Aus den benachbarten Diözesen und Stadtrandpfarreien von São Luís kamen am Morgen Wallfahrten der Gemeinden zum Hauptplatz zusammen, wo am Spätnachmittag die Teilnehmenden und Wallfahrer den inkulturiert gestalteten Abschluss-Gottesdienst zusammen feierten.

Zum Themenblock 2: CEBs und afrobrasilianische Religionen

Die Lebendigkeit dieses Treffens war für mich voller Anregungen, weshalb ich beschloss, im Themenblock zwei über die afrobrasilianischen Religionen mitzuarbeiten. Ich gehörte zu einer Kleingruppe von 12 Personen, die von der jungen Theologin Silvia Regina de Lima Silva, (einer Schülerin von Ivone Gebara), und dem Comboni-Missionar Heitor Frisotti kompetent geleitet wurde. Die Mitglieder meiner Kleingruppe kamen aus CEBs verschiedener Bundesstaaten, aus Ribeirão Preto/SP ein Priester, aus dem Ceará eine Ordensfrau und aus Tocantinópolis eine deutsche Theologin des CEBI. Es war eine interessante Zusammensetzung von Personen, die aufschlussreiche Beiträge zu den vorgegeben Fragen zum Sehen, Urteilen und Handeln in Bezug auf das Thema einbrachten. Sie gaben einen Einblick in das Meinungsspektrum der Kirche in den 1990er Jahren zu einem damals noch heiklen Thema, weshalb ich einige mir wichtig erscheinenden Beiträge im O-Ton wiedergeben werde.

Zur Frage des Sehens (*Ver*) gab es folgende Äußerungen: *die afrobrasilianischen Religionen sind Folklore, ein Schmuck bei Veranstaltungen und liturgischen Feiern; im Alltag der Kirche sind sie kein Thema bzw. werden als dämonisch oder minderwertig (ruim) betrachtet; bis heute ist in den Köpfen der Katholiken und in der Hierarchie der Kirche ein rassistisches Denken festzustellen; wir Schwarzen müssen zunächst unsere eigenen kulturellen Wurzeln wieder entdecken; in der Kirche muss der Raum für das Thema erst noch erobert werden.*

Zum Thema Urteilen (*Julgar*) waren zwei Fragen vorgegeben: Welchem Wort Gottes begegnen wir in den kulturellen Ausdrucksformen der afrobrasilianischen Religionen und welches Wort Gottes in der Bibel motiviert uns, Barrieren zu überwinden? Zur ersten Frage wurden Gedanken wie die Wertschätzung der Schönheit, der Natur, die Kommunikation mit Gott über die Bewegung im Tanz bzw. Tanz als Form des Gebets geäußert. Zur zweiten Frage wurden Textstellen im Exodus (*Ouvi o clamor do meu Povo*), die Begegnung Jesu mit dem Fremden im Land (dem guten Samaritaner), die Person Hagar im AT oder Galather 3.28 (*todos são filhos de Deus*) genannt.

Die beiden Kleingruppenleiter fassten die dreitägige Arbeit zu diesem kontrovers diskutierten Thema wie folgt zusammen: Gott inkarniert sich in den schwarzen Menschen; für Gott gibt es keine minderwertige Kultur; die Bibel hilft, Grenzen zu überwinden; die CEBs müssen Toleranz gegenüber dem Fremden lernen; Kultur und Glaube können nicht gleichgeschaltet werden, der Glaube entäußert sich in verschiedenen Kulturen; die christliche Religion ist sehr rational geprägt, die Christen haben Probleme mit dem *Candomblé* (als Beispiel einer afrobrasilianischen Religion), nicht die Anhänger des *Candomblé* mit den Christen, sie integrieren beide Religionen.

Zur Perspektive des Handelns (*Agir*) äußerten die Teilnehmer der Kleingruppe auf die Frage, welche konkreten Vorschläge die CEBs machen können: die Werte der afrobrasilianischen Kultur mit ihrem Reichtum einer Mythologie der *Orixás* (Götter) kennen und schätzen lernen; sich um historisches Erinnern bemühen; interkulturelle Schritte klein beginnen an der Basis (z.B. bei einem Fest Tänze einführen); Katechismen auf rassistisches Gedankengut überprüfen; Gottesdienste in *Terreiros* feiern; in die Ausbildung von Seminaristen afrobrasilianische Themen aufnehmen.

Im Abschlussplenum dieses Blocks hielt der 80jährige afrobrasilianische Bischof D. José Maria Pires ein eindrückliches Statement zur Notwendigkeit einer Inkulturation des Evangeliums. Er betonte, dass afrobrasilianische Kulturelemente wesentlich dazu verhelfen können, Christus intensiver zu begegnen.

Meine Eindrücke des Neunten Nationalen Treffens

Das Treffen machte deutlich, dass neben politischen und sozialen Themen kulturelle und interreligiöse Fragestellungen Gewicht erhalten – eine Entwicklung, die sich schon beim 8. Treffen in Santa María 1992 abgezeichnet hatte. Um eine neue Wahrnehmung und Wertschätzung nichtchristlicher Religionen musste jedoch in São Luís im Vorfeld hart gerungen werden. So war am Vorabend noch nicht klar, ob beim Gottesdienst auch die Priesterin des Candomblé aus einem *Terreiro* von Salvador da Bahia und der Schamane neben den katholischen Zelebranten am Altar stehen und ihre rituellen Gebete sprechen konnten. Die angespannte Diskussion darüber hatte ich im Bischofshaus mit den Mitgliedern der liturgischen Vorbereitungsgruppe und dem Erzbischof als Verantwortlichen der einladenden Erzdiözese hautnah mitbekommen. In dieser Liturgiegruppe arbeiteten vor allem schwarze Frauen aus dem MA. Dank ihrer Beharrlichkeit und theologischen Kompetenz konnte ein Eklat vermieden werden, sodass am anderen Abend der Eröffnungsgottesdienst harmonisch und überaus lebendig verlief.

Dieses wie die vorangegangenen CEBs-Treffen sind Orte, die das Leben als Fest feiern. Gebet, Gottesdienst, Gesang und Tanz bedeuten Kraftquelle, sie helfen den Delegierten der Basis, „ihre Batterien aufzuladen", so der Journalist Paulo Lima von der Zeitschrift *Sem Fronteiras*. Die Tage waren enorm energiegeladen und alle Veranstaltungen beeindruckend kreativ gestaltet. Dieses *Encontro* dürfte für jeden, der daran teilgenommen hat, ein besonderes Erlebnis bleiben.

Auffallend war, über welch fundierte Kenntnis der Bibel die Basisvertreter:innen verfügten und welch großen Stellenwert die Bibellektüre für sie hat. Die langjährig religions-pädagogische Arbeit des CEBI hat deutlich sichtbar Früchte getragen.

Die CEBs können zweifellos mit dem Rückhalt unter den Bischöfen rechnen. Deren mit 57 Vertretern signifikante Beteiligung wurde als bestärkend wahrgenommen. Die Gruppe der Bischöfe gab unterstützend eine eigene *Carta dos Bispos* heraus.

Gewisse Spannungen gab es jedoch mit den Repräsentanten der Indigenen, die zahlenmäßig stark vertreten, sich in der Vorbereitungsphase zu wenig berücksichtigt gefühlt hatten. Sie bemerkten öffentlich kritisch, auch während des Treffens an den Rand gedrängt worden zu sein, da ihr Quartier weit außerhalb des Veranstaltungsortes lag. Außerdem missfiel den Indigenen zu Beginn das exzessive Fotografieren durch andere Teilnehmende.

Die Organisation dieses Großereignisses war ausgezeichnet. Die Stadtverwaltung hatte sich finanziell stark beteiligt. Dem *Encontro* kam dabei zu gute, dass der stellvertretende Bürgermeister der Stadt selber aus den CEBs stammte.

Die CEBs hatten sich auf einem großen Wandplakat mit dem Bild eines fahrenden Zuges dargestellt, was ich als zutreffendes Symbol empfand. Diese Bewegung war damals nicht aufzuhalten, sie stagnierte nicht, wie manche schon in den 1990er Jahren befürchteten. Das 9. Treffen hatte evident gemacht, dass die CEBs weiter Ferment sein wollen und auch sind, um Veränderungen in Kirche und Gesellschaft zu bewirken. Ich sah es als Privileg, an solch einem besonderen Ereignis teilnehmen zu können. Ein zusätzlicher Nebeneffekt: es ergaben sich glückliche Zufälle wie Begegnungen mit „alten Bekannten" aus den unterschiedlichen Regionen des Landes. Veranstaltungen auf nationaler Ebene waren dafür immer eine gute Gelegenheit.

Projektreise 2006 in die Erzdiözese São Luís do Maranhão

Meine vierte Reise nach São Luís war nicht von großen Versammlungen bestimmt, jedoch von der Projektarbeit her wichtig und erkenntnisreich. Der erst ein Jahr zuvor neu ernannte Erzbischof **D. José Belisário da Silva, OFM** hatte für die drei Tage einen gut überlegten Plan aufgestellt, der ermöglichte, neue Aktionsfelder kennenzulernen und einige Hintergrundinformationen zu Problemthemen zu erhalten. Für sein Vertrauen, seine Transparenz und gastfreundschaftliche Art war ich sehr dankbar.

Politisch war im Jahr 2006 im Bundesstaat die Ära des Familienclan Sarney zu Ende gegangen, der die Entwicklung des Maranhão über einen langen Zeitraum bestimmt hatte. Es gab ein Aufatmen, weil mit der Wahl des Kandidaten der Opposition Jackson zum neuen Gouverneur ein Hoffnungszeichen am Horizont erschien – so wie der neue „Markt der Solidarökonomie", den ich beim Gang durch die sehenswerte Altstadt entdeckt hatte. Gefördert durch öffentliche Mittel war es den Engagierten aus Projekten solidarischen Wirtschaftens von verschiedenen Orten des MA ermöglicht worden, dort ihre Produkte zum Verkauf anzubieten.

Bezogen auf die kirchliche Situation wurde dieser Eindruck besorgniserregend getrübt. Im Gespräch mit D. Belisário erfuhr ich gleich zu Beginn meines Aufenthalts, dass die Diözesen des Bundesstaates in den letzten Jahren wegen einiger **Fälle von Pädophilie** ernste Probleme mit Priestern gehabt hätten. Durch die Verbreitung in der Presse waren sie zu einem nationalen Skandal geworden. In all den Jahren war es 2006 das erste Mal auf Projektreisen, dass ich von sexuellem Missbrauch in der Kirche Kenntnis erhielt.

Um dieser Herausforderung konstruktiv zu begegnen, hatten die Bischöfe des MA schnell gehandelt mit der Einrichtung einer regional organisierten **Beschwerdestelle**, genannt *Ouvidoria da Igreja Católica*, und in einer Presseerklärung die Öffentlichkeit darüber in Kenntnis gesetzt. Ihre sechs Mitglieder setzten sich zusammen aus dem Sprecher, dem Erzbischof von São Luís, einem Diözesanpriester mit Fachwissen in Kirchenrecht, einem weiteren Diözesanpriester sowie einer Ordensfrau, einer Psychologin und einem Rechtsanwalt. Beschwerden konnten, auch anonym, per Post und über Telefon an eine verantwortliche Person in der Kurie oder über eine E-Mail-Adresse eingereicht werden.

Seit dem Gründungsdatum des 25.11.2005 hatte die Gruppe sich bis Mai 2006 neunmal getroffen und 19 Beschwerden geprüft: 16 bezogen sich auf sexuellen Missbrauch und drei auf administrative Probleme im Umgang mit Finanzmitteln, so der Erzbischof. Er sah die Einrichtung einer *Ouvidoria* für den MA bisher als einmalig im Land an. Angesichts der Zunahme von Problemfällen unter den Priestern hätten die Bischöfe aktiv darauf reagieren müssen, war seine Meinung. Für ihn stand fest, dass in Zukunft eine strengere Auswahl von Priesteramtskandidaten in den Seminaren notwendig sei, ebenso eine Überprüfung von Inhalt und Methoden der Ausbildung. Als früherer Ausbildungsleiter seiner Franziskaner-Provinz in Minas Gerais hatte D. Belisário einige Erfahrungen in der Auswahl und Begleitung des Ordensnachwuchses sammeln können.

Zum Thema **Postgraduiertenstipendien im Ausland** vertrat der Erzbischof die Meinung, dass in den Fächern Philosophie oder Soziologie eine Promotion in Europa nicht mehr notwendig sei. Beide Studiengänge könnten durchaus inzwischen an brasilianischen Universitäten belegt werden. Seine klare Sicht hatte wohl auch damit zu tun, dass einer der „Hoffnungsträger" für die Kirche im MA nach seinem Doktorat in Soziologie in Paris sein Priesteramt aufgegeben und an der *Universidade Federal* seine Lehrtätigkeit begonnen hatte.

Überraschende Begegnungen

Ungeplant während des Aufenthaltes war eine Begegnung mit dem neu ernannten **Bischof von Carolina**, D. José Soares Filho, einer mit 10 Pfarreien eher kleinen Jurisdiktion im Südosten des Bundesstaates. D. José, der sich zufällig auch in São Luís aufhielt, hatte von meiner Anwesenheit erfahren. Für ihn zeigte sich die Originalität seiner Diözese in der Tatsache, dass alle Priester aus der Diözese selbst stammten, dem Volk nahe stehend und so arm leben würden wie die Menschen der Region, die von bäuerlicher Subsistenzwirtschaft geprägt war. Deshalb kam dem sympathischen, jungen Bischof die Unterstützung durch Adveniat sehr entgegen, zumal die Diözese über keine Patrimonien verfügte. Er freute sich sichtlich über dieses für beide Seiten ungeplante Treffen im Bischofshaus von São Luís.

Besuche bei den Regionalstellen der CNBB und CRB

Wie in den Vorjahren besuchte ich die Regionalstellen der CNBB und CRB. Die **Regionalstelle der CNBB** hatte mit **Pe. Marino Bohn** aus RS einen neuen Sekretär. Um über die aktuelle Situation in Kirche und Gesellschaft, die *Conjuntura*, mehr zu erfahren, war der frühere Direktor der nationalen Caritas in Brasília ein kenntnisreicher Gesprächspartner. Er sah den Schwung der 1980er und 1990er Jahre in der Kirche des MA am Erlahmen, was für ihn ebenso für die Dynamik der CEBs gelte. Die für alle anziehende Lebendigkeit und Partizipation in der Kirche Brasiliens schien ihren Höhepunkt überschritten zu haben. Dieses nachdenkliche Stimmungsbild teilte Pe. Marino mit seinem Vorgänger (siehe S. 283f.).

Bezogen auf die politische Situation im Land sah Pe. Marino unter der **Regierung Lula** positive Entwicklungen: die Förderung von Kleinbauern; den Stipendienfonds für Studenten mit afrobrasilianischen und indigenen Wurzeln; das Programm *Bolsa Família*, in dem 12 Mill. Familien bemessen an der Kinderzahl Schulgeld erhalten oder das Projekt *Primeiro Emprego*, einen Zuschuss an Firmen bei Anstellung von Jugendlichen ohne Ausbildung. Enttäuschend für die erste Regierungsperiode des Präsidenten Lula war aus Sicht von Pe. Marino jedoch das Ausbleiben einer Agrarreform. In dieser so entscheidenden Frage für die Zukunft des Landes habe sich die Regierung nicht durchgesetzt und damit ihr Wahlversprechen nicht eingehalten.

In der **Regionalstelle der CRB** erfuhr ich von der neuen Präsidentin, **Ir. Florites**, und dem Mitglied des Direktoriums, **Ir. Francisca**, dass der Anteil der ausländischen Missionskräfte unter den Ordensleuten im MA immer noch bei 50% lag. Meine Gesprächspartnerinnen nahmen den multikulturellen Kontext in der Ordenswelt als einen Reichtum wahr. Die Tendenz aus den Vorbesuchen 1997 und 1998 bestätigte sich, dass die Kursangebote für eine ständige Weiterbildung auch im neuen Jahrtausend signifikant mehr von Ordensfrauen als von Ordensmännern wahrgenommen wurden. Für die jungen, männlichen Nachwuchskräfte in den Kongregationen galt dies jedoch nicht, sie waren zu gleichen Anteilen in den Kursen ihrer Ausbildungsstufe vertreten. Eine Besonderheit stellten die CRB-Repräsentantinnen in der fehlenden Balance zwischen jungen und älteren Ordensleuten fest – ein Phänomen der Überalterung. Die Krise der Berufungen war im MA mit dem abnehmenden Eintritt junger Menschen in Ordensgemeinschaften statistisch signifikant festzumachen: zählte man 1990 noch 80 Novizinnen in den Ausbildungskursen, so waren es 2006 nur noch 17.

Im Vergleich zu früher sahen die beiden Führungspersonen noch einen weiteren Unterschied: die Ausbildung junger Ordenskräfte sei teurer und anspruchsvoller geworden. Es wurde Praxis, jedem/jeder eine psychologische Begleitung zu ermöglichen, der/die in einen Orden eintreten wollte. Ein weiteres Thema trat in unserem Gespräch auf (wie an anderen Orten): nämlich das von der schwierigen Beziehung zwischen jungen Diözesanpriestern und Ordensfrauen. *Die jungen Kleriker würden sich manchmal wie die Herren aufspielen* (*se sintem donos*), hörte ich sie sagen.

Rádio Educadora do Maranhão

Die Projektreise 2006 hatte als einen der thematischen Schwerpunkte die katholische Medienarbeit im Blick. Rádio Educadora do Maranhão war deshalb eine der fünf besuchten Radiostationen. Zunächst lernte ich die Räumlichkeiten des kommerziell betriebenen Senders kennen, schaute mir ein mitfinanziertes, noch nicht abgeschlossenes Erweiterungsprojekt an und sprach mit dem Leiter Pe. Trindade, einem Diözesanpriester mit journalistischer Fortbildung in Rom, über das Programm. So erfuhr ich von der Geschichte dieses traditionsreichen Senders, den Adveniat schon aus den 1970er Jahren von Projektbezügen her kannte. Rádio Educadora hatte in der Zeit der Militärdiktatur und in der Ära Sarney eine wichtige Rolle als Stimme der Opposition gespielt. Als Sender mit der zweitgrößten Hörerschaft im MA und einem Team von 32 Mitarbeitenden war er damals noch ein gewichtiges Medium trotz der Konkurrenz zahlreicher privater Radiosender und der wachsenden Anziehungskraft von Fernsehkanälen.

Der Gesprächspunkt über die monatlichen Betriebskosten blieb im Unklaren, ebenso wie die Zuständigkeiten, so dass im Nachgehen des Besuches bei mir ein Eindruck von Unstimmigkeit entstand.

Das Nachgespräch mit dem neuen Erzbischof brachte dann einige wichtige Hintergrundinformationen zur besseren Einschätzung der Situation zu Tage. Der Sender, zweifellos geschichtsträchtig, hätte immer unter chronischen Finanzproblemen gelitten, so D. Belisário. Wenige Monate nach seiner Amtseinführung hatte er deshalb eine Betriebsprüfung (*auditoria*) durchführen lassen, die als Ergebnis administrative Probleme und Misswirtschaft festgestellt hatte. Die Prüfer fanden aber nicht die Schuldigen heraus, weshalb der jüngst eingesetzte neue Verwaltungsleiter hinter die Kulissen schauen und das Radio schuldenfrei machen sollte.

Der jetzige Leiter werde zum Ende des Jahres entlassen, so der Erzbischof. Seiner Entlassung zuvorkommend, hatte er in diesen Tagen um ein Sabbatjahr gebeten. Bei Polizeirecherchen im Fall der Verhaftung eines wegen Missbrauch von Kindern gesuchten Priesters war auch sein Name gefallen. Die Polizei hatte bis dahin aber nur Vermutungen und keine Beweise. Mir schien, dass die Erzdiözese in diesem Kontext gut mit der Polizei zusammenarbeitete.

Der Besuch zeigte mir, wie Licht und Schatten einer wichtigen kirchlichen Einrichtung nahe beieinander liegen, wobei der Verantwortliche der Erzdiözese durch seine kooperative und transparente Haltung beeindruckte. Mir wurde klar, dass die Lage des Senders ernst war und wir für die Abwicklung Wachsamkeit brauchten.

Gefängnispastoral der Erzdiözese

Die Begegnung mit den vier Verantwortlichen der Gefängnispastoral gehörte zu den eindrücklichsten auf dieser Reise. Das Team, bestehend aus zwei Ordensfrauen, einem italienischen Fidei-Donum Priester und einer jungen Laientheologin aus Wien hatte unser Gespräch gut vorbereitet und eigens eine PowerPoint-Präsentation erstellt. So erfuhr ich vom Konzept der Arbeit und anschaulich von der Situation in den sechs Gefängnissen und vier Polizeidienststellen, in denen 3.000 Gefangene lebten. Die Situation in den überfüllten Gefängnissen wurde mir als inhuman beschrieben. Es mangelte an jedweder sozialer, gesundheitlicher, erzieherischer und juristischer Assistenz. Das Team von 70 Ehrenamtlichen, die wöchentlich die Gefangenen besuchten, bemühte sich, wenigstens einige Lücken zu schließen. Auch politisch zeigte sich die Gefängnispastoral engagiert: zusammen mit der Kommission Justitia et Pax hatte man wiederholt öffentlichen Protest gegen die Praxis der Folter in den Gefängnissen von São Luís kundgetan. In Zukunft beabsichtigte das Team eine Ausdehnung der Gefängnispastoral auf alle Gefängnisse im Bundesstaat, denn in den anderen Einrichtungen des Landesinneren sei die Situation noch dramatischer.

Dieses mutige Team benötigte zweifellos Unterstützung. Deshalb ermunterte ich zur Antragstellung und nahm wegen eines eingereichten juristischen Beratungsprojekts bei Misereor Kontakt mit meinem Aachener Kollegen auf. Auch wenn ich kein einziges dieser Gefängnisse selber besucht habe, konnte ich mir die Binnensituation aus früheren Erfahrungen in anderen Städten gut vorstellen.

Frauenseelsorge der Erzdiözese

Die *Pastoral da Mulher* der Erzdiözese hatte einen eigenen, kleinen Sitz im Stadtzentrum in einem 40 Jahre alten Haus erhalten. Bei dem Besuch ging es um Absprachen wegen der Förderung einer Erweiterungsmaßnahme, vor allem aber um ein Kennenlernen der Aktivitäten des Teams. Interessant empfand ich dessen Zusammensetzung, denn neben Repräsentantinnen aus der armen Bevölkerung engagierten sich auch Frauen aus der Mittelschicht. Die fünf selbstbewussten Frauen machten deutlich, dass über Grenzen ihrer Klassen hinweg sie das Problem gesellschaftlicher Diskriminierung und ihrer Folgen verbinde. Ihr Engagement in politischen Grundsatzfragen, die Frauen betreffen, sahen sie deshalb als wichtig an.

So berichtete eine der Gesprächspartnerinnen dunkler Hautfarbe aus einer Favela von São Luís von ihrem Einsatz als Stadtverordnete im Kampf um die neue Gesetzeslage der Bestrafung von Männern, die Gewalt an Frauen ausübten. Nach 20jährigem Kampf von Frauenbewegungen in Brasilien habe das Parlament endlich das neue Gesetz, genannt *Lei Maria da Penha* am 07.08.2023 erlassen, das Frauen im Fall häuslicher Gewalt besser schützt. Eine andere Frau engagierte sich in einer Bewegung, die erreichen möchte, dass Hausfrauen eine Rente erhalten. Des Weiteren setzte sich die Gruppe der *Pastoral da Mulher* für eine Bewusstmachung des Themas des Frauenhandels und Sextourismus in Hotels von São Luís ein. Für alleinerziehende Mütter in Peripheriegemeinden entwickelte die frauenspezifische Seelsorge Projekte Einkommen schaffender Maßnahmen.

Nach dem Gespräch staunte ich über das Engagement dieser mutigen Frauen, zwei von ihnen waren auch in der Vernetzung auf bundesstaatlicher Ebene aktiv. D. Belisario hatte sehr an dem Besuch gelegen, weil er die Arbeit der *Pastoral da Mulher* für wichtig erachtete.

Diözese Imperatriz – das Tor zum Amazonas

Diese 1987 neu gegründete Diözese liegt im Südwesten der Region NE 5 (Maranhão) und grenzt an die Bundesstaaten Pará und Tocantins. Mit einer Fläche von 24.000 qkm ist sie eher klein. Wegen der industriellen Entwicklung hatte sie Bedeutung erlangt. Die Region lag am Rande des *Projeto Grande Carajás* (vgl. S. 274ff.). Die zweitgrößte Stadt Açailândia hat ihren Namen von den dort angesiedelten Roheisenwerken bezogen.

Der erste ernannte Bischof D. Affonso Felippe Gregory war mir von seiner Aufgabe als Direktor und späterer Präsident des CERIS (siehe S. 87ff.) bekannt. In diesen Funktionen reiste der damalige Padre gelegentlich nach Europa und war regelmäßiger Gast in der Geschäftsstelle Adveniats und beim Präsidenten der Bischöflichen Kommission, Weihbischof Franz Grave.

Der Bischof bezeichnete seine Stadt Imperatriz als das „Tor zum Amazonas". Bei meinem ersten Kurzbesuch 1990 war bereits zu sehen, welch ein Leben und Zukunft diese Stadt vom Typ „Far-West" hatte. Zehn Jahre später im **Jahr 2000** lernte ich im Rahmen der Delegationsreise von Weihbischof Grave interessante Projekte und Betriebe kennen. In der nahen, nördlich gelegenen Industriestadt **Açailândia** besuchten wir das ökumenische Menschenrechtszentrum ***Centro de Defesa da Vida e dos Direitos Humanos (CDVDH)***. Es war 1996 im Kontext von Gewalt, Korruption und Konflikten dieser aufstrebenden Industrieregion gegründet worden. Der Präsident, Pe. Danilo Volante, ein italienischer Comboni-Missionar, und eine hauptamtliche Mitarbeiterin, informierten über die Ziele des Zentrums: Bildung von Bürgerrechtsbewusstsein (*Formação para Cidadania*), Erstattung von Anzeigen und gerichtlichen Klagen sowie die Betreuung einzelner Personen in Problemsituationen. Den Begriff Menschenrechte verstand das Team als integral: über das engere Verständnis von Menschenrechtsverletzungen hinaus bis zum Recht auf Arbeit, Bildung, Gesundheit.

So führte das Zentrum beispielsweise eine Stammbuchregistrierung für arme Bewohner durch, denn viele Menschen, insbesondere ältere, waren als Bürger offiziell gar nicht geführt. Diese Registrierung war u.a. für den Erhalt einer Mindestrente wichtig. Eine weitere Kampagne, *Defensoria Publica*, sollte über den gesetzlich verankerten, kostenlosen Rechtsbeistand aufklären. Als konkrete Beispiele von Klagen bzw. Anzeigen im Jahr 2000 nannten unsere Gesprächspartner: Sklavenarbeit in Kohlemeilern; eine Anzeige gegen ein privat geführtes Krankenhaus, das eine schwerkranke Frau abgewiesen hatte; Anzeige gegen eine Roheisenfirma wegen Betriebsunfalls eines durch Funken schwer verletzten Jungen. Ebenso wenig scheute das Menschenrechtszentrum die gerichtliche Konfrontation mit dem Bürgermeister, der öffentliche Mittel in Höhe von US $ 1 Mill. unterschlagen hatte. Die für Bildung und Gesundheit bestimmten Gelder kamen gar nicht an bzw. waren in der Administration der Stadtverwaltung unter gegangen. Die Beweise des CDVDH waren offensichtlich so erdrückend, dass der Bürgermeister vom Richter nach einer Woche abgesetzt worden war und die Stadt seither nicht mehr betreten hatte.

In diesem politischen Kontext riskierten die Mitarbeitenden ihr Leben, zumal das CDVDH auch ein *Radio Comunitário* unterhielt, das den Politikern und den wirtschaftlich Mächtigen ein Dorn im Auge war. Es strahlte ein ganztägiges Programm aus mit drei Stunden Nachrichten und inhaltlichen Sendungen. Die Sprecher:innen arbeiteten ehrenamtlich. Dem Team war eine Zusammenarbeit mit allen Kirchen vor Ort wichtig, ebenso mit den Gewerkschaften und Nachbarschaftsvereinigungen.

Erstaunlich war das Anschwellen der Bewohnerzahl dieser Stadt: in 17 Jahren waren 150.000 Menschen aus anderen Landesteilen nach Açailândia gezogen – in der Hoffnung auf Arbeit, wobei wir im CDVDH hörten, dass im Jahr 2000 die Arbeitslosigkeit bei 15 bis 20% lag. Die öffentliche Gesundheitsversorgung war miserabel: neben elf privat geführten „Krankenhäusern" gab es nur einen einzigen öffentlichen Gesundheitsposten! Zu den Haupterkrankungen zählten Malaria, TB, Cholera und Meningitis. Hinzu kam, dass 25% der männlichen Bevölkerung als HIV-infiziert galten. Wir Gäste aus Deutschland, darunter eine Journalistin und ein Fotograf, waren nach diesem Besuch erschüttert. Unsere Hochachtung galt dem mutigen Menschenrechtsteam, das diese Verhältnisse aufgedeckt hatte.

Von den fünf **Roheisenwerken** lernten wir die 1988 gegründete Firma ***Siderurgica do MA Viena*** kennen, sie beschäftigte 400 Arbeiter in vier Schichten. Ihr Lohn lag monatlich bei R$ 250 bis 300 (Euro 217 bis 260). Der Firmenchef, Sr. Wanderley Marcos dos Santos, ein junger Jurist und Ingenieur schwarzer Hautfarbe aus Minas Gerais, erklärte uns detailreich den technischen Verfahrensprozess zur Gewinnung des Roheisens, wobei der Rohstoff mit der Carajás-Bahn nach Açailândia transportiert wurde.

In der Stadt lebten ca. 2.000 Arbeiter von der Roheisengewinnung. Sie produzierten jährlich 1,1 Mill. Tonnen Roheisen, wobei für eine Tonne Erz 600 kg Holzkohle bzw. fünf Kubikmeter Holz erforderlich waren. Die Firma besaß deshalb 50.000 ha Land, davon 10.000 ha Eukalyptusplantagen. Jedes Jahr kaufte das Roheisenwerk mit einer Produktion von 400.000 Tonnen Erz 2.000 ha Land zur Steigerung der Holzkohleproduktion hinzu, wie wir vom Firmenchef hörten.

Dieser zeigte uns nach dem Besuch seines Werkes noch die **Kohlenmeiler** von **Pompeia**, in denen 30 Köhler an 120 Kohlenmeilern tätig waren. Ein Kohlenmeiler fasste 18 Kubikmeter Holz, die sieben Kubikmeter Holzkohle ergaben. Die Köhler verdienten beim Füllen der Meiler R$ 5,00 (Euro 4,30) und beim Entleeren R$ 3,00 (Euro 2,60).

Im Nachgespräch mit den Mitgliedern des Menschenrechtszentrums wies man uns bereits auf die ökologischen und sozialen Probleme der Holzkohlenmeiler der Region hin. Im Mai 1995 bei den Diskussionen am Runden Tisch in São Luís (siehe S. 274ff.) wurden sie als eines der zentralen Problemthemen erörtert. Die Zerstörung des Regenwaldes: hier am Eingangstor zum Amazonas hat sie ihren sichtbaren Anfang genommen!

Ein weiterer interessanter Besuch auf dieser Reise im Jahr 2000 galt der 1986 ins Leben gerufenen *Fazenda Ita Bayanda CELMAR*. Sie gehörte zur *Companhia Vale do Rio Doce*, war damals noch als *Fazenda Experimental* (landwirtschaftlicher Versuchsbetrieb) geführt und sollte ab 2005 (bei hohen Investitionskosten von über 1 Mrd. US $) kommerziell als Zellulosefabrik starten. Im ausgebauten Stadium sollte CELMAR 144.000 ha umfassen, wie uns der Direktor Paulo Lobo informierte. Er führte uns auf einen Beobachtungsturm, wo wir einen Überblick über die Fazenda und die verschiedenen Grade der Abholzung wie Aufforstung bekamen. Nur die Hälfte der Fläche dürfe abgeholzt werden, so erklärte er mit Nachdruck. In meinem Reisebericht hielt ich die damalige Firmenphilosophie fest: *In der Versuchsanstalt bemüht man sich, den Gedanken der Nachhaltigkeit bei der einheimischen kleinbäuerlichen Bevölkerung bewusst zu machen. CELMAR nimmt damit einen erzieherischen Auftrag wahr, wie den Worten des Direktors zu entnehmen ist. Der Bevölkerung will man den Wert des Bestandes des Primärwaldes deutlich machen.*

Gleichwohl erinnere ich mich der Skepsis, die wir Reisenden im Nachgespräch zu diesen markanten Äußerungen des Direktors untereinander teilten: während die Sorge für nachhaltige Landwirtschaft den Kleinbauern zugeschoben wird (die gemäß ihrer Tradition ohnehin verbunden sind mit den Gesetzen der Natur), erwähnt er als hochrangiger Vertreter der Agraroligarchie mit keinem Wort deren Verantwortung für diesen Prozess der Naturzerstörung – ein Beispiel elitären Bewusstseins und Handelns mit seinen unabsehbaren Folgen bis heute.

Von der pastoralen Situation dieser neuen Diözese erfuhr ich auf dieser Reise im Jahr 2000 wenig, als Delegationsreise hatte sie andere Schwerpunkte. Hinzu kam, dass meine Hauptrolle die der Übersetzerin war. Dennoch konnte ich zwischendurch Projekte besprechen wie die Anfrage wegen einer Ratenzahlung der Übertragungsantenne für den katholischen TV-Kanal **Rede Vida.** Das Bistum Imperatriz hatte wie viele Diözesen in Brasilien in den 1990er Jahren eine Antenne aufgestellt, um das Fernsehprogramm von *Rede Vida* in der Region empfangen zu können.

Die Meinungen über die Programmqualität und ihren Betreiber, ein sehr katholisch-traditionell ausgerichteter Medienmacher aus dem Bundesstaat São Paulo, gingen mit den Jahren in der Kirche des Landes und insbesondere unter den Bischöfen weit auseinander. Eine kontroverse Diskussion führten wir ebenso in den Brasilienrunden von Adveniat. Uns war schnell klar geworden, dass dem Hilfswerk keine Mittel zur Verfügung standen, den über 260 Diözesen bei der Installation einer Übertragungsantenne finanziell beizustehen. Diese Überlegung suchte ich mit „diplomatischen Geschick" unserem Gastgeber zu vermitteln, der jedoch der Ansicht war, dass jede Regel auch eine Ausnahme eröffnen müsse...

Wie die Anfrage ausgegangen ist, weiß ich aus der zeitlichen Distanz nicht mehr, jedenfalls war es eine der gelegentlich heiklen Situationen von Interessen- und Rollenkonflikten mit Partner:innen. Einig waren sich beide Seiten über den 1995 in São José do Rio Preto/SP gegründeten Sender *Rede Vida*, dass die Medien im Land an Bedeutung wachsen würden und die Kirche den Anschluss nicht verpassen dürfe. D. Gregory fragte deshalb verständlicherweise ein neues Medienkonzept in der brasilianischen Kirche an; ebenso zeigte er sein Bedauern darüber, dass die drei katholischen Fernsehsender, die es bereits gab, sich gegenseitig Konkurrenz machen würden.

Eindrücklich erlebte ich auf dieser Reise auch den Besuch im liebevoll geführten *Leprosário Vila João XXIII* der Diözese, einem Heim für 42 an Lepra erkrankte Menschen. Die Leiterin, Giuliana Villa, war eine italienische Krankenschwester, Mitglied eines Säkularinstituts der Franziskaner. Von ihr hörten wir, dass die Krankheit in den Familien häufig immer noch tabuisiert werde. Deshalb legte die 58-Jährige, mit langjähriger Berufserfahrung in Brasilien, einen ihrer Schwerpunkte auf die Gesundheitserziehung und Aufklärung über das Krankheitsbild Lepra. Lepraerkrankungen seien im Norden und Nordosten häufiger festzustellen als in anderen Landesregionen, so Giuliana. Als Angestellte des öffentlichen Gesundheitsdienstes erhielt sie monatlich ein Gehalt in Höhe des Mindestlohnes. Immerhin, neben der Besoldung für die übrigen drei Mitarbeiterinnen garantierte die Stadtverwaltung täglich 20 Liter Milch. Um die Ernährung der Patienten sicher zu stellen, gab es in der *Vila* Hühner und Schweine sowie einen Gemüse- und Obstgarten.

Der Unterhalt dieser wichtigen Einrichtung für die Zielgruppe der *excluidos/as,* die ganz am Rande der Gesellschaft stehen, bedeutete für die Diözese eine tägliche Herausforderung. Für alle Anschaffungen müsse man betteln gehen, meinte die Leiterin. Natürlich animierten wir an diesem Ort zur Antragstellung für ein Projekt der Gesundheitspastoral.

Im **Jahr 2005** reiste ich mit Weihbischof Grave noch einmal nach Imperatriz. Unser Aufenthalt war jedoch wegen gravierender Flugverspätung auf 28 Stunden begrenzt. Der Präsident von Adveniat war zur Konzelebration der Fronleichnamsliturgie- und Prozession in der **Stadtrandpfarrei Cristo Salvador** eingeladen worden, dem Höhepunkt unseres Aufenthaltes. Der Gottesdienst war überaus gut besucht und lebendig gestaltet mit afrobrasilianischen Rhythmen und Liedern – eine sehr vibrierende Atmosphäre. Überrascht wurden wir Gäste im Rahmen des Gottesdienstes mit einem Rollenspiel über die Geschichte der 1984 gegründeten Pfarrei. Darin vernahmen wir, dass Adveniat das Bauprojekt der Kirche zunächst wegen der Größe der Planung abgelehnt hatte. Die Pfarrei hatte sich jedoch nicht entmutigen lassen, insistierte weiter, verteidigte die Baugröße, so dass es 1989 zu einer großzügigen Bewilligung kam. Es war herzerfrischend, wie die ehemaligen Anragsteller vor dem „hohen Besuch" aus Deutschland die Geschichte aus ihrer Sicht darstellten. Diese Freiheit, uns den Spiegel vorzuhalten, war eine besondere Erfahrung. Im Reisebericht hielt ich später fest, dass die Kirche architektonisch gelungen sei, der Altarraum ausgestaltet sei mit einem schönen Gemälde von einem regionalen Maler. Die drei Pfarrer hätten über die Jahre nicht nur eine große und schöne Kirche aus Stein erstellt, sondern eine sehr lebendige Pfarreigemeinde entstehen lassen.

Nach dieser besonderen Fronleichnamsliturgie besuchten wir in dem dichtgedrängten Programm noch einige diözesane Einrichtungen der Sozialpastoral: die Kinderpastoral, ein Kinderdorf, eine Landwirtschaftsschule im nahen Coquelândia und das Patrimonium der Diözese, eine 300 ha große *Fazenda* mit ca. 500 Kühen, Kälbern, Stieren und Ochsen. D. Gregory hatte seit Gründung der Diözese in den 10 Pfarreien den *Dízimo* eingeführt und legte Wert auf soweit wie möglich finanzielle Autonomie. Die *Fazenda* war damals sein ganzer Stolz und bedeutete neben den *Dízimo*-Abgaben eine weitere Einnahmequelle.

Während des Aufenthaltes 2005 ergab sich die Gelegenheit eines informativen Gespräches mit dem zuständigen Priester für die **Medienarbeit, Pe. Francisco Lima Soares**. Er hatte mit einem Adveniat-Stipendium den Magister in Journalistik an der Katholischen Universität von Campinas/SP abgeschlossen. Zusammen mit einer Arbeitsgruppe koordinierte er ein wöchentlich vierstündiges, lokales Programmfenster für den Fernsehsender *Rede Vida*: mit einem Nachrichtenteil aus der Diözese wie der Weltkirche, mit Unterhaltungselementen und Programmen zu den Themen Erziehung und Gesundheit. Auch entstand unter seiner Anleitung eine Website der Diözese. Pe. Francisco, sozialwissenschaftlich interessiert, forschte zum Thema des Einflusses vom Fernsehen auf das Verhalten Jugendlicher in der Stadt Imperatriz. Unter seinen journalistischen Kolleg:innen in der Stadt wurde er sehr respektiert.

Hinzufügen möchte ich, dass ich eineinhalb Jahre später im November 2006 während des Aufenthaltes in São Luís do Maranhão zufällig dem neuen Bischof von Imperatriz, D. Gilberto Pastana de Oliveira, begegnet bin. D. Gregory war nach unserem Besuch im Mai 2005 schwer erkrankt und wegen medizinischer Behandlung in seine Heimat Porto Alegre zurückgekehrt, wo er drei Jahre später verstorben ist (vgl. Homepage der Diözese Juli 2023). Der gastfreundschaftliche, aufgeschlossene Theologe und Sozialwissenschaftler, geprägt von D. Hélder Câmara, dabei durchaus ein *gaucho* mit Ecken und Kanten, ist für mich eine der markanten Gestalten der brasilianischen Kirche der 1970 bis 2000er Jahre geblieben.

Den Einfluss der neuen Denominationen konnte die lebendige, junge Diözese von Imperatriz nicht aufhalten. D. Gilberto berichtete von 245 Kultorten, die er recherchiert hatte, davon 149 in der Hand von der Assembléia de Deus. Die hatte in der inzwischen auf 250.000 Einwohner angewachsenen Stadt eine Kirche mit 10.000 Sitzplätzen (!) errichtet und verfügte landesweit über drei Fernsehkanäle und zwei Radiostationen.

Diözese Pinheiro – archaische Landwirtschaft und Raumfahrtregion

Die 1939 als Prälatur errichtete und 1979 zur Diözese erhobene kirchliche Jurisdiktion war anfänglich den italienischen Ordensleuten der Missionários do Sagrado Coração de Jesus – die in Opposition zu Mussolini aus politischen Gründen in den NO gekommen waren – übergeben worden. Sie liegt im Norden des Maranhão, dem ärmsten Teil dieses ohnehin vernachlässigten Bundesstaates. Zwar ist Pinheiro auf Luftlinie nicht weit von São Luís entfernt, auf dem Schiffweg mit der Fähre benötigt man jedoch 6 bis 7 Stunden für die Anreise. Die Verbindung über den Landweg ist noch wesentlich weiter und zeitintensiver. Zu meiner Freude hatte ich mit einem Mitarbeiter des Bischofs einen Begleiter auf der Überfahrt zur Seite. Der faszinierende Sonnenaufgang während der Schifffahrt in der breiten Bucht von São Luís bleibt unvergesslich. Der zweitägige Aufenthalt war gut vorgeplant, dicht gefüllt und sehr informativ.

Pinheiro zählte bei meinem Besuch **1998** 70.000 Bewohner. Vom großstädtischen São Luís anreisend, schien hier die Welt stehengeblieben zu sein. Auffallend war, dass es nur wenige asphaltierte Strassen gab, einige verfallene historische Bauten und am Ortsausgang eine riesige Müllhalde, zu der die Bewohner ihren Abfall brachten, um ihn gleich zu verbrennen. Es schien keine öffentliche Müllabfuhr zu geben. Der Bürgermeister habe sich wenig um die Entwicklung des historischen Städtchens bemüht und in die eigene Tasche gewirtschaftet, hörte ich von meinen Gesprächspartnern. Dabei war die Stadt der Geburtsort des früheren Präsidenten José Sarney, der regelmäßig zum Patronatsfest seiner Pfarrei Sto. Ignacio de Loyola seiner alten Heimat einen Besuch abstattete. Interessanterweise gab es kleinere Orte im MA, die einen wesentlich moderneren und entwicklungsfreudigeren Eindruck machten als Pinheiro. Für die Weiterreise hatte ich ein Auge gewonnen für die Organisation der Müllabfuhr in den Orten, durch die ich fuhr. Mir schien sie ein Indikator zu sein für eine verantwortungsvolle kommunale Verwaltung.

In der Region, ehemals geprägt von „Sklavenwirtschaft", war früher auf den Plantagen Zuckerrohr, später Baumwolle angebaut worden. Das Abhängigkeitsverhältnis von „Herrenhaus und Sklavenhütte" hatte auch 1998 noch einen Einfluss auf die Mentalität der Menschen, so meine beiden Gesprächspartner, **D. Ricardo Pedro Paglia und Pe. William Guimarães da Silva,** Finanzverantwortlicher und erster lokal stämmiger Priester der Diözese. Beide berichteten, dass der Boden als ausgelaugter und trockener galt als im Süden des MA. Kennzeichnend war eine Landwirtschaft auf Subsistenzniveau, wobei die Bewohner überwiegend von den Früchten der Babaçu-Palmen lebten. Zur Entwicklung einer diversifizierten Landwirtschaft fehlten nach Meinung des Bischofs Bewässerungssysteme. Auch in diesem Raum hatte in den letzten 25 Jahren eine Landkonzentration stattgefunden. Große Kolonisationsfimen kauften, verkauften und raubten Land; sie betrieben Viehwirtschaft. Die Landkonflikte galten als nicht so zahlreich wie die in der südlich gelegenen Diözese Bacabal und hatten zudem in den 1990er Jahren abgenommen.

Industrien waren in diesem ausgesprochen ländlichen Raum unbekannt. Jedoch gab es einen außergewöhnlichen Ort im MA, **Alcântara,** an der Atlantikküste gegenüber von São Luís gelegen. Die frühere Hauptstadt des MA hatte in den 1980er Jahren als **Station für die Raumfahrt** Bedeutung erlangt. In der Anfangsphase war es zwischen der Raumfahrtbehörde und der Diözese zum Konflikt gekommen, da die Fischer vertrieben werden sollten. Erst aufgrund des Druckes der Diözese war ihnen eine Entschädigung gezahlt worden.

In den zwei Tagen meines Aufenthalts fiel mir eine große Bescheidenheit im Lebensstil der kirchlichen Mitarbeiter auf. Ein Bier im Kühlschrank wie anderenorts in Bischofs- und Pfarrhäusern gab es nicht, es schien in dieser Region ein Luxusgetränk. Gemüse und Obst baute man im eigenen Garten an. Die Wohn- und Arbeitsräume waren äußerst bescheiden. Aus praktischen und ökonomischen Gründen fuhr Bischof Ricardo mit dem Motorrad, seine Leidenschaft, wie er sagte. In den 19 Amtsjahren hatte er schon 170.000 km zurückgelegt. In keiner Diözese hatte ich bisher einen Bischof kennengelernt, der sich meist auf dem Motorrad bewegte und mich sehr beeindruckte.

Die 17.000 qkm und 420.00 Einwohner große Diözese mit 15 Pfarreien teilte sich in drei Sektoren auf mit je eigenen, gewählten Koordinatoren der Pastoral. In den 15 Pfarreien arbeiteten 30 Welt- und Ordenspriester sowie 50 Ordensfrauen. Der prozentuale Anteil von Katholiken an der Gesamtbevölkerung war in diesem Raum noch wesentlich höher als in den städtischen Zentren. Auch fielen mir nicht wie anderenorts zahlreiche Kultorte von Pfingstkirchen auf.

Diese geschlossen scheinende katholische Welt zeigte sich im Gespräch mit Pe. William und anschließend mit dem Diözesanen Koordinator für die Pastoral, **Pe. Ubirajara Ferreira**, in ihrem überraschend dynamischen Gesicht. Es gab verschiedene, lebendige Pastoralbereiche, vor allem Müttergruppen, Familienkreise und eine Kinderpastoral, die schon 1986 eingeführt worden war. Alle vier Jahre fand eine Diözesanvollversammlung statt, die jeweils die neuen Richtlinien der Pastoral festlegte, derzeit: die Ausbildung von *agentes de pastoral*, die Medienarbeit und die finanzielle Selbstständigkeit (*auto-sustentação*). Die Diözese hatte vor zwei Jahren eine Antenne zur Übertragung des Programmes von *TV Rede Vida* installiert. Im Radius von 20 km um Pinheiro konnten die Fernsehsendungen empfangen werden; sie galten insbesondere bei den „einfachen Leuten" als beliebt.

Pe. William legte Wert auf eine transparente Bilanz der monatlichen Ein- und Ausgaben: die Diözese lebte bis dahin von Projekthilfen aus dem Ausland, Spenden und freiwilligen Abgaben. Der Bischof gab seine Monatsrente von Reais 449 (Euro 83) in den Diözesanhaushalt ein. Einige Pfarreien hatten mit der Einführung des *dízimo* begonnen, ihre 10%igen Abgaben an die Kurie machten aber bisher nur einen geringen Teil der Gesamtausgaben aus. Zukünftig sollte ein Konzept zur größeren finanziellen Autonomie der Diözese entwickelt werden. So plante man unter der Mitarbeit des MEAC aus São Paulo (siehe S. 41f.) die Einführung der *Pastoral do Dízimo* in allen Pfarreien der Diözese.

Einen großen Kostenanteil bedeutete der Unterhalt von 20 Seminaristen in São Luís und die Gehälter der sieben Mitarbeitenden in der Kurie. Die monatlichen Gesamtausgaben betrugen im Oktober 1998 Reais 11.000 (Euro 2.033), laut Bilanz des exakt arbeitenden Pe. William. Diese Detailsicht empfand ich nicht als Zahlenklauberei, sondern vielmehr als Beleg dafür, wie arm die ländlichen Diözesen in diesem Teil Brasiliens am Ende des Millenniums noch waren und wie notwendig es sich zeigte, sie von außen zu unterstützen.

Einen besonderen Fokus legte die Diözese auf die Durchführung von **Volksmissionen**, *Santas Missões Populares (SMP)*, nach dem Konzept ihres Inspirators, Pe. Luis Mosconi. Sie erfreuten sich in Pinheiro wie in anderen Diözesen des MA und des gesamten NO großer Resonanz, sollten sie doch das Glaubensleben beleben, die Volksreligiösität wertschätzen, den Pastoralbereichen spirituelle Hilfen geben und nicht zuletzt die „Batterien" der Mitarbeitenden (*recarregar a bateria*) aufladen. Jede SMP stand unter einem eigenen Thema, das die jeweilige Pfarrei selber ausgesucht hatte. Die Vorbereitungsphase betrug sechs bis zwölf Monate. Die sieben Tage der *Grande Semana*, der Missionswoche, hatten ihren festgelegten Ablauf, der morgens um vier Uhr mit einer Prozession begann. Anschließend besuchten die in der Vorphase geschulten freiwilligen Mitarbeiter von Straße zu Straße die Häuser. Abends fand ein Gottesdienst statt und der Tag endete mit einem Fest aus dem Kontext der Volkskultur. Zum Tagesprogramm dieser Woche gehörte ebenso das Beten des Kreuzweges wie ein Tag von Stille in der Ewigen Anbetung. Nach der Durchführung der *Grande Semana* folgte die Phase der Nachbereitung mit Überlegungen zur Erneuerung der Pastoralbereiche. Sie hat in der Tat zur Verlebendigung beigetragen. Denn nicht selten zeigte sich nach einer erfolgreich durchgeführten SMP in einer Pfarrei, dass *lideres,* die sich zurückgezogen hatten, ihr Engagement in den jeweiligen Pastoralbereichen wieder aufnahmen, neue Führungskräfte sich meldeten und Jugendliche motiviert wurden, sich für Aufgaben ihrer Pfarrei einzusetzen. Als entscheidend für einen guten Verlauf sah man die Motivation der Pfarrer. In der Diözese hatten bisher acht von 15 Pfarreien Volksmissionen nach der Methode von Pe. Mosconi realisiert.

Das Besuchsprogramm in der Diözese sah auch Gespräche mit Pfarrern in Pinheiro vor, die an Projektgesprächen interessiert waren und eine Fahrt in die neue Kommune von **Central**, 1,5 Autostunden von Pinheiro entfernt. Der Abstecher war lohnend, denn der Pfarrer der **Pfarrei N. Sra. da Conceição, Pe. Gerson Marquez de Oliveira,** sprach sehr offen über immer noch latent vorhandene Vorurteile in der katholischen Bevölkerung gegenüber Menschen mit schwarzer Hautfarbe, zu denen er gehörte. Selbst schwarze Pfarrmitglieder hätten bisweilen *preconceitos*. In der traditionellen Vorstellung vieler Gemeindemitglieder herrsche noch immer ein Bild, dass ein Priester eine weiße Hautfarbe haben müsse und nur langsam würde sich dieses Bewusstsein ändern. Diesen lebendig wirkenden Diözesanpriester Pe. Gerson habe ich als sehr verantwortungsbewusst wahrgenommen und er hat meinen Blick für das Thema Rassismus in der Kirche für weitere Reisen geschärft.

Über den Bürgermeister dieser neuen, 9.000 Einwohner großen Kommune erfuhr ich von seinen wichtigen Gemeindeaufgaben, die er in Angriff nehmen wolle. Er hatte schon eine einfache wie zweckmäßige Müllabfuhr organisiert: sie wurde von Angestellten der Gemeindeverwaltung mit Handkarren durchgeführt, denn die Gemeinde hatte kein Geld, ein Müllfahrzeug zu erwerben. Die manuelle Müllsammlung bot vor allem armen Frauen die Chance zu einem monatlichen, wenn auch bescheidenen Gehalt. Auf diesem Hintergrund wunderte es nicht, dass die Sauberkeit auf den Strassen auffallend war. Wie ich später beim Durchfahren anderer Orte sah, hatten auch andere Kommunen dieses Modell von Handkarren-Nutzung übernommen.

Von Central fuhr ich am selben Tag nachmittags weiter in die benachbarte Pfarrei Divino Espírito Santo in Mirinzal. Dort hatte ich die seltene Gelegenheit im nahen **Frechal** eine **Quilombo-Siedlung** kennenzulernen. Die Quilombos gehen zurück auf die Kolonialzeit, sie waren die Fluchtdörfer der verfolgten schwarzen Bevölkerung gewesen. Diese Quilombo-Gemeinde setzte sich aus 75 Familien zusammen. Nachdem eine Musikgruppe uns drei Besuchern, D. Ricardo, den Pfarrer von Mirinzal und mir, zur Begrüßung ein Ständchen aufgespielt hatte, hörten wir dann im Gespräch mit den älteren Bewohnern des Quilombo von dem schweren, langjährigen Kampf bis zur Demarkierung ihres Landes im Jahr 1992. Die Diözese wie das *Sindicato dos Trabalhadores Rurais* (Gewerkschaft der Landarbeiter) hätten auf Seiten der Bewohner gestanden. Die politische Großwetterlage sei in dem Jahr wegen der Konferenz der Vereinten Nationen für Umwelt und Entwicklung in Rio de Janeiro günstig gewesen, da die Regierung Collor unter einem internationalen Druck gestanden hätte, meinten unsere Gesprächspartner. Die Besitzurkunde über ein Gebiet von 9.500 Hektar wurde den Bewohnern am 26.09.1992 übergeben. Welch ein Zeichen der Hoffnung in dieser Region!

Diözese Viana – Licht und Schatten

Auf den Reisen hatte sich bewährt, für den Besuch von Diözesen und Nachbardiözesen einen Plan in den jeweiligen Räumen zu entwickeln. Das ermöglichte leichteres Anreisen und entsprach dem wichtigen Kriterium der Gleichbehandlung von Partner-Institutionen. Meine Vorkenntnisse zu dem Bistum Viana waren äußerst dürftig, so dass mir auch der Zusammenhang seiner damals virulenten Konfliktlage völlig unbekannt war und sich erst allmählich und nur bruchstücksweise durch mehrere Gespräche erschlossen hat.

Dank einer Mitfahrgelegenheit im Fahrzeug von D. Ricardo war ich auf der Projektreise **1998** in dem 130 km entfernten Viana angekommen: einer Stadt mit 40.000 Einwohnern, einer 240 Jahre alten Geschichte und einem regen Marktgeschehen. Der Bischof von Pinheiro, dessen Wortkargheit mir bei Fragen nach der Nachbardiözese aufgefallen war, setzte mich im Bischofshaus ab und verabschiedete sich schnell – eine für mich irritierende Situation, zumal D. Ricardo von 1995 bis 1998 die Aufgabe des Apostolischen Administrators wahrgenommen hatte. So kam ich also ohne Vorinformationen in Viana an. Auch die drei Priester, die kurz ihre Projekte in ihren Pfarreien besprechen wollten, zeigten sich an dem Vormittag sehr wortkarg.

Eine erste Orientierung war für mich das Telefonat mit D. Xavier Gilles de Maupeau D´Ableiges, dem neu ernannten, mir schon bekannten früheren Weihbischof von São Luís. Er war erst wenige Tage zuvor nach einem schweren Autounfall in seiner neuen Diözese operiert worden, weshalb wir nur kurz miteinander sprachen. Nach dem Telefonat, in dem ich von dem verwahrlosten (*abandonado*) Zustand des Bischofshauses bei Amtsantritt von D. Xavier erfahren hatte, wurde mir klar, dass es in der Diözese ein dickes *abacaxi*, also eine schwierige Konfliktlage, gegeben haben musste.

Wie dieser Konflikt aussah, eröffnete sich mir im Gespräch mit der Köchin von D. Xavier und einer älteren, in der Kurie tätigen Ordensschwester. Im

Gegenteil zu der sehr verhaltenen Ordensfrau erzählte die Köchin beim Mittagessen redefreudig aus der Vergangenheit der Diözese in der 20-jährigen Amtszeit von **D. Alberto Paulo da Silva** (1975-1995). Sie, eine couragierte Frau aus dem Volk, war zusammen mit D. Xavier erst vor wenigen Tagen neu nach Viana gekommen und hatte in der Stadt von kursierenden Gerüchten über den früheren Bischof gehört: Offensichtlich galt dieser als ein Sympathisant der Militärs, stand der Befreiungstheologie kritisch gegenüber und im Konflikt mit denjenigen Ordenspriestern und Ordensfrauen, die seine Meinung nicht teilten. Neben den kircheninternen Differenzen kursierten unter den Bewohnern von Viana weitere Themen wie Verkauf und Schenkung von Patrimonien, Verschwinden kunsthistorischer Gegenstände und Geschichten über den Lebenswandel des Oberhirten. So war dieser zu einem Skandal in der Bevölkerung geworden. Viele Menschen hätten sich damals wegen ihres Bischofs und ihrer Kirche geschämt, meinte die Köchin.

Erst Tage danach eröffnete sich mir in einem Schlüsselgespräch mit dem Sekretär der Regionalstelle der CNBB, Pe. Ivo Ritter, ein etwas klarerer Blick auf die Ereignisse in der Diözese Viana, denn er war in der Diözese in den 1980er Jahren Koordinator der Pastoral während der Amtszeit von D. Adalberto Paulo da Silva gewesen. Pe. Ivo erinnerte, wie der Bischof bereits bei seiner Amtseinführung zwei Generäle eingeladen hatte, was zu einem Schock in der Bevölkerung führte, denn es hatten schon schwere Landkonflikte in der Region begonnen. D. Alberto galt zudem als energischer Gegner der Landpastoral, der *Pastoral da Terra*. Die oppositionellen Priester kritisierten den autoritären Führungsstil des Bischofs, seine Neigung, Priesterweihen bei Kandidaten vorzunehmen, die anderenorts abgewiesen wurden sowie im Ausland zahlreiche Anträge zu stellen. So polarisierte sich der Klerus zunehmend. Die Gruppe der kritischen Priester veranlasste eine Unterschriftaktion gegen den Diözesanverantwortlichen und übergab sie dem Präsidenten des Regionals, dem Erzbischof von São Luís, wie dem Nuntius in Brasília. Der Diözesanbischof startete eine Gegenaktion mit den Unterschriften der Priester, die sich ihm verpflichtet fühlten und die ihm zum Verhängnis wurde. Der Nuntius veranlasste daraufhin seine Versetzung zum Weihbischof in Fortaleza, wo D. Adalbertos Seelsorgseinsatz beschränkt wurde auf zwei Krankenhäuser und zwei Friedhöfe. Der Oberhirte hatte sich lange dagegen gewehrt, Viana zu verlassen, jede Anschuldigung zurückgewiesen und sich auf das Kanonische Recht berufen. Den kritischen und sozial engagierten Priestern hatte es an konkreten Beweisen gefehlt, weshalb sich die Konflikte so lange hinzogen. Mir ist bewusst, dass die hier wiedergegeben Gespräche nur Teilaspekte des komplexen Problemzusammenhangs wiedergeben. Bis heute bleiben mir viele Fragen dieses *abacaxi* offen.

Über dieses Schattenkapitel der Diözese Viana mit ihrem Altbischof sollen die verschiedenen Stationen, die ich in den zwei Tagen meines Aufenthalts in dem Bistum machte, nicht vergessen werden (Santa Inês, Santa Luzia, Alto Alegre do Pindaré und Pindaré-Mirim). In den vier Pfarreien arbeiteten Ordensleute der Kongregation Sagrado Coração de Jesus. Während dieser Besuche erlebte ich zu meiner Freude kontrastvoll starke Lichtseiten in der Diözese. Im 110 km von Viana entfernten **Santa Inês** (Stadt und Pfarrei mit gleichem Namen) war der Pfarrer, **Pe. Mario Mestri,** neben der Seelsorge in der dichtbevölkerten Pfarrei, auch Ökonom der Diözese, ein enger Vertrauter des neuen Bischofs D. Xavier. Er hatte den Auftrag, mich in den folgenden zwei Tagen zu begleiten.

Die vor 30 Jahren gegründete Stadt Santa Inês zählte als Einkaufsmetropole und Verkehrsknotenpunkt 1998 schon 80.000 Bewohner. In ihr kreuzen sich die beiden großen Bundesstrassen von São Luís nach Belém und von Teresina nach Imperatríz, ebenso ist sie Station der Carajás-Eisenbahn. Der als intelligent und integer geltende Bürgermeister hatte viele Pläne zur Entwicklung seiner Stadt, sorgte für Hygiene wie eine funktionierende Müllabfuhr, investierte in den Schul- und Gesundheitsbereich, nicht zuletzt gab er sich Mühe, die Korruption einzudämmen. Im Vergleich zum verschlafenen Pinheiro fühlte ich mich wie auf einem anderen Stern: das Stadtbild geprägt von quirligem Leben, schönen Hotels, gemütlichen *barzinhos* und Diskotheken.

Für den Maranhão schienen mir das Hoffnungszeichen einer neuen politischen Kultur und Partizipation der Zivilgesellschaft. In der Region um Santa Inês prallten zwei Welten aufeinander: das feudale, von der Oligarchie geprägte ländliche Leben des Nordostens und das moderne Brasilien. Neben archaischer Landwirtschaft gab es technisch hoch ausgestattete, große Fazendas im Stil des Agrobusiness, die überwiegend Viehwirtschaft betrieben. Im Stadtbild von Santa Inês sah man an der Peripherie Lehmhütten und gleichzeitig Siedlungen des sozialen Wohnungsbaus mit ausreichender Infrastruktur (Licht und Wasser).

Die Pfarrei unterhielt ein gut funktionierendes Gemeinderadio mit täglich vierstündigen Programmen zur Evangelisierung. Engagierte Laien, vor allem Jugendliche, gestalteten die Sendungen. Auch die Pfingstkirchen waren zur Mitarbeit eingeladen; nicht ganz uneigennützig, da man sie auf diese Weise davon abhalten wollte, ein eigenes Radio aufzumachen.

Das vor 10 Jahren erstellte Ausbildungszentrum (u.a. mit einer Hilfe von Adveniat) hatte eine Übernachtungskapazität für 80 Personen. Es war zweckmäßig und schön zugleich geworden, und wurde ebenso für Kurse auf regionaler Ebene benutzt. Interessant ist, dass die Bildungseinrichtung eine Spende von der Eisenerzmine CVRD zur Ausstattung von Fußböden in den Schlafzimmern erhalten hatte ebenso wie für den Bau eines Kindergartens in der Pfarrei. (In der Zeit vor der Privatisierung musste die Eisenerzmine acht Prozent ihres Gewinns für gemeinnützige Projekte abgeben). Der Pfarrer sah solche Geschenke eines Social Sponsoring zwiespältig, sie bargen auch die Gefahr von Bestechlichkeit, wie er meinte. Dennoch, für ihn war wichtig, Kontakte mit Menschen aller Bevölkerungsschichten zu pflegen, jedoch sah er die Evangelisierung der wohlhabenden Elite als ein schwieriges Kapitel.

Am folgenden Tag begegnete ich in der 40 km von Santa Inês entfernten **Pfarrei Santa Luzia** im gleichnamigen Ort **Santa Luzia** den früheren nationalen Verantwortlichen der Jugendpastoral, **Pe. Vilsom Basso**, wieder – wir hatten uns 1997 beim Basisgemeindetreffen gesprochen. Pe. Vilsom bildete mit zwei Ordenspriestern seiner Kongregation Sagrado Coração de Jesus das Seelsorgeteam dieser räumlich sehr ausgedehnten und von der Landwirtschaft auf Subsistenzniveau geprägten Pfarrei mit 130 *comunidades*. Für die engagierten Ordensleute bedeuteten die Vielzahl der Gemeinden und die Armutssituation der Bevölkerung die größte Herausforderung. Ein drängendes Problem war zudem der Mangel an sauberem Wasser. Die Missionare regten deshalb in den Dörfern die Bevölkerung zur Gründung von Nachbarschaftsvereinigungen (*Associações de Moradores*) an, um ihre Rechte auf eine ordentliche Wasserversorgung und Müllabfuhr einzufordern.

In der Sozialpastoral legte die Pfarrei einen Schwerpunkt auf die *Pastoral da Criança* und auf die Gesundheitserziehung in den *comunidades*, für die hauptamtliche Mitarbeiterinnen eingestellt wurden. Eine Gemeinschaft von Franziskanerinnen arbeitete in einem Pionierprojekt der Alternativmedizin.

Mit den *animadores* und *animadoras* der Gemeinden (letztere machten 40% aus) fanden regelmäßige Treffen statt; für diese Zielgruppe wurden etliche Kurse angeboten. Das gut geführte, schlichte Ausbildungszentrum war deshalb wegen vieler Weiterbildungsveranstaltungen für Ehrenamtliche der Pastoral, den *agentes de pastoral,* ständig belegt.

Innovatorisch empfand ich die Arbeit mit den alle zwei Jahre konzipierten Pastoralplänen und die Überlegungen zum *dízimo,* der ernsthaft angegangen wurde. Da die arme bäuerliche Bevölkerung monetär nur begrenzt beitragen konnte, spendeten die Pfarrmitglieder Naturalien wie Reis oder Geflügel, deren Verkaufserlös den Pfarrausgaben zu Gute kam. Der Reis wurde in Säcken in einem Schuppen bis zu dem Zeitpunkt im Jahr gelagert, wo er den besten Preis erzielte.

Meine letzte Station an dem Tag war die von Santa Luzia 60 km entfernte **Pfarrei São Francisco de Assis** in **Alto Alegre do Pindaré.** Auch dieser Besuch bei den Padres do Sagrado Coração de Jesus war sehr interessant, vor allem auf dem Hintergrund meiner früheren Mitarbeit an der Vorbereitung des Runden Tisches im Jahr 1995. Der Landkreis zählte 40.000 Einwohner, von denen 5.000 im Dorf lebten. Die nicht asphaltierte Strasse mit ihren vielen Schlaglöchern befand sich in einem sehr schlechten Zustand – in der Regenzeit musste es eine Abenteuerreise sein. Erleichterung verschaffte der **Passagierzug** der **CVRD.** Er brauchte für die Fahrt zwischen Santa Luzia und Alto Alegre de Pindaré nur 45 Minuten, fuhr jedoch nur alle zwei Tage. Der Einrichtung dieses Zuges zur Personenbeförderung auf der Strecke von Carajás nach São Luís war jedoch ein langer Kampf mit dem Betreiber der Eisenerzmine voraus gegangen, wie die Padres berichteten. Denn in der ursprünglichen Planung des *Projeto Grande Carajás* (siehe S. 274ff.) war nur der Güterverkehr vorgesehen. Mir wurde hier vor Ort in Alto Alegre do Pindaré noch einmal deutlich, wie dieses umfangreiche Entwicklungsprojekt völlig über den Köpfen der lokalen Bevölkerung hinweg geplant worden und wie notwendig dieser Runde Tisch gewesen war. Meine beiden Gesprächspartner, **Pe. José Angelo Figueira und Pe. João Back**, sprachen auch von einem Unfall, den der Personenzug im Jahr 1997 gehabt hatte. Der Verlautbarung der CVRD nach waren damals fünf Menschen gestorben. Die lokale Bevölkerung zählte jedoch 20 Tote. Entschädigungen seien nicht ausgezahlt worden! In dem Gespräch machten die Ordensleute ebenso deutlich, dass nach der Privatisierung der CVRD die Situation für die Arbeiter ungünstiger geworden sei. Zudem kursierten Gerüchte, dass der Personenzug wieder eingestellt werden sollte.

Erfreulicheres gab es von der Kommunalpolitik zu berichten. Der Bürgermeister gab sich Mühe, für öffentliche Gesundheit und Erziehung Finanzmittel einzusetzen, zudem ließ er Brunnen bauen und in den Gemeinden öffentliche Telefone installieren. Er suche den Kontakt zur Pfarrei, so die Missionare.

Diese wiederum konnte viele Aktivitäten vorweisen. In der Pastoral legte sie einen Schwerpunkt auf die Bibelarbeit und die Familienkatechese. Der Pfarrer, Pe. José Angelo, hatte früher im Direktorium des CEBI mitgearbeitet und an einem sechsmonatigen Bibelintensivkurs teilgenommen. Er machte sich aktuell Gedanken zur Gestaltung eines Alphabetisierungskurses mit Hilfe des Mediums der Bibel.

Als ein weiteres Aufgabenfeld wurde die Radioarbeit gesehen. Das Gemeinderadio stellte eine wichtige Kommunikationsverbindung zu den 58 *comunidades* dar. 1997 begonnen, sendete dieses Medium täglich ein vierstündiges Programm zur Evangelisierung. Die Aktivitäten ruhten ausschließlich auf dem ehrenamtlichen Engagement von Laien, darunter – wie anderenorts – viele Jugendliche. Der Besuch in der Lehmhütte, wo sich die „Studios" befanden, war sehr beeindruckend. Ein Jugendlicher führte gerade durch seine Sendung – wie ein professioneller Programmgestalter des WDR! Sein Einsatz schien ihm Spaß zu machen. Auf meine Nachfrage nach der Freizeit, die er opfern würde, winkte der junge Mann nur ab. Für ihn war es selbstverständlich, sich für seine Pfarrei einzusetzen.

Die Pfarrei unternahm wie die Nachbarpfarreien Anstrengungen zur Einführung des *dízimo*, weshalb eine Projektanfrage an Adveniat gestellt werden sollte, die wir besprachen. Im Mai 1998 hatte ein Mitarbeiter des MEAC schon Vorträge über das Selbstfinanzierungsmodell gehalten. Neben vergangenen Projekthilfen aus Essen erhielt diese gut organisierte und konzeptionell arbeitende Pfarrei auch Zuwendungen aus einer deutschen **Partnerpfarrei** in **Grevenbroich,** worüber man sich sehr freute und das Prinzip der Transparenz gegenüber den deutschen Finanzgebern überzeugend einhielt. Nach diesem Besuch war offensichtlich, wie notwendig die Förderung von mehreren Seiten für diese *parroquia missionaria* war.

Auf der Rückfahrt von Alto Alegre do Pindaré nach Santa Inês am Abend des 21.11.1998 sprach ich meinen Begleiter, Pe. Maro Maestri, auf die vielen **Waldbrände** an, die in der Jahreszeit der Trockenheit hier wie an so vielen Orten im Amazonasraum gelegt werden. Nach den Ausführungen des Missionars war dieses Vorgehen im Bewusstsein der Kleinbauern ganz normal. Ihren Vorstellungen nach musste der Wald brennen, damit Neues wachsen konnte. Neben dem kulturellen Muster kam die praktisch-ökonomische Sichtweise hinzu, weil die Brandrodung die billigste Art bedeutete, den Urwaldboden zu säubern. Manchmal war für P. Mario auch pure Unachtsamkeit wie das Wegwerfen eines Zigarettenstummels oder gar reine Wut gegenüber dem Feind Auslöser für ein Feuer. Auf dieses ökologische Problem hatte ich einen Tag zuvor im Telefonat auch Bischof Xavier angesprochen. Nach seiner Ansicht war das gravierendere Vorgehen das **Halten von Büffeln** in der Region der Baixada Maranhense. Die Tiere würden sich wie große, wilde Schweine verhalten und den Boden zerstören. Die Haltung von *buffalos* war für die Großgrundbesitzer aus ökonomischen Gründen lukrativ. Für D. Xavier stand fest, dass sie aus ökologischen Gründen verboten werden müsste.

Am anderen Tag war die Anreise zu der letzten **Pfarrei S. Pedro Apóstolo in Pindaré-Mirim** von meinem Quartier in Santa Inês in einer halben Autostunde schnell zu bewältigen. Die Region war gekennzeichnet von überwiegend Großgrundbesitz. Auch hier sah ich während der Autofahrt viele Waldbrände. Diese 1942 gegründete Pfarrei umfasste zwei Landkreise mit ca. 30.000 Einwohnern und 51 organisierten *comunidades*. Die beiden Seelsorger schätzten den Anteil der katholischen Bevölkerung bei 90 %, der Einfluss der Pfingstkirchen galt als gering.

In den Gesprächen mit den beiden Priestern wurde deutlich, dass es sich um eine sehr lebendige, konzeptionell arbeitende Pfarrei handelte. Seit 1996 hatte man mit dem Evangelisierungs-Projekt *Rumo ao Novo Milénio* begonnen und lehnte sich in der Umsetzung ganz an den Entwurf der CNBB. Auch stand man in der Vorbereitung der *Santas Missões Populares (SMP)*. Allein 500 Laien engagierten sich und besuchten als geschulte *missionários/as* zweimal im Monat die Familien. Diese Hausbesuche waren immer thematisch fokussiert, die Themen waren beispielsweise Jesus Christus, die Kirche, die Gemeinde.

Neben der großen Anzahl der *missionários/as* der SMP engagierten sich 150 Katechet:innen in der Pfarrei. Seit 1997 wurde – wie in den Nachbarpfarreien – ein Gemeinderadio installiert. Natürlich fehlte in solch einer aktiven Pfarrei nicht die intensive Dízimo-Bewusstseinsarbeit. Für die beiden Ordensleute stand jedoch fest, dass der Weg der Kirche zur Eigenfinanzierung über die Evangelisierung gehen müsse – und sie müsse den Weg einer Kirche der Armen gehen, mit der sich die Bevölkerung identifiziere.

Diese Rundreise durch die Pfarreien an den zwei Tagen war für mich sehr informativ und beeindruckend. Die Herz-Jesu-Priester erlebte ich an allen Orten engagiert, nahe bei den Menschen, vom Geist Jesu beseelt. Mich versöhnte diese Erfahrung nach dem anfänglichen Schock über das vergangene Wirken des früheren Bischofs.

Diözese Brejo – Gesundheit für Leib und Seele

Brejo, meine letzte Station auf dieser Rundreise 1998 im Landesinneren des MA, erreichte ich von Santa Inês aus nach einer sechsstündigen, 350 km langen Autofahrt, bei der mich an einem verabredeten Verkehrsknotenpunkt der Bischof von Brejo, **D. Valter Carrijo**, abholte. Die Strasse war gut asphaltiert, so dass wir die Bischofsstadt im Osten des MA im Grenzgebiet mit dem Bundesstaat Piauí problemlos erreichten. D. Valter, ein Ordensmann aus Minas Gerais, war mir von einem Besuch in der Geschäftsstelle bekannt wie auch seine Mitarbeiterin Elisabeth Müller, frühere Gemeindereferentin aus der Diözese Aachen.

Die Kleinstadt Brejo mit 32.000 Bewohnern, 140 Jahre alt, wirkte ähnlich verschlafen wie Viana, jedoch fielen die große Kathedrale und die *Praça* auf, ein Stadtbild, das seinen portugiesischen Kolonialstil behalten hatte.

Bedeutender als Brejo war die benachbarte Stadt Chapadinha mit 65.000 Einwohnern. Die einzige Industrieansiedlung befand sich in der Kleinstadt Coelho Neto, am Fluss Parnaiba gelegen. Die dortige Zellulose- und Zuckerfabrik beschäftigte 2.000 Arbeiter. Nach Meinung von D. Valter wurden durch den intensiven Zuckerrohranbau und die großen Eukalyptus-plantagen viele ökologische Probleme verursacht.

Mein zweitägiger Aufenthalt konzentrierte sich auf Projektgespräche mit dem Bischof über laufende Anliegen aus Pfarreien der Diözese und einen intensiven Austausch mit Frau Müller. Die Diözese, 1971 gegründet, zählte 16 Pfarreien, von denen 1998 fünf unbesetzt waren. Wegen des Priestermangels hatte D. Valter selbst die Seelsorge der Kathedralpfarrei übernommen. Diese für eine Kleinstadt erstaunlich große Kirche neokolonialen Stils – markanter Mittelpunkt – war vor 50 Jahren mit großzügigen Spenden reicher Bürger erstellt worden, die von ihren Wohnorten in Rio de Janeiro oder São Paulo aus weiterhin ihre Heimatpfarrei unterstützten, mit sporadischen Besuchen ihrer Großgrundbesitztümer in der Region.

In den 11 durch Priester besetzten Pfarreien arbeiteten drei portugiesische Seelsorger und Ordensleute der Salvatorianer, überwiegend aus Südbrasilien stammend. Diese Diözese hatte noch eine traditionelle Prägung, wie sie mir schon wenige Jahre zuvor von Frau Müller bei Gesprächen in Essen geschildert worden war. Was fehlte, waren Impulse für eine neue Pastoral, auch gab es kein eigentliches Bildungszentrum, wohl ein diözesanes Exerzitienhaus mit einer Kapazität für 100 Personen, das sehr vernachlässigt und unaufgeräumt wirkte.

Der Bischof selbst lebte sehr bescheiden. Seine „bischöfliche Residenz" war in einem alten Schulgebäude untergebracht. Der Büroraum war gleichzeitig Kurie, eine Sekretärin gab es nicht, er übernahm seine Schreibarbeiten selber. Erlebt habe ich den stillen Oberhirten im Frühgottesdienst in der Kathedrale, wo es ihm trotz spärlichen Besuchs ein Anliegen war, die Worte des Evangeliums in seiner Tiefenschau zu erhellen. D. Valter war der Meinung, dass mit den Möglichkeiten vor Ort gearbeitet werden müsse und Grenzen zu akzeptieren seien. Er machte deutlich, dass er sich nicht als Verwalter und Planer verstehe, der große Projekte in Angriff nehmen müsse.

Neue Impulse in dieser Diözese setzte die deutsche Pastoralmitarbeiterin **Elisabeth Müller**. Die 58-Jährige war als AGEH-Fachkraft wenige Jahre zuvor in die Diözese gekommen. Sie hatte die Option getroffen, ihre letzten Berufsjahre in der Welt der Armen von Brejo zu leben – ein überzeugender Lebens- und Arbeitsentwurf. Eindrucksvoll, was sie in wenigen Jahren im Gesundheitsbereich der Stadt und des Landkreises Brejo auf die Beine gestellt hatte: so den Heilkräutergarten in diözesaner Trägerschaft, in dem ein Team von 10 Frauen Beete mit 32 verschiedenen Heilkräutern angelegt hatte und in einem kleinen Labor unter Anleitung der naturheilkundigen Gemeindereferentin Medizin selber herstellte. Ihr weiteres Aktionsfeld waren Ausbildungskurse, in denen Frauen aus den Stadtrandvierteln in Behandlungsmethoden für Massage unterrichtet wurden und die seelsorgliche Betreuung von *comunidades* im Umfeld der Stadt Brejo.

Frau Müller bewältigte ein enormes Arbeitspensum. Sie, selber durch schwere Krankheiten gegangen, hatte neben ihrer Gabe des Heilens ein großes Wissen erworben in der Naturheilmedizin tropischer Heilkräuter. In den zwei Tagen meines Besuchs wurde ich Zeugin ihrer medizinischen Konsultationen, die sie regelmäßig für kranke Menschen anbot – einige Krankheitsschicksale waren sehr ergreifend. Die Armen verstanden ihren direkten Kommunikationsstil und ihr portugiesisch mit dem unüberhörbar deutschen Akzent. Elisabeth Müller war zu einer Führungsperson in der Stadt geworden, von den Armen geliebt, vom Apotheker und Privatmediziner auf der Strasse jedoch nicht mehr gegrüßt.

Diözese Zé Doca – Wiederbelebung von Landwallfahrten

Das Bistum, dessen Gebiet sich wie ein Schlauch im Nordwesten des MA bis zur Atlantikküste hinzieht, besuchte ich im Jahr **2006**. In sechs Autostunden war die Bischofsstadt Zé Doca von São Luís aus dank der neu asphaltierten Teilstrecke auf der BR 316 leichter erreichbar. Jahre zuvor bedeutete die Anfahrt je nach Witterung hohen zeitlichen und kräftemäßigen Aufwand. Die geographische Isolation mag 1961 bei Gründung der **Prälatur Cândido Mendes** ein Grund gewesen sein, den Sitz dieses Gebiets von 35.000 qkm Ausdehnung zunächst in die Kleinstadt am Atlantik zu legen. 1983 wurde dann die Prälatur – eine Abtrennung vom Bistum Pinheiro – zur Diözese ernannt und 1991 der Bischofssitz von Candido Mendes nach Zé Doca verlegt und die Diözese entsprechend in „Zé Doca" umbenannt.

Neben dieser historischen Besonderheit ist mir vor allem in Erinnerung geblieben, dass diese Binnenlanddiözese in einer sehr armen, ländlichen Region ohne Industrieansiedlungen lag – geprägt von landwirtschaftlichen Großbetrieben und kleinbäuerlicher Subsistenzwirtschaft. Wie in anderen Gegenden sah ich viele Babaçu-Nußknackerinnen, in der Regel Mütter mit mehreren Kindern, die ihren Haushalt allein bestritten – die Bezahlung von 0,60 Real (Euro 0,36) pro Kilo war reine Ausbeutung, zumal die Frauen die Nüsse selbst sammeln mussten. Über welch eine innere Stärke sie verfügten, wurde mir in einem Gespräch am Wegesrand mit einer selbstbewussten *quebradeíra de coco babaçu* deutlich. Sie berichtete über ihr Leben mit dem Hauptziel, dass ihre Kinder eine weiterführende Schule besuchen konnten. Dank harter Arbeit beim Babaçu-Brechen und eisernen Sparens hatte sie vor kurzem für ihr bescheidenes Steinhäuschen einen Anschluss an die Energieversorgung bekommen. Die Stadtverwaltung hatte das Projekt *Luz para todos* entwickelt, das Kleinbauernfamilien elektrische Anschlüsse zu günstigen Konditionen anbot – ein kleiner, aber wichtiger Schritt zur Verbesserung der Lebensbedingungen der armen Bevölkerung.

Im Gespräch mit dem seit zwei Jahren ernannten Bischof, **D. Carlo Ellena,** einem italienischen Fidei-Donum Priester aus der Erzdiözese Turin, erfuhr ich vom besonderen Charakteristikum dieser Diözese, die mehrheitlich einen einheimischen Klerus vorweisen konnte. Von den 15 Diözesanpriestern, die in den 15 Pfarreien arbeiteten, waren nämlich 13 „*nativos*", zwei Priester stammten aus dem Erzbistum Turin. Die italienische Heimatdiözese zeigte sich nicht nur personell solidarisch, sie übernahm seit einigen Jahren ebenso die Kosten für die Studiengebühren, Verpflegung und Krankenversicherung der Seminaristen. Für den sympathischen italienischen Oberhirten bedeutete dieser finanzielle Rückhalt aus seiner Heimat eine große finanzielle Erleichterung.

In der Pastoral ging es D. Carlo vor allem um die menschliche und religionspädagogische Begleitung der hauptamtlich und ehrenamtlich sich einsetzenden Laien, daran lag ihm mehr als an einer „Pastoralplanung" – ein damals gern gesehenes Kriterium für die Projektförderung in Hilfswerken. Er hatte eine kleine Reihe von sechs Pastoralschriften herausgegeben: Basisinformationen zur Diözese; Orientierungshilfen für die Pastoralarbeit und für die Verwaltung in den Pfarreien; eine Gebetssammlung und ein Meditationsheft. Diese Reihe sollte thematisch noch ergänzt werden.

Bezogen auf die **Situation der Basisgemeinden** war D. Carlo der Ansicht, dass sie nicht mehr die Kraft und die Impulse wie früher hätten. Einen Grund sah er darin, dass die Laien heute (gemeint 2006) bevorzugt an Bildungs- und Weiterbildungsangeboten interessiert seien, um in den

Mitbestimmungsgremien der Zivilgesellschaft mitarbeiten zu können. Für den Bischof stand fest, dass die Wiederbelebung der CEBs weiterhin Ziel der Diözese sein müsse.

Deren schwindende Dynamik bestätigte in einem Gespräch auch eine *lider,* Führungskraft aus dem Kreis der Basisgemeinden. Sie war der Meinung, dass sich die politische Ausgangslage verändert habe. Wie sie hinzufügte, hätte ebenso die Fernseheuphorie der Menschen und die Anziehungskraft der *Telenovelas* das Interesse zum Erlahmen gebracht, in Gruppen der Pfarrei mitzuarbeiten.

Eine weitere Wiederbelebung sollte auch der Tradition von **Landwallfahrten** in der Diözese gelten. Nachdem sie 11 Jahre lang zum Erliegen gekommen war, hatte am 16.07.2006 eine neue *Romaria da Terra* mit 8.000 Teilnehmer:innen stattgefunden. Ihre Themen lauteten: Land, Wasser, Rechte und Große Projekte (*Grandes Projetos)* im Maranhão. Zukünftig sollte sie alle zwei Jahre stattfinden.

Als wichtig wurde in der Diözese auch das Bemühen um ein Bewusstsein gesehen, finanziell auf eigene Füße zu kommen. Den Pfarreien ging es darum, in ihren Gemeinden Kapellen möglichst mit Eigenmitteln zu errichten. Der *dízimo* wurde deshalb seit fünf Jahren in der Diözese thematisiert – auch hatte ein Ehepaar aus einer Pfarrei in São Luís in zwei Pfarreien (Cândido Mendes und Araguanã) Basisinformationen zur Durchführung des Prozesses vermittelt. Eine systematische Einführung des *dízimo* in allen 15 Pfarreien stand aber als notwendige Zukunftsaufgabe noch aus, so der Bischof. Zufällig erlebte ich dann im Gottesdienst des 1. Advents in der Hauptpfarrei Santo Antônio in Zê Doca das Wirken ihrer Arbeitsgruppe „Dízimo". Thema des Sonntags war die Evangelisierungskampagne der CNBB und der *dízimo* in der eigenen Pfarrei. Mich beeindruckten die selbstformulierten Gebete und die spirituelle Tiefe der zahlreichen Gruppenmitglieder. Das Team schien mir gut organisiert zu sein und überzeugend zu arbeiten. Welch eine erfreuliche, ungeplante Erfahrung in solch einer armen Gegend!

Eine Option für diese Region machten auch die **Lasalle-Brüder** aus der südlichen Provinz Porto Alegre/RS. 1994 hatte der Schulorden in Zê Doca das *Centro de Educação Popular* gegründet. Es bot Erwachsenen Kurse zum Abschluss der Grundschule an und Kindern der Grundschulklassen Nachhilfe-Unterricht. Dieser Förderunterricht galt vor allem Kindern, die auf der

Strasse lebten, und Kindern, die wegen der Kinderarbeit nicht zur Schule gehen konnten. Die erzieherische Arbeit des Zentrums wurde sogar von der Stadtverwaltung mitfinanziert. Wegen des Bildungsnotstands und der schlechten Infrastruktur im Bildungsbereich dieser Region überzeugte das Konzept, es war ein deutliches Engagement für die Region des Nordostens.

Eine beeindruckende Arbeit erlebte ich ebenso im 70 km von Zê Doca entfernten **Bom Jardim** bei den **Missionarias Filhas de Jesus Crucificado**. Die Kongregation arbeitete seit 30 Jahren in der Kleinstadt. Zur Gemeinschaft gehörten vier Ordensfrauen und fünf Postulantinnen, die in der Pfarrei São Francisco de Assis mitarbeiteten, Kindern Nachhilfeunterricht und Mittagstische anboten ebenso Informatikkurse oder Freizeitveranstaltungen für Jugendliche. Mit einer der Schwestern, der 60jährigen **Ir. Adélia Madeira Monteiro**, einer wachen, lebensklugen und politisch versierten Frau, ergab sich ein informatives Hintergrundgespräch über die sozialen und politischen Probleme der Region. Ir. Adélia, engagiert in der CRB, war Mitglied der örtlichen Bürgerräte für Gesundheit (*Conselho Municipal de Saúde*) und für Kinder und Jugendliche (*Conselho Municipal da Criança e Adolescente*). Ihrer Einschätzung nach hatte der Straßenbau große soziale Folgewirkungen (vermehrte Schwangerschaften bei Mädchen, Anstieg der Prostitution und des Drogenhandels). Zugenommen hätten auch gewalttätige Auseinandersetzungen in den Familien. Gewaltanwendungen sah Ir. Adélia als ein kulturelles Verhaltensmuster in der männlichen Bevölkerung. Deshalb laute ein gängiges Sprichwort in der Region: *homen se mata, mais não se bate* (Mann bringt sich um, aber er schlägt nicht).

In den 1980/90er Jahren zeigte sich aus Sicht der Ordensfrau das Problem der Gewaltanwendungen vor allem im politischen Kontext. Viele Kleinbauern seien von ihrem Land von *pistoleiros* vertrieben worden. Heute kämen wegen des geheimen Anbaus von Marihuana und der Auseinandersetzungen unter den Drogenbanden neue Akteure hinzu.

Lobend äußerte sich meine Gesprächspartnerin zu den Regierungsprogrammen der Regierung Lula *Fome Zero* (Programm Null Hunger) und *Bolsa Família* (Familienförderungsprogramm). Beide Programme würden in Bom Jardim gut umgesetzt. Auch erhielten Kleinbauern Gelegenheit, ihre Produkte an die Stadtverwaltung zu verkaufen, die die Nahrungsmittel an die Zielgruppe der bedürftigen Bevölkerung verteilte.

Einer der beiden Ordenspriester der **Franciscanos Conventuais, Frei Valadares**, zuständig für die Seelsorge der Pfarrei von Bom Jardin, berichtete ebenso über die sozialen und politischen Grundprobleme seiner Pfarrei. Er unterstrich die Beobachtungen von Ir. Adélia. Die Kleinstadt war wegen der Migration binnen weniger Jahre auf 15.000 Bewohner angewachsen. In der ausgedehnten, zwei Landkreise umfassenden Pfarrei, hatten sich 120 organisierte Gemeinden gebildet.

Das Problem des versteckten Anbaus von Marihuana war nach Meinung des Ordensmannes schwer zu kontrollieren, zumal die Felder von der Drogenmafia bewacht würden. Diese scheute sich nicht, den Handel mit Drogen auf dem Gelände indigener Dörfer abzuwickeln und damit die Bewohner für ihre verbotenen Geschäfte zu instrumentalisieren.

Ein Beispiel mangelnden Rechtsbewusstseins kam in der Begegnung mit Frei Valadares auch zur Sprache: ein Ehemann hatte in der Kleinstadt vor einer Woche seine Ehefrau kaltblütig umgebracht. Die Frau war depressiv geworden, weil ihr Mann sie seit einigen Monaten eingesperrt hatte. Seit der Mordtat lebte er, unbehelligt von Strafverfolgung, weiter in seinem Wohnhaus.

Reisen im Süden des Nordostens

Mit der Diözese Zé Doca beende ich meinen Rundgang durch die besuchten Diözesen der acht vorgestellten geographischen Räume des Landes. Im Folgenden werde ich Begegnungen und Eindrücke mit Partner:innen an weiteren vier Orten im südlichen Teil dieser ausgedehnten Region Nordosten vorstellen, die ich neben der Projektarbeit bei weiteren Aufgaben oder Anlässen kennenlernte. Da die Themen in kirchlich wie gesellschaftlich wichtigen Zusammenhängen stehen, ist mir ihre Darstellung ein besonderes Anliegen. Im Einzelnen handelt es sich um die Besuche **2004** in **Recife** beim Pastoralrat der Fischer, dem *Conselho Pastoral dos Pescadores* (CPP) sowie beim *Instituto Dom Hélder Câmara (IDHeC)*. Meine Gespräche und Begegnungen in **Salvador da Bahia** mit verschiedenen Projektpartner:innen gehen auf die Jahre **2000 und 2006** zurück. Nicht fehlen dürfen die Beobachtungen der Gedenkfeier der CNBB in **Porto Seguro** zur *Celebração dos 500 anos de Evangeli-*

zação do Brasil – einem historischen Ereignis im **April 2000**. Meine Aufzeichnungen der 24 Reisen im Zeitraum 1983 – 2007 beende ich mit einem Bericht des Aufenthaltes **2001** in der *Area Indígena Caramuru* im Munizip Pau Brasil beim *Volk der Pataxó Hã-Hã-Hãe*. Als orientierende Einrichtung stand mir für diesen Besuch das **Arbeitsteam Itabuna** des Indigenenmissionsrates **CIMI** zur Seite.

Recife: Wochenendseminar mit Verantwortlichen der Fischerpastoral des Nordosten II

In der Kirche Brasiliens erhielt seit 1968 – dank des Engagements des deutschen Franziskaners Alfredo Schnüttgen – die Zielgruppe der Fischer eine besondere Aufmerksamkeit. Diese zahlenmäßig starke Bevölkerung lebt entlang der Küstenregion von 7.491 km Länge. Der Aufenthalt 2004 in Recife ermöglichte es, mit dem Pastoralrat der Fischer – **Conselho Pastoral dos Pescadores (CPP)** – Kontakt aufzunehmen. Der Zeitpunkt war günstig, da an dem Wochenende in dem kleinen Bildungshaus der CPP ein Arbeitstreffen der verantwortlichen Führungskräfte der Region Nordosten II stattfand, wobei ich nicht schlecht staunte, dass von den 30 Teilnehmenden 1/3 weiblichen Geschlechts waren. Bis dahin war mir unbekannt gewesen, dass auch Frauen fischten und sich sogar aktiv im CPP und in Gewerkschaftsgruppen beteiligten.

Aus meiner Gastperspektive in der letzten Reihe hörte ich den Diskussionsbeiträgen und Berichten der Teilnehmer:innen aus den einzelnen Bundesstaaten mit großem Interesse zu, auch wenn ich nicht alle Beiträge unmittelbar verstanden habe. Später nach Abschluss des Treffens gab es aber Gelegenheit, mit dem Vertreter der nationalen Bewegung der Fischer, *Movimento Nacional dos Pescadores (MONAPE),* ein längeres Hintergrundgespräch zu führen. In den Ausführungen der Seminarteilnehmenden, die eine Bestandsaufnahme der aktuellen Situation der Fischer war, wurden folgende Probleme und Aufgaben deutlich: die Erneuerung der Statuten der staatlich eingesetzten Konföderation der Fischer (*Confederação dos Pescadores);* eine Protestnote an den Präsidenten der Konföderation, der zum vorausgegangenen Treffen der CPP gar nicht gekommen war; die Forderung an die

Umweltschutzbehörde IBAMA nach neuen Laichgebieten zum Schutz des Fischbestandes. Auch wurde die ökologische Notwendigkeit der Einrichtung von Naturschutzgebieten vorgetragen wie die Mobilisierung zur Durchführung einer Konferenz über den Fischfang, vor allem aber die Beteiligung der Fischer:innen in den Bürgerräten (*Conselhos*).

Interessant war die Begegnung der Seminarteilnehmer:innen mit dem Verantwortlichen der IBAMA, der im Laufe des Treffens hinzukam. Die Fischer zeigten ihm gegenüber eine kritische Sympathie, machten aber deutlich, dass sie bei der Schaffung neuer Naturschutzgebiete ein Wort mitreden möchten. Der junge Vertreter der Umweltschutzbehörde erschien mir wie die Stimme einer neuen, politischen Führungsschicht aus dem Umfeld der PT (Partido dos Trabalhadores), der seine Zielgruppe ernst nahm. Es war erfahrbar, dass mit der PT und der Regierung Lula ab 2003 ein politischer Aufbruch begonnen hatte.

Auf diese neue politische Kultur war ich vor allem aufmerksam geworden im Gespräch mit **Antônio de Aquino Barros**, dem Vertreter der nationalen Bewegung der Fischer, *MONAPE*. Aufgefallen war er mir während des Seminars durch seine wache Präsenz. Dank der langen Wartezeit auf den Bus in seinen Heimatort José de Freitas – 24 Busstunden von Recife entfernt – hatten wir die Gelegenheit zu einem intensiven Gesprächsaustausch. Er stellte sich zusätzlich als Koordinator des Netzwerk *Rede Povo do Mar* und Präsident der Vereinigung aller regionalen Gewerkschaften der Fischer, *SINDPESCA*, heraus, der als überzeugender Repräsentant seiner Berufsgruppe seit längerem mit verschiedenen Morddrohungen leben musste.

Bemerkenswert war auch sein Rückblick auf das Fischereiwesen in der Kolonialzeit, als die Fischer in sklavenabhängigen Verhältnissen lebten. Sie waren der Marine unterstellt – bis im Jahr **1881** gegen diese der **Befreier der Fischer, *Dragão do Mar*** genannt, erfolgreich eine Revolution angeführt hatte. Deshalb feiern die Fischer und ihre Familien bis heute den 27.11.1881 als Tag ihrer Befreiung.

Die portugiesischen Kolonisatoren hatten in der Vergangenheit die regionalen Verbände der *Colônias dos Pescadores* gegründet. Der staatliche Zusammenschluss nennt sich seither *Confederação dos Pescadores* und die Statuten seien schon sehr alt, so Herr Barros, weshalb die Fischer:innen um deren Erneuerung kämpfen würden. Gleichzeitig hätten die Verbände vor vier Jahren auch ein eigenes Syndikat gegründet und sich dem Zusammenschluss der freien Gewerkschaften CUT angeschlossen, allein im Bundesstaat Piauí seien von den 20.000 Fischer:innen 76% Mitglied des neuen Syndikats.

Bezogen auf die neue Regierung Lula sah Antônio mit der Einrichtung des Sekretariats für Landwirtschaft und Fischfang (*Secretaria Especial de Agricultura e Pesca*) einen wesentlichen Fortschritt. Die Fischer:innen hätten jetzt endlich in der Regierung eine Anlaufstelle, um ihre Probleme vorbringen zu können.

Der 56jährige Antônio, aus ärmsten Verhältnissen einer kinderreichen Familie stammend und bei Ordensfrauen aufgewachsen, war Fischer seit seinem 16. Lebensjahr. Sein Lebensideal, sich für die Rechte der Fischer:innen einzusetzen, wurde getragen durch die eigene Familie mit drei Kindern, den Verzicht auf Rauchen und Trinken und nicht zuletzt, wie er sagte, durch ständige Weiterbildung und das Vertrauen auf die Mutter Gottes.

RECIFE: BESUCH IM INSTITUTO DOM HÉLDER CÂMARA – DEN NACHLASS VERWALTEN

Einführende Bemerkungen

Während meiner 24jährigen Referentinnentätigkeit hatte sich nie eine institutionelle Gelegenheit ergeben, die Erzdiözese in der Amtszeit D. Hélders (1964 bis 1985) zu besuchen. Denn der Bundesstaat Pernambuco gehörte nicht zu meinem Aufgabengebiet und für uns Länderreferent:innen war es selbstverständlich, unsere „Territorien", d.h. die geographischen Einzugsbereiche, gegenseitig zu respektieren und uns nicht „einzumischen". D. Hélder Câmara, dieser Mann von kleiner Gestalt und großer Ausstrahlung, war mir indessen im Laufe der Jahre immer mehr zu einem inneren Begleiter geworden. Ich liebte seine mitternächtlichen Meditationen[12], in schwierigen Momenten waren sie mir eine Orientierung. Vorträge und Seminartätigkeiten gaben mir Anlass, mich näher mit seiner Biographie, seinen Schriften und seinen bedeutenden Impulsen für die Kirche in Brasilien wie Lateinamerikas zu beschäftigen. Schließlich lernte ich einige seiner engsten Mitarbeiter näher kennen und nutzte jede Gelegenheit, mehr über das Wirken dieses großen, prophetischen Kirchenmannes in Erfahrung zu bringen. Um so dankbarer bin ich bis heute, D. Hélder ein Jahr nach seiner Emeritierung 1986 zufällig in der Kantine der CNBB in Brasilía begegnet zu sein, als er auf unseren Tisch zukam und seine früheren Mitstreiter in Recife begrüßte (siehe auch S. 145). Seine Zugewandtheit mit den von tiefer Trauer gezeichneten Augen bleiben mir unvergesslich...

Fünf Jahre nach dem Tod des Erzbischofs (gestorben am 27.08.1999) im Jahr **2004** kam ich dann doch in offizieller Rolle nach Recife, als ich am 20.12. beim Instituto Dom Hélder Câmara einen Projektbesuch machte. Während des ganztägigen Aufenthalts ging es um das Anliegen einer Förderung der wissenschaftlichen Arbeit an der Herausgabe des Gesamtwerks des verstorbenen Erzbischofs. Es ergab sich die Gelegenheit zu einem ausführlichen Gespräch mit dem Koordinator des Projekts, dem **Historiker Prof. Marques** sowie dem holländischen Lazaristen **Pe. Jõao Pubben**. Pe. Jõao war die letzten fünf Jahre vor seinem Tod enger Begleiter von D. Hélder und hatte täglich mit ihm die heilige Messe gefeiert. Zu diesem intensiven Gespräch war kurz auch ein Mitglied des Direktoriums hinzugekommen, **Frau Lucinha Moreira**, die D. Hélder seit seiner Zeit in Rio de Janeiro als Weihbischof (1950er Jahre) gekannt hatte.

Bei dem Thema der Herausgabe des Gesamtwerks lernte ich durch meine Gesprächspartner auch die *Igreja das Fronteiras* mit der angrenzenden früheren Wohnung D. Hélders kennen – heute ein denkmalgeschützter Bereich und Museum –, sowie das Archiv und den 1 km entfernten, angemieteten Arbeitsraum der Gruppe der wissenschaftlichen Mitarbeitenden. Am anderen Tag konnte ich dank der Begleitung eines Mitarbeiters der Fischerpastoral in der Kathedrale von Olinda das Grab des verstorbenen Erzbischof besuchen.

Das Instituto Dom Hélder Câmara (IDHeC)

Das IDHeC ist die Nachfolgeorganisation der von D. Hélder 1984 gegründeten gemeinnützigen Einrichtung ***Obras de Frei Francisco***. D. Hélder hatte sie ein Jahr vor Erreichen seiner Altersgrenze von 75 Jahren geschaffen – wohl in kluger Vorausschau, um sein Werk zu schützen und nicht der Willkür seiner

Nachfolger zu überlassen. In seinem Testament hatte der Erzbischof deshalb den *Obras de Frei Francisco* alle Manuskripte hinterlassen, so dass die Erzdiözese keinen Zugriff auf sein persönliches Archiv bekam. Im Sinn seines Gründers versteht sich das IDHeC als Einrichtung, die die Theologie und Spiritualität von D. Hélder verbreiten und der Öffentlichkeit als bleibendes Zeugnis zugänglich machen will: den Einsatz für Frieden und Gerechtigkeit, die Ablehnung von Gewalt, die Solidarität mit den Ausgeschlossenen und die Verteidigung der Bürgerrechte. Die Aufgabengebiete sind in zwei Bereiche der **Área social** und der **Área cultural** aufgeteilt. Auf sozialem Gebiet betreut das IDHeC zwei von D. Hélder gegründete Einrichtungen, eine Art Kindertagesstätte mit Kulturprogramm für arme Kinder und einen Kindergarten in der Gemeinde Tururu. Außerdem ist das IDHeC in Recife Mitglied im Städtischen Rat zur Verteidigung der Rechte von Kindern und Jugendlichen.

Im kulturellen Zweig wird das bibliographisch überaus reiche Archiv des Erzbischofs geführt. Es umfasst 23 von D. Hélder herausgegebene Bücher (mit Übersetzungen in 16 Sprachen), 7.547 Meditationen (Gedichte und/oder kleinere Texte), 2750 Radiosendungen, 577 Vorträge, 2.122 in der Zeit des Zweiten Vatikanischen Konzils verfasste Rundbriefe, 74 Biographien, 230 Videos und ca. 15.000 Fotos.

Die Pflege des Archivs ist Aufgabe des Dokumentationszentrums Hélder Câmara, **Centro de Documentação Hélder Câmara (CEDOHC)**. Neben der Arbeit an der Katalogisierung und an der Sicherstellung des Materials werden auch Ausstellungen geplant. Das CEDOHC unterhält Kontakte mit Stiftungen in Brasilien, die bisher eine Schiene mit auf Rollen fahrenden Stahlschränken finanziert hatten sowie eine Systematisierung des Fotoarchivs.

Die Arbeit an der Herausgabe des Gesamtwerks (*Obras Completas*)

Das IDHeC mit seinem geschäftsführenden Direktorium und seinem Kuratorium von 15 Mitgliedern, untergebracht im Gebäudekomplex an der Igreja das Fronteiras, hatte sich seit Mai 2002 somit zur Aufgabe gemacht, die gesamten Manuskripte von D. Hélder nach wissenschaftlichen Kriterien zu archivieren und als Gesamtwerk mit verschiedenen Bänden herauszugeben.

Diese Arbeit schließt auch die bakteriologische Säuberung des Materials ein. Manche der über 60 Jahre alten Texte sind verstaubt und enthalten Milben, weshalb die Arbeit als gesundheitsschädigend galt und deshalb bei der Firma Petrobras die Anschaffung einer Infektionsmaschine angefragt wurde.

Zum wissenschaftlichen Team gehören neben dem promovierten Historiker Prof. Marques, der in enger Beziehung zum Historischen Institut der Universidade Federal von Recife steht, eine junge Historikerin, Jordana Gonçalves Leão, und studentische Hilfskräfte. Die Historikerin schrieb ihre Magisterarbeit über die Jahre D. Hélders in Rio de Janeiro (1941 bis 1959), in denen er im engen Austausch mit einem Freundeskreis von Menschen aus Kultur und Wissenschaft stand, vor allem mit der Literaturwissenschaftlerin Virginia Côrtes de la Cerda. Beide liebten es, sich in den Sprachen Französisch, Latein und Griechisch zu verständigen. Schon damals in Rio hatte D. Hélder, von dem gesagt wurde, dass er schon weit vor Morgengrauen mit Gebet und Verfassen von Texten den Tag begann, meditative Kurzprosa geschrieben, oft versehen mit Synonymen wie Frei Francisco oder andere Namen.

Zum Zeitpunkt des Besuchs 2004 war gerade der erste Band des Gesamtwerks erschienen. Er umfasst die 290 *cartas conciliares* D. Hélders während der Zeit des Zweiten Vatikanischen Konzils, geschrieben in den Jahren 1962 – 1965 an einen kleinen Kreis von Mitarbeitenden in Rio de Janeiro und später in Recife. Das IDHeC hatte in diesem Jahr vom 23. bis 27.08.2004 ein erstes internationales Symposium zusammen mit der lateinamerikanischen Historikergruppe CEHILA, Arbeitsgruppe Brasilien, durchgeführt.

Angesichts dieses engagierten Lebenswerkes von D. Helder überrascht nicht, dass nach seinem Tod auch seine Widersacher auf den Plan traten. Den Gesprächen mit Mons. Marques und Pe. Pubben war klar zu entnehmen, dass der Nachfolger, **D. José Cardoso Sobrinho**, die Arbeit des IDHeC weder moralisch noch materiell unterstützte. Die vom Vatikan erfolgte Ernennung des Kirchenrechtlers Cardoso gehört zu den großen Schattenthemen der Beziehung des Hl. Stuhls zur Ortskirche in Brasilien. Dies wird später auch am Ereignis des 500-Jahr-Gedenkens in Porto Seguro deutlich werden. In Recife jedoch ist Rom weit weg: für die Menschen der Millionenmetropole blieb D. Helder der *Santo*, wie sie ihn liebevoll nannten – eine außergewöhnliche Lichtgestalt, nicht nur für die brasilianische Kirche, sondern für die Weltkirche.

Salvador da Bahia – Auf den Spuren der afrobrasilianischen Kultur

Der Faszination dieser ersten Hauptstadt Brasiliens (1549 bis 1763) an der malerischen Bucht *Baía de Todos os Santos* erliegt wohl jeder, ob er als Tourist, Geschäftsreisender oder „Entwicklungsexperte" nach Brasilien kommt. Dieser Bundesstaat gehörte nicht zu meinem Sprengel. Doch haben mich die Themen der afrobrasilianischen Kultur und alles, was ich von den zahlreichen Kultorten des Candomblé gehört hatte, schon zu Beginn meiner Arbeit im Länderbereich Brasiliens so fasziniert, dass es mich in den ersten Jahren über private Abstecher zweimal nach Salvador da Bahia gezogen hatte. Es war wie eine magische Spur, zu der mich auch die Schilderungen von Kolleginnen aus diesem geographischen Raum animiert hatten. Salvador da Bahia: bis heute gehört diese an Musik und Kultur überreiche Stadt mit ihren 365 Kirchen – so ein Lied des großen Musikers Dorival Caymmi, eine „Perle des Barock" nach dem DUMONT Reiseführer – neben ihren zahlreichen vor Lebendigkeit sprühenden Kultorten zu den eindrücklichsten Erfahrungen in Brasilien.

Der dienstliche Aufenthalt im **Jahr 2000** im Anschluss an die Teilnahme der Adveniat-Delegation bei der *1a Missa dos 500 anos* in Porto Seguro ermöglichte, das Thema der **afrobrasilianischen Pastoral** aus der Sicht der Betroffenen selber näher kennenzulernen. Das Programm hatte der verantwortliche Diözesanpriester dieser Pastoral in der Erzdiözese, **Pe. Gabriel dos Santos Filho,** spannend und inhaltsreich zusammengestellt. Der 34-jährige afrobrasilianische Seelsorger leitete das *Centro Arquidiocesano da Pastoral Afro de Salvador „Mons. Sedac" (CAAPA)*. Er war ein enger Mitarbeiter von Weihbischof D. Gilio Felício aus Santa Cruz do Sul/RS, dem in der CNBB Zuständigen für diesen damals noch jungen und mancherorts kontrovers diskutierten Pastoralbereich. Eindrücklich war, wie Pe. Gabriel anhand seiner eigenen Biographie über den Rassismus innerhalb der katholischen Kirche berichtete: als dunkelhäutiger Seminarist hätten andere Regeln gegolten als für seine Kurskollegen weißer Hautfarbe; z.B. hätte er vor seiner Priesterweihe längere Praktika machen müssen, bevor er zur Weihe zugelassen worden war. Und in dieser Stadt mit dem höchsten Anteil afrobrasilianischer Bevölkerung Brasiliens seien bei seinem Eintritt ins Seminar der Erzdiözese 1987 nur 10% der Seminaristen schwarzer Hautfarbe gewesen.

Unser Gesprächspartner unterstrich ebenso ein Phänomen innerhalb der schwarzen Bevölkerung selber: während sich eine Gruppe weißer als die Weißen fühlte – *embranquecimento* genannt – empfände heute eine andere Gruppe die Würde ihrer Herkunft und beginne, ihre eigenen kulturellen Schätze zu entdecken (*resgatar a cultura*). Dies bedeute für die Pastoral, dass ihr ein weiter Weg für die Identitätsbildung bevorstehe.

Am Nachmittag fand im CAAPA ein offenes Gespräch mit zehn Mitgliedern der *Pastoral Afro* statt, Repräsentanten aus den *Comunidades Negras* und den *Movimentos Negros* von Salvador, Vertreter aus Kultzentren des *Candomblé* sowie ein katholischer Theologe. Die wesentlichen Aspekte dieser Wortbeiträge gebe ich wegen ihrer Bedeutung für den Dialog der Religionen in Brasilien in der damaligen Zeit im originalen Wortlaut wider:

- *Der Candomblé (C.) ist eine monotheistische Religion, auch wenn sie mit der christlichen Religion nichts zu tun hat. Der C. respektiert aber die christliche Religion. Seine Vorstellung ist: Deus é único.*
- *Im C. wird die Wahrheit des anderen auch als Wahrheit gesehen (a verdade do outro é também verdade).*
- *Der Kult richtet sich nicht direkt an Gott, sondern an die Natur und an die Orixás als Mittler. Die Natur hat symbolischen Charakter.*
- *Der C. hat seine Wurzeln in Afrika im Bantu-Volk.*
- *Musik, Tanz, Bewegung, Essen und geschwisterliches Zusammensein*
- *(fraternidade) haben eine große Bedeutung.*
- *Die Genese des C. ist nicht festgeschrieben und nicht dogmatisch festgelegt, ohne dualistische Vorstellungen. Der C. hat eine kosmologische Sicht.*
- *Die Werte im C. sind den christlichen ähnlich.*
- *Was wir wollen ist Dialog und Respekt. Von außen gesehen mag es widersprüchlich erscheinen, sich als Katholik zu verstehen und zum C. zugehörig zu fühlen. Für uns ist das kein Widerspruch. Wir haben keine Vorurteile gegenüber Christen. Wir möchten im interreligiösen Dialog respektiert werden. Oft sind wir daran gehindert worden.*
- *Unsere Bewegung entstand in den 1980er Jahren. In der Kirche gab es seitens der Pastoral Afro und ihrer agentes de pastoral negro ebenso eine parallele Reflexionsarbeit. Heute sehen wir uns von der Kirche offiziell anerkannt, was auch durch die Einrichtung der Fachgruppe Pastoral-Afro-Brasileiro in der CNBB zum Ausdruck kommt. In unserer Erzdiözese gibt es eine Bereitschaft zum Dialog.*

Diese Begegnung erlebte ich wie eine Lehrstunde in gegenseitigem Respekt und Kennenlernen einer fremden Religion aus der Perspektive der Betroffenen. An einem solchen Ort wie dem CAAPA in Salvador da Bahia begann eine neue Phase: die bisher praktizierte innerchristliche Ökumene erweiterte sich um den interreligiösen Dialog mit nichtchristlichen Religionen in deren Land – ein überfälliger, freilich komplexer Lernprozess. Als Vorreiter dieses Dialogs, wie wir hörten, galt in Salvador **Pe. Epinay**, Ordensmann und zugleich *Pai de Santo*. Das CAAPA hielt die Erinnerungsarbeit an den vor einigen Jahren Verstorbenen für maßgebend.

Zur Vertiefung unserer Reflexion empfahlen uns die Gesprächspartner die Promotion von Ir. Franziska Rehbein aus dem Jahr 1985 *Candomblé e Salvação. A salvação na religião nagô à luz da teologia cristã* (Edições Loyola-São Paulo 1985). Nach Rückkehr von der Projektreise stellte ich mit Freude fest, dass der versierte Kollege in der Bibliothek Adveniats, Hubert Frank, bereits die deutsche Übersetzung dieser Pionierarbeit der Steyler Ordensfrau erworben hatte (Heil im Christentum und afro-brasilianischen Kulten. Ein Vergleich am Beispiel des Candomble, Börengesser-Bonn, 1989).

Einen runden Abschluss fand dieser Thementag in der Teilnahme am **afrobrasilianischen Gottesdienst** in der **Pfarrei Sto. Antonio das Malvinas** am Stadtrand der Region Fazenda Coutos III. Dort gehörten inkulturierte Gottesdienste in afrobrasilianischer Gestalt regelmäßig zum Veranstaltungsplan. Der Pfarrer, Pe. Ricardo, hatte mit der Liturgiegruppe den Ablauf gut vorbereitet, die Texte und Lieder lagen gedruckt vor, was sehr hilfreich war. Dieser besondere Gottesdienst an einem Werktagabend stand unter dem Thema *500 Anos da Evangelização e do Sofrimento* (500 Jahre der Evangelisierung und des Leidens). Er war sehr gut besucht und überaus lebendig.

Er begann, wie es typisch ist für die afrobrasilianische Liturgie, mit der Anrufung der Vorfahren und Ahnen (*antepassados* und *ancestrais*). In einer Prozession trugen Gemeindemitglieder Bilder der *antepassados* zum Altar, z.B. das von São Benedito, dem Sohn afrikanischer Sklaven aus Sizilien oder von São Martinho de Porres, dem Heiligen aus Lima, ebenso Bilder von Martyrern aus Uganda, von Zumbi oder auch von Martin Luther King.

Ein bewegendes Moment in der Liturgie bedeutete die Verkündigung des Evangeliums, wie es von einem Gemeindemitglied tanzend zum Altar getragen wurde, begleitet von zwei Personen mit einer Schale Wasser und einer Feuerflamme. Das Symbol Wasser steht dabei für den inneren Reinigungsvorgang, so Pe. Gabriel, und das Symbol Feuer für das Verbrennen dessen, was schlecht ist in mir (*queimar o que está ruim dentro de mim*). Das Wort Gottes ist wie ein Feuer, das alles vernichtet, um neu wiedergeboren zu werden (*A palavra de Deus é como fogo, que arrasa/queima tudo para renascer tudo novo*).

Bei der Gabenbereitung brachten Gottesdienstteilnehmer:innen verschiedene Opfergaben mit der Bitte um Verwandlung zum Altar: beispielsweise ein gebasteltes Haus oder die Flagge der Landlosenbewegung, als Zeichen für den Wunsch nach einem Stück Land und einem Dach über dem Kopf. Nach dem Gottesdienst erläuterte uns Pe. Gabriel, dass diese Opfergaben ebenso einen Dank an Gott ausdrücken können. Sie würden wie die Opferbitten je nach Kontext und aktueller Problemlage der Gemeinde variieren.

Besonders eindrucksvoll an dieser Eucharistie war das starke Element des Tanzes. Darin spricht für Pe. Gabriel der Körper durch seine Bewegung und verbindet sich in seiner Lebendigkeit mit Gott. Dazu sang die Gemeinde einige Lieder in afrikanischer Sprache, beispielsweise den *Canto penitencial Bwaná*.

Unsere Reisegruppe zeigte sich nach der intensiven, über zwei Stunden dauernden Liturgie bewegt und tief beeindruckt. Ich hatte bei anderen Gelegenheiten schon an afrobrasilianischen Gottesdiensten teilgenommen und dabei manchmal den Eindruck von Folklore gewonnen, den auch andere im anschließenden Gespräch teilten. In dieser Eucharistie in der Pfarrei Sto. Antonio das Malvinas erlebte ich überzeugend, wie beide religiösen Traditionen mit ihrer reichen Symbolik eine glaubwürdige Gestalt gefunden hatten. Er war ebenso Ausdruck eines *jeito novo* in der brasilianischen Kirche.

Mein Aufenthalt vom **04. bis 09.12.2006** in Salvador da Bahia bedeutete den Abschluss einer anstrengenden Projektreise in dem Jahr 2006. **Erzbischof, Kardinal D. Geraldo Majella Agnelo**, hatte mich zu dem mehrtägigen Aufenthalt eingeladen, den ich als besonders kostbar erlebte – einfach einmal in meine Rolle einer Besucherin zu schlüpfen und nicht Projekte besprechen zu müssen. Wir kannten uns von einer gemeinsamen Aufgabe für Adveniat aus dem Jahr 2005, als D. Geraldo, damals Präsident der CNBB, Aktionsgast war und ich ihn begleitete und übersetzte. In jener Dezemberwoche durch Norddeutschland waren einige unangenehme Überraschungen passiert, die wir zusammen gut bewältigten und die uns zusammen schweißten. In den kalten Bahnhofsgaststätten und in vollen Regionalzügen hatten wir zwischendurch Gelegenheit, uns über das Leben zu unterhalten. Diese schöne mitmenschliche Erfahrung mit diesem hohen, bescheidenen wie sensiblen kirchlichen Würdeträger bedeutete in den 24 Jahren Projektzusammenarbeit mit der Kirche Brasiliens ein nachhaltiges Erlebnis.

Neben dem touristischen Wiedersehen mit Salvador 2006 und der Gelegenheit, auf dem *Mercado Modelo* Weihnachtsgeschenke einkaufen und ein Meeresbad genießen zu können, lernte ich die Medienabteilung der Erzdiözese kennen und den beliebten Radiosender in der Stadt, **Rádio Excelsior** der Erzdiözese. Da diese Projektreise die katholischen Radiosender zum Themenschwerpunkt hatte (fünf Stationen standen auf der Route), war ich natürlich interessiert zu sehen, wie dieser für die Stadt wichtige Sender sich unterhalten konnte und wie er programmatisch aufgestellt war. Im Unterschied zu nachdenklich machenden Beobachtungen bei zwei anderen Radiostationen, die ich auf dieser Reise kennengelernt hatte, schien Rádio Excelsior gut geführt zu sein.

Eine besondere Erinnerung habe ich an einen Gottesdienst in der Kathedrale zur **Weihe von** neun **ständigen Diakonen.** Er war sehr feierlich, lebendig, dauerte nahezu drei Stunden. Die große Kirche platzte aus allen Nähten mit zahlreichen Familienangehörigen und Freundeskreisen der Diakone und dem ganzen Volk Gottes. Auch hier spürte ich einen neuen, befreienden Geist. Der Erzdiözese war die dreijährige Ausbildung ihrer ständigen Diakone seit langem zum Schwerpunkt geworden. Im laufenden Kurs hatten sich 60 Diakon-Anwärter eingeschrieben. Wie ich hörte, gab es in der Zeit in allen Diözesen des Landes die Mitarbeit ständiger Diakone. Die Kirche in Brasilien fördere diese Entwicklung, so die Meinung des Präsidenten der CNBB.

Bei der anschließenden Besichtigung der Kathedrale erfuhr ich vom Ökonomen der Erzdiözese, Mons. Ademar, über ein Pionierprojekt, das im Bereich der Sozialpastoral zur Förderung von Programmen für arbeitslose Jugendliche entstanden war. Eines der Projekte bestand in einem dreimonatigen Praktikum in Italien, wo die jungen *Baianos* in Fachwerkstätten Grundkenntnisse im Handwerk der Restaurierung von historischen Kirchen erhielten. Da mit öffentlichen Mitteln nicht für die aufwendigen Arbeiten zu rechnen war, ergab sich für die arbeitslosen Jugendlichen auf diese Weise ein Lichtblick für bezahlte Arbeit und für die Erzdiözese die Möglichkeit, über eigenes Personal bei den Restaurierungsarbeiten zu verfügen. Im Jahr 2006 war schon eine zweite Gruppe Jugendlicher nach Norditalien zum Praktikum aufgebrochen. In der 1657 erbauten Kathedrale – sie ist nicht die schönste und nicht die älteste Kirche in der Stadt – standen etliche Ausbesserungsarbeiten an. Welch innovatorische Idee, auch wenn sie nur einen Baustein zur Problembewältigung darstellen konnte.

In besonderer Erinnerung ist mir ein gemeinsames Mittagessen von D. Geraldo im Kreis seiner Mitarbeiter:innen. So schwierig die dabei verhandelten Probleme und anstehenden Realisierungsmaßnahmen auch waren, mich beeindruckte der kooperative, oftmals väterliche Führungsstil, den der Erzbischof gegenüber allen Mitarbeitenden pflegte. Diese älteste Diözese Brasiliens (gegründet 1551) war in guten kompetenten Händen.

D. Geraldo sprach auch die Finanzsituation des laufenden Haushalts der CNBB in Brasília an. Die 2006 hoch dotierte brasilianische Währung Real hatte die Einnahmen aus ausländischen Projektzuwendungen am Nationalsitz signifikant geschwächt. Angesichts der Haushaltslücke zeigte sich der Präsident als ein verantwortungsbewusster Hausvater und verordnete dem Jahreshaushaltsentwurf der CNBB für 2007 eine 25%ige Kürzung der Ausgaben. Gleichwohl mangelte es am Nationalsitz in Brasília nicht an kreativen Ideen: man gründete einen eigenen Verlag (*Edições CNBB*) zum Druck der jährlich zahlreich produzierten eigenen Texte, Arbeitsmittel, Dokumente etc. und erwarb durch den Eigenvertrieb eine erfreuliche zusätzliche Einnahmequelle.

Erwähnen möchte ich, dass ich bei diesem Besuch 2006 auch Pe. Luis wieder begegnet bin, meinen geschätzten, früheren Kollegen, den ich seit langem kannte und schon 10 Jahre zuvor in seiner dichtbevölkerten Stadtrandpfarrei besucht hatte. Dort war er mit unermüdlichem Engagement tätig. Dabei hatten sich in letzter Zeit Probleme aufgetürmt, die sich nicht mehr zu lösen schienen. Nun traf ich ihn bei diesem eintägigen Wiedersehen in besorgniserregendem Gesundheitszustand an. Er hatte bereits den Entschluss zur endgültigen Rückkehr nach Deutschland gefasst, worin ich ihn bestärkte und empfahl, bald den Flug zu buchen. Ich behalte Pe. Luis in sehr wertschätzender Erinnerung, auch über seinen Tod (23.02.2016) hinaus.

Porto Seguro: 500 Jahr-Gedenkgottesdienst der Evangelisierung Brasiliens

Als der portugiesische Seefahrer Pedro Álvarez Cabral mit seinem Segelschiff am **22.04.1500** im Süden des Bundesstaates Bahia in Porto Seguro (im sicheren Hafen) auf dem Territorium, später Brasilien genannt, landete, hatte er auch eine Gruppe von Priestern an Bord. Einer von ihnen, Frei Henrique de Coimbra, hat am **26.04.1500** in **Santa Cruz da Cabrália**, nahe dieser windgeschützten Bucht, den ersten Gottesdienst auf brasilianischem Boden für die Besatzung des Schiffes gefeiert. 500 Jahre später, im April des Jahres 2000, nahmen die indigenen Völker des Landes, die Regierung und die katholische Kirche dieses symbolisch historische Datum zum Anlass, offizielle Veranstaltungen auszurichten, in Form eines staatstragenden Aktes oder eines Gedenkgottesdienstes. Die 3000 indigenen Vertreter:innen hatten sich Tage zuvor schon aus allen Landesteilen auf den Weg gemacht, um in Santa Cruz da Cabrália in einer viertägigen Konferenz vom 18. bis 22.04.2000 an die leidvolle Vergangenheit und an den Widerstand der Völker in den 500 Jahren seit Cabrals Ankunft zu erinnern.

Die CNBB hatte sich in einem intensiven Vorbereitungsjahr für die Durchführung der 38. Generalversammlung in der Zeit vom 26.04. bis 03.05.2000 am historischen Ort Porto Seguro (heute ein beliebter Badeort) entschieden. Festgelegt wurde für den 26.04.2000 ein Gottesdienst (*Comemoração dos 500 anos da Primeira Santa Missa no Brasil*), der auch einen Bußakt gegenüber den Ureinwohnern und den aus Afrika nach Brasilien verschleppten Menschen integrieren sollte. Zu diesem Anlass hatte die CNBB den Papst sowie internationale Gäste aus der Weltkirche und Organisationen der weltkirchlichen Zusammenarbeit eingeladen. Offizieller Vertreter des Vatikans für Papst Johannes Paul II. war sein Staatssekretär, Kardinal Angelo Sodano, der aus Rom anreiste.

Zu den Eingeladenen der 500-Jahr-Feier der Evangelisierung Brasiliens (*Celebração dos 500 anos de Evangelização do Brasil*) gehörte auch das deutsche Hilfswerk Adveniat. Als Mitglied der *Comitiva de Adveniat* (Weihbischof Grave als Präsident der Bischöflichen Kommission, Dr. Czarkowski für die Öffentlichkeitsarbeit und Betreuung der mitreisenden Journalistin sowie eines Fotografen und mich als Projektreferentin) nahm ich an dem Gedenken teil. Wir hielten uns nur einen Tag in Porto Seguro zum Festgottesdienst und Empfang beim Päpstlichen Gesandten auf und fuhren anschließend weiter an sechs Orte Brasiliens (Salvador da Bahia, Imperatriz, Belém, Manaus, Tefé, Rio de Janeiro). Unsere Ankunft am Vortag des 25.04.2000 geriet voll in das politische Spannungsfeld dieses historischen Ereignisses. Bei der *Marcha Indígena* der Ureinwohner am 22.04.2000, zu der auch Mitglieder der Bewegung der Afrobrasilianer und Landlosen wie Gewerkschaftler, Priester, Bischöfe und Parlamentarier gekommen waren, hatte eine 230-köpfige Sondereinheit der Militärpolizei des Bundesstaates Bahia Tränengasbomben und Gummigeschosse gegen die Menge gerichtet, um den friedlichen Marsch von Coroa Vermelha nach Porto Seguro vorzeitig aufzulösen. Angesichts dieses brutalen Vorgehens lag eine starke Anspannung in der Luft, weil befürchtet wurde, dass es zu Gegenreaktionen der Indigenen kommen könnte, was jedoch nicht eintrat.

Freilich brodelte es angesichts dieses historischen Augenblicks auch innerhalb der katholischen Kirche. Das Verhältnis zwischen der CNBB und dem Vatikan war gereizt, weil der Ablauf der Eucharistiefeier inhaltlich verändert, um nicht zu sagen, deutlich zensiert worden war – wie später aus Gesprächen mit einigen Bischöfen zu entnehmen war. Die für die Liturgie zuständige Vorbereitungsgruppe hatte Farben und Musik der Kulturen in ihrer Lebendigkeit und Kreativität zum Ausdruck bringen wollen. Dies jedoch schien für die vatikanischen Behörden inakzeptabel. So reduzierten die römischen Kirchenbeamten beispielsweise beim Bußakt die Zahl der Repräsentanten aus der indigenen und schwarzen Bevölkerung auf drei Personen. Die lateinische Sprache nahm in der Liturgie ihren traditionellen Platz ein. In der Predigt setzte Kardinal Sodano seinen Akzent auf den Zivilisationsfortschritt durch die Missionierung, deren Schatten oder gar ein Schuldbekenntnis kamen nur am Rande vor. Wörtlich sagte er: *Quem mais ajudou a civilizar as populações indígenas que o trabalho missionário?*[13] Das eurozentrische – ethnozentrische Denken war unverkennbar.

Der Regen, der während des Gottesdienstes einsetzte, sowie der trübe Himmel an diesem Morgen passten zu diesem traurigen Gesamtbild. Dennoch passierte eine Überraschung, als plötzlich und unvorhersehbar mehrere Indigene den Altarraum betraten, und es einen Augenblick großer Irritation für den Gesandten aus Rom wie für die zelebrierenden brasilianischen

Bischöfe und alle Gottesdienstbesucher:innen gab. Sie erlebten, wie die Indigenen die Botschaft ihrer 500-jährigen Unterdrückungsgeschichte mit großer Konzentration vorlasen, um sich dann leise wieder zurück zuziehen.

Mir bleibt in Erinnerung, dass nicht nur die brasilianische Regierung, sondern auch die katholische Kirche infolge ihrer gespaltenen Sichtweisen und ihrer hierarchischen Machtstruktur nicht in der Lage war, diese Gedenkfeier als Gesamtkirche reflektiert – selbstkritisch zu gestalten. Der Frust war bei manchen Teilnehmenden spürbar, auch bei mir. Umso versöhnlicher empfinde ich es jetzt nach 24 Jahren, noch einmal den 81 Punkte umfassenden Hirtenbrief der CNBB zu lesen, der am Ende der 38. Generalversammlung in Porto Seguro verabschiedet wurde[14]. Denn er beinhaltet eine selbstkritische Analyse der Licht- und Schattenseiten von 500 Jahren Evangelisierung in Brasilien. Er erläutert das christlich-theologische Fundament, analysiert die großen gesellschaftspolitischen und sozialen Fragen der Gegenwart und stellt Perspektiven für die Zukunft des Landes auf. Dieses Abschlussdokument hat aus meiner Sicht eine zeitgeschichtliche Bedeutung, auch wenn es auf das brisante, wachsende Phänomen neuer religiöser Denominationen nicht näher eingeht.

Im April 2000 ahnte ich noch nicht, dass ich ein Jahr später das leidgeprüfte indigene Volk der Pataxó-Hã-Hã-Hãe im Süden Bahias kennenlernen würde. Die Geschichte dieses Volkes zeigt exemplarisch, wie invasiv die Vertreter der sogenannten westlichen Zivilisation in den Lebensraum einer Urbevölkerung eingedrungen sind, alles andere als „zivilisiert". Mit dem folgenden Bericht endet meine Rundreise durch das Land. Das Schicksal der Indigenen soll das letzte Wort haben!

ÁREA INDÍGENA CARAMURU – PAU BRASIL: BESUCH BEI DEM VOLK DER PATAXÓ HÃ-HÃ-HÃE

Einführende Bemerkungen

Die Idee für einen Besuch bei dem Volk der Pataxó Hã-Hã-Hãe hatte sich beim Katholikentag im Juni 2000 in Hamburg ergeben, als auf dem Forum „500 Jahre" einer der landesweit seit den 1980er Jahren bekannten Indigenen-Aktivisten, **Nailton Pataxó**, sprach. Drei Tage lang waren wir gemeinsam in Deutschland unterwegs und seine Einladung, den Lebensraum seines Volkes in der Área Indígena Caramuru (nahe der Kommune Pau Brasil) vor Ort kennenzulernen, war wie eine Frucht unseres intensiven Austausches.

Logistische Hilfe und eine Orientierung für den eintägigen Aufenthalt am **11.04.2001** in Caramuru erhielt ich durch das **Arbeitsteam des Indigenenmissionsrates CIMI in Itabuna.** Mit dem Verantwortlichen des kleinen Teams, **Eduardo Cerqueira de Oliveira**, hatte ich vor der Projektreise entsprechende Absprachen getroffen. Der CIMI-Mitarbeiter holte mich zusammen mit Nailton Pataxó am Flughafen in Ilheus ab.

Dem in der Arbeit mit Indigenen erfahrene Dreierteam (Eduardo Cerqueira de Oliveira, Haroldo Guilherme Corréa Heleno und Alda Maria Oliveira) verdanke ich wichtige Hintergrundinformationen zur damaligen Situation der Organisationen der indigenen Völker in Brasilien, außerdem ihre Sicht als Begleitende bei den Vorbereitungen der viertägigen Konferenz vom 18. bis 22. April 2000 in Santa Cruz da Cabrália. Eduardo bestätigte die sehr angespannte Situation schon vor den „Feierlichkeiten" und nach den gewalttätigen Ausschreitungen der Polizei während der *Marcha Indígena*. Nach diesem historischen Ereignis war eine Spaltung unter den Führungskräften aufgrund unterschiedlicher Interessenlagen zu beobachten: Während seitdem eine Gruppe mit der Regierung verhandelte, Verträge mit ihr abschloss und eine Dezentralisierung der indigenen Völker favorisierte – die nationale Dachorganisation CAPOIBE hatte sich nach Porto Seguro aufgelöst –, suchte die andere Gruppe die Zusammenarbeit mit den indigenen *comunidades*, konnte sich aber nicht so gut artikulieren und verfügte über weniger Finanzmittel. Angesichts dieser neuen Entwicklung stände der CIMI der zweiten Gruppe näher, bemühe sich aber, zur Einigkeit unter den Führungskräften beider Gruppen beizutragen, versicherte der *indígenista*.

Über die Arbeitsstelle in Itabuna erfuhr ich, dass sie seit 1983 existiert und neben dem Volk der Pataxó Hã-Hã-Hãe auch andere indigenen Völker im Süden des Bundesstaates Bahia betreut. Aufgabenbereiche sind Rechtsberatung, Landwirtschaft, Erziehung und Gesundheit wie die Kontaktpflege mit den Schulen in und außerhalb der Área Indígena Caramuru. Seit sechs Jahren legt das CIMI-Team einen besonderen Schwerpunkt auf die Arbeit mit indigenen Frauen.

Zum historischen Hintergrund und zur Kultur der Pataxó-Hã-Hã-Hãe

Das Gespräch mit Nailton und den CIMI-Mitarbeitenden empfand ich wie eine „oral history" über das Volk der Pataxó Hã-Hã-Hãe. Es macht beispielhaft das Schicksal von Unterdrückung, Verfolgung und Gewalt an den in der Kolonialzeit lebenden indigenen Völkern entlang der Atlantikküste deutlich. Ein historischer Spiegel, der mir als Europäerin vorgehalten wurde...

Zur Geschichte: erste historische Aufzeichnungen über das Volk der Pataxó Hã-Hã-Hãe gehen in das Jahr 1651 zurück. Im 18. und 19. Jahrhundert waren es vor allem die Militärs, die die Indigenen gewalttätig verfolgten, durch Morde dezimierten und durch Fluchtbewegungen in die benachbarten Bundesstaaten vertrieben. Im 20. Jahrhundert waren es die europäischen Siedler, die das fruchtbare Land im Süden dieses Bundesstaates Bahia für den Kakaoanbau begehrten und dabei wie selbstverständlich das Land der Pataxó Hã-Hã-Hãe für sich beanspruchten, das ihnen rechtlich seit **1926** vom brasilianischen Staat zugesprochen worden war. Unter dem Einfluss des deutsch-brasilianischen Ethnologen **Curt Nimuendajú** und weiterer brasilianischer Wissenschaftler hatte der damalige Dienst zum Schutz der Indigenen **SPI** (*Serviço de Proteção ao Índio*) die **Gründung des Reservates von 54.099 ha** veranlasst. Diese Grundlegung von Rechtsverhältnissen kümmerte die weißen Siedler allerdings nicht – und das bis heute, wovon später noch zu berichten sein wird.

Diese für die damalige Zeit außergewöhnlich gute Rechtslage brachte den Indigenen jedoch keinerlei Sicherheit. In den folgenden Jahrzehnten vertrieben die europäischen Siedler die Ureinwohner, ohne zu respektieren, wem das Land rechtlich zustand. Der Exodus der Indigenen dauerte ebenso lang wie der Kakaoboom, weshalb es in den 1970er Jahren nur noch 360 Bewohner gab – zusammengedrängt in zwei Gemeinschaften lebend. Die Regierung des Bundesstaates Bahía stattete dagegen die ca. 380 weißen Farmer mit Besitztiteln des von ihnen besetzten Landes aus!

Es war Anfang der 1980er Jahre, dass einige Führungspersonen der Pataxó Hã-Hã-Hãe dann ihr Schicksal in die eigenen Hände nahmen. Sie suchten die in den verschiedenen Bundesstaaten verstreut lebenden Familien ihres Volkes auf und schmiedeten zusammen mit ihnen einen Plan zur Wiedereinnahme ihres Landes, *retomada* genannt. 1982 kam es zur ersten Aktion der *retomada* eines ca. 1.000 ha großen Gutes. Nach und nach wurden weitere Farmen „zurückerobert", wobei es trotz des Prinzips der Pataxó Hã-Hã-Hãe, gewaltfrei vorzugehen, wiederholt zu gewalttätigen Ausschreitungen durch die Polizei kam. 14 indigene *lideres* sind seit 1982 ermordet worden. Die Farmer indessen konnten mit der Protektion der Polizei und der von ihnen bestellten *pistoleiros* rechnen.

Einzig das Team des CIMI in Itabuna war auf der Seite der Pataxó Hã-Hã-Hãe, weshalb Mitarbeitende wegen ihrer Anwaltschaft für die Ureinwohner ebenso bedroht lebten. Die Gründung des Regionalbüros 1983 in Itabuna, ein Jahr nach der ersten *retomada*, sollte den Indigenen Rückhalt, Orientierung und konkrete Überlebensstrategien geben. Für die Pataxó Hã-Hã-Hãe galt, dass ihre internen und geheim geplanten Aktionen immer friedlich ablaufen sollten. Vor einer *retomada* unterstützten deshalb vorbereitende Rituale die gewaltfreie, innere Einstellung der Teilnehmenden. Außer Kindern und älteren Indigenen nahmen alle Bewohner daran teil.

Um das Jahr 2000 hatten einige weiße Farmer signalisiert, die von ihnen besetzten Felder gegen eine gesetzlich vorgesehene Entschädigung zu räumen. Doch erfahrungsgemäß verstreichen, bis der Staat diese tatsächlich zahlt, oft Jahre. Von der Gruppe der den Indigenen gegenüber aggressiv eingestellten Farmer war Marcos Guimaraes wegen seiner berüchtigten Gewaltbereitschaft bekannt geworden. Bemerkenswert war, dass er von der Polizei festgenommen worden war – ein Novum im Verhalten der Sicherheitsbehörden. Die Indigenen hofften, dass der Verhaftete auch bestraft wird.

Bis April 2001 konnten die im Reservat Caramuru lebenden Pataxó Hã-Hã-Hãe 3.200 ha ihres Landes durch *retomadas* zurück gewinnen. Die letzte Wiedereinnahme von zehn Fazendas war im November 2000 erfolgt. Die Indigenen waren deshalb von 360 Mitgliedern in den 1970er Jahren auf rund 1.800 im Jahr 2001 angewachsen (295 Familien mit durchschnittlich 5 bis 6 Kindern). In der Schule erhielten inzwischen 400 Kinder Unterricht.

Zur Sozialstruktur: Die *Área Indígena* wird von einem Häuptling, dem *cacique,* angeführt. Ihm zur Seite stehen ein stellvertretender Häuptling und Führungspersonen, *lideranças.* Sie bilden den Rat, *Conselho de Lideranças.* Jede Familie ist über eines ihrer Mitglieder in diesem Rat vertreten. Dem *Conselho* obliegen die Kontrolle der beiden Häuptlinge und die Zuständigkeit für verschiedene Sachgebiete wie Erziehung, Landwirtschaft und Gesundheit.

Interessant an der Área Indígena ist ihr ethnisch heterogenes Spektrum, denn neben den Pataxó Hã-Hã-Hãe leben auch Indigene aus anderen Völkern in Caramuru. Das bedinge unterschiedliche Ansichten und nicht immer Einigkeit untereinander, so der CIMI-Mitarbeiter. Der Konsens aller Bewohner stehe aber sofort außer Frage, wenn es um den Plan einer *retomada* gehe.

Bemerkenswert ist die Rolle der Frau bei den *retomadas*. Sie bilden immer die erste Reihe und sind in Konfliktsituationen die Ansprechpartnerinnen für die öffentlichen Autoritätspersonen und die Polizei. Die weiblichen *indígenas* gelten in ihrem Volk als mutig und selbstbewusst; auch innerhalb der Familien haben sie eine starke Position und sind die Meinungsführerinnen.

Besuch in der Área Indígena Caramuru

Das abgelegene Reservat liegt ca. 150 km von Itabuna entfernt und ist auf weitgehend asphaltierter Strasse in 2 ½ Autostunden gut zu erreichen. Wegen des Datums meiner Ankunft hatte es offensichtlich Missverständnisse gegeben, da man mich schon am Vorabend erwartet hatte. So fand der geplante Tanz *Toré*, ein Gebetsritual, nicht statt. Da sich auch keine der Führungspersonen an dem Tag in Caramuru aufhielt, bekam der Aufenthalt einen eher persönlichen Besuchscharakter. In Begleitung von Nailton Pataxó und Eduardo waren wir Gast bei einigen Dorfältesten, darunter Nailtons erblindetem Vater, ein betagter Witwer, der mit seiner Tochter in einer äußerst schlichten Steinhütte wohnte. Seine verstorbene Ehefrau hatte als *pajé* (Schamanin) hohes Ansehen in dem Dorf gehabt.

Nachdenklich stimmte die Begegnung mit **Dona Minerva**. Die ältere Indigene berichtete von ihrem Schicksal des Verlustes zweier Söhne. **Galdino** war im Jahr **1997** auf einer Parkbank in Brasília nahe einer Bushaltestelle von drei jungen Männern aus der oberen Mittelschicht so bestialisch malträtiert worden, dass er am eigenen Leibe verbrannte. Die Mörder sagten aus, sie hätten den Schlafenden als einen Bettler angesehen. Sie hatten über ihn ein Feuer geworfen und waren dann weggerannt. Galdino gehörte zu einer Delegation seines Volkes, die in der Hauptstadt mit den Behörden das Problem der Landnahmen seitens der *Fazendeiros* verhandeln wollten. Das barbarische Attentat war in den Medien international bekannt geworden. Auch der zweite Sohn von Dona Minerva – er galt als einer der sehr starken Führungspersonen in Caramuru – wurde ermordet. Welch ein Leid war über diese Mutter gekommen! Ihre vom Schmerz gezeichneten Gesichtszüge strahlten dennoch tiefen inneren Frieden aus. Selten überfiel mich ein so starkes Gefühl von Elend und Scham wie bei dieser Begegnung, mir fehlten die Worte. Schweigend verabschiedeten wir uns, von Herzen verbunden.

Am Eingang der Área Indígena stand eine Kapelle. Dort traf ich **Elias**, einen älteren, bärtigen **Jesuiten-Bruder** aus der Provinz Salvador da Bahia. Ein besonderer Traum hatte ihn vor vier Jahren in das indigene Dorf geführt. Der urige, praktisch begabte Ordensmann – ein erfahrener Landwirt und Bienenzüchter – hatte sich nach diesem Traumerlebnis in Absprache mit den Indigenen in Caramuru niedergelassen. In einem kargen Steinhäuschen, bisher ein Rohbau, wohnte er mit einem Mitbruder. Elias sah sich ganz in der Tradition seiner jesuitischen Vorfahren als Verteidiger der Indigenen und wollte mit seiner ständigen Präsenz dem leidgeprüften Volk der Pataxó Hã-Hã-Hãe beistehen. Welch eine entschiedene Lebensoption! (Nebenbei erfuhr zu meiner Freude von Eduardo, dass Adveniat den Bau der Kapelle vor Jahren gefördert hatte).

An diesem Ort erhielt ich durch den CIMI-Begleiter einen Einblick in die religiöse Vorstellungswelt der Pataxó Hã-Hã-Hãe. Seiner Meinung nach leben die Indigenen einen Synkretismus von christlichen Elementen (darunter vielen frühchristlichen Gebeten) mit ihren afrobrasilianischen Traditionen. Bedeutend seien die beiden Ritualtänze *Toré* und *Samba de Couru*, vor allem aber das Fest der Heiligen Drei Könige, das über mehrere Tage gefeiert wird. Diese Tänze halten die Kultur am Leben, was auch für die wichtige Rolle der Träume bei den Pataxó Hã-Hã-Hãe gilt, meinte Eduardo. Viel Wissensgut über die eigene Kultur ist seiner Ansicht nach durch die Vertreibungen genommen worden. Dies betreffe auch die eigene Sprache, die der SPI 1926 bei der Gründung des Reservats verboten hatte. Nur wenige Hochbetagte in Caramuru verfügen heute noch über Sprachkenntnisse ihres Volkes.

In der Kapelle werden zweimonatlich katholische Gottesdienste, inkulturiert gestaltet, gefeiert. Der Pfarrer, ein Ordensmann der Pallotiner, kommt dafür aus der Kommune Pau Brasil nach Caramuru. Er arbeitet eng mit den beiden Jesuiten-Brüder und dem CIMI-Team zusammen.

Als rituell-magischer Ort auf dem Gelände des Reservates gilt eine abseits gelegene große Grotte mit kleiner Quelle, wo auch die Ritualtänze stattfinden. Aus Zeitmangel war es leider nicht möglich, dorthin zu fahren.

In den Gesprächen mit meinen nicht-indigenen Gesprächspartnern hörte ich heraus, dass die Pataxó Hã-Hã-Hãe trotz der Nähe zur Kleinstadt Pau Brasil ihr Eigenleben und ihre indigene Identität bewahren. Sie scheinen beide Welten gut zu integrieren und versuchen sogar, in der Kommunalpolitik Fuß zu fassen. Bei den letzten Kommunalwahlen kandidierte für die PT eine indigene Führungsperson, ein ausgebildeter Lehrer und Krankenpfleger. Der angesehene und als kompetent geltende Pataxó Hã-Hã-Hãe schaffte unmittelbar den Einzug ins Kommunalparlament, erhielt jedoch nach den Wahlen gleich Morddrohungen.

Abschließende Ergänzungen

Nach Rückkehr zu später Abendstunde im kleinen Provinzhotel von Itabuna gingen mir viele Eindrücke und Gedanken durch den Kopf. Hinzu kam nach Mitternacht eine ziemlich Angst auslösende Situation auf meiner Etage durch einen Pistolenschuss, der mich aufschreckte und um den Schlaf brachte, aber auch zu einigen Nachgedanken anregte. Was mich in eine vermeintliche Bedrohungssituation gebracht hatte, konnte ich am folgenden Morgen zu meinem Glück mit den drei CIMI-Gesprächspartnern beim Abschlussgespräch teilen und erlebte dabei, wie unaufgeregt sie ihrerseits mit ständig lebensbedrohenden Situationen an Leib und Leben umgehen. Ihr Vertrauen scheint größer als Angst, ihr Umgang mit unvorhergesehenen Situationen alltäglich.

Dem tapferen Team in Itabuna war ich beim Abschied sehr dankbar für die Begleitung und Orientierung beim Besuch der Pataxó Hã-Hã-Hãe. Ohne ihre Hilfe wäre die Reise nach Caramuru nicht möglich gewesen, die mir wertvolle Kenntnisse über eines der wichtigen indigenen Völker an der Atlantikküste vermittelte. Dieses so leidgeprüfte Volk hat dank seines starken Willens und seiner Widerstandskraft überlebt. In den Gesichtern der älteren Bewohner von Caramuru war die große Leiderfahrung ihrer Geschichte abzulesen. Bei der Abreise nach dem Besuch sah ich Indigene tatkräftig auf ihrem Feld arbeiten. Mir fielen die zahlreichen Anpflanzungen von Maniok, Obstbäume mit überhängenden Früchten und tragende Kühe ins Auge. Als Fazit des Besuchs im April 2001 hielt ich im Reisebericht fest, dass die sichtbar üppigen landwirtschaftlichen Güter *Symbol für die Lebenskraft dieses Volkes im neuen Jahrtausend sein mögen!*

Während ich jetzt im Januar 2024 nach 23 Jahren diese Aufzeichnungen über den Besuch in der Área Indígena Caramuru schreibe, erhalte ich von meinem früheren Kollegen Norbert Bolte die erschütternde Pressemeldung des CIMI-Nationalsekretariats vom 22.01.2024, dass am Vortag bei einem gewalttätigen Überfall von mindestens 200 bewaffneten Farmern auf dem Gebiet der Pataxó Hã-Hã-Hãe Caramuru-Catarina Paraguassu in der Kommune Potiraguá eine ältere Indígena, Schamanin, von Kugeln tödlich getroffen wurde. Als **Maria Fátima Muniz de Andrade Pataxó Hã-Hã-Hãe** zu Boden fiel, war sie umringt von Landbesitzern und Polizeibeamten der Militärpolizei des Bundesstaates Bahia (MP), die nicht einschritt. Die als Nega bekannte spirituelle Führungspersönlichkeit hatte noch ihre Rassel in der Hand, neben ihr lag ihr Bruder, *cacique* **Nailton Pataxó Hã-Hã-Hãe**, der durch Schüsse am Bein und an der Hüfte schwer verletzt erst Stunden später ins Krankenhaus mit weiteren sechs verletzten Indigenen gebracht wurde. Ich war fassungslos: das Leid dieses Volkes hört immer noch nicht auf und setzt sich brutal im 21. Jahrhundert fort! Natürlich dachte ich auch an Nailton und schickte ihm innere Genesungswünsche.

Diese aktuelle Nachricht macht es notwendig, meinen Text über den Besuch im Jahr 2001 unmittelbar zu ergänzen und damit den ansonsten zeitlich eingegrenzten Rahmen der Berichte aus dem Zeitraum 1983 – 2007 zu sprengen. In den folgenden Tagen dieses Januar 2024 war über die Internet-Meldungen von www.kooperation-brasilien.de, www.regenwald.org.de und https://amerika21 näheres zu den Hintergründen zu erfahren[15]: die 200 Großgrundbesitzer sollen sich über einen Aufruf in WhatsApp an einer bestimmten Brücke über den Fluss Rio Pardo verabredet haben, dies im Verbund mit der Bewegung *Invasão Zero* – einer von Farmern begründeten, bewaffneten Miliz im Süden Bahias – und von Polizisten der MP, die schon beim Ankommen der vielen Geländewagen der Angreifer zur Stelle waren. Die Pataxó Hã-Hã-Hãe hatten einen Tag zuvor eine *retomada* der Farm Inhuma in der Kommune Potiraguá durchgeführt. Dieses Land, das die

Indigenen für sich beanspruchen, war ihnen in einem Gerichtsprozess zugesprochen worden. Jedoch ist das Demarkationsverfahren von der FUNAI noch nicht eingeleitet worden. Nach Augenzeugenaussagen kam es am 21.01.2024 zu einer regelrechten Hetzjagd auf die Indigenen, selbst auf alte Menschen und Kinder. Die *fazendeiros* und ihre Helfershelfer drangen dabei bis in das Innere der Área Indígena Caramuru-Catarina Paraguassu ein.

Unmittelbar nach dem Mord wurden der 19 jährige Sohn eines *fazendeiros* und ein pensionierter Polizeibeamter verhaftet. Der Gouverneur von Bahia, Jerónimo Rodrigues (PT), gab in einer Erklärung zu verstehen, dass er eine „sofortige und strenge Untersuchung der Fakten" angeordnet habe. Die Ministerin für indigene Völker in Brasília, Sônia Guajajara, reagierte schnell, sie besuchte am anderen Tag Nailton am Krankenbett und nahm an der Totenwache für die Ermordete Nega teil. Auch Präsident Lula versprach gleich nach dem Bekanntwerden der Nachricht eine „umfangreiche Aufklärung" und veranlasste im Gespräch mit dem Gouverneur, eine task force an den Ort des Konflikts zu schicken.

Selbst diese menschlichen und handlungskonkreten Gesten von höchster staatlicher Regierungsseite werden die Indigenen nicht über das schreckliche Geschehen hinweg trösten können. Hinzu kommt die Tatsache, dass in den Jahren von 2016 bis 2022 laut der Bundesstaatsanwaltschaft in Bahia allein 51 Pataxó ermordet worden sind, zuletzt am 21.12.2023 der *lider* Lucas Santos de Oliveira in einem Hinterhalt. Diese Zunahme der Morde hat auch mit der indigenenfeindlichen Regierungspolitik des früheren Präsidenten Jair Bolsonaros gegenüber den indigenen Völkern Brasiliens zu tun und mit seiner dezidierten Parteinahme für Landbesitzer. Mit dem brutalen Gewaltgeschehen vom 21.01.2024 haben die Gegner der Pataxó Hã-Hã-Hãe gezielt die Seele des Volkes getroffen.

DIE REISEERFAHRUNGEN IM RÜCKBLICK NACH 20 JAHREN

Weite geographische und zeitliche Räume

Als ich im 1. Corona-Lockdown meinen Bericht über sieben Projektreisen nach Argentinien in der Zeit von 1975 bis 1983 abgeschlossen hatte, spürte ich eine Notwendigkeit, auch meine Erfahrungen von 24 Projektreisen nach Brasilien von 1983 bis 2007 niederzuschreiben. Dieses „mein Projekt" musste ich in Angriff nehmen, denn mir war klar geworden, mit wie viel Dankbarkeit ich vieler wunderbarer Menschen gedachte, denen ich unterwegs begegnet war. Und ich erinnerte die hoffnungsvollen Stationen in der Aufbruchsphase von Kirche und Gesellschaft in diesen Jahren.

Vor mir standen drei volle Aktenordner mit Reiseberichten und Bildern, die mir im Gedächtnis geblieben sind und darauf warteten, wieder neu entdeckt zu werden. So entstand eine Erinnerungsreise, die immer wieder den Gedanken von Annie Ernaux bestätigte, „wenn ich die Dinge nicht aufschreibe, sind sie nicht zu ihrem Ende gekommen".

Jetzt am Ende dieser Rundreise durch das Land ist mir noch einmal bewusster geworden, welch geographisch immense Weite mit sehr unterschiedlichen Räumen und Wirklichkeiten ich durchschritten habe. Aus der Inhaltsangabe ist erkennbar, wo ich mehrmals verweilte, öfter dorthin gereist war und entsprechend ausführlicher darüber berichten konnte: die Großräume Rio de Janeiro und São Paulo, im Norden neben der Millionenstadt Manaus das westliche wie östliche Amazonasbecken sowie im Nordosten der Bundesstaat Maranhão. Dessen Hauptstadt São Luís war Austragungsort zweier wichtiger, in der deutschen Fachöffentlichkeit wenig bekannter Ereignisse, auf die ich detaillierter eingegangen bin: der *Runde Tisch 1995* zum Thema der sozialen und ökologischen Folgen des regionalen Entwicklungsprogramms *Projeto Grande Carajás* sowie das Neunte Nationale Treffen der Basisgemeinden Brasiliens 1997 (*Nono Intereclesial*), das das Verhältnis der CEBs zu den afrobrasilianischen Religionen als einen Schwerpunkt beleuchtete.

Der Zeitraum von 24 Jahren fiel in die spannende Phase des Übergangs zu demokratischen Verhältnissen und ermöglichte, damit der Vielschichtigkeit wie Gegenläufigkeit kirchlicher und gesellschaftlicher Entwicklungen zumindest annäherungsweise folgen zu können. Dabei leiteten mich Themen und Fragen, die mich in all den Jahren bewegten: welche Rolle hatte die katholische Kirche in diesem Wandlungsprozess zu einer Demokratie? Welche innovatorischen Themen und Fragestellungen beschäftigte sie? (Landfrage, Problematik der indigenen Völker, Situation der afrobrasilianischen Bevölkerung, Rolle der Frau wie der Basisgemeinden). Nicht zuletzt drängten sich auf den Reisen ins Amazonasbecken schon in den 1980er Jahren die ökologischen Probleme auf: vom Flugzeug aus und auf dem Landweg hatte ich seit der ersten Reise deutlich das Abbrennen des Regenwaldes wahrgenommen – von Rondônia im Westen bis zum Pará im Osten. Von einer Klimakrise hat man damals außer unter Fachleuten weder in Brasilien noch bei uns gesprochen. Weitere gesamtgesellschaftliche Problembereiche, wie die von Gewalt und Korruption im urbanen und ländlichen Raum, waren dagegen in den Gesprächen von Anfang an präsent. Dabei galt mein Interesse, das Gesehene immer auch in Zahlen nachzufragen und zu fassen. Die mir kommunizierten Daten sah ich als Annäherungswerte an, nicht immer zuverlässig (außer den Angaben aus dem *Anuário Cátolico do Brasil*, dessen statische Daten auf den Erhebungen des Nationalen Statischen Bundesamtes IBGE basierten), jedoch gaben sie eine quantitative Annäherung.

Wichtiger als Zahlen waren mir immer die Menschen, denen ich begegnet bin. Meine Rolle war eine berufliche, als Mitarbeiterin von Adveniat. So konnte ich im Verlauf von Gesprächen zu Projektanfragen motivieren, Erwartungen dämpfen bzw. wegen der institutionell vorgegebenen Projektrichtlinien demotivieren: ein weites, manchmal subtiles Aktionsfeld. Dabei fiel es mir leicht, innerhalb kurzer Zeit in Kontakt zu Menschen zu kommen, ob in der Küche eines Bischofshauses oder im Empfangssalon des Primas von Brasilien.

Im Laufe der Jahre ist mir bei diesen Projektbesuchen immer mehr der Machtaspekt dieser beruflichen Rolle bewusst geworden. Beinhaltete sie doch ein Antragsverfahren von Bittstellenden gegenüber dem Hilfswerk als Finanzgeber, indem ich Weichen stellen konnte und stellte. Ein ungleichgewichtiges Verhältnis also, das seitens unserer Partner:innen nur selten thematisiert wurde und auch in den hausinternen Diskussionen wenig zur Sprache kam.

Mir selbst ist diese Konstellation von Macht in der weltkirchlichen Zusammenarbeit erst im Laufe der Zeit bewusster geworden. Angeregt wurde ich dabei von den Gedanken Bernhard Weltes „Über das Wesen und den rechten Gebrauch der Macht" (Freiburg 1965), die mir im Gesprächszusammenhang mit einigen Partner:innen ins Gedächtnis gekommen waren. Mahnten seine Gedanken doch zu Wachsamkeit und Selbstreflexion. Wobei es mir wichtig ist hervorzuheben, dass ich bei allen Begegnungen, sei es auf Ebene der Hierarchie der katholischen Kirche wie auch der Gemeinden und der Ordensleute, eine große Vielfältigkeit und Kompromissfähigkeit wahrgenommen habe – auch im Umgang mit Macht. Die Strukturen der brasilianischen Kirche scheinen „unkomplizierter" zu sein, durchlässiger, jedenfalls weniger starr als im deutschen Kontext.

Dies gilt vor allem im *Interior*, im Landesinneren abseits der großen Städte, da, „wohin niemand zuvor gereist war". Dort fühlte ich mich am wohlsten, wollte dazu beitragen, die Isolation aufzubrechen. Umso größer war die Freude der Gastgeber:innen, wenn sie in ihrer Abgeschiedenheit Besuch bekamen. Dabei stellte ich fest, dass gerade an solch abgelegenen und politisch herausfordernden Orten häufig starke Persönlichkeiten tätig waren mit ihrer Glaubwürdigkeit, innerer Stabilität und Engagement. All diese mitmenschlichen Erfahrungen im Landesinneren wie ebenso die Begegnungen in den Millionenstädten machten die Reisen zu einer Schatztruhe, die sich nach vielen Jahren wieder öffnet.

Mein besonderer Blick bei diesen Reisen galt dabei den Frauen in Kirche und Gesellschaft: wie war die Lebenswirklichkeit von Ordensfrauen, ehrenamtlich engagierten Mitarbeiterinnen in Gemeinden, armen Frauen am Stadtrand, Kleinbäuerinnen und indigenen Frauen? Viele der kostbaren Begegnungen ereigneten sich unvorhergesehen, wie ich im Vergangenen berichten konnte. Diese Frauen nehmen mit ihrem Mut und ihrer Tatkraft einen besonderen Platz in der Schatztruhe ein: seien es beispielsweise die Schwestern der *Filhas do Amor Divino* in der Diözese Marabá oder die junge Mitarbeiterin des Pastoralteams der Diözese Rio Branco im Acre, spätere (2003) und auch jetzige Umweltministerin im Kabinett Lula (2023). Der Martyrerinnen wie Ir. Adelaide aus Curionópolis oder der namenlosen, in Landkonflikten getöteten Kleinbäuerinnen möchte ich gedenken.

Eine neue Dynamik in der katholischen Kirche

Die Reisen haben mich gelehrt, keine vorschnell formulierten verallgemeinernden Aussagen über den Entwicklungsprozess der Kirche in der Zeit zu machen. Dafür war die Anzahl der Diözesen zu groß, die Unterschiedlichkeit der Regionen zu divergierend. Dennoch bleibt ein Grundeindruck: Es war eine fruchtbare Dynamik zwischen der sogenannten Amtskirche und den Gemeinden an der Basis entstanden. Das Oben und Unten in der kirchlich-hierarchischen Struktur hatten begonnen, sich zu ergänzen und gegenseitig zu bestärken. Die Mitarbeitenden am Nationalsitz der CNBB und der CRB legten Wert darauf, sich auf den beschwerlich-zeitintensiven Weg zu machen zu Seminaren und Fortbildungen der *agentes de pastoral* in die Regionalstellen; sie hatten viel Tuchfühlung mit dem *Povo de Deus*, dem Volk Gottes. Ihr Einsatz und der dienende Geist, auch der in Leitungsfunktionen gewählten Bischöfe, bleiben im Gedächtnis.

Denn die Strukturen in der Kirche waren weniger starr geworden, hatten Räume geöffnet für neue, heikle Themen, die über die Bildungsmaterialien der *Campanha da Fraternidade* und des *Instituto Nacional de Pastoral* der CNBB in Brasília bis in kleine und sehr entfernte Gemeinden des Landes gelangten. Deshalb charakterisiere ich diese Jahre als Aufbruchsphase, die natürlich von Ort zu Ort mit unterschiedlicher Intensität umgesetzt und ausgestaltet wurde (Sonderwege eingeschlossen). Als mutig und wegweisend können viele Jahresthemen der Fastenkampagne in den 1980/1990/2000er Jahren gelten: Gewalt (1983), Hunger (1984), Land (1986), Schwarze (1988), Frau (1990), Wohnsituation (1993), Ökumene (2000), Drogen (2001), Indigene Völker (2002), Senioren (2003), Behinderte (2006) oder Amazonas (2007). All diese Themen bezogen sich besonders auf die armen und vulnerablen Bevölkerungsgruppen: gesellschaftspolitische Grundprobleme, die in den Medien wie in der Politik wenig beachtet, geschweige auf Strukturprobleme der Gesellschaft hinterfragt wurden. Die *comunidades* arbeiteten mit diesen Texten und reflektierten sie auf ihre Handlungsrelevanz im lokalen Kontext gemäß dem methodischen Dreischritt: Sehen, Urteilen, Handeln; er war kennzeichnend für die Erstellung von Bildungsmaterialien in der Zeit. Die Lebendigkeit bei Begegnungen mit Pastoralgruppen und ihr ernsthaftes Suchen nach einem „besseren Leben für alle" haben mich immer wieder in Erstaunen versetzt. Dies galt vor allem für die sich als *comunidades eclesias de base (CEBs)* verstehenden Gruppen, die wie ein Sauerteig in der Kirche wirkten, denn prozentual waren sie am Anteil der katholischen Bevölkerung eher unterrepräsentiert, konnten aber auf die solidarische Zuarbeite renommierter Theolog:innen der Befreiung zählen.

Auf den Reisen im Amazonasbecken stach insbesondere der Aufbruch zur Entwicklung einer eigenen Ortskirche hervor. Der Wandlungsprozess von einem eurozentrisch-ethnozentrisch geprägten Missionsverständnis hin zu einer autochthonen Kirche mit „amazonensischem Gesicht" wurde früh in den 1970/80er Jahren thematisiert, wenn auch in den einzelnen Diözesen und Prälaturen mit unterschiedlicher Verve. Eine Vorreiterrolle spielte das Regional Norden 1. Es brauchte noch einige Jahre, bis die großen politischen, ökologischen wie kircheninternen Probleme der Amazonasregion – vor allem der Mangel an Personal und finanzieller Ressourcen – im Basistext der Fastenkampagne 2007 thematisiert und die Diskussion im ganzen Land Verbreitung fanden. Diese wichtigen Schritte, ebenso die Vernetzung mit den anderen Anrainerstaaten des Amazonas, führten dann 2019 in Rom zur Amazonien-Synode[16].

Soweit mir die Gesprächsverläufe inhaltlich nachvollziehbar waren, habe ich den historischen Kontext der Mission in den einzelnen Jurisdiktionen ausgeführt bzw. in Stichpunkten wieder gegeben. Nahezu alle großen Missionsorden der westlichen Welt waren im Amazonasbecken damals vertreten – ein facettenreiches Ordensvolk aus Europa, Kanada und den USA, das seit über 100 Jahren dort gewirkt hat. Dabei gab es einige Kongregationen, die sich leichter vom Erbe der Tradition zu befreien wussten als andere. In den theologischen Ausbildungsstätten waren neben Philosophie und Theologie weitere Disziplinen wie Anthropologie, Linguistik, Psychologie, Soziologie in den Unterrichtskanon hinzu gekommen – eine richtungweisend inhaltliche Ergänzung. Selbst das Erlernen indigener Sprachen wie Tucano, Yanomami, Xavante oder Bororo wurde an manchen Orten den Missionar:innen zur Bedingung gemacht für den Einsatz in einer Missionsstation unter indigenen Völkern. Die Amazonasregion erschien mir besonders dynamisch mit ihren unterschiedlichen Entwicklungstendenzen im westlichen und östlichen Landesteil (Norden 1 und Norden 2). Unverkennbar war jedoch in beiden Regionalstellen der Trend zu einer Kirche mit eigenem Antlitz.

Ein weiterer Aspekt der neuen Dynamik spielte eine Rolle: die Entwicklung eines Modells größerer finanzieller Selbständigkeit der brasilianischen Kirche. Initiiert wurde sie von einem Laien aus São Paulo, Antoninho Tatto, Mitglied der *Missionarios para Evangelização e Animação de Comunidades* (MEAC). Seine Inspiration kam von der Basis her, gründete ebenso auf Fachwissen wie tiefer Frömmigkeit und großer Liebe zur Kirche. Die von ihm entwickelten Vorstellungen einer *Pastoral do Dízimo*, des biblischen „Zehnten", fanden in Brasilien große Akzeptanz in vielen Diözesen. Heute bleibt mir als eine der interessanten Fragen, wie nachhaltig dieses als Evangelisierung verstandene Modell einer Selbstfinanzierung der Kirche aus den 1990er Jahren sich in Diözesen und Pfarreien tatsächlich verankert hat. Die mehrmaligen Begegnungen mit Antoninho Tatto sind in meiner Schatztruhe aufbewahrt mit großer Anerkennung für seine Lebensleistung.

Das Anwachsen der neuen Denominationen

Ein weiteres Thema drängte sich mir auf den Reisen von Beginn an auf: die Präsenz pentekostaler und neopentekostaler Kirchen. In den ersten Reiseberichten der 1980er Jahre ist noch von „Sekten" die Rede, deren Kultorte mir selbst in den gerade erst entstandenen Migrationsgebieten des westlichen Amazonasbeckens aufgefallen waren. Diese neuen Denominationen – so der später gebräuchliche Fachbegriff – waren nicht mehr zu übersehen. Ihre Verbreitung nahm im Norden wie in den Städten allerorts zu. Das Phänomen wurde zwar überall benannt, oft beklagt, jedoch wenig grundsätzlich thematisiert. Es entwickelte sich eine von der Religionszugehörigkeit her gegenläufige Bewegung im Land, an manchen Orten deutlicher als an anderen. Spätestens seit den 2000er Jahren war klar, dass der Anteil der katholischen Bevölkerung Brasiliens signifikant gesunken war und zwar von 83,3% im Jahr 1990 auf 73,9% im Jahr 2000, (2010 lag er nach dem letzten veröffentlichten Zensus bei 64,6%, 2020 nur noch bei geschätzten 50%)[17]. In all den Jahren waren nach meinem Eindruck lediglich CERIS und IBRADES diesem Phänomen des Anwachsens der *Evangélicos* mit religionssoziologischen Untersuchungen auf der Spur. Ich fragte mich, ob diese Entwicklung im Land von der katholischen Kirche verdrängt worden ist? Oder wurde sie vor allem als Forschungsgegenstand von Expert:innen gesehen? Ihre Brisanz ist jedenfalls mit der Zeit immer offensichtlicher geworden und zeigte sich spätestens bei der Wahl des Präsidenten Jair Bolsonaro 2018, dessen Stimmen sich insbesondere aus dem Wahlvolk der neuen Denominationen rekrutierten. Im Nachhinein bedauere ich, zu selten eine Kirche der *Evangélicos* betreten zu haben, um zumindest in Tuchfühlung mit dem Phänomen zu kommen.

Begegnung mit dem indigenen und afrostämmigen Brasilien

Die größte Faszination wie Irritation auf meinen Reisen durch Brasilien war von Anfang an die kulturelle Vielfalt dieses betörenden Landes. Die Begegnung bei indigenen Völkern nehmen einen besonderen Platz ein in meiner Schatztruhe, auch wenn ich mich meist nur wenige Stunden oder höchstens einen Tag in ihren Dörfern aufhalten konnte – mit Ausnahme meines Besuches bei den Yanomami in der *Missão Catrimani* in der Diözese Roraima. Dort war innerhalb von drei Tagen mit den beiden Mitarbeitenden der Missionsstation eine Art Vertrauensbeziehung entstanden, die mich einen Blick nehmen ließ in diese „andere Welt" der Ureinwohner mit ihrer liebenswürdigen Scheu und der Grenze, dass direkte Gespräche mit ihnen nicht angemessen schienen.

Dennoch war bei unzähligen Besuchen die Situation der Indigenen von hoher Präsenz: denn in den 24 Jahren meiner Reisetätigkeit ging es aus der Sicht der kirchlichen Binnenwelt in den Regionen mit indigener Bevölkerung unentwegt um die Wahrnehmung der Indigenen und ihrer Probleme, vor allem um deren Schutz zum Überleben. Waren doch die Bedrohungsszenarien dieser sehr komplexen Bevölkerungsgruppe gewaltig angewachsen im Zuge des Baus von Wasserkraftwerken, Industrieanlagen und Strassen bisher „unerschlossener" Gebiete, übersehen wurde, dass die indigenen Völker dort schon immer im Einklang mit der Natur gelebt haben. Die katholische Kirche zeigte sich in dieser seit den 1970/80er Jahren einsetzenden Entwicklungs- und Industrialisierungsphase des Landes als wach, recherchierte die zunehmenden Gewaltübergriffe und handelte in vielfältiger Weise als Anwältin der Indigenen. Aus meiner Sicht prophetisch war seitens der CNBB die Gründung des indigenen Missionsrates CIMI im Jahr 1972 mit seinen kleinen Arbeitsteams unter indigenen Völkern, damit Schutz zum Überleben und Stabilität für Wachstum gewährend. Nicht minder zu würdigen ist die Indigenenpastoral einzelner europäischer Orden, die im Bewusstwerden über die Schatten ihrer Missionsmethoden in der Vergangenheit bereit waren, ihre Arbeit selbstkritisch zu hinterfragen und neue Wege einzuschlagen. (vgl. Berichte über die Missionsarbeit der Salesianer mit den Bororo und Xavante im Mato Grosso sowie mit verschiedenen Völkern in der Diözese São Gabriel da Cachoeira am Oberen Rio Negro).

Es war unübersehbar, dass sich seitens der katholischen Kirche im Laufe der Jahre ein Wandel in der Wahrnehmung der indigenen Bevölkerung sowie im beschriebenen Missionsverständnis abgezeichnet hatte, auch wenn dieses den *indigenistas* nicht genügte. Sie plädierten für einen Weg der „schweigenden Mission", d.h. dem gänzlichen Ruhen christlich-religiöser Tätigkeiten im unmittelbaren solidarischen Zusammenleben mit isoliert lebenden indigenen Völkern (vgl. Begegnung mit Thomaz de Aquino Lisboa SJ 1985 Rio).

Das Zusammenleben mit kleinen Gruppen vom Aussterben bedrohter Völker, die juristische Beratung bei der Demarkierung indigener Territorien, die Hinführung zur Viehhaltung und zu landwirtschaftlichen Anbaumethoden, nicht zuletzt die Gesundheitsdienste und etliche andere Aktionsfelder der kirchlichen Protagonisten – in Kongregationen, im CIMI, in der Indigenenpastoral der Diözesen – hat die indigene Bevölkerung in ihrem Überlebenskampf zweifellos gestärkt. Eine der erfreulichsten Daten in diesem Zusammenhang war für mich der Vergleich der absoluten Zahlen der Indigenen im Jahr 1987 von 220.000 Personen (0,17% Anteil an der Gesamtbevölkerung) zum Vergleichsjahr 2010 der Volkszählung mit 897.000 Personen (0,43% Anteil an der Gesamtbevölkerung), die sich als Indigene selbst erklärten[18]. Die Option für die indigenen Völker seit den 1970er Jahren war aus meiner Sicht ein nicht unwichtiger Beitrag der katholischen Kirche zu deren Erstarken.

Wie immer die Prozesse in der Indigenenpastoral mit ihren Handlungsfeldern sich gestaltet haben und gestalten, entscheidend scheint mir das Grundproblem, das in vielen Facetten auf den Reisen immer deutlicher wurde: in allen Lebensbereichen wird das Beziehungsverhältnis zu den Indigenen von den gesellschaftlich mächtigeren Bevölkerungsgruppen bestimmt. Selten wird aus der Perspektive der Indigenen mit ihrem kulturellen Erbe als Ureinwohner des Landes argumentiert, die „Andersheit des anderen" hat keinen gesellschaftlichen Konsens und bedeutet im besten Fall eine Herausforderung. So hat sich die Indigenenproblematik bis heute im Jahr 2024 nicht annähernd beruhigt, sie bleibt weiter virulent. Zu sehr ist sie verknüpft mit wirtschaftlichen Interessen, mit Gier nach Land und Bodenschätzen. Die Gewaltübergriffe auf indigene Völker sind eine traurige Realität geblieben; wie im Januar 2024 das Eindringen der Farmer und ihrer Helfershelfer in das Gebiet der Pataxó Hâ-Hâ-Hâe (siehe der letzte Bericht aller besuchten Orte) oder die Situation der Yanomami-Bevölkerung in Roraima in den Jahren der Regierung Bolsonaro (2019 – 2022), wo eine neuerliche Invasion von vermutet 20.000 illegalen Goldsuchern in ihr Territorium eingedrungen war.

Eine weitere brennende Wunde in der Begegnung mit Brasilien ist der immer wieder zu Tage tretende Rassismus gegenüber der afrostämmigen Bevölkerung. Wie viele Menschen außerhalb des Landes hatte auch ich das Bild eines sympathischen, toleranten Brasilien, in dem die unterschiedlichen Kulturen friedlich miteinander leben. Dieses Bild trübte sich schon bald in ersten Begegnungen mit Selbsthilfebewegungen von Afrobrasilianer:innen. Kirchenintern gab es ebenso Vorurteile gegenüber den eigenen „people of colour", wie diese an manchen Orten in Gesprächen verdeutlichten. Die CNBB zeigte auch bei diesem heiklen gesellschaftlichen Problem Mut und machte die Lage der Afrobevölkerung 1988 zum Thema der Fastenkampagne, dabei sparte sie in ihrem Text die eigenen rassistischen Tendenzen nicht aus. Wenige Jahre darauf legte die CRB mit ihrem Projekt für ein Förderprogramm begabter schwarzer Jugendlicher zur Aufnahmeprüfung an den Universitäten (*vestibular*) den Finger auf die Wunde einer immensen Bildungsungerechtigkeit im Land gegenüber den schwarzen Jugendlichen. Immerhin wird sie seither gesamtgesellschaftlich problematisiert, in der Amtszeit Lulas (2003-2010) strukturell mit einer Quotenregelung angegangen und staatlich mit einem nationalen Hilfsfonds abgefedert.

Wiederum waren es seitens der Basis die CEBs, die ebenso für das Problem rassistischer Tendenzen im eigenen Binnenleben der Kirche sensibilisierten. Auf ihrem 9. Treffen in São Luís wurde es, wie im Vorangegangenen beschrieben, intensiv in den Arbeitsgruppen reflektiert. Ganz unproblematisch war 1997 dieser thematische Vorstoß der *CEBs* nicht, denn im Vorfeld des großen nationalen Treffens gab es ernste Spannungen mit der Leitung der einladenden Erzdiözese, in welcher Form Vertreter:innen der afrobrasilianischen Religionen sich im Rahmen des katholischen Gottesdienstes einbringen konnten. Bis zu einem interreligiösen Dialog, der ab den 2000er begann, war es ein weiter Weg, der noch lange nicht zu Ende ist.

Politisch-ökologische Entwicklung

Im politischen Rückblick von 24 Jahren bleibt bemerkenswert, wie sich im Übergang von der Militärdiktatur zu Präsident Tancredo Neves – 1985 noch von Wahlmännern gewählt – über vier vom Volk direkt gewählte Nachfolger bis hin zur Wahl Lulas im Jahr 2003 ein merklicher Demokratisierungsprozess abzeichnete. Es gab ein Aufblühen zu neuer Freiheit, erkennbar in der Presse wie in zivilgesellschaftlichen Gruppen ebenso wie in der katholischen Kirche – das Land war im Aufbruch.

Die Partizipation an politischen Gestaltungsprozessen auf kommunaler, bundesstaatlicher und nationaler Ebene durch die unter Lula geschaffenen Beiräte (*Conselhos*) erhielt einen wichtigen Schub. Die Beteiligung in den *Conselhos* gewährte einen Einblick in die Investitionen von Hausmitteln für lebenswichtige Bereiche wie Gesundheit, Bildung oder Kinderrechte. Das chronisch sorgenvolle Thema der Korruption staatlicher Finanzmittel erfuhr mit diesem Instrument eine gewisse Kontrolle. Hoffnungsvoll stimmte die Ausrichtung einer neuen Generation von Politikern auf kommunaler Ebene, von der ich in einigen Kleinstädten des Amazonasbeckens und im Nordosten berichten konnte. Ich war erstaunt, wie sich mit jeder nachfolgenden Reise in Brasilien sich immer neue Facetten dieses Prozesses zeigten.

Weniger zuversichtlich stimmte der Blick auf das politische Geschehen in Rio de Janeiro. In der ehemaligen Hauptstadt wuchs von Jahr zu Jahr der Einfluss der organisierten Kriminalität. Die Ausmaße von Gewalt nahmen besorgnisvolle Formen an. Wie an anderen Orten im Land waren es oftmals die Gespräche mit Ordensfrauen, Sozialarbeiterinnen, Ehrenamtlichen der Pastoral, die davon berichteten, wie eng verstrickt viele Politiker, Behördenmitarbeiter, Polizisten und Richter mit den Gruppen der organisierten Kriminalität waren. Diese Gesprächspartnerinnen verhielten sich weniger zurückhaltend-diplomatisch als manche kirchliche Amtsträger, die sich gegenüber der ausländischen Besucherin bei Problemthemen des Landes eher bedeckt hielten. Diese weibliche Direktheit wusste ich zu schätzen, weil sie half, Geschehnisse vor Ort besser verstehen zu können.

Im Rückblick auf meine Reisen steht indessen ein zentrales Thema im Vordergrund, das sich von Anfang an abgezeichnet hat, im Laufe der Jahrzehnte jedoch in seiner Auswirkung deutlich wurde. Es ist das ökologisch dramatische Schattenthema angesichts der wachsenden Zerstörung des Primärwaldes im Amazonasgebiet: beeinflusst durch Agrobusiness, große Industrie- und Energieprojekte, den Bau von Strassen, rücksichtsloses Agieren der Holzfirmen, das wilde Schürfen nach Bodenschätzen verbunden mit Migrationsströmen, die unkontrollierbar geworden waren. Wenn heute im Jahr 2024 **17%** des Regenwaldes unwiederbringlich vernichtet sind[19], so ist auch unverkennbar, dass diese Entwicklung früh ab den 1970/80er Jahren begann, dramatisch schnell in Rondônia und etwas später im Pará. Die neue, asphaltierte Bundesstrasse BR 364 hatte viele Migrant:innen angezogen, vornehmlich aus den südlichen Bundesstaaten. Oftmals stammten diese Menschen aus Familien, deren Vorfahren schon aus Europa nach Brasilien ausgewandert waren – weshalb man mich zu meinem Erstaunen gelegentlich von Rondônia bis nach Roraima mit dem Hunsrücker Dialekt begrüßte. Welch ein generationsübergreifender familiärer Migrationszyklus, der nach meiner Meinung auch im Kontext der extrem ungerechten Verteilung von Grund und Boden zu sehen ist. Denn keine Regierung packte das strukturelle Problem einer gerechten Agrarreform an, auch nicht die Regierung Lula ab 2003. So wanderten die Söhne und Töchter der Kleinbauernfamilien aus dem Süden und Menschen aus anderen Gegenden des Landes in der Hoffnung auf ein besseres Leben in die tausende Kilometer entfernten tropischen Regionen, dabei von Propagandaprogrammen im Fernsehen angeworben...

Die Gruppe der an Agrobusiness interessierten Großgrundbesitzer (2019 lag 45% des Ackerlandes im Besitz von 1% ländlichen Eigentümern, so Oxfam) beeinflusst bis heute den politischen Kurs in Brasília. So mächtig ist diese Elite, dass sie jede Initiative zur Veränderung ihres Status Quo durch Einflussnahme auf Parlamentarier zu blockieren weiß und schließlich in Präsident Jair Bolsonaro 2018 ihren großen Unterstützer fand.

Die Entwicklung im Amazonasbecken im Laufe von über zwei Jahrzehnten kommt mir im Rückblick vor wie eine neue, interne „Eroberungswelle" in dem stolzen Land mit seinen schier unbegrenzten Möglichkeiten – so vermittelt es das gern zitierte Sprichwort „Gott ist Brasilianer". Diese euphorische Sicht eines Landes, das von allem im Überfluss zu besitzen meint, stößt heute jedoch an besorgniserregende Grenzen. Denn bis zum Kipppunkt von 20% bis 25% des Verlustes des Primärwaldes im Amazonasbecken – so die Berechnungen von zwei Wissenschaftlern aus Brasilien und den USA[20] – fehlen nur noch drei bis acht Prozent! Im November 2023 berichteten deutsche Medien von einer bis dahin nicht gekannten „Dürre im Regenwald" (der Bundesstaat Amazonas musste für die 600.000 Bewohner der 62 *municipios* sogar den Notstand ausrufen). In der ansonsten zyklisch einsetzenden Regenzeit blieb der Regen aus, sodass der Pegelstand der Flüsse Tiefstwerte erreichte und sich die Bewohner:innen mit ihren Booten nicht mehr fortbewegen konnten. Wissenschaftler sagen voraus, dass das Überschreiten des Kipppunktes mit seinen klimatischen Turbulenzen unumkehrbare Folgen für das Weltklima haben wird. Der Plan der Regierung Lula 2023 zum Schutz des Amazonas-Regenwaldes sieht vor, die illegale Abholzung von Wäldern im brasilianischen Teil bis 2030 zu beenden. Es bleibt zu hoffen, dass der Präsident in seiner aktuellen Amtsperiode seine Umweltpläne deutlich energischer verfolgen wird als in seinen ersten beiden Amtszeiten vor zwanzig Jahren. Schließlich geht es um nichts Geringeres als um die *Kathedrale der Biovielfalt unseres Planeten* (L. Boff).

Lernen und danken

Nach diesem weiten, auch sorgenvollen Problembogen komme ich abschließend zu der Frage, was diese Erfahrungen auf den Reisen mir persönlich bedeuten. Als immer noch wichtigen Aspekt erachte ich bis heute die gute und logistische wie mentale Vorbereitung, denn sie vermittelte Sicherheit, gepaart mit wachsendem Gottvertrauen. Dieses ist immer wieder herausgefordert worden, ganz besonders bei den Besuchen in den Favelas von Rio de Janeiro. Doch ich lernte von unseren Projektpartnern und Partnerinnen, die schlicht beteten, wie sie sagten, wenn sie die *comunidades* in den Favelas besuchten. Sie sind mir mehr als einmal zum Vorbild geworden, immer wieder auch die Bewohner:innen der Favelas selbst, die tagtäglich dem Problem von Gewalt ausgesetzt sind.

Besondere Lehrmeister:innen an den auffällig schwierigen Orten sind für mich die Antragsteller:innen selbst geworden in ihrer Klarheit der Option für die am Rande der Gesellschaft Stehenden und Hilfsbedürftigen. Ihr mitmenschlicher Kontakt war getragen von würdevollem Geist, Empathie und dem *carinho,* einer Zärtlichkeit. Das ist mir oftmals erst zu Bewusstsein gekommen, wenn ich wieder zurück in Essen war und die eher nüchternen, häufig wenig mitfühlenden Töne unserer Alltagskommunikation erlebte. Eine Folge davon war, dass ich bei mir im Laufe der Jahre zunehmend den Unterschied wahrgenommen habe in meiner portugiesischen bzw. deutschen Sprechweise. Auch war in Hinblick auf meinem bürgerlichen Lebensstil eine größere Sensibilität gewachsen: Ich überlegte genauer, mit welchen Dingen ich leben wollte und welche auch losgelassen werden konnten. Die Anfragen an meine Lebensweise – sie beschäftigen mich bis heute.

Schließlich haben die Begegnungen mit Menschen, die trotz aller widrigen Lebensbedingungen aus einer tiefen und fraglosen Frömmigkeit heraus leben, mich in eine besondere Art von Glaubensschule hineingeführt. Im Nachhinein sind meine Reiseerfahrungen in Brasilien wie ein Weg in eine neue, erfahrungsbezogene religiöse Sozialisation geworden – ein Abschied von der Glaubensvermittlung aus Kinderjahren. Welch ein reiches Geschenk, das ich hier erhalten habe – mit großer Nachwirkung!

Mit dieser Erinnerungsarbeit möchte ich meinen Dank an das Bischöfliche Hilfswerk Adveniat verbinden: an meine Vorgesetzten, die die Pläne für die Projektreisen genehmigten, mir ihr Vertrauen zeigten und nach Rückkehr ihr Interesse an Nachgesprächen. Ich danke meinen Brasilienkollegen für die Bereitschaft zum spontanen Erzählen und dem erhellenden gegenseitigen Austausch und meinen Mitarbeiterinnen im Sekretariat für die umfangreichen Arbeitsschritte bei der Vor- und Nachbereitung einer Reise. Im Bild des Brückenschlagens, das mich unterwegs immer begleitete, schließe ich meinen Dank an die Spender:innen von Adveniat ein, die dem Hilfswerk mit ihrer Spende ihr Vertrauen schenken und auf der anderen Brückenseite sind es die Projektpartner:innen, die mir Einblick in ihre Lebenswelt gaben und mir großzügig ihre Gastfreundschaft gewährten gepaart mit allen logistischen Hilfen. Auf diesem gemeinsamen Fundament konnte ich 24 erfolgreiche Projektreisen machen.

Mein besonderer Dank beim Abfassen dieses Reiseberichtes gilt meiner Freundin und Weggefährtin Dr. Ursula Bernauer aus Freiburg. Sie war auf dem Hintergrund von geteilten Erfahrungen in Lateinamerika eine wichtige Gesprächspartnerin, verhalf bei manchen Textpassagen zu gedanklicher Klarheit und ermunterte mich zum Durchhalten in den Durststrecken meines „Projekts". Mein früherer Kollege und Freund Norbert Bolte, mit dem ich seit über drei Jahrzehnten einen intensiven Erfahrungsaustausch zu Brasilien pflege, garantierte mit seiner großen Sprach- und Landeskenntnis sowohl die korrekte portugiesische Schreibweise wie sachliche Richtigkeit. Beide haben weder Zeit und noch Mühe gescheut beim intensiven Korrekturlesen, *muito, muito obrigada!*

Einen stillen Dank schicke ich meinem 2016 verstorbenen spirituellen Lehrer P. Johannes Kopp SAC, der immer waches Interesse an meiner Arbeit gezeigt und mich auf dem Weg der Zen-Kontemplation über die geographisch-kulturellen in geistige Weiten geführt hat.

[1] Multhaupt, Hermann, Brasilianisches Tagebuch: „Das Haus der heiligen Flöten", „Das Herz in der geballten Faust", ADVENIAT (Hrsg.), Essen 1993 und 1996

[2] Boff, Leonardo, Igreja: Carisma e Poder, Petrópolis 1981

[3] Siehe H. Multhaupt, Brasilianisches Tagebuch (2), S. 26 – 82

[4] Siehe Elisabeth Freitag, „Die ‚Option für die Armen' als ‚Option für die Anderen' – der Indianermissionsrat CIMI in Brasilien als Beispiel einer befreienden Indianerpastoral", in: „Die ‚vorrangige Option für die Armen' der katholischen Kirche in Lateinamerika", hrsg. von Christian Beck u.a., Aachen 2000

[5] Siehe H. Multhaupt, Brasilianisches Tagebuch, Das Haus der heiligen Flöten, S. 66 – 77 und S. 19 – 23

[6] Saffirio, Giovanni, Kurze Geschichte der Mission Catrimani (1965 – 1989), in: Yanomami, Indianer Brasiliens im Kampf ums Überleben, hrsg. von Jörg Helbig, Oswald Iten und Jacques Schiltknecht, Innsbruck 1989, S. 81

[7] Näheres zur Geschichte siehe Saffirio, Giovanni, S. 77 – 78

[8] Siehe Sr. Rebeca Lee Spires, Identität – Glaube – Kulturen – Inkulturation. „Wir tragen einen Schatz in irdenen Gefäßen" (2Kor 4,7), in: „ Die „Identität" des Glaubens in den Kulturen. Das Inkulturationsparadigma auf dem Prüfstand", hrsg. von Andreas Lienkamp, Christoph Lienkamp, Würzburg 1979, S. 187 – 194

[9] Siehe Claudio Moser, Entwicklung oder Zerstörung? Probleme der Weltmarktintegration Amazoniens am Beispiel der Region Carajás, Materialien zum GKKE-Dialogprogramm Heft D 10, April 1995, hier S. 29

[10] Siehe Alfredo Wagner Berno de Almeida, Carajás: A Guerra dos Mapas, Belém 1994

[11] Die Vorschläge und Forderungen aus den vier Arbeitsgruppen sind detailliert festgehalten in: „Carajás. Mesa Redonda Internacional. Relatório", hrsg. von der Coordenação do Fórum Carajás, Outubro de 1995

[12] Helder Camara, mach aus mir einen Regenbogen, mitternächtliche Meditationen. Zürich 1981

[13] Die Predigt ist abgedruckt in: CNBB, Comunicado Mensal, Abril de 2000 – Ano 49 – No. 540, S. 737 – 740

[14] Abgedruckt auf deutsch in: Weltkirche 4/2000, S. 101 – 113

[15] Siehe Meldungen: https://cimi.org.br/2024/01 vom 22/01/2024 (Liderança Pataxó Hã-Hã-Hãe é morta por fazendeiros às vistas da PM da Bahia em reintegração ilegal), https://www.regenwald.org.news/11944/ vom 25.01.2024 (Mobilisierung per WhatsApp-Aufruf. Mob aus 200 Großgrundbesitzern und Polizisten erschießt Führerin der Pataxó), https://www.kooperation-brasilien.org/de vom 26.01.2024 (Gewalt von Farmern gegen Indigene Pataxó Hã-Hã-Hãe in Bahia), https://amerika21.de/2024/01/267962/ vom 30.01.2024 (Indigene Anführerin bei Angriff von Landmiliz und Polizei in Brasilien getötet)

[16] Siehe hierzu die Promotion von Regina Reinart, Die Amazonien-Synode. Chance und Herausforderung der Mission, Siegburg 2021

[17] Daten entnommen aus dem Vortrag von Dr. Thomas Fatheuer „Gibt es eine politische Zukunft" an der Universität Kassel vom 09.06.2022

[18] Siehe Regina Reinart, ebd., S. 9: Die 897.000 Personen verteilen sich auf 305 indigene Völker, 325.000 leben in der Stadt und 572.000 in indigenen Territorien im ländlichen Raum (Daten Volkszählung 2010).

[19] ebd., S. 249

[20] Siehe Badische Zeitung vom 09.03.2024, S. 8, Der Regenwald erholt sich nicht mehr

Abkürzungen

ACB	*Anuário Católico do Brasil.* Schematismus der Kirche Brasiliens.
CEB (CEBs)	*Comunidade Eclesial de Base.* Kirchliche Basisgemeinde/gemeinden
CEBI	*Centro de Estudos Bíblicos.* Zentrum für Bibelstudien / Ökumenisches Zentrum für Bibelarbeit
CENAM	*Centro de Acolhida Missionaria.* Bildungshaus der *Irs. da Assunção* in Rio de Janeiro
CERIS	*Centro de Estatística Religiosa e Investigações Socias.* Institut für Statistik und sozial-wissenschaftliche Forschung

CF	*Campanha da Fraternidade.* Kampagne der Geschwisterlichkeit (Fastenkampagne) der Brasilianischen Bischofskonferenz
CIMI	*Conselho Indigenista Missionário.* Indigenenmissionsrat bzw. Fachstelle der Brasilianischen Bischofskonferenz für Indigene
CNBB	*Conferencia Nacional dos Bispos do Brasil.* Brasilianische Bischofskonferenz
COM	*Centro de Orientação Missionária.* Zentrum zur Fortbildung von Missionar:innen, Caxias do Sul
CONIC	*Conselho Nacional de Igrejas Cristãs no Brasil.* Nationaler Ökumenischer Kirchenrat Brasiliens
CPT	*Comissão Pastoral da Terra.* Kommission für Landfragen bzw. Fachstelle der Brasilianischen Bischofskonferenz für Landfragen
CRB	*Conferência dos Religiosos do Brasil.* Konferenz der Ordensleute Brasiliens
CVRD	*Companhia Vale do Rio Doce.* Eines der weltweit größten Bergbauimperien (ab 2008 Vale S.A.)
FUNAI	*Fundação Nacional do Índio.* Nationale Stiftung für Indigene bzw. Staatliche Indigenenbehörde
GRENI	*Grupo de Reflexão sobre Vida Religiosa Negra e Indigena.* Innerhalb der Brasilianischen Ordenskonferenz Reflexionsgruppen für afrobrasilianische und indigene Ordensleute
IBGE	*Instituto Brasileiro de Geografía e Estatística.* Brasilianisches Institut für Geografie und Statistik. Nationale Geodaten- und Statistikbehörde
INCRA	*Instituto Nacional de Colonização e Reforma Agraria.* Nationales Institut für Ansiedlung und Agrarreform
MEAC	*Missionarios para Evangelização e Animação de Comunidades.* Katholische Laienbewegung aus dem Großraum São Paulo
MST	*Movimento dos Sem Terra.* Landlosenbewegung
PT	*Partido* dos *Trabalhadores.* Arbeiterpartei

| PUC | *Pontifícia Universidade Católica.* Päpstliche Katholische Unversität |
| UDR | *União Democrática Ruralista.* Lobbyverband von Großgrundbesitzern |

GLOSSAR

Abacaxi	Ananas. Brasilianischer Ausdruck für eine schwierige Angelegenheit
Agente de pastoral	ehrenamtlich Mitarbeitende in der Pastoral
Amazonense	Bewohner der Amazonas-Region
Baixada	Region auf Meereshöhe der Vorortstädte von Rio de *Fluminense* Janeiro
Candomblé	afrobrasilianische Religion
Carioca	Bewohner von Rio de Janeiro
Comunidade	Gemeinde
Comunidade eclesial de base	kirchliche Basisgemeinde
Conselho	Beirat
Cortiço	Altstadtwohnblocks (Mietshäuser mit äußerst schlechten Wohnbedingungen)
Cúpula	Kuppel. Brasilianischer Ausdruck für die Spitze der Hierarchie der katholischen Kirche
Dom (D.)	Anrede für einen Bischof
Dízimo	biblisch der „Zehnte“, in Brasilien verwendet als freiwillige Abgabe an die Pfarrei
Excluidos/as	die Ausgeschlossenen der Gesellschaft
Favela	Peripherieviertel (Slum)
Favelado/a	Bewohner:in einer Favela

Fazenda	in der Umgangssprache Verwendung des Wort für Bauernhof, Landgut oder Landsitz
Fusca	VW-Käfer
Garimpeiro	Gold- und Diamantengräber
Gaúcho/a	Bewohner:in von Rio Grande do Sul
Indigenistas	Missionar:innen, die mit Indigenen arbeiten
Ir./Irs.	Irmã/Irmãs. Ordensschwester/n
Latino/a	Bewohner:in Lateinamerikas
Líder	Führungsperson
Maranhense	Bewohner des Maranhão
Mãe de Santo	Priesterin, Vorsteherin einer afrobrasilianischen Kultstätte
Mineiro/a	Bewohner:in von Minas Gerais
Morro	Hügel
Pastoral da Mulher Marginalizada	Pastoral mit der Zielgruppe der Prostituierten
Mutirão	Ausdruck für gemeinsame Anstrengung, gemeinsam anpacken
Pai de Santo	Priester, Vorsteher einer afrobrasilianischen Kultstätte
Pe. (Padre)	Abkürzung für Ordens- oder Weltpriester
Pastoral de Conjunto	Pastoralarbeit als Ganzes
Pistoleiro	Auftragsmörder
Posseiro	(kleiner) Landbesitzer mit Gewohnheitsrecht
Povo de Deus	Volk Gottes
Rádio Comunitária	Gemeinschaftsradio
Terreiro	Kultort der afrobrasilianischen Religionen
Visto bueno	bischöfliche Empfehlung